다시 근원으로

한국교회 부흥의 아버지 로버트 하디

Robert A. Hardie

이덕주 지음

신앙과지성사

| 추천사 |

새로운 부흥의 불쏘시개, 로버트 하디

이철 / 기독교대한감리회 감독회장

"힘으로도 아니 되고, 능으로도 아니 되며 오직 하나님의 성령으로 되리라."는 말씀을 평생 목회와 선교 사역의 원칙으로 삼고 주님의 도구로 사신 분, 1903년 원산대부흥운동에서 1907년 평양대부흥운동, 1908년 중국교회 부흥운동의 발화의 도구로 쓰임 받은 한국 부흥운동의 주역으로서 누구보다 성령으로 인해 가슴 뜨거운 부흥사였고, 이후 30년 동안은 배우며 가르치는 신학교수로서 냉철한 이성을 가졌던 '시대의 웨슬리'로 살았던 분, 바로 로버트 하디 선교사입니다. 하디 영적 각성 120주년을 맞는 해가 되어 또다시 '하디'를 외치고 있습니다. 하디를 외칠 수밖에 없는 것은 우리 근대역사의 혁명적 변화를 가져온 분이기 때문입니다. 사도행전 2장의 오순절 성령사건의 한국적 실현이 된 하디의 회개와 부흥운동은 우리 민족의 역사와 문화 속에 복음이 깊이 뿌리내리게 하였을 뿐만 아니라 교파를 초월하는 교회일치운동이 시작되어 오늘날 에큐메니컬 운동의 출발점이 되었습니다.

오늘 우리 한국교회는 회복이 절실합니다. 교회만이 아니라 사회전반에 회복이 절실합니다. 한국이 세계 1위 갈등사회라고 합니다. 경제적으로 부유하게 보이지만 행복지수는 낮습니다. 코로나팬데믹 이후 가늠하기 힘든 변화의 속도는 미래를 더욱 불안하게 합니다. 지금 우리에게 필요한 변화는 제도적 변화가 아닙니다.

중심을 깨뜨리는 인간본연의 내면변화입니다. 웨슬리는 예배당을 크게 짓고, 교세를 확장하기 이전에 먼저 하나님 앞에서 철저하게 바로 서는 일을 하였습니다. 그랬기 때문에 초창기 감리교인들은 겨우 1%에 불과했지만 영국 사회에서 불쏘시개 역할을 충분히 할 수 있었습니다.

존 웨슬리의 부흥운동이 18세기 영국을 변화시켰듯이, 20세기 초에는 하디 선교사가 영적 새바람을 통해 부흥의 기초를 쌓았듯이, 회복이 절실한 오늘 우리 한국교회가 새로운 부흥을 위한 불쏘시개로 쓰임받기를 기대합니다. 이것이 하디 선교사의 이야기를 다시 읽어야 하는 이유입니다. 『다시 근원으로』라는 제목이 하디 선교사를 읽어야 할 이유를 더욱 분명하게 합니다. 2021년에 출간한 하디 평전 『영의 사람, 로버트 하디』를 누구나 쉽게 읽을 수 있도록 준비해 주신 하디기념사업회와 이덕주 교수님에게 감사를 드립니다. 수익이 되지 않을 책이지만 사명과 책임감으로 감당해 주시는 신앙과지성사 최병천 장로님과 직원여러분들께도 감사드립니다. 이 책을 통하여 하나님께서 우리에게 다시 영적으로 각성케 하는 은혜를 주시길 기대합니다. 이 책을 읽는 모든 이들이 사도행전의 역사를 이어가는 주인공이 되시길 바랍니다.

| 추천사 |

하디, 다시 불어오는 성령체험의 메시지

이영훈 / 한국교회총연합회 대표회장, 여의도순복음교회 담임목사

이덕주 교수님의 저서 『다시 근원으로 - 한국교회 부흥의 아버지 로버트 하디』에는 자신의 온 일생을 조선 선교를 위해 바쳤던 하디 선교사의 헌신적 사역의 여정이 오롯이 담겨있습니다. 의료 선교사로서, 말씀 선포자로서, 또한 부흥사와 신학자로서 열정을 다해 조선을 섬긴 하디 선교사의 일대기를 읽다 보면, 오늘날 한국교회의 놀라운 성장은 수많은 선교사의 피땀 어린 헌신과 기도의 결실로 주어진 것임을 알게 됩니다.

특별히 하디 선교사가 일으켰던 부흥운동은 새로운 부흥을 위해 한국교회가 무엇을 먼저 해야 하는가를 깨닫게 해줍니다. 하디 선교사의 부흥운동에는 진정한 회개와 성령 체험이 있었습니다. 하디 선교사가 동료 선교사들 앞에서 자신이 가졌던 우월감과 교만의 죄를 눈물로 회개하며 고백할 때 동료 선교사들이 강력한 성령의 은혜를 체험했고, 하디 선교사의 메시지를 들은 모든 한국 성도들에게도 동일한 은혜가 임했고, 이 회개 운동이 강원도를 넘어 개성, 서울, 평양, 조선 전역의 교회로 퍼져나가게 된 것입니다.

한국교회 부흥의 열정을 회복하기 위해서는 이 같은 강력한 회개 운동과 성령 체험의 역사가 나타나야 합니다. 오늘날 한국교회가 물질주의, 교권주의, 물량

주의에 빠져 영적 지도력을 상실하고, 끊임없는 분열과 다툼으로 사회로부터 비난 받는 대상이 되었습니다. 한국교회 내에서 이같이 잘못한 모습에 대한 통렬한 반성과 함께 강력한 회개 운동이 일어나야 합니다. 나아가 지역과 이념, 성별과 세대로 갈라져 대립하며 갈등하고 있는 우리 사회에 한국교회가 먼저 하나 됨의 본을 보여야 합니다. “지금 우리에게 필요한 것은 하나님의 성령을 더욱 받는 것이다. 다시 한번 전국적인 부흥운동이 일어나 한목소리로 기도할 때 응답이 이루어질 것이다. 우리 선교사들부터 구세주께 ‘우리로 하나가 되게 하옵소서.’ 간절하게 기도하자.”라는 하디 선교사의 권면처럼 한국교회가 성령으로 충만하여 하나 됨을 이룰 때 놀라운 부흥의 역사가 이 땅 위에 일어나리라 확신합니다.

전 세계적으로 새로운 부흥이 일어나고 있는 때에 하디 선교사의 일대기를 통해 우리가 일으켜야 할 부흥의 근원이 무엇인지 돌아보게 하신 이덕주 교수님에게 깊은 감사를 드립니다. 이 저서를 통해 120년 전 한반도 전역에 일어났던 불같은 성령의 역사가 이 시대에 다시 한번 뜨겁게 일어나게 되기를 간절히 소망합니다.

| 추천사 |

한국의 오순절-원산 성령 강림의 주역

최이우 / 하디기념사업회 회장

하나님이 아기 예수로 오신 성탄은 이 땅에 심겨진 하나님 나라 생명씨앗이었습니다. 예수님을 '주는 그리스도시요, 살아계신 하나님의 아들'(마 16:16)이라고 고백한 시몬 베드로에게 놀라운 복을 약속하셨습니다. "너는 베드로라 내가 이 반석 위에 내 교회를 세우리니 음부의 권세가 이기지 못하리라 내가 천국 열쇠를 네게 주리니 네가 땅에서 무엇이든지 매면 하늘에서도 매일 것이요 네가 땅에서 무엇이든지 풀면 하늘에서도 풀리리라"(마 16:18-19) 예수님 승천하신 후, 기도하던 120명 제자에게 '오순절' 성령 강림으로 "날마다 성전에 있든지 집에 있든지 예수는 그리스도라고 가르치기와 전도하기를 그치지 아니하니라."(행 5:42) 신앙고백을 넘어 '예수가 그리스도'라고 전도함으로 사람을 구원하고 교회가 세워져서 하나님 나라가 세상에 임하였습니다. 복음이 지역과 문화의 장벽을 뛰어넘을 때마다 그곳에는 예외 없이 성령 강림의 역사가 있었습니다. 이를테면 유대인을 넘어 이방인세계로 나아갈 때 백부장 고넬료의 가정에 성령 강림이 있었습니다.

1885년 4월, 어둠의 땅 조선에 들어온 아펜젤러와 언더우드를 통하여 복음의 씨앗이 심겨졌고, 1903년 8월, 원산에서 하나님의 말씀을 전하는 로버트 하디와 선교사들에게 임하신 성령 강림은 복음으로 민족과 나라를 일으키는 강력한 은혜가 교회의 부흥으로 활짝 열렸습니다. 이것은 1738년 5월 24일 저녁 존 웨슬리에게 임한 성령 강림으로 감리교회 역사가 시작된 것과 같았습니다. 1903년 원산 성령 강림은 한국의 오순절이었습니다. 하디를 통하여 북으로는 함경도, 남으로는 전라도까지 감리교회·장로교회에서 성령 강림의 역사가 계속되어 1906년 8월, 감리교·장로교 평양연합사경회에 임하신 성령 강림은 그 놀라운 1907년 1월 평양대부흥운동으로 이어졌고 오늘의 한국교회 부흥을 이루었습니다.

종교교회는 1900년 4월 개척부터 약 6개월간 말씀을 전한 하디에 의해 세워졌고, 1904년 4월 하디의 부흥사경회를 통하여 비약적인 부흥성장을 경험하여 한국의 중심교회 중의 하나로 자리매김을 하였습니다. **간성교회**는 1901년 7월 하디에 의해 세워진 영동 첫 번째 교회로서 1903년 1월 원산 사경회에 참석한 7교회 중 유일하게 현존하는 교회입니다. 영동지역 최초로 일어난 3·1만세 운동에 간성교회 청년들이 주축이 되었고, 류시국 목사는 이 일로 옥고를 치루셨습니다. **양양교회**는 1901년 10월 하디에 의해 세워진 강원도 동해안 지역 복음의 전초기지가 되었습니다. 5대 담임 김영학 목사는 시베리아 선교 중에 순교하셨고, 8대 담임 송정근 목사는 공산당에 의해 순교하여 순교자의 피가 흐르는 교회입니다. **강릉중앙교회**는 1901년 한 해 동안 강원도를 다섯 번 순회 전도한 하디가 해변을 따라 내려가 군청이 있는 강릉 근처까지 순회 방문하였을 때 세워졌고, 초기 교인은 40~70여 명 정도였으나, 오늘 동부 연회에서 가장 영향력 있는 중심교회로 우뚝 서게 되었습니다. **광희문교회**는 1897년 6월 리드 선교사 사택에서 좌옹 윤치호 선생의 설교로 시작된 남감리회 첫 번째 교회이며, 하디 선교사가 5대(1909-1910), 7대(1912-1915) 담임목사로 무려 6년을 섬긴 교회입니다. **석교교회**는 1910년 종교교회 선교처로 시작하여 1914년 독립 구역이 되면서 당시 협성신학교 교장이었던 하디 선교사가 초대 담임자가 되었고, 1917년 12월 예배당을 지었습니다. 하디의 딸 에바는 석교교회에서 운영하던 매일학교 사역과 여성사역에 힘썼습니다. **감리교신학대학교**는 1897년 아펜젤러 선교사님의 신학반에서 시작하였고, 1907년부터 하디는 신학교수로 16년을 사역하는 동안 10년간 교장으로 헌신했습니다. 오늘까지 지성과 영성을 겸비한 복음의 일꾼들을 양성하여 민족과 세계를 구원하는 선교 사명을 감당하고 있습니다.

하나님께서 로버트 하디를 부흥한국의 아버지가 되게 하셨습니다. 한국감리교회는 땅에 묻어둔 보화와 같은 위대한 영적 유산을 단순히 기리는 차원을 넘어 코로나 이후 침체된 한국교회 부흥의 역사를 일으키는 계기로 삼아야 할 것입니다. 1903년 8월 한국의 오순절에 임한 성령 강림의 역사가 오늘 다시 불일 듯 일어나기를 간절히 기도합니다.

2021년 1,200여 쪽의 방대한 『영의 사람 로버트 하디』를 저술하여 한국교회사 연구자는 물론 우리 모두를 놀라게 하더니(이 책은 2022년 세종도서 학술부문 우수도서로 선정되었다) 이번에 일반 목회자와 평신도들을 위해 분량을 대폭 줄여 다시 집필해 준 이덕주 교수님께 감사의 뜻을 표합니다.

차례

I.

세네카에서 원산까지

: 독립 선교사로 내한

1865~1898

① 지금도 세네카에 온전히 남아 있는 하디의 생가 @김대완
② 젊은 시절의 하디 부부(1890년) @Hardie
③ 현재도 온전히 남아 있는 세네카 유니티교회 예배당 @김대완

1.
"떠나라!"
조상과 고향교회

•

> 너는 너의 고향과 친척과 아버지의 집을 떠나 내가 네게 보여줄 땅으로 가라. 내가 너로 큰 민족을 이루고 네게 복을 주어 네 이름을 창대하게 하리니 너는 복이 될지라(창 12:1~2)

"떠나라!" 성경에 나오는 신앙 위인들이 공통으로 들었던 하늘의 음성이었다. '믿음의 조상' 아브라함이 그러했고 그 후손 이삭과 야곱, 요셉이 그러했다. 이들은 익숙한 고향을 떠나 낯선 곳에서 하나님의 인도하심과 보호하심을 경험하며 그 가운데 하나님의 음성을 듣고, 하나님의 뜻을 깨달아, 하나님의 일을 하면서 '하나님의 사람' homo deus으로 바뀌었다.

2천 년 기독교 역사도 고향 떠난 사람들의 이야기로 꾸며져 있다. 사도시대 전도자들이 그러했고 중세 어거스틴과 프란체스코가 그러했다. 근대 교회사는 복음이 들어가지 않은 미지의 세계로 길을 떠난 선교사들의 행적으로 채워졌다. 아시아에서 가장 늦게 복음을 받아들인 우리나라에도 고향 떠난 선교사들이 도래하였으니 하디도 그 중 한 사람이었다.

이 책의 주인공 로버트 알렉산더 하디의 첫째 이름 '로버트'는 그의 할아버지 이름이기도 했다. 할아버지 로버트는 스코틀랜드 북부 모레이 지방의 작은 농촌 달라스에서 태어나 같은 마을 헬렌 스콧과 결혼하였다. 로버트는 결혼 후 고향을 떠나 북쪽 작은 도시 포레스로 옮겼고 거기서 맏딸 헬렌을 얻었다. 다시 동쪽으로 옮겨 모레이 지방 행정수도 엘긴에서 아들 제임스와 알렉산더를 얻었다. 그 무렵 스코틀랜드에 캐나다 이민 붐이 일어났다. 경제 불황과 생활고에 지친 농민들에게 미국 독립전쟁1775~1784과 미국·캐나다 전쟁1812~1814 이후 영연방 영토로 확정된 캐나다는 기회와 꿈의 땅이었다. 엘긴에 살던 로버트도 가족을 이끌고 대서양을 건넜다. 이주 시기는 1830년대 중반으로 추정된다.

고향에서 농사를 짓던 로버트는 캐나다에 도착해서도 농사지을 땅을 찾다가 미국과 캐나다 국경선이 가로지르는 온타리오호 서남부 항구도시 해밀턴에서 남쪽으로 10㎞ 떨어진 마운트호프라는 작은 마을에 정착하였다. 스코틀랜드에서 이민해 온 농민들이 많이 살고 있었다. 로버트는 거기서 농사를 지으며 화이트감리교회에 출석하였다. 하디 가족이 언제부터 감리교도였는지 정확한 시점은 알 수 없지만 로버트 가족은 캐나다로 이주한 후 충실한 감리교 신도로 살았다. 로버트는 근면하게 일하여 후손이 새 땅에서 살아갈 수 있는 경제적 기반을 이룩한 후 여든 넘은 나이로 1872년 2월 별세하여 화이트교회 묘지에 묻혔다. 부인 헬렌도 1년 후 별세하여 그 옆에 묻혔다. 그곳엔 마운트호프에 도착한 얼마 후 19세 나이로 죽은 둘째 아들 알렉산더의 묘소도 있다. 그렇게 해서 스코틀랜드 출신 로버트 하디와 그 후손들은 '캐나다 사람'이 되었다. 조상이 묻힌 땅이 새 고향이 되었다.

로버트의 맏아들 제임스도 스코틀랜드 엘긴에서 태어나 10대 소년 때 부모를 따라 대서양을 건넜다. 제임스는 마운트호프에서 성장하여 아버지의 농사일을 돕다가 같은 화이트교회에 다니던 13세 연하의 아비가일 쇼와 결혼하였다. 장인 토마스 쇼는 미국 뉴잉글랜드지역(매사추세츠)에 살다가 미국·캐나다 전쟁 어간에 캐나다 마운트호프로 이주한 지역 유지로 슬하에 8남매를 두었는데 아비가일이 여섯째다. 제임스 하디 부부는 결혼 후 마운트호프에서 남쪽으로 5㎞ 떨어진 세네카 마을로 이주하였다. 미국 독립전쟁 때 영연방을 도왔던 인디언 세네카 부족이 살던 곳인데 백인이 들어와 인디언들에게 땅을 사서 농지로 개간하고 살던 곳이었다.

세네카에서 다시 남쪽으로 1마일 더 내려가면 온타리오호와 에리호 사이 광활한 들판을 가로지르는 그랑강을 만나고 그곳 강변에 신흥도시 칼레도니아가 있었다. 칼레도니아란 지명은 로마제국 시대 스코틀랜드를 의미하였던 '칼레도니'에서 유래된 것이다. 그만큼 칼레도니아에는 스코틀랜드 개척이민자들이 많이 살았다. 1833년 설립된 그랑강개발회사는 그랑강 유역에 흩어져 살고 있던 세네카와 오네이다, 카유가, 오논다가 등 인디언 부족들로부터 토지를 헐값에 매수하여 강과 하천에 댐과 다리, 운하를 건설하고 숲과 늪을 농지로 개간하였다. 칼레도니아는 그랑강개발회사의 주요 거점도시로서 목재소, 제분소, 모직공장, 여관, 우체국, 병원, 학교, 교회들이 들어섰다. 세네카는 그런 칼레도니아의 부속 마을이었다. 우리 식으로 말하면 온타리오는 군郡, 칼레도니아는 면郡, 세네카는 동洞에 해당하였다.

그랑강 개발회사가 한창 개척 사업을 추진하고 있던 1849년, 토론토에서 발간된 『스미스 캐나다 지명사전』에 실린 세네카 지역 소개다.

> "세네카: 칼레도니아에서 1마일 떨어진 그랑 강 유역의 번성하고 있는 마을. 주민은 140명이고 감리교회가 하나 있다. 의사가 한 명이 있으며 제분소와 제재소·모직공장·철물점·선반제작소·제화점·양복점이 각 한 곳, 잡화점·가구제작소가 각 두 곳, 대장간·선술집이 각 세 곳 있다."

당시 세네카와 칼레도니아를 합쳐 인구 5백 명을 넘지 못했다. 해밀턴(마운트호프 포함) 인구가 6천 5백 명이었던 점을 감안하면 세네카는 아주 작은 시골 마을에 불과했다. 작았지만 농사짓는 사람들에게 필요한 상점과 제작소들이 갖추어 있고 의사도 한 명 있었으며 무엇보다 '감리교회'가 하나 있었다.

캐나다 지역 감리교 선교는 영국과 미국, 두 곳으로부터 이루어졌다. 지리적으로 가까운 미국에서는 1784년 볼티모어에서 조직된 미국 감리교회 연회에서 캐나다 지역에 순행 전도자들을 파송하여 교회를 설립하였다. 그렇게 설립된 교회들은 1814년 미국·캐나다 전쟁 후 미국 감리교회에서 독립하여 1824년 '캐나다감리회'를 조직하였다. 하디 가족이 마운트호프에서 출석했던 교회가 거기에 속했다. 영국 감리교회에서는 웨슬리 사후1791년 분열된 '웨슬리감리회'와 '뉴커넥션감리회', 양쪽에서 캐나다에 선교사와 전도자들을 파송하였다. 칼레도니아 지역에서는 그랑강을 경계로 남쪽은 뉴커넥션감리회, 북쪽은 웨슬리감리회가 집중적으로 교회를 설립했다. 한편 1833년 캐나다감리회와 웨슬리감리회는 통합하여 '캐나다웨슬리감리회'를 조직했다. 하디 가족이 출석했던 세네카 교회가 여기 속했다.

칼레도니아 세네카 지역은 1840년대 초반 세 곳에서 감리교 신도집회가 시작되었다. 강변 쪽 읍내에서 그랑강개발회사 직원과 읍내 주민들이 집회를 시작하였고 1마일 북쪽의 세네카에서도 해밀턴에서 이주해 온 아일랜드 출신 리처드 그린의 농장과 거기서 동쪽으로 1㎞ 떨어진 새뮤얼 그레이의 농장에서 집회를 시작하였다. 세 곳 모두 자녀 교육을 위해 지은 통나무학교에서 집회를 시작하였는데 읍내 교회만 1844년 목조 예배당을 지었다. 정착 목회자가 없었던 세 곳 교회 교인들은 웨슬리감리회 해밀턴 구역이나 요크 구역에서 파송한 순회 목회자들의 지도와 관리를 받았다. 그러던 중 1861년 9월 강변 쪽 제임스 그린리 농장에서 세 곳 교인이 모두 참여한 천막집회가 열렸다. 한 주간의 집회에서 영적 회심을 경험한 교인들은 전도운동을 벌였고 교인이 늘자 세 지역 교인이 함께 모일 수 있는 새 예배당을 건축하기로 하였다. 새 예배당 위치는 세 교회의 중간 지점, 해밀턴과 칼레도니아를 남북으로 잇는 아비가일스트리트와 그린농장에서 그레이농장을 동서로 잇는 유니티사이드로드가 교차하는 지점으로 정했다. 마침 그곳에 그레이농장 통나무학교와 교회를 관리하던 존 헐의 농장이 있어 헐 부부는 교회 부지로 0.75에이커(9백 평)를 기부하여 1864년 2백 명을 수용할 수 있는 벽돌 예배당을 지었다.

새로 지은 예배당은 '웨슬리감리회 유니티교회'로 명명하였다. 예배당이 위치한 거리Unity Side Road 이름에서 따오기도 했지만 그보다는 세 곳에서 예배드리던 교인들이 한곳에 모였으니 '연합해서 하나'unity 되기를 바라는 뜻이 담긴 것이다. 또한 칼레도니아 세네카에 거주하는 주민이나 교인은 모두 영국·미국, 혹은 유럽에서 건너온 이주민들로 출신과 언어·문화 배경이 서로 달라 갈등과 충돌이 빚어지기 쉬웠는데 그것을 신앙으로 극복하고 '그리스도 안에서 하나' 되기를 추구하겠다는 의지의 표현이기도 했다. 새 예배당이 마련됨으로 읍내 교인은 물론 그린농장과 그레이농장 교인 모두 합쳐 2백 명이 그곳에서 예배를 드렸고 성가대와 주일학교도 조직하였다. 세네카 유니티교회는 칼레도니아 지역의 중심교회가 되었다. 이에 캐나다웨슬리감리회 연회는 1871년 독립 구역회로 '세네카구역'을 조직하고 암스트롱 목사를 초대 담임자로 파송하였다.

다시 1874년 캐나다 웨슬리감리회와 뉴커넥션감리교회 연회가 통합하여 캐나다감리회를 조직함에 따라 세네카 유니티교회는 그랑강 남쪽의 뉴커넥션감리회와 통합하기로 했다. 이에 1878년 두 교회 중간 지점인 칼레도니아 읍내에 5백 명을 수용할 수 있는 고딕식 벽돌 예배당을 건축하고 옮겨가면서 '칼레도니아감리교회'로 이름을 바꾸었다. 구역 명칭도 칼레도니아구역으로 바뀌었고 목사관도 그곳으로 옮겼다. 자연스럽게 세네카 유니티교회는 칼레도니아구역의 지교회로 바뀌었다. 칼레도니아감리교회는 1924년 '그레이스감리교회'로 명칭을 바꾸었다. 그리고 1925년 캐나다의 감리교회와 회중교회, 장로교회가 통합하여 캐나다연합교회를 조직할 때 칼레도니아감리교회도 칼레도니아지역 회중교회와 장로교회 교인들을 흡수하여 '그레이스연합교회'로 명칭을 바꾸었다. 그 교회가 오늘까지 유지되고 있다. '연합교회' 시대가 되면서 세네카 유니티교회 예배당에서는 주일저녁 예배만 드리다가 1949년부터 예배 기능도 소멸되었다. 그러나 건물은 지금도 그대로 남아 교회 부지 안에 조성된 170여 기 교인들의 묘소와 함께 고향을 떠나 세네카에 들어온 초기 이주민들의 신앙 역사를 증언하고 있다.

이처럼 유서 깊은 세네카 유니티교회가 설립될 무렵 마운트호프에서 결혼한 제임스 하디 부부가 세네카로 내려와 정착하였다. 그들이 살던 2층짜리 아담한 벽돌집은 아비가일스트리트(온타리오하이웨이)와 유니티사이드로드가 교차하는 네거리 북동쪽 모서리에 그대로 남아 있다. 거기서 길 건너 동쪽으로 5백 미터 떨어진 곳에 유니티교회 예배당이 있다. 제임스 하디는 1864년 이 예배당을 지을 때 6인 건축위원의 한 사람으로 활약했고 1871년 세네카 구역이 조직될 때 5인 속장 중 한 명으로 임명되었다. 이렇게 제임스 하디는 새 예배당 건축 전부터 세네카교회 지도자로 활약하고 있었다. 그는 새 예배당을 건축한 이듬해, 1865년 6월 11일 첫아들을 얻었다. 제임스는 41세 늦은 나이에 얻은 아들에게 아버지의 이름에서 '로버트', 일찍 죽은 동생의 이름에서 '알렉산더'를 따서 로버트 알렉산더 하디라 지었다. 새로운 미래를 향하여 고향을 떠난 아버지의 모험과 꿈을 펼쳐보지 못하고 요절한 동생의 삶까지 보태서 살기를 바라는 마음이 담긴 이름이었다.

2.
"세상에 유익한 존재가 되라!"

부모의 유언과 진로 결정

•

> 이스라엘이 죽을 날이 가까우매 그의 아들 요셉을 불러 그에게 이르되 이제 내가 네게 은혜를 입었거든 청하노니 네 손을 내 허벅지 아래에 넣고 인애와 성실함으로 내게 행하여 애굽에 나를 장사하지 아니하도록 하라. 내가 조상들과 함께 눕거든 너는 나를 애굽에서 메어다가 조상의 묘지에 장사하라. 요셉이 이르되 내가 아버지의 말씀대로 행하리이다(창 47:29~30)

고향을 떠나 애굽으로 내려갔던 야곱(이스라엘)은 죽으면서 아들 요셉에게 "나를 애굽에 묻지 말고 부모가 묻힌 헤브론 땅에 묻어 달라."는 유언을 남겼다. 요셉은 아버지의 뜻에 따라 아버지를 헤브론에 장사지냈다. 이스라엘 민족의 '조상 유언 지키기' 전통이 형성되었다.

죽은 조상의 유언은 살아 있는 후손에게 의무이자 책임이다. 아버지의 유언을 그대로 준행할 때 "사랑하고 신실한 아들"(고전 4:17)이 된다. 고향 캐나다를 떠나 한국에 선교사로 나오기까지 하디의 삶에서 고비 때마다 지남침처럼 방향을 가르쳐 준 것도 '아버지의 유언'이었다.

마운트호프에서 결혼하고 세네카로 옮겨 와 유니티교회 속장으로 활약했던 아버지 제임스 하디는 1965년 맏아들 로버트 알렉산더가 태어난 후 거의 연년생으로 자식을 얻었다. 1866년 11월 맏딸 에바 마리아, 1868년 1월 둘째 아들 토머스 웰링턴, 1869년 6월 셋째아들 허버트 제임스, 1870년 10월 넷째아들 엘긴 쇼가 태어났고 잠시 시간을 두었다가 1875년 1월 막내아들 윌리엄 존이 태어났다. 10년 만에

5남 1녀를 얻었다. 그런데 어머니 아비가일은 막내아들 윌리엄을 출산한 지 보름 만인 1875년 1월 23일 37세 나이로 세상을 떠났다. 다시 네 달 후인 5월 28일 아버지 제임스도 50세 나이로 숨을 거두었다. 이들 부모의 시신은 세네카 유니티교회 묘지에 안장되었다.

졸지에 고아가 된 아이들은 장례식에 참석했던 친척들이 맡아 기르기로 했다. 마운트호프에 살던 할아버지와 할머니는 이미 3, 4년 전에 별세하였기 때문에 남은 친척은 마운트호프의 외갓집과 노포크 카홈에 출가해 살고 있던 고모 헬렌밖에 없었다. 맏아들 로버트는 고모가 맡고 밑의 동생들은 마운트호프의 외삼촌과 외숙모 집으로 흩어졌다. 부모는 세네카에 이층집과 카유가에 150에이커(18만 평) 농장을 유산으로 남겨 자녀 양육이나 교육비를 충당하기엔 부족함이 없었다. 그리하여 로버트는 열 살 나이에 부모를 잃고, 형제들과 헤어져, 고향 집을 떠나 세네카에서 서남쪽으로 50마일 떨어진 고모네 집에서 사촌들과 함께 자랐다. 세네카에 있을 때 유니티교회 예배당에서 세네카마을학교 초등과정 수업을 받았던 로버트는 카홈에서 중등 과정 수업을 받은 후 기숙사 생활이 가능한 열다섯 살 때1880년 세네카로 돌아와 읍내 칼레도니아고등학교에 입학하였다. 그리고 고등과 3년, 사범과 1년 과정을 마친 후 1884년 졸업하고 세네카마을학교 교사가 되었다. 이어서 흩어져 살던 동생들도 세네카로 돌아왔다. 세네카 마을 교인과 주민들은 고아가 되어 고향을 떠났다가 교사가 되어 돌아온 로버트를 대견하게 여겼다.

로버트 하디는 고향으로 돌아온 2년 후, 1886년 12월 27일 고향 친구 마가렛 마틸다 켈리와 결혼했다. 하디보다 세 살 위인 켈리도 비슷한 출신 배경 및 경험이 있었다. 켈리의 아버지John Kelly와 어머니Elizabeth는 아일랜드 남부 코크 지방 출신으로 1830년대 캐나다로 이주하였고 1860년대 세네카에 정착했다. 켈리는 아홉 살 때1871년 두 살짜리 여동생의 죽음을 목격했고 열다섯 살 때1877년 아버지가 별세하여 편모슬하에서 자랐다. 켈리와 하디는 같은 세네카 유니티교회 주일학교와 마을학교에 같이 다녔다. 켈리는 고향을 떠난 지 5년 만에 교사가 되어 돌아온 하디와 사귀었고 둘은 결혼을 약속했다. 그러면서 하디의 인생행로에 방향 전환이 이루어졌다. 훗날1914년 하디는 "나는 왜 선교사가 되었나?"라는 글에서 이렇게 증언하였다.

“약혼식 직후 아내와 나는 교회에서 예배를 마치고 집으로 돌아오면서 나의 장래에 대해 이야기를 나누었다. 우리는 모두 어려서 부모를 잃었지만 신앙심이 좋은 부모 밑에서 자라나 받은 영향이 컸다. 그래서 우리는 어떻게 하면 세상에 가장 유익한 존재가 될 것인가에 관심이 있었다. 우리는 기독인 의사가 된다면 보다 선한 영향력과 기회를 얻을 수 있을 것으로 생각했다. 그래서 그날 밤 나는 의학을 공부하기로 결심했다.”

20대 초반의 젊은 부부는 "결혼 후 어떻게 살 것인가?"란 주제로 대화를 나누었고 그 순간 하디는 생전의 부모로부터 들었던, "세상에 가장 유익한 존재가 돼라." You must be the most useful to the world는 유언이 떠올랐다. 그 말씀은 "자기 유익을 구하거나 자신을 위하여 살지 말고 세상의 소금과 빛이 되어 세상에 선한 영향력을 끼치며 살라."는 부탁이자 권면이었다. 하디는 그 유언에 근거하여 현재와 미래를 바라보았다. 비록 작지만 마을 학교 교사가 되었고 물려받은 유산도 있어 고향에서 경제적으로 안정적인 삶을 살 수는 있었다. 교사도 나름의 의미 있는 직업이었다. 그러나 현실에 안주하기보다는 미래에 모험을 걸기로 했다. 하디 부부는 어려서 병으로 가족을 잃는 슬픔을 경험했다. 그래서 병을 치료하는 의사가 되기로 했다. '그날 밤' 하디는 결심했고 이런 그의 결심에 약혼녀도 동의하였다.

하디는 즉시 교사직을 사임하고 고향을 떠나 1886년 9월 토론토대학 부속 토론토의학교에 입학하였다. 후에 토론토대학교 의과대학으로 발전한 학교다. 하디는 의학도가 된 첫 학기에 인생행로의 방향을 결정한 두 번째 계기를 맞았다.

“내가 의과대학에 들어가 1학년 때 포어맨 목사님이 우리 학교 기독교청년회YMCA 모임에 오셔서 학생선교자원운동에 대해 강연하셨다. 고국에서 의사로 일하는 것보다 해외 선교지에 나가 의료 사역을 하는 것이 보다 중요하지 않겠느냐 강조하는 말씀을 들을 때 '가장 유익한 존재가 되어야겠다.' 생각했던 나로서는 해외 선교지로 나가서 의료 활동을 펼치는 것이 당연하다고 여겼다. 나는 그날 밤 해외선교를 지원하였다. 내가 그 사실을 사랑하는 아내에게 알렸을 때 아내도 나와 같은 생각을 하고 있었다며 동의했다.”

미국에서 갓 시작한 '해외선교 대학생자원운동'The Student Volunteer Movement for Foreign Missions, 약칭 SVM 순회강연단 강사로 미국 프린스턴신학교 출신 와일더, 포어맨이 토론토대학을 방문했다. 와일더는 문과대학인 유니버시티대학에서, 포어맨은 의학교에서 강연하였다. 하디는 포어맨으로부터 "본국에서 보다 해외 선교지에서 사역하는 것이 보다 중요하지 않겠느냐?"는 질문, 좀 더 구체적으로 "인구 6~7백 명에 1명꼴로 의사가 있는 미국이나 캐나다에서 개업하겠는가? 아니면 현대의술에 대한 지식이 전혀 없는 나라로 가서 개척 사업을 하겠는가?"란 질문을 받는 순간 "세상에 유익한 존재가 돼라."는 부모의 유언이 떠올랐다. 그래서 '그날 밤' 해외선교를 결심했고 그런 그의 결심에 약혼녀도 동의했다. 하디 부부는 1886년 성탄절 휴가 때 세네카 고향교회에서 결혼한 후 토론토에 셋집을 얻어 신혼살림을 시작했다.

토론토로 옮긴 후 하디는 토론토 시내 킹스칼리지스트리트의 학교와 칼튼스트리트의 집, 그리고 셔본스트리트의 셔본스트리트감리교회를 오가는 단조로운 생활 속에 의학 공부에 매진하였다. 그러면서 학생자치단체인 기독교청년회와 대학생절제회, 해외선교자원운동 모임에 적극 참여하였다. 그 모임에서 훗날 선교지 한국에서 동료 선교사로 함께 사역할 친구 둘을 만났다. 첫 번째 친구가 서울 세브란스병원을 설립한 에비슨이었다. 영국 요크셔 출신으로 어려서 부모를 따라 캐나다로 이주한 후 독학으로 약학을 공부한 후 토론토 약학교를 거쳐 1884년 의학교에 입학, 3년 만인 1887년 수석으로 졸업한 후 의학교와 약학교 교수로 강의하면서 칼튼스트리트에 개인병원을 개업하였다. 에비슨은 의학교 시절 의학생 기독교청년회와 학생절제회를 창설했고 하디가 다니던 셔본스트리트교회 본처전도사(지금의 장로)로서 토론토 동부 빈민가 전도활동에도 참여하였다. 1886년 가을 포어맨을 의학교에 초청한 주인공이 에비슨이었다. 하디는 의학교에 다니는 동안 다섯 살 위인 에비슨을 선배이자 교수, 동료로 사귀었고 그 우정은 60년 넘게 지속되었다.

토론토에서 만난 또 다른 친구는 두 살 위인 게일이다. 게일은 스코틀랜드 남부 에버딘셔에서 출생, 13세 때 부모를 따라 캐나다 온타리오 알마에 정착했고 1884년 토론토 유니버시티대학에 입학하였다. 게일의 아버지는 농부였지만 큰아버지는 스코틀랜드 에버딘대학을 졸업한 자유장로교회 목사로 1827년 캐나다로 이주하여 선교사로 활약하였고 토론토 퀸즈대학 교수를 역임했다. 큰아버지 영향을 받아 목회와 해외선교에 뜻을 두었던 게일은 1886년 가을 포어맨과 함께 토론토대학을 방문한 와일더 목사의 강연을 듣고 해외선교를 결심하였다. 선교지는 갓 문호를 개방하고 선교사들을 받아들인 한국으로 정했다. 그리고 1888년 6월 졸업 후 유니버시티대학 기독교청년회UC-YMCA 파송을 받아 그해 12월 내한하였다. 게일은 한국에 파송된 최초 캐나다 선교사였다.

문과대학생이었던 게일이 재학 중 의과대학생인 하디나 에비슨과 친교를 나누었는지 여부는 확인할 수 없다. 하지만 두 대학 기독교청년회 사이에 연합 집회와 교류가 있었던 만큼 가능성은 충분하다. 아무튼 에비슨과 게일, 그리고 하디는 훗날 한국에서 함께 사역하게 되었고 동료 선교사들로부터 '토론토 삼총사'로 불렸다.

의사가 되기 위해 토론토에 올라왔던 하디로서는 에비슨과 게일 같은 친구를 만난 것이 큰 소득이었다. 그러나 토론토에서 하디 부부에게 좋은 일만 있었던 것은 아니다. 신혼부부로서는 견디기 힘든 시련도 겪었다. 아들과 동생의 죽음이었다. 하디 부인은 결혼 1년 후 1888년 1월 첫아들 아서 시드니를 얻었다. 그러나 아들은 출생 7개월 만에 '단순 무기력증'으로 목숨을 잃었다. 하디 부부는 아들의 시신을 집에서 가까운 윈체스터스트리트의 토론토 시립묘지에 안장했다. 그리고 이보다 한 달 전인 1888년 7월 고향 세네카에 있던 바로 밑의 남동생 토머스가 스무 살 나이로 죽었다. 하디는 동생 무덤을 세네카 고향교회 부모 묘지 옆에 조성했다. 동생과 아들을 잃은 슬픔을 동시에 겪은 하디 부부에게 위로라도 하듯 1889년 3월 맏딸이 태어났다. 하디 부부는 딸 이름을 에바 릴리언이라 지었다. 에바는 하디의 바로 밑 여동생 이름이기도 했다.

의학교 1학년 때 해외 선교를 지원했던 하디는 1889년 졸업반이 되면서 "어느 나라, 어디로 갈 것인가?" 결정해야 했다. 하디는 한국을 선교지로 택하게 된 배경을 이렇게 설명했다.

“의학 공부를 마칠 즈음 *The Missionary Review of the World*를 통해 은둔국이 방금 문호를 개방하고 선교사들을 받아들이고 있다는 것을 알게 되었다. 그리고 다른 어느 곳보다 방금 문을 연 이 나라에 들어가 의료 사역을 하는 것이 보다 귀한 일이라 여겨 우리 부부는 그곳을 선교지로 택하였다.”

하디가 읽은 *The Missionary Review of the World*는 미국에서 간행되는 해외선교자원운동SVM 기관지 성격의 월간 선교잡지였다. 무디와 피어슨, 스피어, 화이트, 모트, 와일더 등 미주지역 해외선교운동 지도자들의 논문과 전 세계에 흩어져 사역하고 있는 선교사들의 선교 보고서, 연구논문들이 수록되었다. 하디는 이 잡지를 통해 ‘방금 문호를 개방하여 선교사들을 받아들인 은둔국’, 곧 한국의 선교 역사와 상황을 파악하였다.

한국은 아시아 지역에서 가장 늦게 서방에 문호를 개방하였다. 그 결과 기독교(개신교) 선교 역사도 인도나 중국, 일본보다 50년 내지 20년 늦었다. 그렇다 보니 다른 나라에 비해 복음 전도와 교육선교, 의료선교, 모든 분야의 선교사 숫자나 시설이 턱없이 부족했다. 한국에 들어간 개척 선교사 알렌과 언더우드·아펜젤러·스크랜턴·헤론·헐버트·길모어·존스·기포드·게일 등의 ‘고군분투하는’ 선교사역 보고서와 논문이 선교잡지에 실렸다. 한국 선교사들의 부탁은 하나였다. “추수할 것은 많되 일꾼이 적으니 그러므로 추수하는 주인에게 청하여 추수할 일꾼들을 보내주소서 하라.”(눅 10:2)

하디는 이런 한국 관련 선교 보고와 논문들을 읽는 중에 “이미 많은 선교사가 들어가 안정적인 기반을 구축하고 선교사역을 활기차게 추진하고 있는 나라로 갈 것인가? 아니면 환경과 시설이 열악하고 반反 기독교 정서가 강하여 고난과 시련이 따를 수밖에 없는 개척 단계의 한국으로 갈 것인가?” 고민하던 중 “세상에 유익한 존재가 돼라.”는 아버지 유언 말씀에 따라 “다른 어느 곳보다 방금 문을 연 나라에 들어가 의료 사역을 하는 것이 보다 귀한 일”이라는 판단이 섰다. 마침 그 무렵 부산에서 사역하고 있던 게일로부터 “함께 사역할 의료 선교사를 보내 달라.”는 편지가 토론토대학에 도착한 것이 하디의 한국 선교 결심에 마침표를 찍었다. 의과대학 졸업반 때 일이다. 이런 그의 결심에 부인 켈리도 선뜻 동의하였다.

이렇듯 하디는 결혼 3년 만에 인생 향로向路에 세 번 변화를 경험했다. 세네카 고향 학교 교사에서 의학도로, 국내 의사에서 해외 선교사로, 그리고 여러 나라 가운데 한국의 선교사가 되기로 방향을 정할 때마다 선택과 판단의 기준이 된 것은 어려서 들었던 부모의 유언, "세상에 가장 유익한 존재가 돼라."는 말씀이었다. '가장' 유익한 존재가 되기 위해서는 '보다' 유익한 길을 선택해야 했다. 그 결과 자신과 가족의 유익이나 행복을 구하는 것이기보다 세상을 보다 행복하게 하고 보다 많은 사람에게 유익이 되는 길과 직업과 직장을 선택하기에 이르렀다. '이방인의 사도'로 부르심을 받았던 사도 바울의 말씀처럼 말이다.

> "나와 같이 모든 일에 모든 사람을 기쁘게 하여 자신의 유익을 구하지 아니하고 많은 사람의 유익을 구하여 그들로 구원을 받게 하라."(고전 10:33)

3.
“땅 끝까지 이르러”
서울과 부산 선교

•

> 오직 성령이 너희에게 임하시면 너희가 권능을 받고 예루살렘과 온 유대와 사마리아와 땅 끝까지 이르러 내 증인이 되리라 하시리라(행 1:8)

성령을 받은 제자들의 그리스도 증언은 예루살렘에서 시작하여 유대와 사마리아를 거쳐 땅 끝까지 확산되었다. 사도행전은 사도 바울의 로마행으로 끝난다. 예루살렘 함락 후 로마는 ‘새 예루살렘’이 되어 그곳으로부터 복음은 ‘땅 끝’을 향해 퍼져나갔다. 이후 기독교 역사는 ‘땅 끝’을 향한 전도자들의 이야기로 꾸며졌다.

중세까지 기독교는 유럽 안에 머물렀다. 종교개혁 이후 ‘땅 끝’을 찾는 선교사들에 의해 복음은 아시아, 아메리카, 아프리카로 퍼져나갔다. 아시아에서 제일 늦게 문을 연 한국을 ‘땅 끝’으로 여겨 찾아온 선교사들 가운데 하디도 포함되었다. 그는 한국에 와서도 ‘땅 끝’을 찾았다.

선교지를 한국으로 정한 하디의 다음 과제는 후원 교회와 파송 선교회를 정하는 일이었다. 우선 하디 부부가 속한 캐나다감리회가 있었지만 여의치 않았다. 캐나다감리교회는 1874년 웨슬리감리회와 뉴커넥션감리교회 통합으로 선교역량이 강화되어 해외선교를 적극 추진하였다. 통합 1년 전인 1873년 웨슬리감리회는 코크란과 맥도널드를 일본에 파송하여 도쿄와 시즈오카 지방을 중심으로 활동한 결과 3년 후 일본지방회를 조직하였다. 캐나다감리회는 다음으로 중국 선교에 착수하였다. 마침 미감리회 선교사로 중국 내륙지방에서 20년 넘게 사역하다가 건강 때문에 사임한 후 캐나다 온타리오에서 휴양을 취하고 있던 하트 부부에게 중국 선교 개척을 부탁하여 하트 부부와 딸, 의사인 하트웰, 스트븐슨 부부로 구성된 캐나다감리교회의 중국선교 개척단이 1891년 중국에 들어가 청두에 병원과 학교를 세우고 양자강 내륙지방 사역을 시작하였다. 이처럼 캐나다감리회는 일본 선교와 중국 선교에 역량을 기울이다 보니 하디의 한국 선교를 지원할 여력이 없었다.

이런 상황에서 토론토대학교 문과대학인 유니버시티대학 기독교청년회 학생들이 해외선교회를 조직하고 1888년 게일을 한국 선교사로 파송하였다. 게일의 유니버시티대학 동창인 하크니스도 게일과 같은 배로 한국에 도착하였다. 하크니스 후원 단체는 토론토대학 출신 건축가로서 토론토기독교청년회 선교위원장이던 고든이 중심이 되어 토론토 기독실업인들이 조직한 '한국연합선교회'였다. 하크니스는 아쉽게도 서울 도착 6개월 만에 건강문제로 선교사직을 사임하였고 귀국하던 중 일본에서 건강을 회복한 후 6년간 일본 선교사로 사역했다. 이에 한국연합선교회에서는 토론토 시내 철물상 관리인으로 일하고 있던 감리교 평신도 펜윅을 후임 선교사로 선발하여 1889년 11월 한국에 파송하였다.

이처럼 1888~1889년 토론토 유니버시티대학과 기독교청년회, 평신도들이 선교회를 조직하고 게일과 하크니스, 펜윅을 한국 선교사로 파송한 것에 자극받은 토론토 의과대학 기독교청년회 회원들도 해외선교회를 조직하고 의과대학 졸업반 학생 하디의 한국 선교를 지원하기로 하였다. 하디의 선배이자 지도교수였던 에비슨과 의학교 졸업생으로 토론토 시내에 병원을 개업한 스미스 박사가 선교회 지도위원으로 참여했다. 여기에 토론토 시내의 다른 의과대학인 트리니티의학교와 토론토여자의학교 학생들도 참여하여 '토론토의학생 기독교청년회' 조직으로 발전하였다. 선교회는 "한국인을 치료하고 복음을 전하자."를 표어로 내걸고 회원 및 선교비 모금운동에 나서 3개월 만에 180여 명 회원을 확보했다. 1891년 3월부터 에비슨 편집으로 선교회 기관지 *The Medical Missionary*까지 발간하였다.

이런 과정을 거쳐 1890년 5월 토론토의학교를 졸업B.M.한 하디는 토론토의학생 기독교청년회와 '8년 동안 매년 750달러'를 후원받는 조건으로 계약하고 한국

선교사로 파송되었다. 하디 부부는 1890년 8월 13일 토론토를 출발, 밴쿠버에서 태평양을 건너 일본을 거쳐 9월 30일 부산에 도착하였다. 하디는 게일이 머물고 있는 부산에서 사역을 시작할 생각이었다. 그런데 게일은 4개월 전 서울로 떠나 부산에 없었다. 미국 북장로회 의료 선교사로 서울 제중원 원장으로 있던 헤론이 부산을 방문했다가 앓아누워있는 게일을 보고 반강제적으로 서울로 데려갔기 때문이었다. 하디는 게일을 만나기 위해 부산을 떠나 인천을 거쳐 서울에 도착했다. 그런데 서울에 도착해 보니 상황이 급박하였다. 부산에서 게일을 데려왔던 헤론이 오히려 이질에 걸려 7월 26일 별세한 후 제중원 의사 자리가 비어 있었다. 미국 북장로회 해외선교부에서 헤론 후임으로 빈턴을 파견했지만 미국을 출발하지 못한 상태였다.

1885년 봄 미국 북장로회 의료 선교사 알렌에 의해 시작된 제중원(처음 명칭은 광혜원)은 조선 정부가 설립자로 되어 있는 관립병원이기도 했다. 선교사들은 정부기관인 제중원을 선교의 중요거점으로 여겼다. 2년간 제중원을 경영하다가 선교사직을 사임하고 귀국했던 알렌은 외교관으로 신분을 바꾸어 1890년 9월 서울 주재 미국공사관 서기관으로 부임해 있었다. 그는 서울에 도착한 하디에게 빈턴이 도착하기까지 제중원을 맡아 달라고 부탁했다. 게일을 비롯하여 서울에 있던 장로교, 감리교 선교사들도 적극 권했다. 하디가 토론토를 떠날 때만 해도 예상하지 못했던 일의 전개였다.

하디는 1890년 10월부터 서울 구리개(지금의 을지로 2가 하나은행 본점 자리)에 있던 제중원에서 사역하였다. 하디에게 제중원 사역은 의사로서 '인턴 과정'이자 선교사로서 '현지 적응' 훈련이었다. 그로서는 의과대학 졸업 후 본국 병원에서 받아야 할 수련 과정을 서울에서, 지도교수 없이 스스로 밟은 셈이었다. 게다가 하디는 환자 진료 외에 병원 관리자로서 조선 정부에서 파견한 한국인 직원들까지 지휘하였다. 그런 중에 신참 선교사로서 가장 중요한 업무인 어학공부를 시작하였다. 게일이 황해도 소래 출신 한학자 고학륜을 어학선생으로 소개하였다. 하디는 고학륜으로부터 한글과 한문은 물론 학자로서의 품성도 배웠다. 고학륜은 하디의 한국이름을 '하리영'河鯉泳이라 지어주었다. "강물 따라 헤엄치는 잉어"란 뜻이다. 잉어는 조선시대 사대부, 학자들에게 '군자'를 상징하였다. 그사이 부인은 1890년 12월 둘째 딸 애니 엘리사벳을 출산했다. 집에서는 애칭인 베씨로 불렀다.

제중원 사역 6개월 후 1891년 4월 빈턴이 서울에 도착하자 하디는 제중원 사역을 넘겨주고 처음 목적지인 부산으로 떠났다. 부산은 한반도의 경상도 '땅 끝'이었다. 어학선생 고학륜과 서양 의술을 배우겠다는 그의 아들 고명우(후에 세브란스의학교를 졸업하고 세브란스의전 교수가 됨)가 동행했다. 하디는 토론토를 떠날 때부터 부산에서 게일과 함께 사역할 것으로 예상했다. 그러나 게일은 서울로 올라간 후 미국 북장로회 선교사 언더우드, 마펫 등과 교류하였고 1891년 8월 마펫과 의주를 다녀온 후 미국 북장로회 해외선교부로 소속을 옮겼다. 그래서 하디는 홀로 부산으로 내려가 게일이 유니버시티 기독교청년회 후원금으로 마련했던 집에 '월 6달러' 세를 주고 들어가 살면서 사역을 시작하였다.

부산에서 하디의 하루 일과는 찾아오는 환자를 진료하는 외에 하루 두 시간 성경공부, 두 시간 어학공부, 그리고 남은 시간은 어학선생을 통역으로 삼아 거리로 나가 전도하는 것으로 짜여졌다. 또한 부산 해관장 헌트의 부탁을 받고 부산해관 촉탁의사로 부산에 거주하는 외국인(주로 일본인)들도 진료하였다. 하디는 부산에 정착한 최초 의료 선교사였다. "양인 의사가 왔다."는 소문이 돌면서 환자들이 찾아왔다. 150리 길을 걸어온 환자도 있었다. 그런데 게일이 살던 초가집은 좁고 어두워 진료시설로는 부적합하였다. 하디는 헌트의 제안에 따라 부산진 건너편, '사슴섬'으로도 불렸던 영도에 있는 부산해관 임시 진료소로 옮겼다. 그러나 교통이 불편한데다 주민 접촉이 어려워 6주 만에 다시 뭍으로 나와 초량동 일본인 거주지 안에 있던 이탈리아인 시빌리니의 주택을 '월 30달러' 세로 얻어 살기 시작했다. 하디 가족은 그 집에서 1년간 살았다.

하디의 부산 초량동 집에서 하디 가족만 산 것이 아니었다. 1891년 9월 미국 북장로회의 부산 선교 개척자 베어드 부부가 내려왔고 한 달 후에는 호주 빅토리아 장로회의 개척 선교사 매케이 부부와 여선교사 페리, 포셋, 멘지스 등이 부산에 도착해서 부산진에 선교부를 마련하기까지 하디 집에서 함께 지냈다. 불과 두 달 사이에 열 명이 넘는 선교사 가족들이 한 집에서 생활하게 되었다. 하디 부부는 자기

사역보다는 미국과 호주 선교사들의 정착과 선교부 개척 사역을 돕는 일로 더 바빴다. 부산의 유일한 의사였던 하디는 선교사 가족들의 건강까지 돌봐야 했다. 안타깝게도 매케이 부인은 도착 3개월 만에 풍토병으로 목숨을 잃었고 남편도 병에 걸렸다. 하디 부인도 열 명이 넘는 선교사 가족들을 돌보다가 건강이 악화되었다. 하디 부부는 치료받기 위해 귀국하는 매케이를 일본 나가사키까지 동행해서 배웅한 후 거기서 한 달간 요양하고 돌아왔다.

1892년 봄에야 베어드 부부는 초량동에, 페리와 포셋, 멘지스 등은 부산진에 각기 선교부를 개설하고 나갔다. 북적였던 부산 집이 고요를 되찾았다. 그러나 하디에게 심적 동요가 일어났다. 미국과 호주에서 온 선교사들과 함께 지내는 중에 자연스럽게 그들이 본국 선교회에서 받는 선교비(생활비) 규모를 알게 되었다. 그들은 독신인 경우 '연 1천 달러', 결혼한 경우엔 '연 1천 3백에서 1천 5백 달러'를 받고 있었다. 하디는 토론토 의학생기독교청년회와 '연 850달러'로 계약했지만 보험료를 제하고 실제 '연 750달러'를 받았다. 월 62달러 수준이었는데 그중 반은 집세로 나갔다. 해관에서 외국인들을 치료하고 받는 돈은 약품 구입비로 나갔다. 하디는 1892년 선교 보고에서 "1년간 본국 선교회로부터 받은 선교비 667.95달러를 포함하여 총 1,108.53달러를 결산하였는데 최소 1,200달러는 받아야 제대로 일을 할 수 있다."고 했다. 그는 본국 교회로부터 넉넉하게 후원받아 '여유 있게' 사역하는 미국이나 호주 선교사들이 부러웠다. 선교사로서 견디기 힘든 '상대적 빈곤'으로 '땅 끝'에 버려진 것 같은 외로움도 느꼈다. 유니버시티대학 기독교청년회 파송을 받아 독립 선교사로 내한했던 게일이 2년 만에 미국 북장로회로 적을 옮긴 것이 이해되었다. 실제 하디도 호주 선교사들로부터 "우리도 의료 선교사가 필요하니 함께 일하자."는 제안을 받기도 했으나 자신을 선교사로 파송한 토론토 의학생들과의 약속을 깰 수 없었다. 그 무렵 본국 선교회에 보낸 하디의 편지다.

> "나의 기도는 나를 믿어주신 분들에게 신뢰를 잃지 않게 해 달라는 것입니다. 하나님께서 해외 선교지 어느 곳이든 원하시는 곳으로 보내실 것이라는 확신만 가지고 왔을 뿐입니다. 어디를 가든 여러분과 함께 할 것입니다."

그러나 현실은 현실이었다. 명분과 현실 사이에 고민하던 하디는 본국의 토론토 문과대학(유니버시티대학) 기독교청년회와 토론토 의과대학 기독교청년회의 '선교회 통합'을 제안하였다. '연 2천 달러' 선교 후원비 모금을 벅차게 느끼고 있던 토론토의학생 선교회와 자신들이 후원했던 게일이 미국 북장로회 선교부로 옮긴 후 '허탈해' 있던 유니버시티대학 선교회 모두 하디의 제안에 동의하였다. 그리하여 1892년 3월 두 기관이 통합된 '캐나다대학생선교회'가 조직되었다. 이미 한국 선교를 후원해오던 유니버시티대학이나 토론토의학교와 트리니티의학교, 토론토여자의학교 외에 온타리오농과대학과 토론토사범학교의 기독교청년회, 토론토대학 여자기독교청년회YWCA가 새로 후원에 참여였다. 그러면서 선교회 기관지도 1893년 1월부터 *The Canadian College Missionary*로 제호를 바꾸었다. 통합된 선교회 회장 에비슨이 기관지 편집을 맡았으며 스미스 박사가 총무 겸 회계로 하디와 연락을 취하였다.

1892년 봄 일본 나가사키에서 요양하고 돌아온 하디 부부는 본국 선교회가 통합되었다는 반가운 소식을 들었다. 함께 지내던 미국·호주 선교사들도 각기 선교부를 개설하고 나갔기에 한결 조용해진 환경에서 어학공부에 집중하며 환자 진료와 전도 활동에 임할 수 있었다. 하디에게 진료는 복음 전도의 수단이었다. 치료받은 환자 중에 개종자가 나오기를 기대하였다. 오래지 않아 결과가 나왔다. 1891년 가을 베어드가 상주에서 데려온 악성 부스럼(종양) 환자 김기원(일명 김재수)이 6개월 동안 하디의 치료를 받던 중 개종을 결심하였다. 김기원은 하디가 한국에 와서 얻은 '믿음의 첫 열매'로 김기원은 치료받는 시간 외에는 성경공부에 몰두하였다. 하디는 김기원이 완쾌되면 함께 지방 순회 전도에 나설 계획까지 세웠다. 김기원은 후에1894년 호주 장로회 선교사 아담슨(손안로)에게 세례를 받고 베어드와 함께 북장로회 대구 선교부 개척자로 부임하여 대구와 경북지역을 순회하며 교회를 설립하였다. 그런 식으로 하디에게 치료받으며 복음에 관심을 표명한 구도자 10여 명이 생겨 1892년 가을부터 주일마다 진료소(주택)에 모여 성경공부를 시작하였다.

이처럼 본국 선교회가 통합되고 함께 살던 호주와 미국 선교사들도 자기 자리를 찾아 떠나므로 독자적으로 사역할 수 있는 환경을 얻은 하디는 1892년 가을,

돌연 부산을 떠날 계획을 수립하였다. 이유는 세 가지로 첫째, 어학선생 고학륜이 1892년 10월 집에서 '백지 서한'을 받고 고향으로 돌아갔다. 조선사회에서 백지 서한은 "집안에 큰 우환이 생겼으니 급히 돌아오라."는 의미다. 고학륜이 떠나면서 하디에게 의술을 배우던 아들(고명우)도 떠났다. 고학륜 부자의 귀향은 하디 사역에 큰 타격이었다. 둘째는 부산에 각 교파교회 선교사들이 대거 몰려와 '경쟁적으로' 사역하는 현상이 벌어졌기 때문이었다. 미국 북장로회에서는 1891년 12월 내한한 의료 선교사 브라운을 부산에 파견해서 병원을 설립할 준비를 하였다. 부산을 선교거점으로 삼은 호주 장로회에서도 1892년 간호사 무어를 파송한 데 이어 의사도 파송해 병원을 설립할 계획을 수립하였다. 여기에 영국 성공회도 서울과 인천에 이어 부산에 선교부를 개설하고 의료 선교사를 정착시킬 계획이었다. 이제 하디는 부산의 '유일한' 의료 선교사가 아니었다. 굳이 하디가 부산을 고집할 이유는 없었다. 셋째는 경제적인 이유였다. 본국 후원 선교회가 통합으로 조직을 확대하였지만 모금운동 효과가 아직 나지 않아 하디가 받는 선교비는 여전했다. 그런데 부산에 선교사들을 비롯하여 외국인 거주자가 늘어나면서 물가가 폭등하였다. 하디가 '월 30달러' 세를 주며 사는 사택(진료소)은 부산 사람들이 접근하기 싫어하는 일본인 거주 지역 안에 있어 진료와 선교에 지장이 많았다. 그래서 다른 서양인 거주 지역으로 집을 옮기려 했으나 본국에서 보내는 선교비로는 집을 사기도, 오른 집세를 내기도 어려웠다. 해관장 헌트는 자신과 함께 살 새집을 구하자고 제안했지만 하디는 선교에 큰 도움이 되지 않는 해관 일을 그만둘 생각이었다.

변화가 필요한 시점에서 방향을 잡지 못해 '답답한' 심정으로 하디는 1892년 10월, 휴식을 겸하여 가족을 데리고 배편으로 부산을 떠나 원산을 거쳐 러시아 블라디보스토크로 여행을 다녀왔다. 그리고 보름 여행을 마치고 부산에 돌아온 직후 곧바로 짐을 싸서 원산으로 떠났다. 여행 중 들른 원산에서 '하나님의 부르심'을 느꼈기 때문이었다.

4.
“부르심에 응하여”
원산 선교 개척과 초기 사역

•

> 바울이 그 환상을 보았을 때 우리가 곧 마게도냐로 떠나기를 힘쓰니 이는 하나님이 저 사람들에게 복음을 전하라고 우리를 부르신 줄로 인정함이러라(행 16:10)

2차 전도여행 중 바울은 아시아에서 낭패를 보았다. 가는 곳마다 실망뿐이었다. 그는 ‘성령이 아시아에서 말씀을 전하지 못하게 하심’을 느꼈다. 그러던 중 환상 중에 마게도냐 사람이 “건너와서 우리를 도우라.”는 음성을 들었다. 바울은 그것을 하나님의 부르심으로 알고 배를 타고 바다를 건넜다. 그렇게 해서 복음이 아시아에서 유럽으로 전파되었다.

하디에게 부산은 첫 선교지였고 첫 ‘믿음의 열매’를 거둔 곳이었다. 그러나 그곳에서 호주와 미국, 영국 등 다른 교파교회 선교사들이 경쟁적으로 선교 개척 사업을 펼치는 모습을 보며 독립 선교사로서 한계와 고독을 느꼈다. 그러던 중 휴식 차 블라디보스토크 여행을 다녀오던 중 들렀던 원산에서 ‘하나님의 부르심’을 느꼈다. 부르심에 응하여 곧바로 짐을 쌌다.

원산은 부산과 인천에 이어 1876년 개항장이 된 후 중국 상해에서 일본 나가사키를 거쳐 블라디보스토크를 왕래하는 국제 무역선의 중간 기착지가 되었다. 그리고 개항 이후 외국인, 특히 동해안에서 고래를 잡는 일본인 어부와 상인들이 대거 들어와 살았다. 하디는 그곳에 들렀다가 같은 캐나다 선교사 펜윅을 만났다. 토론토 한국연합선교회 파송을 받은 펜윅은 1889년 12월 내한하여 소래에서 1년간 어학공부 및 선교지 적응훈련을 받은 후 어학선생 서경조와 함께 1891년 원산으로 이주하여 선교사역을 시작하였다. 원산 최초 서양인 선교사였던 펜윅은 농부출신 답게 원산 시내 와우동(관교동)에 초가집과 농지를 구입해서 농사를 지으며 원산 주민들을 접촉하며 선교하고 있었다. 펜윅은 자신과 같은 '독립 선교사' 신분으로 새로운 선교지를 찾고 있던 의료 선교사 하디에게 "함께 일하자."고 권하였다.

하디는 펜윅을 통해 원산 선교부 개척을 준비 중인 미국 북장로회와 미감리회 상황도 전해 들었다. 북장로회의 원산 선교부 개척 선교사가 바로 게일이었다. 1891년 8월 북장로회 선교부로 이적한 게일은 서울에서 1892년 4월 미망인 헤론 부인과 결혼한 후 원산 선교부 개척 선교사로 파송을 받고 원산 봉수대(명석동) 언덕 위에 주택을 마련하고 원산 선교를 시작하였다. 게일은 서울에서 시작한 성경 번역과 영한사전 편찬 일에 우선하면서 원산에 학교는 설립하되 병원 설립은 생각하지 않고 있었다. 또한 미감리회의 3년 차 의료 선교사 맥길W. McGill도 1892년 8월 원산 선교부 개척자로 파송을 받아 원산에 내려와 시내 양지동에 시약소로 사용할 집을 마련한 후 서울로 올라간 상태였다. 펜윅을 통해서 하디 소식을 들은 맥길도 "함께 일하자."고 제안하였다. 이처럼 펜윅과 맥길로부터 동역하자는 제안을 받으며 하디는 "하나님께서 원산에서 부르신다."는 소명감을 느꼈다. 그는 본국 선교회에 이를 알리고 부산 집을 정리한 후 11월 11일 배편으로 부산을 출발, 11월 19일 원산항에 도착하였다.

하디는 원산에 도착해서 원산 해관장 영국인 노트J. Knott의 부탁을 받고 선교사역에 지장을 주지 않는 한도 안에서 해관 촉탁의사로 일하기로 했다. 펜윅은 나중에 교회로 하려고 마련한 원산 시내 초가집을 하디에게 내주었다. 1893년 봄 가족을 데리고 원산에 내려온 맥길은 "미국에서 주문한 의료 약품과 설비가 도착하지 않았다."며 자신이 마련한 시약소 건물을 내주었다. 하디는 맥길의 시약소 건물에서 생활하고 보다 넓은 펜윅의 집에서 진료를 시작하였다. 하디는 부산에서 미국과 호주 선교사들의 '경쟁하는' 분위기와 달리 '서로 협력하고 도와주는' 원산 분위기가 좋았다. 더욱이 원산 기후가 고향 온타리오 서부지역과 비슷하여 아내와 가족도 잘 적응하였다. 하디가 원산 정착 직후 본국에 보낸 편지다.

“부산에 있을 때보다 여기가 일하기에 더 좋습니다. 겨울 동안 경비를 줄일 수 있었는데 이사비용을 충당하고도 남을 정도입니다. 다른 사람들도 그러하겠지만 자리를 옮기는 문제는 쉽게 결정할 수 있는 사안이 아니었습니다. 그러나 결과적으로 바른 결정을 한 것으로 판단되어 만족하고 있습니다. 나의 기도는 하나님께서 여기 북쪽 사람들을 축복하시어 그들을 위한 우리 사역에 복을 내려달라는 것입니다.”

하디는 원산에서 새 어학선생을 채용하여 어학 공부를 하면서 진료 사역을 시작하였다. 원산에서 가장 중요한 과제는 독자적인 주택과 진료소를 마련하는 일이었다. 하디 가족이 사는 집이나 시약소 건물은 펜윅과 맥길의 소유라 언젠가 내주어야 할 집들이었다. 다행히 원산 도착 직후 본국 스미스 총무로부터 건축 승인과 함께 건축비 400달러가 도착했다. 하디는 원산 시내 산제동에 부지를 마련하고 시약소와 주택을 짓기 시작했다. 원산에서 '서양식' 건물을 지을 수 있는 건축가를 찾기 어려워서 하디가 직접 설계하고 감독하였다. 1893년 3월 12×25피트(8.5평) 규모의 판잣집 주택을 먼저 지었고 그해 10월 몸체는 서양식, 지붕은 조선식으로 꾸민 16×36피트(12평) 규모의 벽돌 시약소까지 지었다.

하디가 지은 주택이나 시약소는 원산에서 처음 보는 서양식 건물이었다. '양관'을 구경하러 온 원산 주민들은 시약소 건물을 둘러보며 "양반집 사랑채 같다."고 하였다. 이에 하디는 그 집을 '사랑집'이라 명명하였다. 건축을 마무리한 후 본국에 보낸 보고다.

“비로소 우리 것이라고 할 수 있는 집을 얻었습니다. 하나님의 축복으로 우리는 항구적인 선교사업의 기반을 마련하였다고 봅니다. 선교사역을 위해 지은 '사랑집'이 기대한 것보다 훨씬 넓고 든든해서 사역이 늘어나더라도 능히 감당할 수 있을 것입니다.”

새로 지은 '사랑집'엔 제법 넓은 텃밭이 있어 하디 부인은 그곳에 각종 채소와 과일나무를 심고 가꾸었다. 그것은 풍광을 위한 것이라기보다 식재료 구입비를 절약하려는 의도였다. 하디 부인은 '사랑집' 공사가 한창 진행 중이던 8월 9일 셋째 딸을 출산했다. 그러나 그 딸은 태어난 지 하루 만에 죽었다. 하디는 하루밖에 살지 못한 딸의 이름을 '마리 마블'이라 지어주고 시신을 원산 선교부지 안에 묻었다. 출산의 고통과 딸의 죽음을 겪은 하디 부인은 엎친 데 덮친 격으로 말라리아 열병에 걸려 생명이 위태로운 상황까지 갔다. 둘째 딸 베씨도 감염되어 열병을 앓았다. 하디는 건축을 진행하는 중에 모녀를 치료하고 간호하는 일에 매달렸다. 원산 '사랑집' 은 가족의 희생과 시련을 통해 얻은 '성소' 였다.

하디는 1893년 10월 말, 에비슨 박사로부터 뜻밖에 "언더우드와 함께 겨울 되기 전에 원산을 방문하겠다."는 편지를 받았다. 발신지는 토론토가 아니라 서울이었다. 그 사이 에비슨은 선교사 신분으로 한국에 들어와 있었다. 토론토의학교 후배이자 제자인 하디를 한국 선교사로 파송한 후 실질적인 후원회장 역할을 했던 에비슨은 선교회 기관지 편집과 선교후원 모금운동을 하면서 속으로 "내가 해외 선교사로 파송을 받으면 나가서 일할 수 있을까?" 질문하며 기회가 있으면 선교사로 나갈 생각을 하게 되었다. 그런 가운데 안식년 휴가를 얻어 미주지역 순회강연을 하던 미국 북장로회 개척선교사 언더우드가 토론토를 방문했다. 에비슨은 언더우드의 토론토 강연회를 주선하였다. 언더우드의 강연 주제는 "한국에 추수할 것은 많은데 일꾼이 적으니 더 많은 선교사, 특히 의료 선교사를 보내 달라."는 것이었다. 언더우드는 에비슨에게 "한국에 선교사로 와 달라."고 부탁했다. 에비슨은 이를 '하늘의 부르심' 으로 받아들였다. 그렇게 해서 에비슨 부부는 미국 북장로회 선교사로 파송을 받아 1893년 11월 서울에 도착, 제중원 원장으로 사역을 시작하였다.

에비슨의 편지를 받고 그가 한국에 선교사로 나왔다는 사실을 안 하디는 의과대학 교수직과 '잘 되는' 병원을 포기하고 '땅 끝' 을 향한 '좁은 문' 을 선택한 에비슨의 숭고한 결단에 감동하면서도 그의 이탈로 자신을 후원했던 선교회 조직이 흔들리거나 위축되지 않을까 우려도 하였다. 후원선교회는 '통합 조직' 으로 발전했지만 선교비는 여전히 '연 750달러' 수준을 유지하고 있었다. 하디도 선교회 지원으로 주택과 시약소를 건축했지만 원산에서 함께 사역하는 미감리회 맥길 박사의 시설에 한참 미치지 못했다. 맥길은 언덕 일대에 5천여 평 부지를 마련하고

2층짜리 선교사 주택과 병원, 학교 건물을 지을 준비를 하고 있었다. 북장로회에서도 2년 차 선교사 스왈른 부부를 추가로 파송하여 2층짜리 양관을 짓고 복음전도와 학교 사역을 본격적으로 시작하였다. 하디는 원산으로 옮긴 후에도 '독립 선교사'로서 한계와 빈곤을 느꼈다. 그 무렵 하디가 본국에 보낸 편지다.

> "고향이 아니라 외지에서, 이방인들이 무관심과 의심의 눈초리로 바라보는 가운데 사치는 고사하고 그날 벌어 그날 먹는 빈궁한 삶을 살아야 한다는 것이 얼마나 힘든지 알 것입니다. 그리스도를 위하여 자신을 희생하고 노력하는 이가 얼마나 될까요? 안타깝게도 별로 없습니다. 그럼에도 우리는 그리스도께서 우리에게 당부하신 말씀을 우선 원리로 삼아야 한다고 생각합니다."

하디와 같은 독립 선교사 신분의 펜윅도 본국 선교회의 재정적 지원을 충분히 받지 못한 채 '농사짓는 선교사'로 3년을 버티다 결국 1893년 귀국하였다. 이후 펜윅은 자신을 후원했던 한국연합선교회와의 관계를 정리하고 독자적으로 '한국순회선교회'를 조직한 후 모금운동에 나섰다. 그리고 미국 보스턴 침례교회의 고든 박사에게 신학수업을 받은 후 목사 안수를 받고 '침례교 선교사'가 되어 1896년 돌아왔다. 그 사이 펜윅의 원산 선교부는 하디가 관리하였다.

하디는 원산에서 2년 차 되는 1894년, 새로 마련한 시약소에서 진료와 복음전도 사역을 본격적으로 추진할 계획이었다. 그러나 그해 7월 일어난 청일전쟁으로 계획대로 이루어지지 않았다. 청·일 양국 군대의 전투는 서울과 충청도 아산에서 인천과 평양, 선천, 의주에 이르는 서해안 지역에서 벌어졌기에 원산과 함경도 지역에서는 군사적 충돌이 빚어지지는 않았다. 하지만 전쟁 발발 전부터 일본군 병력과 전쟁물자가 원산항으로 들어와 서부지역으로 운송된 탓에 원산은 전쟁 기간 내내 '전시상태'의 공포와 위기감이 조성되었다. 전쟁 발발 직후 서울의 영국 영사관에서는 서울이나 영국 군함이 정박 중인 인천으로 피신할 것을 지시하였다. 원산에 있던 북장로회의 게일이나 스왈른은 일본으로, 미감리회의 맥길은 서울로 피신할 준비를 마쳤다. 그러나 하디는 "나는 주님께서 우리를 인도해 주실 것을 믿는다. 우리가 외국 군함보다 주님을 더 믿고 있는지 시험해 볼 수 있는 기회라 여긴다.”며 원산에 남기로 했다. 그런 하디의 편지를 받은 본국 선교회의 스미스 총무도 회원들에게 “보다 많은 사람이 기도에 동참하여 하나님께서 우리 선교사를 보호해주시고 선교사뿐만 아니라 여기 있는 우리에게도 크신 축복을 내려 달라고 간구해야 하지 않겠는가? 기도는 능력이 있어 우리 아버지께서 들으실 것이다.”고 힘을 실어주었다.

원산에 남기로 했지만 지방 여행은 불가능했고 외출도 삼가야 했다. 전쟁 발발 후 사실상 일본군 점령하에 들어간 원산항 주민들은 대부분 산골로 피신해 시약소를 찾아오는 환자도 적었다. 하디는 간혹 찾아오는 환자를 진료하며 어학공부와 성경공부에 전념하였다. 본국에서 보내온 피어슨과 고든 박사의 신학 서적들을 읽으며 나름대로 ‘선교 신학’을 정립하였다. 하디는 1894년 8월 본국 선교회에 보낸 편지에서 “선교 후원을 많이 받으려는 목적에서 도덕적으로, 사회적으로 비참한 형편에 처한 이방인들에 대한 선교 결과를 과장해서 보여주는 것은 아주 잘못된 것이다. 그런 방법이 나름대로 필요는 하겠지만 그것이 우선이 되어서는 안 된다.”고 지적한 후 ‘성공하는 선교’의 비결을 다음과 같이 정리하였다.

> “선교사역에서 가장 중요한 첫 번째 동기는 그리스도를 향한 사랑이어야 한다. 믿는 자로서 그리스도에게 진 사랑의 빚이 무엇인지 깨닫고, 성령 세례를 받는다는 것이 무엇인지 경험한 후 기도하는 가운데 하나님의 말씀을 공부한다면 선교 현장의 모든 문제는 해결될 것이다. 선교에 관련된 것이라면 성령 세례를 새롭게 받을 때마다 새로운 승리를 얻을 수 있을 것이다. 그 승리는 때로 간접적인 형태로 주어지기는 하지만 얻지 못하는 경우는 없다.”

사람의 지혜나 능력보다는 ‘성령의 도우심과 인도하심’을 따를 때 선교사역의 승리를 얻을 수 있다. 하디는 부산에 있을 때부터 선교사로서 능력의 한계를 느낄 때마다 ‘성령 충만’과‘성령 세례’의 필요성을 절감했다. 성령 충만을 받는 길은 기도와 말씀 공부밖에 없었다. 그렇게 전쟁으로 인한 사회적 불안과 혼란 가운데 하디는 오히려 ‘조용한’ 휴식과 성찰의 시간을 가질 수 있었다. 그런 하디 부부에게 1894년 11월 27일 넷째 딸이 출생했다. 하디는 어머니의 이름을 따 ‘거트루드 아비가일'이란 이름을 지었다. 애칭은 '거티'였다. 하디 가족이 다섯으로 늘었다. 하디 부인은 출산한 지 한 달 만에 말라리아 열병을 앓았지만 다행히 오래지 않아 회복되었다.

1895년 2월이 되어서야 전쟁은 끝났다. 그러나 전쟁이 끝난 후에도 한반도의 시련은 지속되었다. 전쟁에서 승리한 일본은 '개혁'을 표방하며 한국에 대한 정치적 간섭과 통치 야욕을 노골적으로 드러냈고 그로 인한 정치·사회적 혼란과 갈등이 심화되었다. 이런 가운데 1895년 봄 만주에 출병했던 일본군에 의해 콜레라 전염병이 의주에서부터 서울까지 확산되었다. 원산에서도 원산항으로 귀국하는 일본군 병사에 의해 콜레라가 퍼져 8월 한 달 동안 3백여 명이 목숨을 잃었다. 하디는 부인과 아이들을 봉수대 언덕에 있는 스왈른 사택으로 피신시키고 본인은 시내에 머물러 환자 치료에 전념하였다. 이 과정을 지켜본 원산 사람들은 하디에게 신뢰와 존경을 표하였다. 하디의 시약소를 찾아오는 환자들이 늘어났다.

9월 접어들어 전염병이 소멸되었고 원산에 주둔하던 일본군도 모두 돌아갔다. 평상을 되찾은 하디는 부산에 있을 때부터 하고 싶었던 지방순회 전도여행을 시도하였다. 하디는 새로 구한 어학교사 '강서방'과 함께 1895년 10월 9일 원산을 출발하여 서쪽으로 2백 리 떨어진 평안도 양덕으로 갔다가 거기서 북쪽으로 5백 리 떨어진 함흥을 거쳐 북청까지 다녀왔다. 대부분 지역 사람들은 서양 선교사와 기독교 복음을 처음 접하였고 북청을 방문한 선교사는 하디가 처음이었다. 하디는 북청에서 더 북쪽, 복음을 들어보지 못한 사람들이 사는 '땅 끝'까지 가려고 했지만 어학교사가 건강문제를 호소하여 20일 만에 원산으로 돌아왔다. 그 직후 하디가 본국에 보낸 편지다.

> "우리는 시약소에서도 매일 그리스도를 전할 기회가 있습니다. 하지만 치료를 받거나 약을 타러 오는 사람들은 거의 복음에 무관심하여 약만 가지고 돌아갑니다. 그런데 이번 여행에서 여러 사람을 만났는데 그 가운데 믿음을 가질 수 있는 이들을 만난 것이 실로 기쁩니다. 내지 순회사역에 보다 집중할 필요가 있음을 깨달았습니다."

북부 여행에서 자신을 얻은 하디는 11월 중순 남부 여행을 시도하였다. 본래 강원도 수부인 원주까지 다녀올 예정이었지만 건강이 좋지 않은 강서방과 백두대간을 넘는 험한 산길을 가는 것이 불가능하여 1주일 동안 강원도 통천을 거쳐 고성 금강산까지 다녀왔다. 짧은 여행이었지만 결과는 북부여행보다 좋았다.

하디가 원산 남쪽 10마일 떨어진 '심토골' 주막집에서 하룻밤 지내면서 쪽복음과 전도지를 놓고 왔는데 그걸 읽은 집 주인 진 서방이 개종을 결심한 후 하디를 찾아왔다. 이미 심토골에는 그의 전도로 믿겠다는 교인 10여 명이 생긴 상태였다. 그리고 이어서 90리, 180리 떨어진 곳에서도 구도자들이 찾아왔다. 하디의 시약소에 와서 치료받고 돌아간 환자들에게 전도 받고 결심한 사람들도 있었다. 청일전쟁 난리를 겪으면서 "생명과 재산을 보호받을 수 있는 곳은 예수교당 밖에 없다."는 소문 때문에 찾아온 이들도 있었다. 자연스럽게 하디의 시약소에서 주일 집회가 시작되었다. 그 무렵 북장로회의 게일과 스왈른은 명석동에서, 미감리회의 맥길은 산제동에서 교회를 하고 있었다. 주일이면 원산에 세 곳에서 예배가 이루어졌다.

하디는 1895년 가을(10~11월) 북부 함경도와 남부 강원도 순회여행을 다녀온 후 선교사역에 대한 자신감을 얻었다. 특히 주일마다 수십 리 길을 걸어서 찾아오는 구도자들의 얼굴에서 희망을 읽었다. 그것은 곧 부산을 거쳐 원산에 정착한 후 '땅 끝'에 버려진 듯 고독과 실망을 느끼는 가운데 '부르심에 응하여' 자리를 옮겼던 전도자가 느끼는 새로운 생명의 빛, 그 서광과 같았다. 하디는 강서방의 건강이 회복되는 대로 1896년 1월 세 번째 지방 순회여행을 계획했다. 그러나 계획대로 하지 못했다. 대신 첫 번째 안식년 귀국 여행을 떠났다.

II.

원산에서 평양까지

: 남감리회 이적과 원산 부흥운동

1898~1907

① 개성지역 부흥사경회(둘째 줄 가운데 성경을 들고 있는 이가 하디, 1910년대) @한국기독교역사박물관
② 1898년 남감리회 조선선교회 참석한 하디 가족(맨 왼쪽) @삼십년기념보
③ 태극기가 내걸린 원산교회 예배당 @김진형
④ 한국 여성(양녀 주복이로 추정)과 함께 한 하디 부인 @Hardie

5.
"내 길은 너희 길과 다르다"
남감리회 선교사가 되는 과정

> 이는 내 생각이 너희의 생각과 다르며 내 길은 너희의 길과 다름이라. 여호와의 말씀이니라. 이는 하늘이 땅보다 높음 같이 내 길은 너희의 길보다 높으며 내 생각은 너희의 생각보다 높으니라(사 55:8~9)

북이스라엘을 멸망시킨 앗수르 군대가 쳐내려와서 예루살렘을 포위했을 때 유대 왕국 지도부는 위기 극복 방안을 두고 국론이 갈렸다. 투쟁하자, 항복하자, 외국에 도움을 요청하자, 의견과 방책을 하나로 모으기가 어려웠다. 국론 통합의 지도력을 발견할 수 없었다.

그런 중에 이사야를 통해 들려진 말씀, "내 생각은 너희 생각과 다르다." 위기 상황에서도 "하나님은 이미 길을 예비해 두셨다."는 메시지였다. 하나님의 일을 하는 목회자나 선교사라면 반드시 기억해야 할 말씀이었다. 선교사 하디도 위기 때마다 자기 생각이나 의지와 다른 차원에서 진행되는 하나님의 계획과 이끄심을 체험하였다.

1895년 가을 지방 순회여행으로 자신감으로 얻은 하디는 3차 지방 순회여행을 준비하면서 본국 선교회와의 선교후원 계약 연장을 준비했다. 선교회는 1890년 8월 선교회는 하디와 '8년 후원'을 계약하였다. 그에 따르면 1897년 7월 계약이 만료되니 1년 6개월 남은 셈이었다. 계약이 연장되지 않으면 한국 선교를 정리하고 귀국해야 할지도 몰랐다. 하디는 1896년 들어서 본국 선교회에 계약연장 여부를 묻는 편지를 여러 번 보냈다. 그러나 스미스 총무는 "귀국해서 1년 정도 쉬면서 생각해 보자."는 답만 보내왔다. 하디로서는 한국 선교 지속 여부에 대한 불안감을 떨칠 수 없었다. 그런 상황에서 1896년 2월 하디 가족이 말라리아 열병을 앓았다. 하디가 지방에 나가 치료한 환자에게서 옮아온 병이 가족에게 퍼진 것이다. 셋째 딸 출산 후에도 말라리아를 앓았던 부인은 신경쇠약 증세까지 보였다. 그런 중에도 하디는 시약소 진료와 주일 집회를 지속했다. 그러다 보니 하디 본인의 건강도 쇠하였다.

1896년 3월 말, 3년 만에 원산으로 돌아온 펜윅은 하디 가족의 위급한 상황을 확인하고 에비슨 후임으로 선교회 회장직을 맡고 있던 토론토의과대학의 흄 교수에게 편지를 썼다. 펜윅은 그동안 하디가 인도하던 시약소 주일예배에 참석해서 남자 다섯 명이 새로 믿기로 작정했음을 알린 후 "내가 보기에 하디 박사는 영적으로 크게 진보하였지만 육적으로는 심각할 정도로 건강이 상하여 걱정이다."라며 하디 가족의 시급한 귀국 치료와 휴양이 필요함을 알렸다. 펜윅의 편지를 받은 선교회는 하디에게 '1년 안식년 휴가'를 주기로 결의하였다. 선교회 기관지 4월호에 다음과 같은 기사가 실렸다.

> "하디 박사는 여러 가지 면에서 우리의 영웅이다. 우리 선교회 기관지를 읽어본 사람이면 그가 얼마나 하나님께 헌신하고 오직 하나님께서 시키는 대로만 사역하려고 애쓰고 있는지 알 수 있을 것이다. 우리 선교회 회원들이 파악할 수 없는 온갖 어려움 속에서도 그는 뛰어난 결단력과 믿음을 가지고 사역하였다. 우리는 우리를 대표하여 한국에 나가 그처럼 진실한 마음으로 충성스럽게 일하고 있는 사역자가 있다는 것을 잊지 말고 하나님께 감사하자. 그리고 온 맘을 다해 그를 잊지 않고 돕게 되기를 하늘에 계신 우리 아버지께 간구하자."

이런 과정을 거쳐 하디 가족의 안식년 휴가가 결정되었다. 하디가 자리를 비운 사이 원산 시약소와 주택, 그리고 교회는 펜윅이 맡기로 했다. 하디 가족은 1896년 6월 원산을 출발, 일본을 거쳐 7월 토론토에 도착, 선교회에서 마련해 준 토론토 시내 임시 주택에 머물며 휴식을 취하였다. 부인은 토론토에 도착 직후 12월

18일 넷째 딸 그레이스 사라를 출산했다. 가족이 여섯으로 늘어났다.

한편 하디 가족이 원산을 떠난 직후 원산 교인 손경하가 캐나다 선교회 회원들에게 쓴 편지가 펜윅을 통해 선교회에 도착했다. 하디는 그 편지가 공개되는 것을 꺼려했지만 스미스 총무는 선교회 기관지 10월호에 그 전문을 실었다.

"캐나다에 계신 형제 여러분께 드립니다. 나는 여러분을 뵙지 못했지만 펜윅과 하디, 두 분을 통해 여러분 소식을 들어왔으며 이제 여러분께 감사한 말씀을 드리기 위해 이 편지를 씁니다. 나는 작은 나라에 태어나 이 나라 사람들이 중하게 여기는 책[유교 경전]만 알고 있었습니다. 그러다가 5년 전에 눈병이 나서 일을 할 수 없게 되었습니다. 그때 태평양을 건너오신 하디 박사님께서 나를 만나러 오셔서 내 눈을 살펴보시더니 많이 상했다고 하시며 약을 주셨습니다. 그분은 처음으로 제게 예수님에 대해 말씀해 주셨습니다. 나는 그 말씀을 자세히 듣고 나흘 후 믿기로 작정했습니다. 그다음 주님의 날에도 다시 와서 하나님의 말씀을 들었고 그날 나는 어둠에서 빛으로 나왔습니다. 나는 아는 것이 아무것도 없다가 지혜의 말씀을 발견했습니다. 감사한 말씀은 이루 다 말할 수 없습니다. 펜윅 선생님과 하디 선생님은 같이 사시면서 매일매일 많은 사람에게 복음을 전하고 계십니다. 하디 박사님은 그렇게 일하시다가 박사님과 가족이 병에 걸려 캐나다로 가시게 되었습니다. 박사님 가족을 보내는 슬픔은 이루 다 말할 수 없습니다. 저는 실로 치료받은 것에 감사하는 동시에 박사님이 배를 타고 기차를 타고 고향 가시는 여행이 안전하기를 기도합니다. 또한 속히 쾌차하셔서 다시 우리에게 오시기를 기도합니다. 저는 하디 박사님을 우리에게 보내주신 여러분께 무한 감사를 드립니다. 감사한 마음에 할 말은 많사오나 종이가 모자라 이만 줄입니다."

스미스 총무는 손경하의 편지를 소개한 후 회원들에게 다음과 같이 제안하였다.

"캐나다대학생선교회 사역에 관심 있는 모든 분은 토요일 저녁 9시부터 잠자리에 들기 전에 따로 특별 기도시간을 갖기 바란다. 그 시간은 원산에 있는 한국교인들이 주일예배를 드리는 시간이다. 비록 우리 선교사가 그들과 함께 있지는 못하지만 같은 시간에 그들은 계속 만날 것이다. 그러니 우리도 그들이 우리 주님과 말씀을 아는 지식이 자라서 다른 사람들을 주님께 인도하는 데 쓰임 받을 수 있기를 위하여 기도하자.”

하디와 손경하를 통해 캐나다와 한국 교인들 사이의 '기도 연대'가 이루어졌다. 선교사를 파송한 교회sending Church와 선교사를 받아들인 교회receiving Church가 그리스도 신앙 안에서 하나로 연결되었다. 해외 선교의 최대 은총이다.

하디는 귀국 후 여름 두 달 토론토에서 휴식을 취하였다. 세네카 고향 집도 다녀왔다. 그 사이 여동생 에바는 대학을 마친 후 1896년 1월 미국 미감리회여성해외선교부WFMS 파송을 받아 인도 선교사로 사역하고 있었다. 하디는 어려운 선교사의 길을 선택한 동생을 대견하게 여겼다. 휴식을 마친 하디는 9월부터 선교회가 마련한 계획에 따라 순회 선교강연회를 실시하였다. 우선 토론토 서쪽으로 오렌지빌, 브렘턴, 밀턴을 거쳐 해밀턴까지 다녀왔고 이어 동쪽으로 방향을 잡아 휘트비, 포트호프, 코버그, 픽턴, 벨빌, 매덕, 나파니, 킹스턴을 방문했고 그곳에서 세인트강을 따라 가나노크, 프레스콧, 아테네, 오타와, 모리스버그, 콘월을 거쳐 몬트리올까지 다녀왔다.

하디가 몬트리올까지 다녀온 거리는 왕복 915마일(1,465km), 앞서 토론토 서부지역을 다녀온 것까지 합치면 총 990마일(1,592km)에 이르렀다. 서울과 원산을 네 번 왕복한 거리였다. 하디는 순회여행을 하면서 30여 회에 걸쳐 대학과 사범학교, 의학교, 간호학교, 기술학교 학생 1천여 명을 만났다. 하디의 강연 내용은 한국 선교 보고와 선교회 소개, 선교회원 모집에 초점을 맞추었지만 해외선교 지원자 모집도 강조하였다. 그의 강연은 “추수할 것은 많으나 일꾼이 적으니 추수할 일꾼을 보내어 달라.”는 호소로 끝났다.

한 달간 지방 순회여행을 마치고 토론토로 돌아온 하디는 토론토여자의과대학·토론토의과대학 기독교청년회·빅토리아대학 기독교청년회·여자기독교청년회·토론토 웨슬리감리교회 여선교회 초청을 받아 강연하였고 10월 26일 자신을 후원하는 캐나다대학생선교회가 주최한 선교대회에 참석했다. 하디는 선교대회에서 사역 보고와 함께 한국의 역사와 문화, 종교와 풍습 등을 소개한 후 “미국과 캐나다에서 1년 동안 껌으로 씹어 없애는 돈이 해외선교에 투자하는 돈보다 많다.”는 점을 지적하며 해외 선교에 대한 보다 많은 관심과 지원을 호소하였다.

하디는 휴가 기간 중 지방 순회나 강연이 없을 때는 성경과 신학연구에 몰두하였다. 하디는 연구한 결과를 논문으로 발표하였다. 하디의 첫 번째 신학 논문은 1896년 10월 선교회 기관지 *The Canadian College Missionary*에 발표한 "깨지 못한 이방인은 모두 멸망 받아야 하나?"란 논문이었다. 그는 순회강연 중 만난 교인들로부터 "이방인들은 은총의 계시를 직접 받지 못했기 때문에 저주를 받아 영원한 죽음을 당할 것이다."는 말을 듣고 그 잘못된 인식을 고쳐주기 위해 이 논문을 썼다. 그는 "교회는 어둠 속에 있는 이방인들을 구원할 책임이 있음에도 그것에 무관심했던 것을 부끄러워하였고 지금도 그래야 한다. 그런 무관심은 교인들의 무지에서 오는 것인데 많은 교인은 복음을 모르는 이방인들이 당할 멸망보다 복음을 알고도 그것을 무시한 교인들이 받을 멸망이 더 큰 것임을 모르고 있다."면서 이방인도 '아담의 후손'으로서 "그 마음과 양심 속에 새겨진 진리"를 성경 말씀으로 잘 개발하고 훈련시켜 구원에 이르도록 가르쳐야 한다고 지적했다.

하디는 1897년 12월 미국 선교잡지 *The Missionary Review of the World*에도 "한국의 종교"란 논문을 발표했다. 그는 "한국에는 종교가 없다."는 일부 여행가들의 기록을 비판하면서 오히려 한국에는 역사가 오랜 다양한 종교들이 혼재해 있음을 지적하였다. 그는 한국인들의 일상생활에 강한 영향력을 행사하는 종교로 불교와 유교, 민간신앙을 꼽았다. 그리고 불교에 대해서 "1천 년 동안 한반도를 지배한 종교로써 1392년 조선 건국 후 억압을 받아 침체되었지만 지금도 산속에서 승려들이 5, 6백 명씩 모여 수도생활을 하면서 민중계층의 존경을 받고 있다."고 서술하였고 유교에 대해서 "조선왕조 국가의 기반이었으나 차별 구조가 엄격하여 민중과 여성을 억압하고 있으며 효 사상에 근거한 조상제사 문화가 강력한 전통으로 남아 있다."고 서술하였다. 그리고 민간신앙에 대해서 "고사를 통해 종교행위가 유지되고 있는데 신적인 존재가 만물에 깃들어 있음을 믿으며 불교와 무교의 혼합 종교 형태로 남아 있다."고 설명하였다. 그는 한국인들이 다신론과 미신, 우상숭배를 하면서도 '절대자' 하나님에 대한 관념을 갖고 있음을 주목했다.

"이처럼 숭배하는 짐승들이 많음에도 한국인들은 '절대 존재'에 대하여 불완전하지만 확고한 신념을 갖고 있다. 한국인들은 그 존재를 '하나님'이라 부르는데 '하늘의 주인'이란 뜻이다. 한국인들에게 그 하나님은 아버지처럼 친절하고 자애로운 존재가 아니라 두려워할 존재로 섬긴다. 그럼에도 불구하고 절망의 마지막 순간에 하나님께 부르짖으면 구해 준다고 믿고 있다."

이처럼 절대자 하나님에 대한 관념을 갖고 있음에도 그 존재를 '잘못' 알고 '잘못' 섬기고 있는 한국인들을 '바른' 이해와 '바른' 신앙으로 이끄는 것이 선교사의 역할이었다. 하디는 결론에서 "이 민족은 1천 8백 년 동안 본능 그대로의 상태로 방치되어 있었다. 주님께서는 그들로 하여금 '눈을 뜨게 하여 어둠에서 빛으로, 사탄의 권세에서 하나님께로 돌아오게 하시려는'(행 26:18) 섭리 안에서 복음을 전파하라는 명령을 우리에게 내리셨다."고 진술했다.

하디는 휴가 기간 중 순회여행과 강연회를 통해 선교 후원비 2,500달러를 모금(약정 포함)하였고 온타리오와 퀘벡 지역 학교의 60여 학생단체를 선교회에 참여시켰다. 그럼에도 하디는 선교회 지도부로부터 기대했던 '계약연장'에 대한 분명한 답을 받지 못했다. 답을 강요할 수도 없었다. 귀국해서 파악한 선교회 실정은 자신의 선교지원을 버거워하고 있었다. 대학생 중심으로 운영되는 선교회의 한계였다. 앞서 게일을 파견했던 문과대학 기독교청년회와 하크니스 및 펜윅을 파송했던 한국연합선교회가 선교사 이탈로 선교회를 해체한 것도 선교회 미래를 불투명하게 만들었다. 결국 하디는 자신이 모금한 선교 후원비로 1~2년 사역한 후 철수해야 할지도 모르는 상황이었다. 미래가 불안했던 하디는 부인과 자녀를 캐나다에 남겨두고 홀로 1897년 9월 말 토론토를 출발, 10월 28일 원산에 돌아왔다.

그가 자리를 비운 사이 게일과 스왈른의 북장로회, 맥길의 미감리회, 펜윅의 침례회(대한기독교회)는 원산을 거점으로 삼아 함경도와 강원도 일대로 선교구역을 확장하고 있었다. 특히 북장로회와 미감리회는 선교부 안에 남녀 선교사 사택과 학교, 병원, 예배당을 짓고 선교사역을 활기차게 추진하고 있었다. 반면 하디는 여전히 연 750달러를 받는 '가난한 선교사'였다. 오랫동안 비어 있던 하디의 '사랑방' 시약소와 주택은 수리가 필요했다. 하디와 함께 예배드리던 교인들은 다른 교회로 옮겨갔거나 사라졌다. 하디는 다시 처음부터 시작하는 심정으로 시약소 문을 열고 환자를 기다렸다. 그러나 최신 설비와 약품을 구비한 맥길의 병원을 두고 낙후된 하디의 시약소를 찾는 사람은 거의 없었다. "한국을 선교지로 삼겠다."는 '처음 약속' 을 지키려는 심정으로 원산에 돌아오기는 했지만 힘이 나지 않았다.

그렇게 우울한 심정으로 겨울을 보낸 하디에게 1898년 5월 초, 서울에 있던 남감리회 개척선교사 리드로부터 "만나자."는 전보가 왔다. 서울로 올라가 리드를 만난 하디는 자신도 '모르는 사이에' 자신에 대한 미국 남감리회 해외선교부 이적 논의가 진행 중임을 알았다. 사정은 이러했다. 하디가 한국으로 돌아간 직후 선교회 운영과 하디의 한국 선교 계약연장 문제로 고심하던 캐나다대학생선교회 스미스 총무는 미국 내슈빌의 남감리회 해외선교부 총무 램버스로부터 "한국에서 일할 의료 선교사를 구하고 있다."는 연락을 받았다. 램버스는 남감리회의 중국 개척 선교사 아들로 출생하여 신학과 의학을 공부한 후 중국과 일본에서 선교사로 사역하였고 1894년부터 내슈빌의 남감리회 해외선교부 총무가 되어 아시아 선교를 관리하고 있었다.

미국 남감리회는 1895년 한국 선교를 결정하고 1896년 중국에서 사역하던 리드 부부와 콜리어 부부, 캠벨 부인을 파송하여 서울과 개성에서 선교사역을 시작하였지만 이들 가운데 의사는 없었다. 동양선교에서 의료 선교사의 중요성을 잘 알고 있었던 램버스는 한국에 파송할 의료 선교사를 찾던 중 1897년 12월 *The Missionary Review of the World*에 실린 하디의 논문, "한국의 종교"를 읽었고 그 논문을 1898년 2월 남감리회 선교잡지 *The Review of Missions*에도 실었다. 그 과정에서 하디를 한국에 파송한 캐나다대학생선교회 총무 스미스와 연결되었다. 스미스는 램버스에게 하디를 적극 추천하며 "넘겨줄 수 있다."고 밝혔다. 램버스 총무는 면담이나 시험 절차를 생략하고 하디를 남감리회 선교사로 받아들이기로 결심하고 4월 20일 서울의 리드 선교사에게 전보를 쳐서 하디를 만나보라고 하였던 것이다.

하디는 5월 4일 서울에서 리드를 만나 저간의 상황을 전해 듣고 "함께 일하자."는 제안을 받았다. 하디는 자신의 의지나 의사와 관계없이 진행된 두 선교회 총무 사이의 협의와 결정을 '하늘의 뜻'으로 받아들였다. 이미 두 선교회 총무 사이에 합의가 이루어진 사안이라 '대안 없는' 제안이었다. 하디의 승낙 의사를 확인한 램버스 총무는 5월 15일 "하디 박사를 남감리회 선교사로 임명한다."는 전보를 보내왔다. 램버스 총무나 리드 장로사로서는 어학공부나 선교지 적응훈련이 필요 없는 '선교경력 7년' 소유자로서 한국에 대한 선교 열정을 품고 있는 30대 초반의 의료 선교사를 얻게 된 것에 대만족하였다.

하디도 마찬가지였다. 우선 학생들이 모금해서 '기초 생계비' 수준의 선교비를 받던 처지에서 매년 수십만 달러를 결산하는 미국 남감리회 선교부 후원을 받는 선교사로 신분이 바뀌었다. 더욱이 램버스 총무나 리드 장로사는 하디의 병원 설립 계획을 적극 지지하며 후원을 약속했다. 선교비 때문에 사역을 걱정하는 '가난한' 선교사 신분을 벗어나게 되었다. 그리고 '모태신앙'인 감리교회 선교사로 사역하게 된 것을 무엇보다 기쁘게 여겼다. 6개월 전 선교 미래에 대한 불확실과 불안감을 안고 원산에 돌아왔던 하디로서는 예상 밖의 대반전이었다. "하나님이 우리를 위하여 더 좋은 것을 예비하셨다."(히 11:40)는 고백이 자연스럽게 나왔다.

6.
"어디든지 가오리다."
감리교 파송목회

•

> 아버지께서 나를 세상에 보내신 것 같이 나도 그들을 세상에 보내었고 또 그들을 위하여 내가 나를 거룩하게 하오니 이는 그들도 진리로 거룩함을 얻게 하려 함이니이다(요 17:18~19)

그리스도는 사도들을 '땅 끝까지' 보내는 것으로 사역을 마치셨다. '사도' 使徒로 번역된 그리스어 '아포스톨로스'는 "보낸다."는 뜻의 '아포스텔로'에서 비롯된 것이다. 사도는 자기 마음대로 자기가 원하는 곳에 가서 자기 말을 하면 안 된다. 보낸 분의 지시에 따라 시간과 장소를 정하고 부탁한 메시지만 전해야 한다.

1970년대까지만 해도 한국 감리교 연회의 마지막 피날레는 '파송기 낭독'이었다. 감독이 읽는 파송기를 통해 목회자들은 자신의 임지를 알았다. 그렇게 파송목회를 하면서 목회자들은 교회가 자기 소유가 아닌 것과 감독의 명령과 교회의 질서에 순종하는 법을 배웠다. 독립 선교사에서 감리교 선교사로 신분이 바뀐 하디가 처음 경험한 것도 그런 '파송' 목회였다.

1898년 5월 남감리회 선교사로 임명받은 하디는 원산 사역을 정리하고 서울로 올라왔다. 당시 남감리회 선교사들은 남대문 안 남송현(현 한국은행 본점 자리)에 선교부를 마련하고 고양을 거쳐 개성으로 사역을 확장하고 있었다. 하디는 리드의 안내로 개성에 가서 병원 후보지를 둘러보았다. 그런데 하디는 개성에 내려가기 전에 서울 제중원에서 병원 진료와 경영 경험을 쌓기로 했다. 에비슨도 하디의 계획에 찬성하며 잠시 비워야 할 병원을 그에게 맡겼다. 하디는 제중원에서 한 달간 환자를 치료하다가 한국으로 다시 나오는 부인과 네 딸을 맞으러 일본에 가서 개성 병원에서 쓸 의료 기구와 약품을 '넉넉하게' 구입한 후 돌아왔다.

하디 부부는 9월 17~21일 서울 남송현 선교부에서 개최된 남감리회한국선교회 제2차 연회에 참석해서 남감리회 선교사들과 공식적인 상견례를 가졌다. 연회를 주재하기 위해 미국에서 나온 윌슨 감독과 리드, 콜리어, 켐벨 등 남감리회 선교사들은 하디 가족을 뜨겁게 환영했다. 리드는 장로사 보고를 통하여 서울과 고양, 개성 지역 4개 교회에 학습인 200명, 세례입교인 116명, 합하여 316명 교인이 등록하였고 토착인 전도사 1명, 전도부인 2명, 권서(매서인) 5명이 활약하고 있음을 밝혔다. 중국과 일본을 방문한 바 있었던 윌슨 감독은 선교 2년 차에 이런 결과를 얻은 한국 선교에 희망을 읽었다.

하디는 연회에 참석한 선교사들 가운데 한국말을 유창하게 구사할 수 있는 유일한 선교사였다. 그래서 그에게 거는 기대가 컸다. 하디는 연회에서 개성에 설립할 병원에 대해 설명했다. 그는 개성이 한국의 '제2 경제도시'인 만큼 서울 제중원에 뒤지지 않는 규모와 시설을 갖춘 현대식 병원을 짓고 적어도 의사 3~4명이 함께 사역하는 종합병원을 구상했다. 병원 부지와 건축, 시설비용은 7천 달러로 예상했다. 감독은 제대로 된 병원을 하고 싶다는 하디의 계획을 승인하고 연회 후 콜리어의 안내로 개성을 방문해서 병원 후보지를 둘러보고 중국으로 떠났다. 하디 가족도 10월 초 개성으로 이주했다. 서울에서 구한 요리사(장남산)와 그 부인 장로이스가 동행했다. 로이스는 전도부인이기도 했다. 로이스는 1년 전 개성에 부임한 권서 김홍순과 함께 복음 전도 일선에서 활약하였다.

당시 개성에는 북부 산지현 언덕에 콜리어가 1년 전 지은 '쌍둥이' 양관 집이 있어 하디 가족은 '쌍둥이 건물' 한쪽에 들어가 살았다. 거기서 멀지 않은 곳에 학교 및 병원 부지로 구입한 삼포막이 있었는데 개성상인들이 홍삼을 제조하는 데 사용했던 117피트×12피트 규모(4백여 평)의 장방형 온돌방이었다. 병원으로 쓰기엔 불편했지만 건물 중 일부를 진료실과 응접실로 꾸민 후 환자를 받기 시작했다. 부산이나 원산에서 그러했던 것처럼 하디는 개성에 처음 정착한 의료 선교사였다. "서양 의사가 왔다."는 소문을 듣고 환자들이 몰려왔다. 김홍순이 시약소 일을 도우며 환자들에게 전도하였다.

개성에서는 1년 전부터 콜리어 사택에서 주일예배를 드리고 있었다. 하디 가족이 합류한 후 교인들이 늘어나자 삼포막으로 옮겨 예배를 드렸다. 교인들은 통역으로 듣는 콜리어 설교보다 유창한 한국말로 하는 하디의 설교를 좋아했다. 후에 남감리회 전도부인이 되었고 전국여선교회 회장을 역임한 후 시베리아 선교사로 활약한 최나오미(혹은 김나오미)가 그때 하디의 설교를 듣고 교인이 되었다. 나오미는 처음 로이스의 안내로 예배당에 왔다가 하디의 설교를 들은 후 믿기로 결심하였고 혹독하게 탄압하고 박해하던 남편(김성률)과 시어머니를 온유와 겸손으로 설득하여 같은 날 콜리어 목사에게 세례를 받았다. 최나오미·김성률 부부는 하디가 개성에서 얻은 첫 '믿음의 열매'였다.

하디에게 병원은 복음 전도의 유효한 도구였다. 하디는 남감리회 선교사가 된 후 처음으로 1899년 8월 *The Review of Missions*에 발표한 "한국의 의료선교"란 논문에서 그 점을 분명히 하였다. 그는 "선교의 목적은 이방 나라의 영적 환경을 개선하는 것이다."고 정의한 후 그러기 위해서는 선교사들이 토착민들을 "진정으로 사랑하고 동정하고 있음을 보여주어 그들로부터 존경을 받아야 한다."고 지적했다. 그런 면에서 의료 선교사들이 "자신을 희생하며 진솔한 사랑이 어떤 것인지 보여줄 때 그 결과는 토착민들에게 놀라울 정도로 나타나" 토착민들이 서양 의술의 탁월함을 인정하고 그런 기술을 지닌 선교사를 신뢰하고 존경할 것이며 그로 인해 "그동안 다른 어떤 것으로도 열 수 없었던 한국인들이 집과 마음의 문이 열릴 것이다."고 정리하였다.

> "지금 한국에서 열성적으로 활동하고 있는 교회 지도자들 가운데 상당수는 그런 식으로 마음의 문이 열려 복음의 길을 찾아 나선 사람들이다. 의료선교는 참으로 복된 사역이다. 의료 선교사만큼 그리스도의 삶을 가까이서 경험할 수 있는 기회는 없다. 그리스도의 삶을 사모했던 우리로서는 그 영광스런 기회가 왔는데 어찌 주저할 수 있었겠는가."

하디는 논문 말미에서 "미주지역에서는 의사 한 명이 6~7백 명을 담당하고 있는데 이교도 나라에서는 의료 선교사 한 명이 20만 명을 담당하고 있으며 특히 간호사를 포함하여 의료 선교사 30명이 사역하고 있는 한국에서는 의료 선교사 한 명이 40만 명을 담당하고 있다."고 지적한 후 미주지역 교인들이 "생활에 꼭 필요한 것을 제하고 안락과 편이, 때로는 사치를 위해 소비하는 돈이 5억 달러에 달한다고 한다. 그 정도 금액이면 2만 5천 명 의사와 그 가족이 선교지에 나가 10년 동안 아쉬울 것 없는 환경에서 병원을 운영할 수 있는 금액이다. 우리를 그리스도인이라 부른다. 하지만 그런 칭호를 받을 자격이 있는가? '누가 이 세상의 재물을 가지고 형제의 궁핍함을 보고도 도와줄 마음을 닫으면 하나님의 사랑이 어찌 그 속에 거하겠느냐?'(요일 3:17)"며 한국 의료선교 지원을 호소하였다. 개성 병원에 대한 하디의 기대가 클 수밖에 없었다. 하디는 윌슨 감독이 약속한 대로 개성에 병원을 설립할 기금이 도착하기만 기다렸다. 그러나 하디는 그 계획을 접고 서울로 옮겼다.

서울에 있던 리드 가족이 갑자기 귀국했기 때문이었다. 중국에 있을 때부터 몸이 약했던 리드 부인은 1896년 8월 남편을 따라 서울로 거처를 옮긴 후 현지 적응에 어려움을 겪었다. 그런 중에도 남송현 선교부에서 여학교와 여성 집회를 인도하며 전도부인과 함께 지방 순회도 하였는데 그 때문에 건강이 더욱 악화되어 1899년 들어 자리에 눕게 되었다. 결국 리드 부부는 귀국 치료를 받기로 하고 1899년 4월 출국하였다. 리드는 남감리회한국선교회 관리자였고 한국지방회 장로사였으며 서울구역회 담임이었다. 이에 윌슨 감독과 램버스 총무는 지방 장로사 직책은 콜리어에게 맡기고 서울구역 담임은 하디에게 맡기기로 하였다. 이로써 하디 가족은 개성에 부임한 지 6개월 만에 다시 짐을 싸 서울로 옮겼다.

서울로 올라온 후 하디는 의료 사역은 거의 하지 못했다. 리드가 하던 교회 목회와 구역순회 사역만으로도 시간이 부족했다. 당시 서울 구역에는 서울 남송현에서 예배드리는 서울교회(후의 광희문교회)를 비롯하여 고양과 파주·문산·적성·연천 지역에 조직된 교회만 여섯 곳이었고 속회 형태로 예배드리는 곳까지 합치면 20여 곳이었다. 남감리회는 다른 교파교회보다 늦게 한국 선교를 시작하였지만 '늦 믿음이 열심'이란 말처럼 급속한 부흥과 성장을 이룩하고 있었다.

하디는 서울에 도착하자마자 지방 교회와 신도들로부터 방문 요청을 받았다. 그는 대부분 시간을 지방 순회에 할애하였다. 다행히 1899년 봄부터 개성에 있던 김홍순이 올라와 하디의 사역을 돕기 시작했다. 그러면서 틈틈이 개성에 가서 시약소 환자들을 치료하였다.

1899년 9월 중순, 일본 방문을 마친 램버스 총무가 원산을 통해 내한하였다. 이에 하디는 원산까지 가서 램버스를 영접하였다. 램버스로서는 첫 번째 방한이었고 하디를 대면한 것도 처음이었다. 하디는 원산에서 램버스에게 전에 사역하던 '사랑집' 시약소와 주택을 보여주었고 서울로 올라오는 길에 김화와 철원, 연천, 문산, 파주, 고양 등 자신의 선교구역과 개성에도 안내하였다. 하디의 안내로 서울과 지방의 남감리회 선교지를 둘러본 램버스 총무는 '대만족'을 표하였다. 그리고 9월 27일부터 10월 11일까지 서울 남송현 선교부에서 개최된 남감리회 한국선교회 제3차 연회를 주재하였다. 그사이 새로 들어온 무스James R. Moose 부부와 여선교사 하인즈와 캐롤 등도 연회에 참석했다. 연회에서는 토착인 목회자 양성사역을 시작하고 남감리회 교리와 장정을 한국어로 번역하며 초교파 성서상임위원회에 참여하기로 결정하였다. 램버스 총무는 연회 후 하디가 주재하는 10월 서울구역회까지 참관한 후 중국으로 떠났다.

하디는 연회 결의대로 1900년 2월 15일부터 3월1일까지 남송현에서 토착인 전도자 양성을 위한 '교역자 양성회'를 개최하였다. 서울구역에 속한 교회 속장과 유사 30여 명이 참석한 남감리회 최초 교회직원 수련회였다. 그리고 같은 해 4월 15일 부활절, 캠벨 부인의 여학당 기도실에서 시작된 자골교회 창립예배를 인도하였다. 캠벨 부인은 1897년 10월 내한하여 처음 1년간 남송현 선교부에서 리드 부인의 여성 집회와 매일학교를 돕다가 1898년 8월 서울 북부 경복궁 근처 자골(내자동 혹은 고간동)에 독자적인 여선교회 부지를 마련하고 여학교를 시작하였다. 여학교는 1900년 봄 미국 남북 캐롤라이나연회 주일학교 학생들이 보내준 선교비로 2층 벽돌 건물을 짓고 '캐롤라이나학당'이라 하였는데 1903년 대한제국 학부의 설립인가를 받으면서 '배화학당'이라 불리었다. 바로 이곳 여학당 기도실에서 여학교 교사와 직원, 그리고 전도부인 김세라가 인도한 여성 신도들로 자골교회가 시작되었다. 하디는 서울구역 담임으로 주일마다 남송현 서울교회와 자골교회를 오가며 예배를 인도하였다. 자골교회는 후에 남성 교인들이 늘어나면서 종교교회와 자교교회로 나뉘었다.

서울뿐 아니라 지방에서도 계속 교회가 설립되었다. 1900년 9월 연회에 제출한 하디의 서울구역 통계보고에 의하면 서울의 남송현과 자골, 고양의 고양읍과 용두리·대원리, 파주의 새술막(광탄)과 양지동(주내)·술마치(법원), 문산의 문산포와 자장리·고랑포 등지의 20여 교회에 학습인 187명, 입교인 236명, 도합 423명을 기록했다. 그중 서울지역 교인은 130명에 불과했다. 그래서 하디는 1년 중 반 이상 지방을 순회하며 교회와 교인을 관리하였다. 이 지역 교회 설립과 부흥은 선교사보다 토착 전도인들의 전도 결과였다. 1896년 고양지방에 처음 복음을 전한 김홍순과 김주현을 비롯하여 고양읍교회의 전설적인 '맹인 전도자' 백사겸, 예수 믿기 전 불량배 소리를 듣다가 개종 후 전도자로 나선 벽제의 윤성근, 고랑포의 이덕수 등이 대표적이었다. 특히 윤성근은 파주와 문산·연천·철원·김화까지 다니며 전도하였고 1899년 12월 강원도 동해안 통천과 간성·양양·강릉을 거쳐 울진까지 다녀왔다.

1900년 9월 21~25일 서울에서 개최된 제4차 연회는 2년 만에 방한한 월슨 감독이 주재하였다. 감독은 2년 사이에 한국 선교가 괄목할 성장과 부흥을 이룩하였음을 확인하였다. 특히 경기 서북부와 강원도 지역에서 활기차게 복음 전도와 교회 설립이 이루어진 것에 만족을 표하였다. 콜리어 장로사는 연회에 "미감리회 스크랜턴 장로사와 원산 선교부 이양 문제를 논의하고 있다."고 보고하였다. 미감리회는 선교가 지지부진한 원산을 포기하고 평안도와 충청도 선교에 집중할 계획으로 원산 선교부를 남감리회에 넘길 뜻을 밝혔다. 이에 월슨 감독은 원산에 세 번째 선교부를 개설하여 함경도와 강원도 북동부지역 선교거점으로 삼기로 했다. 그리고 원산 선교부 개설 책임자로 하디를 임명하였다. 하디는 개성에서 서울로 올라온 지 1년 6개월 만에 임지가 또 바뀌었다. 이번에도 거역할 수 없는 감독의 파송이었다.

연회를 마친 후 월슨 감독은 하디에게 "원산으로 가기 전에 상해에서 열릴 중국연회에 참석해서 목사 안수를 받으라."고 권하였다. 형식은 권면이었지만 내용은 지시였다. 감독은 두 번 연회에 참석해서 하디의 사역 보고를 받으며 목회자의 재능과 실력을 발견하고 목사 안수를 권한 것이다. 당시 감리교 전통에서 신학교 졸업은 목사 안수의 필요 조건이 아니었다. 하디도 서울로 올라온 후 의료 사역보다는 설교와 복음전도, 교회관리 사역에 집중하다 보니 성례를 집행할 목사 안수가 필요함을 느끼고 있었다. 하디는 서울구역을 후임자 무스에게 넘기고 10월 말 가족을 데리고 부산으로 떠났다. 그 사이 가족은 양녀로 들인 고아 주복이를 포함해 일곱 명으로 늘어났다. 하디 부부는 딸들을 부산 호주 장로회 여선교부에 맡기고 윌슨 감독 부부와 함께 중국 상해로 떠났다. 하디는 중국연회 개회 직전인 11월 11일 윌슨 감독에게 집사 및 장로 목사로 안수받았다.

하디는 11월 14일부터 20일까지 상해에서 개최된 중국선교연회에 한국 선교회 대표로 참석해서 한국 선교 상황을 소개하였다. 중국 선교사와 목회자들은 방금 중국 북부에서 일어난 '의화단사건'으로 크게 위축되어 있던 중 중국에서 건너간 선교사들에 의해 개척 5년 만에 급성장한 한국 선교회 보고를 들으며 자부심과 부러움을 느꼈다. 하디 부부는 연회 후 상해와 소주의 남감리회 선교 현황을 둘러본 후 상해를 출발, 12월 13일 부산에 도착하여 기다리고 있던 딸들을 데리고 12월 15일 원산에 도착하였다. 원산 복귀는 하디에게 2년 6개월, 하디 부인에게 4년 6개월 만이었다. 하디 부인은 원산에 도착한 지 6개월 만인 1901년 6월 7일 아들을 출산했다. 첫아들을 토론토에서 얻은 후 12년 만에 얻은 아들이었다. 하디는 아들 이름을 자기 이름과 목사 안수를 준 윌슨 감독의 이름을 따서 '로버트 윌슨'으로 지었다.

7.
"이래도 안 되고 저래도 안 되고"
선교와 목회 능력의 한계

•

> 여호와께서 스룹바벨에게 하신 말씀이 이러하니라. 만군의 여호와께서 말씀하시되 이는 힘으로 되지 아니하며 능력으로 되지 아니하고 오직 나의 영으로 되느니라(슥 4:6)

목회나 선교사역을 하다가 한계를 느낄 때가 있다. 바벨론 포로생활 70년 만에 돌아와 성전을 짓다가 중단된 이스라엘 백성들의 심정이 그러하였다. 재물이 없는 것도, 의지가 부족한 것도 아니었다. 성전 건축을 시기한 사마리아인들의 훼방, 페르시아 황제의 오해와 그릇된 명령 때문으로 생각했다.

그때 예언자 스가랴를 통해 하나님의 메시지가 들렸다. "힘으로도 아니 되고 능력으로도 아니 되고 오직 주의 영으로 되느니라." 목회나 선교를 하다가 한계에 부딪혔을 때 구해야 할 것은 영적 능력과 지혜다. 그래서 한계를 느끼는 것이 하나님의 사람에겐 새로운 기회가 된다. 원산에서 하디가 그러했다. 능력의 한계에 부딪히는 경험이 그 시작이었다.

독립 선교사로 떠났다가 남감리회 선교사로 복귀한 원산은 그사이 많이 변해 있었다. 청일전쟁 이후 원산은 동해안의 국제항구로 변모하고 있었다. 우선 외국인 거주자들이 급증했다. 1901년 통계에 의하면 선교사를 포함한 서양인은 23명이었고 중국 상인이 70명이었다. 그런데 포경선 선원들을 포함하여 일본인 어부와 무역업자, 상인은 무려 1,600명에 달했다. 상권은 이미 일본인들에게 넘어간 상태였다. 한·일 간의 경제적, 민족적 충돌이 자주 빚어졌고 원산 주민들의 반일 감정도 고조되었다.

그런 중에 유력한 남감리교인 윤치호가 원산 덕원 감리로 부임하였다. 윤치호는 중국 상해 중서서원과 미국 밴더빌트대학, 에모리대학을 졸업하고 1895년 귀국하여 남감리회의 한국 선교를 이끌어냈고 초창기 서울 남송현 집회를 처음 인도했다. 고종황제의 총애를 받아 학부협판과 외부협판 등을 역임하였고 1899년 2월 덕원 감리로 부임했다가 1900년 6월 진남포 삼화 감리를 거쳐 1901년 2월 덕원 감리로 다시 부임하였다. 지역 주민들의 신망을 받았던 윤치호는 원산 원흥학교와 두남리 소학교를 설립하였다. 하디는 서울이나 개성에서도 윤치호를 만났지만 그가 원산에 부임한 후 가까운 친구가 되었고 부인과 자녀들도 한 가족처럼 지냈다. 윤치호는 1903년 원산에서 출생한 둘째 딸 용희에게 '헬렌 하디'란 영어 이름을 붙여주었다.

원산의 선교사 진용에도 변화가 있었다. 우선 하디의 친구이자 동역자인 펜윅의 신분이 바뀌었다. 펜윅은 1896년 원산에 돌아올 때 침례교 목사였지만 여전히 독립 선교사 신분이었다. 그는 원산에서 농장을 경영하며 자급 선교를 추진하였고 윤치호와 함께 근대 과수농법을 원산 농민들에게 보급하였다. 한편 펜윅에게 목사 안수를 주었던 미국 보스턴침례교회 고든 목사는 1895년 엘라싱선교회를 조직하고 스테드만과 폴링, 가들라인, 엘머 등을 개척 선교사로 한국에 파송하였다. 이들 침례교 선교사들은 서울 자골에 선교부를 개설하고 선교에 착수하였으나 대부분 선교지 적응에 실패하고 일찍 돌아갔다. 스테드만과 폴링은 1898년 서울 선교부를 남감리회 여선교부에 매각하고 충남 공주와 강경으로 옮겨 충청 지역 선교에 집중하였다. 그러나 고든 목사 별세 후 활력을 잃은 엘라싱선교회는 1902년 선교사역을 펜윅에게 이양한 후 한국에서 철수하였다. 이에 펜윅은 '대한기독교회'(후의 동아기독교)를 설립하고 한반도 일대와 만주까지 순회하며 전도하였다. 대한(동아)기독교회는 해방 후 한국 침례교회로 발전하였다.

원산의 장로교 선교사 진용도 바뀌었다. 1898년 캐나다장로회가 파송한 푸트와 그리어슨, 맥래 등 개척 선교사들이 원산 시내 창전동에 선교부를 마련하고 사역을 시작하였고 계속해서 1900년 여선교사 맥밀런과 루이스 매컬리, 1901년 럽

등이 합류하였다. 앞서 원산 선교부를 개척했던 미국 북장로회는 함경도 지역 선교를 접고 평안도와 황해도 지역 선교에 집중할 계획이었다. 이에 양측 사이에 선교지역 분할협정이 이루어져 1899년 북장로회는 원산과 함경도 지역의 14개 교회, 1백여 명 교인을 캐나다장로회에 넘겨주고 원산에서 철수하였다. 원산에서 하디의 선교를 도왔던 게일은 서울로, 스왈른은 평양으로 임지를 옮겼다. 그래서 하디 부부가 원산에 돌아왔을 때 게일과 스왈른을 만날 수 없었다. 대신 고향이 같은 캐나다 선교사들과 함께 지내게 되었다.

같은 맥락에서 미감리회도 평양과 인천, 충청도 지역 선교에 집중하기 위해 원산 선교부를 남감리회에 이양하기로 결정하였다. 원산 선교부 책임자 맥길은 1900년 5월 안식년 휴가를 다녀온 후에야 그런 결정을 알았다. 연회 결정이기 때문에 그도 어쩔 수 없었다. 함께 사역했던 하디에게 선교부와 사역을 넘겨주게 된 것만도 다행이었다. 상해에서 목사 안수를 받은 후 12월 15일 원산에 도착한 하디는 곧바로 맥길과 선교부 이양 협의에 착수했다. 맥길은 1901년 5월 서울에서 개최된 미감리회 연회에서 "원산에 43명 교인이 출석하는 교회와 지방 세 곳에 교회가 있다. 금년에 14명이 세례를 받았다. 원산에 6명이 다니는 여자 매일학교가 있고 시약소에서 1년간 1,156명을 치료하여 514원 73전 수입을 얻었다."는 마지막 보고서를 제출하였다. 이는 하디가 곧 이양받을 선교사역이었다. 산제동에 있던 미감리회 선교부 사택과 시약소 부지 1만 9천여 평은 남감리회 여선교부에서 구입했다. 여기에 하디가 독립 선교사 시절 시약소와 주택을 지었던 관교동 부지 4천 5백여 평까지 합치면 남감리회 원산 선교부는 2만 5천여 평의 부지를 확보하였다. 맥길은 1901년 10월 원산을 떠났다.

1901년 9월 서울에서 개최된 남감리회 연회는 원산을 동부지역 선교의 거점으로 육성하기로 하고 새로 들어온 의료 선교사 로스와 여선교사 노울즈를 원산 선교부에 배치하였고 개성에 있던 캐롤도 원산으로 옮겼다. 이로써 새로 개척된 남감리회 원산 선교부에는 하디 부부와 로스, 캐롤, 노울즈 등 네 가족이 파송되어 복음전도와 의료·교육·여성 사역을 추진하였다. 하디 부부를 제외하면 모두 1~2년 차 신입 선교사들이었다. 시약소 사업을 맡게 된 로스는 산제동에 근대식 병원 '구세병원'을 짓고 30년간 의료선교에 종사하였다. 캐롤과 노울즈도 산제동에서 여학교 루씨여학교를 시작하였다. 개성에서 하디가 얻은 '첫 열매' 김성률·최나오미 부부도 캐롤을 따라 원산으로 옮겨 와 전도부인, 선교부 일꾼으로 일하기 시작했다.

신입 선교사들이 의료와 교육 사역을 담당함으로 하디는 복음 전도 사역에 집중할 수 있었다. 하디는 자신이 담당할 지역을 모두 다녀볼 예정이었지만 미감리회와의 선교부 이양 작업이 10월에야 끝나는 바람에 맥길이 관리하던 원산 북서부지역은 방문하지 못했다. 다만 강원도 지역은 동해안을 따라 강릉까지 한 번, 평강과 김화, 철원 지역은 네 번 다녀왔다. 그동안 전도인 윤성근의 활약으로 철원과 김화 지역에 교인들이 늘어났다. 이에 하디는 1901년 3월 31일 철원 지경터(현 토성리)에 가서 15명에게 세례를 베풀고 강원도 최초로 교회를 조직했다. 지경터 교인들은 자기 힘으로 초가집 예배당을 마련했다. 하디는 거기서 10리 떨어진 새술막(현 학사리)에서도 학습인들로 속회를 하였다. 강원도 북부 지역은 전망이 밝았다. 하디는 윤성근을 김화 새술막에 정착시켜 강원도 지역 전도를 맡겼다. 하디는 1901년 9월 연회에서 원산항과 지경터, 두 곳 교회에 학습인 76명, 세례입교인 27명, 도합 103명이 예배드리고 있음을 보고했다.

하디는 원산 구역을 1) 원산항: 원산항과 주변 20마일 지역, 2) 원산 북부: 함경도 전지역, 3) 영동: 강원도 동해안의 9개 군(고성·간성·양양·주문진·속초·강릉·삼척·울진·평해), 4) 원산 남부: 서울로 가는 100마일에 걸친 함남 안변과 강원도 8개 군(통천·회양·고산·창도·평강·이천·철원·김화), 네 지역으로 나누어 관리하였다. 이 가운데 원산 남부를 제외한 나머지 세 지역은 미감리회에서 이양받은 곳이었다. 하디는 맥길과 선교부 이양작업을 마무리 지은 후 11월 로스와 함께 함흥까지 원산 북부 지역을 다녀왔다. 맥길로부터 이양받은 미감리회 교회 상황을 파악하기 위함이었다. 맥길의 지도를 받던 교인들이 이탈하지 않고 그대로 남감리회 교회에 합류하도록 이끄는 것이 하디의 주요 과제였다. 그런데 그것이 쉽지 않았다.

하디는 선교부 이양작업이 마무리된 직후 원산 시내 남촌동에 4백여 평 부지에 2백 명을 수용할 수 있는 ㄱ자 한옥예배당을 짓고 산제동에서 모이던 미감리회 교인들과 관교동에서 모이던 남감리회 교인들의 '통합'을 시도하였다. 그러나 미감리회 교인 중 3분의 1만 합류하였다. 양쪽 교인들의 '화학적' 통합은 더욱 어려웠다. 교인들의 신앙생활도 기대 이하였다. 하디는 1902년 9월 연회에서 원산교회 상황을 다음과 같이 보고했다.

> "지난 1년 동안 발전된 면이 없지는 않지만 교인들의 영적 상태는 대단히 실망스럽습니다. 주일을 지키지 않았다는 이유로 학습인은 물론 세례교인들을 징계한 것이 여러 차례입니다. 교인 한 명은 착복과 방종 혐의로 제명하였고 다른 한 명은 부도덕한 행위로 무기한 출석 금지령을 내렸습니다."

하디는 원산 교인들의 '영적 상태'에 대해 "대단히 실망스럽다."고 했다. 그래서 징계와 책벌을 강화했다. 그러나 효과가 없었다. 하디는 1902년 연회에 원산 구역 통계를 입교인 68명, 학습인 90명, 도합 158명으로 보고했다. 1년 전 남감리회 통계만 보고했던 121명과 비교하면 37명 늘어났다. 미감리회 쪽에서 모두 합류하지 않았음을 보여준다.

원산 바깥 지역은 더욱 심각했다. 원산 북서부지역에 맥길이 관리하던 속회가 네 곳 있었는데 그 중 학익동·사기동·봉연 등 세 곳만 합류했다. 그런데 합류한 세 곳 교인의 신앙도 실망스럽기만 했다. 하디는 세례 교인 23명으로 조직된 학익동 속회를 사전 예고 없이 방문했는데 속장은 '이교도 집안 잔치'처럼 술상을 차려놓고 속회를 드리고 있었다. 하디는 그곳 세례 교인들을 다시 문답한 후 학습인으로 '강등'시켰다. 원산의 유명한 사찰 석왕사 입구에 있던 사기동 교인들은 더 했다. 그곳엔 세례교인 1명과 구도자 10명이 있었는데 1902년 여름 교인들끼리 분쟁이 일어나 교인 한 명이 살인 혐의로 구금되었다. 하디는 사기동 속회에 대해 "전망이 밝지 않다."고 보고했다. 사기동에서 6마일 떨어진 봉연 속회 사정도 비슷했다. 그곳에 세례교인 9명과 학습인 6명이 있었는데 세례교인 3~4명은 어디론가 사라졌고 나머지 교인들도 신앙생활을 거의 하지 않고 있었다. 하디는 두 번째 구역인 원산 북부, 함흥을 포함한 함경도 지역도 둘러보았는데 이미 그곳은 캐나다

장로회 선교사와 전도인들이 활발하게 활동하고 있어 감리교인을 찾아보기 어려웠다. 함흥 근처 정평에 감리교인이 있다고 해서 찾아가 보았으나 조상제사를 드리고 있어 실망하고 돌아왔다.

하디는 세 번째 구역인 강원도 동해안 지역을 직접 방문하지는 못하고 권서만 내려보내 성경을 팔며 전도하도록 했다. 권서를 통해 "지금은 어렵지만 전망은 밝다."는 보고만 받았다. 결국 하디가 희망과 기대를 걸 곳은 원산에서 서울에 이르는 100마일 도로 주변의 강원도 북서부 지역이었다. 그 지역 선교거점은 철원 지경터와 김화 새술막이었다. 1901년 지경터와 새술막을 합쳐 세례입교인이 27명이었는데 1년 만에 41명으로 증가하였다. 하디는 지경터에 큰 기대를 걸었다. 그래서 1년 중 네 번이나 그곳을 방문했다. 하디는 1902년 연회에 지경터교회에 대하여 "윤성근은 전적으로 자신을 바쳐 하나님과 하나님 사역에 헌신하는 모습을 꾸준히 보여주고 있다. 그리스도인으로서 그의 신실한 신앙과 사역 덕분에 우리는 한국의 다른 어떤 지역에서도 보기 어려운 진보의 결과를 이곳에서 확인할 수 있다."고 보고하면서도 문제가 있음을 지적하였다.

> "이 지역[지경터] 교인들이 기독교로 개종하는 이유는 구원을 얻고자 함이 아닙니다. 오히려 '보부상패'의 만행으로부터 보호를 받기 위해섭니다. 1898년 독립협회가 해산되고 보부상패[황국협회]가 국가 인증을 받으면서 이런 현상이 전국에서 일어나고 있습니다. 어떤 사람들은 더 나아가 건물을 사서 교회를 빙자하고 주민들에게 금품을 갈취하였습니다. 1894년 동학 소요 이후 교회 부지나 예배당 옆에 깃대를 세웠는데 그것은 교회라는 표식을 넘어 보부상이나 다른 협잡꾼들에 대한 경계의 표식이 되었고 심한 경우엔 거기서 금품을 갈취하기 위해 볼기를 치기도 했습니다. 어떤 곳에서는 소위 교회라고 하는 곳이 도둑의 소굴이 되었습니다. 지방 관리들은 교회를 외국인이 관여하는 곳이라 여기고 개입을 꺼립니다."

1894년 청일전쟁 후 보부상패의 행패와 지방 관리의 탐학을 피하여 교회로 들어오는 사람들이 많았다. 이들은 입구에 '십자기'가 내걸린 교회에 들어가 생명과 재산을 보호받기를 원했다. 그 무렵 '십자기'는 "이 집은 외국인 선교사가 관여하는 곳이다."는 메시지를 담고 있었다. 그런데 교회의 보호를 받는 데서 더 나가 민간인의 금품을 갈취하는 교인까지 나타났다. 이를 '양대인자세'라 하였다. '양대인'으로 불렸던 선교사를 등에 업고 민폐를 끼치는 교인들을 지칭하였다. 그것을 '교폐'라 하였다. 하디는 이런 잘못된 교인 행태를 지경터에서 발견했다. 하디는 교회당에 걸린 '십자기'를 내리라고 지시하였다. 하지만 그의 말이 먹히지 않았다. 하디의 1902년 연회 보고서에 나오는 지경터교회 상황이다.

> "지난 1년 동안 이처럼 위험하고도 잘못된 행태를 바로잡으려 노력하였습니다. 우리 교인들뿐 아니라 지역 주민들, 그리고 관청 사람들도 힘을 모아 그리스도의 교회가 어떤 곳이며 우리 사역이 어떤 것인지 알려주려 노력하였습니다. 지난여름 우리 교회 이름으로 모임을 갖는 곳에서는 모두 깃대를 철거하라고 지시하였습니다. 그런데 다른 구역에서 전입해 들어온 속회 지도자 한 사람이 거부하였습니다. 그래서 그를 즉시 출교시키고 그가 더 이상 우리 교회 사람이 아닌 것을 모든 교인에게 알렸습니다."

하디는 지경터에서도 징계와 출교를 단행했다. 기대했던 지경터에서조차 그의 지시가 먹히지 않았다. 하디의 실망이 컸다. 결국 원산에서 시작해서 학익동·사기동·봉연을 거쳐 지경터와 새술막에 이르기까지 하디의 '영적' 기대치를 통과한 교회는 한 곳도 없었다. 의사가 아닌 '목사'로 원산에 부임하여 첫 목회를 하였던 1901~1902년, 하디는 희망보다 실망을 느꼈다. 미감리회로부터 선교부를 이양받고 4명의 신참 선교사를 배치받아 원산 선교부의 물적, 인적 토대는 그 어느 때보다 훌륭했다. 그래서 기대가 컸다. 목사 안수를 받은 후 더 열정적으로 사역했다. 그러나 기대했던 결과는 나타나지 않았다. 오히려 실망만 안겨주었다. 목회자로서, 선교사로서 자신의 한계를 느꼈다. 자신이 없었다. 그렇게 우울한 심정으로 1903년을 맞았다.

8.
"오직 말씀과 기도로"

하디와 원산 부흥운동1: 진정한 감리교인

•

> 하나님께서 지으신 모든 것이 선하매 감사함으로 받으면 버릴 것이 없나니 하나님의 말씀과 기도로 거룩하여짐이라(딤전 4:4~5)

하나님의 일도 하다 보면 될 때도 있지만 안 될 때도 있다. 기대한 대로 이루어지지 않을 때 실망하고 좌절하기보다 "감사함으로 모든 것을 받아들이면" 믿음의 온전한 경지에 이를 수 있다. 그런데 그것이 쉽지 않다. 그래서 바울은 "하나님의 말씀과 기도로" 된다고 했다.

목사 안수를 받고 원산에 부임한 하디는 나름대로 열심히 사역했지만 원하는 결과를 얻지 못했다. 맥길로부터 이양받은 미감리회 교회와 교인들은 모두 따라와 주지 않았고 기존의 교인들로부터도 실망을 느꼈다. 선교사로서, 목사로서 능력의 한계를 느꼈다. 그런 중에 '말씀과 기도'의 기회를 얻었다. 1903년 여름 원산에서 열린 사경회와 기도회를 통해서였다.

하디의 1903년은 조용하게 시작되었다. 예년처럼 1월 5일부터 2주간 원산 남촌동에 새로 지은 ㄱ자 한옥 예배당에서 겨울 사경회를 개최하였다. 하디와 로스, 그리고 1902년 12월 새로 부임해 온 저다인이 창세기와 마태복음, 교회사, 찬송을 가르쳤다. 원산뿐 아니라 정평과 안변·간성·철원·김화·평강에서 총 36명이 참석했다. 하디는 원산 사경회를 마치고 2월 초 저다인과 함께 윤성근의 안내를 받아 철원 지경터로 가서 10일간 사경회를 인도했다. 하디는 지경터 사경회에서 십계명을 주로 가르쳤다. 1년 전 '십자가 철거' 문제로 일부 교회 지도자들을 징계한 후 모인 집회라 어색한 분위기도 없지 않았다.

하디는 지경터 사경회를 마친 후 원산으로 귀환하여 3월 남촌동 시약소 건물에서 남자 매일학교(후의 광명학교)를 시작하였고 5월 여선교부의 캐롤과 노울즈가 산제동에 건축한 루씨여학교 봉헌식을 인도했다. 그리고 6월 다시 지경터로 가서 계삭회를 주재하고 돌아온 후 마무리 단계에 접어든 남촌동의 새 시약소 건축을 감독하였다. 7월에는 원산 선교의 든든한 후원자였던 윤치호가 천안 군수로 발령받아 원산을 떠났다. 그리고 8월, 선교사들의 휴가철이 되었다. 한국 선교사들은 황해도 장연의 소래(송천) 해변과 전라도 지리산의 노고단, 그리고 원산 해변에 선교사 휴양소를 마련하고 매년 여름 한 달간 더위를 피해 휴식과 휴양을 취하였다.

그렇게 1903년 8월에도 원산에 선교사들이 모였다. 캐나다장로회와 남감리회의 원산 선교부 선교사들 외에 남감리회 서울 선교부 여선교사 하운셀과 그의 안내를 받아 중국 상해 선교부의 여선교사 화이트가 합류했다. 하운셀과 화이트는 캐롤과 노울즈의 사택에 머물며 휴식을 취하였다. 그런데 노울즈는 1년 전부터 캐나다 여선교부의 매컬리와 함께 매일 '성령의 임재와 능력'을 간구하는 기도를 하고 있었다. 매컬리는 중국에서 사역하다가 의화단사건 때 원산으로 임지를 옮긴 여선교사였다. 1903년 여름휴가 기간 원산에 모인 여선교사들이 이 기도 모임에 참여하여 매일 저녁 산제동 남감리회 여선교부 사택에서 모여 기도회를 가졌다. 여선교사들은 휴가철이 끝나는 8월 마지막 주, 8월 24일(월)부터 한 주일간 성경공부 모임(사경회)을 갖기로 하고 원산의 최고참 선교사 하디에게 성경공부 인도를 부탁하였다. 사경회에는 기도하던 여선교사 다섯 명 외에 남자 선교사 저다인과 인도자 하디가 참석했다.

하디는 원산 부흥운동 10년 후인 1914년 1월, 초교파 선교사 잡지 *The Korea Mission Field*에 자신의 경험과 고백을 담아 "하나님이 만져주신 대부흥"이란 글을 발표했다. 성경에서 '만져주심'(마 8:15, 9:29; 막 6:56, 8:23; 눅 18:15; 요 9:6)은 질병이나 신체장애로 인간다운 삶을 살지 못하는 '불쌍한' 인생에게 부어주시는 주님의 은총, 자비의 수단이었다. 하디는 자신이 경험한 원산 부흥운동과 그 은총을 그렇게 표현하였다. 하디는 부흥운동의 준비와 시작을 이렇게 증언했다.

> "한국교회 부흥운동은 기도와 하나님의 말씀 공부에서 비롯되었다. 한 사람은 장로교인, 또 한 사람은 감리교인이었는데 한국의 북동부에서 사역하고 있던 신실한 두 여성이 함께 사역하고 있는 선교사들에게 성령이 임하기를 위하여 기도해 왔다. 1903년 여름 하나님께서 그 기도에 응답하시어 얼마 되지 않은 선교사들이 모여 한 주간 성경공부를 하게 되었다. 한 사람이 기도에 대하여 세 번 말씀을 전해달라는 부탁을 받았다. 하나님께서는 그를 요한복음 14장 12~14절, 15장 7절, 16장 23~24절 말씀으로 인도하셨다. 그 말씀은 응답받는 기도의 세 가지 요소, 즉 그리스도를 믿음과 그리스도 안에 거함, 그리고 오순절 체험이었다."

하디는 한국교회 부흥운동의 기원을 '기도와 말씀 공부'로 설명하였다. 그리고 여선교사들의 부탁을 받고 사경회를 인도한 것에 대해서도 "내가 부탁을 받았다." 하지 않고 "한 사람이 부탁을 받았다."고 썼다. 이 글에서 하디는 철저히 '1인칭'(I)을 피하고 '3인칭'(He)을 썼다. 성경에서 3인칭 표현은 은혜를 받은 자에게 나타나는 자연스러운 겸비의 표현이었다.(고후 12:1~5 참조) 그리고 능동태가 아니라 수동태로 썼다. "내가 한 것이 아니라. 그분께서 하시고 나는 따랐을 뿐이다."는 뜻이다. 사경회에서 전할 말씀의 본문을 택하는 과정도 "내가 정했다." 하지 않고 "하나님께서 그를 인도하셨다."고 표현하였다. 그렇게 해서 읽게 된 본문은 요한복음 14~16장에 나오는 그리스도의 '유언 설교', 그중에도 세 부분 말씀이었다.

> "내가 진실로 진실로 너희에게 이르노니 나를 믿는 자는 내가 하는 일을 그도 할 것이요 또한 그보다 큰 일도 하리니 이는 내가 아버지께로 감이라. 너희가 내 이름으로 무엇을 구하든지 내가 행하리니 이는 아버지로 하여금 아들로 말미암아 영광을 받으시게 하려 함이라. 내 이름으로 무엇이든지 내게 구하면 내가 행하리라."(요 14:12~14)

> "너희가 내 안에 거하고 내 말이 너희 안에 거하면 무엇이든지 원하는 대로 구하라. 그리하면 이루리라."(요 15:7)

"그 날에는 너희가 아무 것도 내게 묻지 아니하리라. 내가 진실로 진실로 너희에게 이르노니 너희가 무엇이든지 아버지께 구하는 것을 내 이름으로 주시리라. 지금까지는 너희가 내 이름으로 아무 것도 구하지 아니하였으나 구하라. 그리하면 받으리니 너희 기쁨이 충만하리라."(요 16:23~24)

하디는 위 본문에서 '응답받는 기도'의 세 가지 핵심요소를 발견했다. 곧 '그리스도를 믿음'과 '그리스도 안에 거함', '오순절 체험'이었다. 그것은 기독교 신앙의 핵심이자 목회와 선교의 기본요소였다. 사경회 인도자 하디에게 말씀이 주어졌다. 그런데 말씀 앞에서 수치를 느꼈다.

"그런데 그는 설교를 준비하면서 그 말씀을 전함에 솔직하지 못함을 깨달았다. 왜냐하면 우선 말씀에 나오는 믿음이 없었고, 그리스도 안에 거하지 않고 있음을 그 자신뿐 아니라 회중들도 알고 있었기 때문이며 수년 동안 성령을 구하기는 했지만 그 자신 성령을 받아야 한다고 고백하기를 꺼렸기 때문이었다. 죄책감이 깊어지면서 모든 죄를 사함 받았다는 믿음에서 오는 평안이 그에게 임하였고 자신이 그리스도 안에 거하며 그리스도의 말씀이 자기 안에 있음과 성령을 받았다는 확신이 생겼다."

모태 감리교 신앙인으로, 선교사로, 목사로서 그동안 교인들 앞에서 믿음과 성령에 대해 설교도 많이 하고 강의도 많이 하였지만 정작 자기 안에 그런 믿음의 확신, 성령의 능력이 '없음'不在을 깨달았다. 그것은 위선이고 거짓이었다. 그동안 '외적'으로만 교인이었지 '내적'으로 교인은 아니었다. 그것을 깨닫는 순간 하디는 심한 수치와 죄의식을 느꼈다. 그런데 바로 그런 '깨달음'이 성령이 그에게 임했다는 증거였다. '죄책감이 깊어지던 어느 순간, "죄를 용서받았다."는 확신과 그것에서 비롯된 '내적 평화'가 임했다. 그리고 자신이 그리스도 안에 거하고 있음과 성령이 그에게 임하였음을 믿게 되었다. 수치와 불안이 사라지고 기쁨과 평안이 솟구쳤다. 육적이었던 하디가 영적으로 거듭나는 순간이었다.(요 3:6~7) 하디는 그 감격을 함께 있던 사람들과 나누었다.

“그가 기도회 시간에 방금 경험한 것을 말하자 그 즉시 함께 있던 사람들도 같은 체험을 하였다. 그다음으로 하나님께서 그에게 시키신 것은 토착교회 교인들 앞에서 자신의 선교사 생활 실패의 원인이 자신의 결점과 믿음 없음, 선교비 유용에 있음을 괴롭고 창피한 심정으로 자백하는 것이었다. 주일 아침에 그는 부끄럽고 곤혹스러운 얼굴로 자신의 오만과 굳은 마음, 불신을 자백하며 개개인과 회중 전체에 용서를 구하였을 때 거기 참석했던 한국 교인들은 처음으로 죄책과 회개가 어떤 것인지를 구체적으로 목격하였다.”

나이 어린 후배 선교사들에게 “그동안 믿음과 성령의 능력 없이 선교했다.”고 고백하기란 쉽지 않았다. 그러나 하디가 ‘성령의 인도하심’에 이끌려 고백하였을 때 그 자리에 있던 여섯 명 선교사도 동일한 성령 체험을 하였다. 예루살렘 마가의 다락방에서 일어났던 오순절 ‘성령 강림’ 사건(행 2:1~4)이 원산에서 재현되었다.

하디의 고백은 계속 이어졌다. 한 주간 선교사 연합 사경회를 마친 후 맞이한 주일(8월 30일) 날 아침예배 때 하디는 남촌동 예배당에 모인 토착교인들 앞에서 ‘부끄럽고 곤혹스러운’ 얼굴로 목회와 선교의 실패가 자신에게 있음을 고백하였다. 구체적으로 자신의 믿음 없음과 선교비 유용, 오만과 굳은 마음, 불신 등을 자백하며 용서를 구했다. 선교사들 앞에서 자백하기도 쉽지는 않았지만 토착 교인들 앞에서 자신의 결점과 잘못을 고백하기는 더욱 어려웠다. 그래서 하디는 ‘괴롭고 창피한’ 일이었다고 표현하였다. 자존심과 체면을 생각하면 할 수 없는 일이었다. 그러나 ‘성령의 능력’에 사로잡힌 하디는 성령의 이끄시는 대로 할 수밖에 없었다. 그런 하디의 모습을 보고 토착 교인들은 비로소 기독교에서 말하는 ‘죄책과 회개’가 어떤 것인지 알게 되었다.

이런 하디의 성령과 회심 체험은 감리교 창시자 존 웨슬리의 ‘올더스게잇 체험’과 매우 유사하다. 3대째 영국국교회(성공회) 사제 가문에서 출생한 존 웨슬리 역시 명문 옥스퍼드대학을 졸업하고 성공회 사제가 되어 신학교에서 강의하다가 ‘선교의 열정’에 사로잡혀 영국 식민지였던 아메리카 조지아로 가서 3년 선교활동을 벌였다. 그러나 웨슬리에게 아메리카 선교는 실패와 좌절, 실망감만 안겨 주었다. 결국 절망감을 안고 런던으로 돌아온 웨슬리는 사역과 구원에 대한 확신이 없이 내적 불안에 사로잡혀 지내던 중, 1738년 5월 24일 저녁 우연히 런던 시내 올더스게잇 스트리트에서 열린 모라비안교도 집회에 참석하였다가 회심을 체험하였다. 그날 저녁 웨슬리의 일기다.

> "저녁에 나는 대단히 내키지 않는 발걸음으로 올더스게잇 스트리트에서 열린 작은 신도모임에 참석했다. 그곳에서 한 사람이 루터의 로마서 서문을 읽고 있었다. 저녁 8시 45분경 그가 그리스도를 믿을 때 하나님께서 마음에 어떤 변화를 일으키시는가 하는 대목을 설명하고 있을 때 나는 이상하게 마음이 뜨거워짐을 느꼈다. 나는 내가 그리스도를 믿고 있음을, 구원을 위해 오직 그리스도만 믿어야 함을 느꼈다. 그러자 주님께서 내 모든 죄를 거두어 가셨을 뿐 아니라 나 자신까지도 거두셨음을, 그리고 죄와 사망의 법에서 나를 구원하셨음을 확신하게 되었다. 나는 온 힘을 다해 그동안 나를 온갖 방법으로 괴롭히고 농락했던 자들을 위해 기도하기 시작했다. 그런 다음 나는 그곳에 있던 모든 사람에게 방금 내 마음에 일어났던 일들을 공개적으로 증언하였다."

웨슬리의 '올더스게잇 체험'은 다섯 단계(요소)로 이루어졌다. 즉 1) "대단히 내키지 않는" 발걸음으로 기도회 모임에 참석하였다가, 2) 그리스도인의 구원에 대한 기도회 인도자의 설명을 듣던 중 "이상하게 마음이 뜨거워짐"을 느꼈고, 3) 그리스도께서 나의 모든 죄를 사하시고 죄와 사망에서 구원해 주셨다는 믿음trust과 확신이 생겼고, 4) 자신을 괴롭히던 이들을 위한 "용서의 기도"가 나왔으며, 5) 방금 체험한 것을 참석자들 앞에서 "공개적으로 증언" 하였다. 훗날 웨슬리는 '대단히 내키지 않는 발걸음'을 내 의지나 계획에 앞서서 하나님의 이끄심을 경험하는 '선행은총'으로, '이상하게 마음이 뜨거워짐'은 성령 강림과 체험으로 설명했다. 이어서 죄의 용서와 구원에 대한 믿음과 확신이 '주어지는' 은총으로 임하면서 기도를 통해 원수와 적을 향한 용서와 화해가 이루어지고 방금 체험한 것을 간증함으로 참석자들과 은혜의 나눔과 공유가 이루어졌다. 하디의 원산 체험과 웨슬리의 올더스게잇 체험을 비교하면 다음과 같다.

	웨슬리	하디
선행은총	'대단히 내키지 않는' 발걸음으로 기도회 모임에 참석	여선교사들이 준비한 사경회에 초청을 받아 감. 말씀을 준비하던 중 '이끌림'을 체험
성령강림	루터의 로마서 서문을 듣던 중	그리스도를 믿음, 그리스도 안에
성령강림	이상하게 마음이 뜨거워짐	거함, 보혜사 성령에 대한 말씀 앞에서 죄책감이 깊어짐
믿음과 확신	그리스도의 죄를 용서하심과 구원에 대한 믿음과 확신이 생김	그리스도를 믿음과 죄의 용서와 구원, 성령을 받았다는 확신이 생김
용서와 화해	자신을 괴롭히던 자들을 위한 용서의 기도를 함	토착교인들 앞에서 자신의 잘못과 오류를 자백하고 용서를 구함
공개증언	기도회에 참석한 사람들에게 공개증언	동료 선교사와 토착 교인들 앞에서 공개적으로 간증

이런 과정을 거쳐 하디는 '진정한 기독교인'이 되었을 뿐 아니라 '진정한 감리교인'이 되었고 '참 웨슬리언'이 되었다. 모태신앙으로 자라나 형식적 감리교도였던 하디가 성령 안에서 진실된 감리교도로 다시 태어난 것이다. 이끌려서 사경회와 기도회에 참석했던 결과였다. 하디는 '말씀과 기도'로 거룩한 존재가 되었다.

9.
"회개의 마중물"

하디와 원산 부흥운동2: 회개와 중생의 체험

•

> 이 물을 마시는 자마다 다시 목마르려니와 내가 주는 물을 마시는 자는 영원히 목마르지 아니하리니 내가 주는 물은 그 속에서 영생하도록 솟아나는 샘물이 되리라(요 4:13~14)

기구한 삶을 살았던 사마리아 여인은 우물가에서 만난 낯선 유대 남자로부터 "내가 주는 물을 마시면 영원히 목마르지 아니하리라."는 말에 귀가 번쩍 뜨였다. 한 번 마시면 영원히 목마르지 않는 마법의 샘물을 기대했다. 긴 대화 끝에 여인은 예수를 믿는 것이 영생의 비결인 것을 깨달았다.

옛날 펌프 우물을 쓰던 시절 '마중물'이란 말이 있었다. 펌프를 오래 사용하지 않으면 물이 아래로 빠져 물을 길을 수 없다. 그러면 물을 한 바가지 떠서 펌프에 붓고 힘차게 펌프질하면 밑바닥 우물물이 관을 타고 올라온다. 그 한 바가지 물을 '마중물'이라 하였다. 원산에서 하디가 토착교인들 앞에서 흘린 회개의 눈물이 그런 역할을 했다.

하디는 8월 선교사 사경회에 앞서 미국의 스칸디나비아선교연맹 창설자 프란손 목사로부터 아시아 순방 여행 중 원산에 들러 토착교인들에게 전도 집회를 갖고 싶다는 연락을 받았다. 이에 하디는 선교사 사경회를 마친 직후 8월 31일(월)부터 한 주간 프란손 집회를 위한 준비 기도회를 열기로 했다. 기도회에는 원산 선교부 선교사와 한국인 직원, 그리고 원산교회 교인들이 참석했다. 하디는 말 그대로 '준비' 기도회로 인도하였다. 그런데 그 모임에 성령이 역사하여 토착교인들의

'공개적인 죄의 자복'이 터져 나왔다. 1904년 연회 때 보고한 하디의 증언이다.

"집회를 준비하기 위해 나를 돕는 토착인 조역자들과 지방 내 교회 지도자들을 원산으로 모이도록 했습니다. 나는 프란손이 도착하기를 기다리며 지방에서 온 이들과 원산교회 교인 몇 명과 함께 매일 성경공부와 기도회를 시작했습니다. [예배당 증축] 공사 중이라 현장을 떠날 수 없어 우리는 공사 현장에서 모임을 가졌습니다. 그러던 어느 날 아침 목재더미 위에 앉아 성경을 공부하던 중 청년 한 명이 자기 죄목을 적은 종이를 들고 일어나더니 '지난 며칠 동안 너무 괴로워 견딜 수 없었다.'면서 지금까지 지은 죄를 읽어 내려갔습니다."

하디가 예상하지 못했던 현상이었다. 하디는 매일 정한 시간에 성경공부와 기도회로 인도했을 뿐이다. 그런데 금요일 아침, 로스의 시약소 일을 돕던 최종손이 느닷없이 일어서더니 "괴로워 견딜 수 없다."며 종이에 적은 자기 죄목을 읽어 내려가며 통곡했다. 최종손은 하디가 인도하는 성경공부를 하던 중 죄책감에 사로잡혔고 그 때문에 4일 밤을 괴로워하다가 마침내 절도죄를 포함해서 마음속의 온갖 죄들을 토해냈다. 그리고 이튿날 최종손과 같은 방을 쓰던 선교부 관리인 강태수가 일어서더니 역시 같은 방식으로 자기 죄를 자백하였다. 선교부 직원들의 자백은 9월 6일 주일 아침 예배 때까지 이어졌다. 하디의 계속된 증언이다.

"그다음 주일 아침예배 때 축도가 끝나자마자 다섯 달 전에 기독교 복음을 처음 접한 로스의 어학 선생이 회중 앞에 서서 지난 한 주간 자기가 지은 죄 때문에 괴로워 견딜 수가 없었다면서 마음의 편안을 얻기 위해서라도 자백해야 하겠다고 하였습니다. 그는 나이가 젊었지만 서울의 명문가 '양반' 출신이었습니다. 그가 자백한 죄는 앞서 공사 현장에서 자백했던 청년의 죄보다 훨씬 부끄러운 것이었는데 눈물을 흘리면서 고백하는 모습에서 진심으로 뉘우치고 있음을 느낄 수 있었습니다. 그가 얼마 전 열아홉 나이로 죽은 아내에 대해 말할 때 가장 가슴 아팠습니다. 그는 아내가 죽기 전 몇 달 동안 앓고 있을 때도 계속 술을 먹고 방탕한 생활을 했다고 하였습니다. 아내는 설날에 죽었는데 그 때문에 친척들과 명절을 제대로 즐기지 못하게 되었다며 불평하고 저주하였다고 했습니다. 그러면서 그는 '아, 아내가 아팠을 때 한 번이라도 찾아가서 어떠냐고 물어보았더라면, 원하는 것은 없냐고 물어보기라도 했었더라면 이처럼 괴롭지는 않을 것을. 그것도 하지 못했으니.' 하고 괴로워했습니다. 그는 또 몇몇 사람을 찾아가 미워했던 것과 은밀하게 해를 입혔던 것을 고백하며 용서를 구했습니다. 그는 이어서 교인들 앞에서 교만했던 것과 탐욕과 위선으로 가장 믿음이 좋은 교인인 것처럼 겉으로 꾸미고 과장했던 것을 자백하며 하나님께로 돌아왔습니다. 나는 성령이 우리 가운데 역사하고 계심과 우리가 어디로 나아가야 할지를 가르쳐주고 계심을 깨달았습니다."

마지막으로 회개한 정춘수(선교사들의 기록엔 '진춘수'로 나온다)는 충북 청주 출신으로 청년 시절 '불미스러운 일'로 고향을 떠나 서울을 거쳐 원산에 들어와 살던 중 선교사 어학교사가 되면서 교회에 출석하였다. 전통 양반 출신으로 자존심과 체면을 중시하였던 그는 같은 방에서 생활하던 최종손과 강태수의 회개를 보면서도 끝까지 버티다 결국 죄책감을 견디지 못하고 주일예배 후 파격적인 모습으로 회개했다. 그는 후에1911년 남감리회 최초 한국인 목사로 안수를 받았고 1919년 삼일운동 때 민족대표로 참여했으며 1940년 감독까지 되었다. 원산 선교부에서 일하던 강태수와 최종손, 정춘수 등의 회개는 다른 일반 교인들에게도 영향을 끼쳤다. 한 주간의 사경회를 통해 원산교회 분위기는 전혀 새롭게 변하였다. 하디는 그것을 '성령 강림과 인도하심'으로 표현했다.

정춘수의 회개가 있은 9월 6일 주일 저녁 프란손 목사가 (예정보다 일찍) 원산에 도착했다. 프란손 집회는 월요일부터 한 주간 장로교와 감리교, 침례교 연합 집회로 진행되었다. 원산 시내 교인들은 매일 저녁 창전동 장로교회에 모여 프란손의 '통역 설교'를 들었다. 프란손의 설교는 기독교 신앙생활의 근본 원리와 전도에 관한 것이었다. 프란손은 집회가 없는 낮에 원산에서 사역하고 있는 선교사들에게 자신의 30년 복음전도와 해외선교 경험을 들려주었다. 하디는 프란손의 방문에 대하여 "그는 기도의 사람이었고 경험 많은 전도자였다. 주님께서는 우리가 어떻게 해야 할지를 가르쳐 주시기 위해 그를 적시에 보내주셨다."고 기록하였다. 프란손은 한 주간 집회를 마치고 서울로 올라갔다. 그렇게 집회는 표면상 '조용하게' 끝났다. 그러나 집회에 참석한 감리교인들의 내면적 '회개 욕구'는 소멸되지 않고 고조되었다.

그런 '영적' 분위기를 감지한 하디는 프란손 집회가 끝난 다음 날인 9월 16일부터 한 주간 감리교인들만의 특별부흥회를 개최하였다. 집회는 하디가 인도했다. 예정에 없던 부흥회에서 마침내 토착교인들의 회개운동이 '폭발'하였다. 하디의 증언이다.

> "그[프란손]가 떠난 후 나는 우리 교회에서 집회를 계속했습니다. 교인들의 관심과 열기는 더욱 증폭되었습니다. 집회하는 동안 교인들은 누가 먼저 죄를 자복하면 그 뒤를 이어 자기 죄를 공개적으로 자복하였습니다. 죄책감에 사로잡힌 교인들이 자복하려고 아우성치는 바람에 두세 번은 설교할 수조차 없었습니다. 성경의 어떤 말씀, 어떤 구절을 택하든 교인들의 마음을 찢어놓는 것 같았습니다. 그리하여 집회가 끝날 즈음엔 우리 교회 교인은 거의 모두, 다른 교회 교인들도 여러 명 회심을 체험하였습니다. 그들은 모두 지금까지 살면서 한 번도 경험해 보지 못한 생생하고도 인격적인 종교체험을 하였다고 증언하였습니다. 이후 그들이 보여준 삶을 볼 때 그들은 진정 예수 그리스도의 새로운 피조물이 되었음을 확인할 수 있었습니다."

죄책감에 사로잡힌 교인들은 하디가 설교를 할 수 없을 정도로 앞다투어 자기 죄를 자복하였다. '성령 안에서' 자복한 교인들은 서로 용서하고 화해하는 모습을 보여주었다. 회개한 교인들은 '내적 평화'를 회복했고 일상생활에서 죄악 대신 거룩함이 드러났다.

> "성령의 능력에 사로잡힌 교인들은 자기 죄를 공개적으로 자복하였습니다. 그들은 이후 사탄이 틈타거나 유혹한다면 그때도 이처럼 강하게 저항할 것을 표명하였습니다. 이는 죄와 자아와 사탄에 결정적 한 방이 되었습니다. 그 결과 도적질과 거짓말, 행패, 분노, 폭언, 험담 등이 사라졌습니다. 우리 선교부에서 일하는 하인들이나 조력자들도 서로 만나면 전에 친절하지 못했던 것, 나쁜 생각을 품었던 것을 서로 자백하며 용서를 구하는 모습을 볼 수 있었습니다. 기도회나 간증집회를 통해서도 교인들은 대부분 솔직한 마음을 털어놓았고 성령의 은총을 거스르는 어떤 행위도 반복하지 않겠노라 결단하였습니다. 지금까지 내가 본 바로 이보다 죄를 효율적으로 다룰 방법은 없

다고 봅니다. 자백이 쉬운 일은 아니었는데 그것이 보편적인 현상이 되었습니다. 언제나 성령의 강력한 책망을 받아서 자백하였습니다. 성령이 임하는 곳에서는 반드시 이런 현상이 나타났습니다. 성령이 지배하는 곳에 죄가 머물 자리는 없었습니다."

원산교회 교인들의 경험은 하디가 두 주 전 원산 선교사연합사경회에서 경험했던 것과 동일하였다. 즉 죄책감으로 시작하여 회개와 회심, 성령 세례와 성령 충만, 용서와 화해를 거쳐 거듭남과 성화에 이르는 '기독교 신앙의 본질 체험'이었다. 성령이 임재한 기도회와 사경회를 통해 하디의 신앙이 외적이고 형식적이었던 것에서 내적이고 본질적인 것으로 바뀌었듯이 원산 교인들도 성령이 충만한 부흥회를 통해 외식적인 교인에서 진실한 교인으로 바뀌었다. 그것이 기독교 역사상 위기 때마다 나타나는 부흥운동 혹은 영적 각성운동의 핵심이다. 교인 숫자가 늘고 교회 규모가 커지는 것이 부흥이 아니라 신도와 교회가 기독교 신앙의 본질을 회복하는 것이 부흥이었다.

원산교회 특별 부흥회를 마치고 9월 24일(목)부터 28일까지 서울 남송현 선교부에서 남감리회 연회가 개최되었다. 그러나 가족 문제로 하디는 그 연회에 참석하지 못했다. 하디가 프란손 집회를 위한 준비기도회를 시작한 이틀째인 9월 1일, 하디 부인은 셋째 딸 마가렛 조이를 출산했다. 하디는 출산한 아내와 갓 태어난 아기를 돌보아야 했음에도 3주간 기도회와 집회, 사경회를 인도하였다. 그 결과 출산 후 조리를 제대로 하지 못한 하디 부인의 건강이 악화되었다. 이에 하디는 안식년 휴가를 1년 앞당겨 갖기로 하고 부인과 자녀들을 먼저 귀국시키기로 하였다. 그렇게 해서 하디는 9월 20일 특별부흥회가 끝나자마자 아내와 자녀들을 배웅하러 일본 고베로 갔다. 부인은 네 자녀 외에 양녀 주복이도 함께 데리고 갔다. 그런데 일본 도착 직후 아이들이 홍역에 걸렸다. 둘째 베씨는 폐렴까지 겹쳐 위중한 상황까지 갔다. 결국 하디는 '한 달 넘게' 일본에 머물러 아내와 아이들을 돌보았다. 그 때문에 하디는 1903년 연회에 참석하지 못했다. 하디는 일본으로 출발하기 전 선교 보고서를 작성하여 저다인을 통해 연회에 제출했다. 성령 강림과 부흥운동을 직접 체험한 하디의 1903년 보고서는 1년 전 보고서와 판연히 달랐다.

“지난해 나의 사역을 되돌아보고 또한 내가 기대했던 바와 이루어진 결과를 비교해 볼 때 '데겔'TEKEL이란 단어 하나로 설명할 수 있겠습니다. '저울에 달아보니 부족함이 보였다.'(단 5:27) 수적인 증가를 내세워 실패의 책임을 모면하려 했던 것이 사실이었습니다. 내가 한국에 온 이래 모든 면에서 지난해처럼 힘들고 어려웠던 적은 없었습니다. 어떤 사악한 존재의 힘이 모든 방면에서 나의 사역을 망쳐놓는 것 같았습니다. 나 자신에 대한 신뢰는 물론 그동안 이루어놓았던 나의 업적마저도 무너진 것 같았습니다. 내 사역에 결과가 없었던 이유에 대하여 내 자신에게 무슨 결점이 있나 살펴보아도 특별한 것은 없었지만 일을 하면 할수록, 애를 쓰면 쓸수록 깨닫게 된 것은 영적 능력의 부족함이었습니다. 그것이야말로 확실히 내가 사역에 실패한 원인이었습니다. 하나님께서도 '힘으로 되지 아니하며 능력으로 되지 아니하고 오직 나의 영으로 되느니라.'(겔 4:6) 하셨습니다.”

사역 실패의 원인을 바깥 환경과 교인에게 찾으려 했던 하디가 자신의 '영적 능력의 부족'이 원인이라 고백했다. 원인과 이유는 밖이 아니라 안에 있었다.

“이번에 내가 확실하게 깨달은 것은 내가 성령을 받지 못했던 것이 사역 실패의 원인이었다는 점입니다. 아무리 솔직하게, 또 온 힘을 다해 애쓴다고 할지라도 성령의 임재와 능력이 없이는 헛수고인 것을 깨달았습니다. 이제부터 나는 더 열심히 일할 것입니다. 그러나 지금까지와는 전혀 다르게, 성령과 함께 일할 것입니다. 이미 느낀 바이지만 성령의 임재 안에서 기쁨과 평안을 누리며 일할 것입니다. 그 축복은 나나 구원의 진리를 이미 알고 있는 자들에게만 국한되지 않을 것입니다.”

"성령과 함께 일할 것이다." '성령의 사람'homo spiritus이 된 하디는 자신감이 넘쳐 있었다. 1년 전 자신감 없이 토착교회에 실망과 불만을 표출했던 것과 전혀 다른 모습이었다. 이어진 구역 보고도 1년 전에 절망적 비관이었던 것이 희망적 낙관으로 바뀌었다. 원산교회에 대해서 "입교인 37명인데 전반적으로 영적 생활에 진보가 있었다." 하였고 실망만 안겨주었던 학익동과 사기동, 봉연교회에 대해서도 "예배당 건축을 준비하고 있다." "4, 5명이 세례받을 준비를 하고 있다."고 보고

하였다. 동해안 지역에 대해서 "방문 요청이 쇄도하지만 인력 부족으로 아직 가지 못하고 있다." 보고하였으며 줄줄이 출교와 징계를 내렸던 지경터와 새술막 교회에 대해서는 "옷을 더럽히지 않은 자 몇 명이 있어 그 비추는 빛으로 교회 전망을 밝게 하고 있다."고 보고하였다. 이런 하디의 보고서를 대독한 저다인도 자신의 보고서에서 직접 목격한 원산 부흥운동의 전개 과정을 자세히 소개한 후 다음과 같이 보고를 마쳤다.

> "보고를 마치면서 한국에 있는 내게 임하신 하나님의 선하심에 깊은 감사를 표하지 않을 수 없습니다. 하나님께서는 건강과 친구, 그리고 적절한 위로로 나를 축복하셨습니다. 그러나 무엇보다 감사할 것은 하나님의 임재가 함께 하심이었습니다. 주님은 확실한 약속의 말씀으로 내게 임하셨습니다. 확실하게 말할 수 있는 것은 내가 지금까지 살면서 하나님께서 이처럼 가까이, 그리고 지속적으로 나를 인도하심을 경험한 적이 없었다는 것입니다."

원산 선교사 연합사경회에 참석했던 캐롤·노울즈·하운셀도 비슷한 내용을 보고하였다. 감독이 나오지 않아 대신 연회를 주재하던 무스 장로사는 이런 선교사들의 보고를 들은 후 "지금까지 우리 선교회의 역사가 그러했듯 금년에도 우리가 하늘 아버지의 선하심 가운데 보다 밝은 미래를 내다보면서 한 해 사역을 마칠 수 있도록 이끄신 주님께 영광을 돌린다."며 "우리 사역에 어두운 그림자도 없지 않았지만 대체적으로 밝은 전망을 가질 수 있었던 것은 거의 모든 지역에서 영적·물질적인 측면에서 진보가 이루어지고 있음을 볼 수 있기 때문이었다."고 정리하였다. 우울했던 1년 전 연회와 전혀 다른 분위기의 1903년 연회였다. 절망 대신 희망, 비관 대신 낙관, 불안 대신 평안이 충만하였다. 모든 것이 한 달 전 원산 사경회에서 하디가 흘린 '회개의 눈물' 한 방울에서 비롯된 축복이었다.

10.
"누룩처럼, 요원의 불꽃처럼"
하디와 원산 부흥운동3: 김화와 서울, 개성 거쳐 인천까지

•

> 예수께서 이르시되 하나님의 나라가 무엇과 같을까 내가 무엇으로 비교할까 마치 사람이 자기 채소밭에 갖다 심은 겨자씨 한 알 같으니 자라 나무가 되어 공중의 새들이 그 가지에 깃들였느니라. 또 이르시되 내가 하나님의 나라를 무엇으로 비교할까 마치 여자가 가루 서 말 속에 갖다 넣어 전부 부풀게 한 누룩과 같으니라 하셨더라(눅 13:18~21)

겨자씨 비유가 작은 것이 큰 것으로 '성장하는' 교회를 상징한다면 누룩 비유는 좁은 곳에서 넓은 곳으로 '확장되는' 복음의 역사를 상징한다. 복음의 은총을 받은 사람과 그 생활의 변화를 통해 교회는 부흥하고 성장한다. 그렇게 복음은 세상으로 퍼져나가 세상을 변화시킨다.

하디가 경험한 부흥운동의 방향은 1) 위에서 아래로, 2) 나로부터 남에게 향하였다. 선교사의 회개가 토착인 교회 지도자의 회개로 이어졌고 내가 먼저 회개할 때 남도 따라 회개하였다. 그렇게 하디가 인도하는 곳마다 회개운동과 부흥운동이 일어났다. 원산에서 발원한 부흥운동이 요원의 불꽃처럼 사방으로 퍼져나갔다.

하디는 일본에서 한 달간 요양하며 건강을 회복한 부인과 자녀들을 귀국선에 태워 보낸 후 한 달 더 일본에 남아 쇠약해진 몸을 추슬렀다. 그리고 1903년 12월 원산으로 돌아오자마자 원산구역 겨울 사경회를 준비하였다. 하디는 사경회를 2회로 나누어 1차는 원산항에서 원산과 원산 인근, 동해안 지역 교인들을 대상으로 개최하고 2차는 김화 새술막에서 강원도 북서부지역 교인들을 대상으로 개최하기로 하였다. 하디는 원산 선교부 동료 선교사들과 사경회를 준비하면서 사경회 목적을 '토착교회 지도자 및 전도인 양성'에 두기로 했다. 그래서 낮 공부 시간에는 성경 외에 신앙생활 및 전도에 필요한 과목들을 공부하고 저녁에는 전도 집회를 열기로 했다. 그렇게 해서 1904년 1월 25일(월)부터 31일까지 한 주간 예정으로 원산 남촌동 예배당에서 사경회가 열렸다. 사경회는 부흥운동의 연장이었다. 하디의 1904년 연회 보고다.

> "주님은 우리 가운데 임하셨고 사경회를 마치기로 한 주일날 집회에서 우리 교회 역사상 가장 아름다운 장면이 연출되었습니다. 아침에 시작된 집회는 하루 종일 이어졌습니다. 저녁 집회를 마칠 때쯤 교인 여러 명이 성령 충만을 받고 하나님께 자신을 온전히 바치겠다는 의사를 밝혔습니다. 집회는 한 주간 더 연장되었고 학습인 중 여러 명이 회심을 체험했으며 참석자들은 모두 하나님을 아는 지식과 믿음, 성실함에 큰 진보를 이루었습니다."

주일 오전예배가 저녁까지 하루 종일 교인들의 '뜨거운' 요구로 사경회는 한 주간 더 연장되었다. 은혜받은 교인들의 변화된 모습도 확연하게 드러났다.

> "집회를 마친 후 교인들은 권서 1인을 보조하기로 결의하였습니다. 지난가을 부흥회 때 많은 교인이 훔친 것을 자백하고 보상하기 시작했습니다. 교인이 피해를 본 경우가 많았는데 피해 본 교인들은 훔쳐 갔던 사람을 완전히 용서해 준 것은 물론이고 피해 본 것을 되돌려 받기보다는 주님을 위해 그 돈을 쓰기로 하였습니다. 그렇게 해서 모은 돈으로 장래가 촉망받는 청년교인 한 사람을 권서로 임명하였습니다."

이전까지 권서나 전도인 생활비는 선교사가 부담했다. 그러나 은혜받은 원산 교인들은 "우리 백성에게 전도하는 일은 우리가 담당해야 한다."는 취지로 권서인 한 명을 선발하고 그 생활비를 댔다. 그뿐 아니라 "교회 유지도 우리 힘으로 해야 한다."며 헌금에 열심을 냈다. 그 결과 하디는 처음으로 "교회 예산을 초과 달성했다."고 보고할 수 있었다. 그렇게 원산교회는 선교사들이 꿈에도 그리던 '자립 운영'을 구현했다.

원산 겨울 사경회는 교인들의 '뜨거운' 요청으로 한 주간 더 연장되었다. 2월 1일부터 8일까지 남촌동 감리교회에서 열린 연장 집회엔 감리교인 뿐 아니라 창전동 장로교회, 관교동 침례교회 교인들도 참석하였다. 이 연합집회에 대한 『조선예수교장로회 사기』1928년의 기록이다.

> "1904년 음력 정월 원산에서 장로교와 감리교, 침례교 세 교회가 연합사경회를 열었는데 장로교 선교사 럽(업아력)이 특별한 은혜를 받아 여러 날 동안 금식하며 통회하였고 길거리에서도 간절하게 기도하기를 쉬지 않으니 믿지 않는 사람들은 '술 취했다.'라고 하였고 믿는 사람들조차 비방하며 비웃었다."

초대교회 오순절 날 성령 세례를 받은 제자처럼(행 2:13) 캐나다장로회 선교사 럽이 '성령 충만'하여 길거리에서 큰 소리로 기도하며 전도하다가 사람들의 조롱을 받았다. 이후 럽은 함흥과 성진에 가서 부흥회를 인도함으로 함경도 지역 부흥운동을 이끌었다.

원산에서 연합사경회가 끝난 2월 8일 인천에서 러일전쟁이 시작되었다. 원산항은 다시 일본에서 건너온 군인들로 북적였다. 서울의 미국과 영국 공사관은 원산 선교사들에게 "속히 서울로 피신하라."는 지시를 내렸다. 그러나 하디는 예정했던 새술막 사경회를 열기로 했다. 그는 원산 사경회에 참석했던 윤성근 전도사와 함께 5일간 산악 눈길을 걸으며 '말씀의 교제'를 나누었다. 그때 하디가 '계시처럼' 받은 말씀이 많았는데 그중에도 여호수아 14장 9절 "네가 내 하나님 여호와께 충성하였은 즉 네 발로 밟는 땅은 영원히 너와 네 자손의 기업이 되리라."는 말씀에 힘을 얻었다. 2월 12일부터 시작된 새술막 사경회도 '성령 충만'으로 진행되었다.

> "주님은 내가 믿은 대로 이루어주셨습니다. 이후 12일 동안 진행된 사경회에서 참석자들은 전에 볼 수 없었던 은혜를 받았습니다. 지난 3년 동안 우리와 함께 지냈던 교인들은 물론이고 새로 들

어온 교인들까지 회심을 체험했습니다. 집회 마지막 날 저녁에는 원산에서 함께 일하던 선교사들이 미국 공사로부터 서울로 철수하라는 지시를 받고 서울로 가던 중 새술막에 도착했습니다. 그들은 이튿날 새술막에서 이루어진 놀라운 성령의 역사를 확인하고 용기와 힘을 얻었습니다."

새술막 사경회가 끝나는 날 원산에서 늦게 출발한 저다인과 캐롤, 노울즈 등 동료 선교사들이 새술막에 도착했다. 그들은 12일간의 사경회를 마치고 '은혜 충만' 한 교인들을 보고 감동하였다. 하디는 새술막 사경회를 마친 후 원산으로 돌아가고 싶었지만 "서울로 철수하라."는 본국 공사관의 지시에 따라 동료 선교사들과 함께 서울로 가기로 했다.

그런데 하디 일행이 서울에 도착한 얼마 후 새술막교회의 윤성근 전도사가 별세했다는 소식을 들었다. 오래전부터 앓고 있던 폐결핵이 급속도로 악화되어 숨을 거둔 것이다. 윤성근 전도사의 별세는 선교사와 토착교인 모두에게 큰 슬픔을 안겨주었다. 특히 그와 가깝게 지내며 동역했던 하디의 충격이 컸다.

하디는 윤성근을 소개하는 글을 두 번, 1904년 9월 연회 보고서와 1918년 11월 협성신학교 기관지「신학세계」에 썼다. 하디는 그를 '성경의 사람' 이라고 증언했다. 윤성근 전도사는 신약성경을 거의 다 외우고 있어 어떤 구절이든 본문의 장, 절을 댈 수 있었다. 그래서 하디는 그를 '살아있는 성구사전' 生字典이라 칭하며 "나는 지금껏 한국은 물론 미국에서도 그처럼 열정적으로 성경을 배우려는 교인을 만나본 적이 없다."고 기록하였다. 그는 성경 말씀을 잘 알 뿐 아니라 그대로 실천하며 살려고 노력했다. 원산 부흥회에 참석해서 성령 충만을 받고 통회자복하며 권서시절 선교사 몰래 '훔친 돈' 14원을 되갚았다. 그런 식으로 윤성근은 20년 전 횡령했던 '정부 돈'도 갚았다. 하디의 증언1918년이다.

"씨의 별세하기 조금 전에 원산에 첫 번 부흥회를 보고 집으로 돌아오는 길에 내게 말하기를 자기는 하나님께 자기 지나간 모든 죄를 다 생각나게 하사 다 회개할 기회 주시기를 기도하는 중에 생각난 일은 한 20여 년 전 자기는 아직 예수의 복음을 들은 일이 없는 때인데 조폐국造幣局에서 일하고 있는 중 어느 월급 주는 날 한 8원가량을 더 받은 일이 있은 것을 깨달은 것이라. 이 돈을 도로 갚는 것이 마땅함을 밝히 아노라 하고 그 돈을 내게 주며 탁지부度支部에 보내 주기를 청하더라. 나는 이 돈을 보내고 그 영수증을 아직까지 보관하노니 아마 구한국 정부에게 양심의 자책으로 돌려보낸 돈은 이것이 처음이 되리라."

윤성근은 앓고 있는 병으로 때가 얼마 남지 않았음을 알고 하디에게 대신 정부에 돌려줄 것을 부탁하였다. 하디는 그 돈을 외부협판으로 근무하던 윤치호에게 전달하였다. 윤치호는 그 돈을 (해체된 조폐국 기능을 수행하던) 탁지부에 전달한 후 영수증을 받아 하디에게 주었다. 그렇게 해서 윤성근의 '양심전'良心錢 영수증은 부흥운동을 통해 회개하고 거듭난 한국 교인들의 양심 회복을 보여주는 증표가 되었다. 이후 한국교회 초기 부흥운동에서 과거 남의 것을 훔치거나 횡령한 것을 되돌려 주는 '양심전운동'은 보편적 현상이 되었다.

서울에 머물던 하디는 역시 서울에 올라와 있던 개성 선교부의 크램W.G. Cram이 "개성에 가서 부흥회를 인도해 달라."는 부탁을 받았다. 개성은 하디가 남감리회 선교사가 된 후 처음 사역했던 곳이었다. 그 사이 개성 지역은 크게 성장해서 개성 시내에만 북부와 남부, 두 곳에 교회가 설립되었고 인근 개풍과 연백·장단·금천·토산까지 합쳐 19개 교회에 성인만 680명의 교인이 있었다. 개성 특별부흥회는 남부교회에서 2월 26일(금)~3월 7일까지 10일간 개최되어 매일 오전·오후·저녁 세 차례 집회를 가졌는데 전쟁 중임에도 150명이 참석하였다. 하디는 사경회식으로 집회를 인도했다. 당시 집회에 참석했던 남부교회 교인 김순일은 「신학월보」에 "하디 목사께서 성신 인도하심을 받아 성경 말씀으로만 증거하여 밝히 가르치시니 모든 형제자매가 숨은 죄와 드러난 죄를 밝히 깨달아 모두 슬픈 마음과 통곡함으로 죄를 자복하고 사함을 얻은 후에 성신 충만함을 많이 받았다."고 썼다. 하디를 개성으로 초청한 크램도 1904년 연회 보고에서 같은 증언을 남겼다.

"집회에 참석한 한국인 전도사들과 권서들은 전에는 그 의미를 몰랐던 속죄와 신생 체험, 성령 충만을 경험하였다. 남자 교인들은 자기 죄로 인해 통곡하며 피해보상을 하였다. 그들은 차마 입에 담을 수 없는 죄를 자백하였다. 지금까지도 그 영적 분위기는 지속되고 있다. 집회를 마친 후 권서들은 큰 용기를 얻고 지방으로 흩어졌다. 그들이 지닌 고상한 욕망은 실제 결과로 나타났다. 그들은 쪽복음을 상당량 판매하였고 지방에서 사람들이 복된 소식을 듣고 싶어 한다고 보고하였다.”

부흥회 후 개성 교인들은 더욱 열심을 내 자원 전도에 나섰다. 더 이상 복음 전도사역을 선교사들에게 의존하지 않았다. ‘토착인이 토착인에게’ 전도하는 시대가 열렸다. 하디는 3월 중순 개성 집회를 마치고 서울로 올라왔다. 서울에는 지방에서 올라온 선교사들로 붐볐다. 러시아군과 일본군 사이의 전선은 압록강 건너 만주 지역으로 옮겨졌지만 한반도의 주요 도시를 점령한 일본군의 약탈과 만행으로 주민들의 불안이 증폭되고 있었다. 이런 상황에서 서울에 모인 남감리회 선교사들은 자골 여선교부에 모여 전쟁 종식과 평화 회복을 위한 2주간 특별기도회를 하고 자골교회에서 특별부흥회를 열며 하디를 강사로 세웠다. 자골교회는 하디가 4년 전 창립 예배 때 설교한 교회로 10명 정도 여자교인으로 시작했는데 70명 수준으로 늘어나 있었다. 자골교회 부흥회에는 자골교회 교인뿐 아니라 배화여학교 교사와 학생, 남송현에서 예배드리던 서울교회 교인들도 참석했다. 당시 자골교회를 담임했던 무스 선교사의 보고다.

“참으로 놀라운 집회였다. 죄책감에 사로잡힌 교인들은 역겨운 죄들을 공개 자복하였고 훔친 것들을 되돌려 주었다. 상당수 교인은 죄와 용서가 어떤 것인지 처음으로 깨달았다. 집회 결과 그동안 교회 나오던 교인들은 신생의 축복이 어떤 것인지를 깨닫고 새 삶을 살았다. 이번 집회를 통해 성령께서 한국 교인들의 마음을 움직여 죄책과 구원을 얻게 하셨음이 확인되었다. 지금까지 이 나라 기독교인들은 대부분 회심을 머리로만 이해하고 자신이 알지 못한 마음속 죄까지 씻어주시는 성령의 능력에 대해서는 알지 못했다.”

여학생들을 이끌고 부흥회에 참석했던 배화학당 교사 조세핀 하운셀의 보고다.

“하디 박사가 우리 교회에 와서 한 주간 동안 성령의 능력에 힘입어 설교하였다. 그 말씀에 살아 있는 능력이 있어 사람들의 마음을 찢어놓았으며 놀라운 방식으로 역사하였다. 내 어학 선생은 '교인들은 죄만 고백하였습니다. 다른 것은 일절 하지 않았습니다.'라고 하였다. 많은 여학생도 회개하였다. 이미 교회 다니는 학생들은 그 믿음이 더욱 견고해졌으며 성령을 받았다고 고백한 학생도 여러 명이다. 우리 학생 중 다섯 명이 교회에 등록했다. 학교 일을 하는 사환이나 조력자들도 모두 은혜를 받았다. 그 결과 새 학기가 되었을 때 학생들은 '새 학교 같아요.'라고 말하였다. 실제로 그러했다."

하디는 4월 자골교회 부흥회를 마친 후 원산으로 복귀하였다. 아직 '전시상황'이었기 때문에 여선교사들은 서울에 머물고 하디와 저다인만 원산으로 돌아왔다. 원산 상황은 서울보다 훨씬 불안하였다. 3월에 러시아군 2만 명이 두만강을 넘어 함북 경성을 점령한 후 그곳을 전진기지로 삼아 동해안을 따라 남하하기 시작했고 이를 막으려는 일본군과의 전투가 함경도 일대에서 벌어졌다. 원산으로 돌아온 하디와 저다인은 지방 순회여행은 생각지도 못하고 원산에서 교회와 시약소를 중심으로 '최소한'의 선교활동만 하였다. 교회 사역은 저다인에게 맡기고 하디는 시약소 사역을 맡았다. 그런 중에도 교인들은 떨어져 나가지 않고 신앙을 지켰다. 그렇게 원산에서 '불안한' 여름을 보낸 하디는 1904년 9월 14일부터 17일까지 서울에서 열린 남감리회 연회에 참석하기 위해 다시 상경하였다. 1903년에 이어 1904년에도 미국에서 감독이 나오지 못했기 때문에 한국지방회 장로사 무스가 연회를 주재하였다. 1903년 연회 때 참석하지 못하고 저다인을 통해 보고서만 제출했던 하디는 1904년 연회에서 지난 1년간의 부흥운동 과정을 자세히 보고한 후 누구보다 '변화된 자신'의 모습을 이렇게 설명했다.

"이제 확실하게 말할 수 있습니다. 하나님은 신실하십니다. 내가 보았고 들었으며 확인하였습니다. 나는 작년 연회 보고서에서 '이제 후로는 내가 증언하였듯이 성령께서도 증언하실 것이다.'라고 썼는데 쓰면서도 마음에 갈등이 없지 않았습니다. 쓰던 것을 멈추고 '정말 네가 쓴 것이냐?' 하는 질문을 스스로에게 할 수밖에 없었습니다. 그러나 갈등은 오래가지 않았습니다. 나는 하나님의 영으로 내적인 새 힘을 얻었고 그 은사와 은총으로 이제는 하나님과 사람들 앞에서 자신 있게 말할 수 있게 되었습니다. '누구든지 그를 믿는 자는 부끄러움을 당하지 아니하리라.'(롬 10:11) 하나님은 내가 생각하거나 구하지도 않았는데 넘치는 것으로 채워주셨습니다."

1904년 연회에서 하디는 안식년 휴가를 허락받았다. 독립 선교사 시절 캐나다를 다녀온 지 7년, 남감리회 선교사로 파송을 받은 지 6년 지났다. 가족은 이미 1년 전 귀국해 있었다. 하디도 휴식이 필요했다. 그러나 하디는 연회 후 곧바로 출국하지 못했다. 서울 배재학당과 이화학당 선교사들이 부흥회를 인도해 달라고 부탁했기 때문이었다. 그래서 9월 20일(화)부터 2주간 서울 정동교회에서 (예배당 가운데 휘장을 치고) 남녀학생 연합부흥회를 인도하였다. 배재와 이화 학생들이 주로 참석했지만 일반 신도들도 참석하였다. 하디로서는 미감리회 교회에서 인도한 첫 번째 부흥회였다. 정동교회의 하디 부흥회에 대한 「신학월보」의 보도다.

"이제 서울교회에서 제일 감사함은 부흥회를 잘 직힘이니 하[하디] 목사께서 정동 미이미교회[미감리회] 예배당에 부흥회를 열어 한 보름 동안을 하루 세 번씩 전도하신지라. 한 주일 동안이나 회개하는 문제를 가지고 열심으로 전도하시매 여러 형제자매들이 성신의 책망하심을 받아 일체 회개하고 죄를 자복한 후 사유하심을 받았으며 또 한 주일 동안에는 성신의 책망하심을 가지고 열심으로 전도하시매 죄 사유하심을 얻은 모든 형제자매들이 성신의 충만하심을 얻었으니 이후로 성신의 열매가 많이 맺히기를 바라나니라."

정동교회 부흥회에서 일반교인보다 학생들이 큰 은혜를 받았다. 남감리회 대표로 배재학당 교사로 사역하던 찰스 하운셀(조세핀 하운셀 오빠)의 증언이다.

"학기 초에 하디 박사가 정동교회에서 부흥회를 인도하였는데 우리 학생들도 참석했다. 교회에 다니던 학생 중 여러 명이 회심하였고 새로 믿기로 작정한 학생들도 여럿이다. 주의 영이 학생들 가운데 임하여 학생들은 기숙사에 돌아가서도 밤늦게까지 기도하거나 찬송을 부르며 하나님을 찬양했다. 한 학생은 나를 찾아와 거짓말로 내게 돈을 타갔다며 견딜 수 없어 돌려준다면서 용서를 빌었다. 나는 그와 함께 무릎을 꿇고 기도했다. 나는 그처럼 간절하게 기도하는 모습을 본 적이 없었다."

이화학당 학생들도 같은 회개와 회심 체험을 하였다. 이화학당 교장 프라이의 증언이다.

"하디 박사는 고맙게도 배재와 이화, 두 학교를 위해 정동교회에서 부흥회를 인도해 주셨다. 우리는 학기를 시작하기 전, 두 주간 동안 매일 세 차례 집회를 열었다. 페인과 나는 집회 마지막 주간에 학생들이 매일 밤 집회가 끝난 후 자기 죄를 자백하는 광경을 목격하였다. 학생들은 우리를 찾아와 자기 마음속의 무거운 짐을 내려놓았다. 이른 아침에도 학생들이 하나둘 기도실로 조용히 들어와 기도하는 모습을 볼 수 있었다. 그들에게 언제 어디서 죄 사함을 받았느냐고 물었더니 그들은 대부분 어느 날 아침 홀로 기도실에서 기도하던 중 얻었다고 하였다."

한국교회의 특징적 전통인 새벽기도회를 이화학당 학생들이 자발적으로 시작했다. 배재와 이화 학생뿐 아니라 정동교회 일반 신도들도 은혜를 체험했다. 프라이의 증언이다.

"그동안 교회를 오랫동안 다녀서 참으로 믿음이 좋은 교인이라고 생각했던 사람들도 마음속에 숨겨 두었던 죄에 대한 새로운 각성을 얻었다. 그들은 '명목상 교인'이었다가 지금은 모두 죄 사함과 성결함을 얻었다. 이화학당 학생뿐 아니라 선교사와 교사, 전도부인들까지 은혜를 받았고 그 분위기는 1년 내내 지속되었다."

정동교회 부흥회를 마친 하디는 미감리회 인천 선교부의 케이블E.M. Cable로부터 "인천에도 내려와 부흥회를 인도해 달라."는 부탁을 받았다. 그래서 하디는 원산으로 돌아가 원산 선교부 사역을 저다인에게 인계한 후 안식년 휴가를 떠날 짐을 꾸리고 인천으로 갔다. 인천 교인들은 여선교사 힐만과 밀러의 인도로 한 주간 준비기도회를 하였다. 인천 부흥회는 11월 1일부터 한 주간 인천 내리교회에서 개최되었다. 하디를 인천에 초청한 케이블의 증언이다.

“능력의 말씀이 선포되고 성령이 임하심으로 추악한 죄악이 드러남과 동시에 죄에서 구원하시려는 예수님의 능력이 나타났다. 죄를 자복하려는 열기가 너무 강하여 하디 박사는 설교도 제대로 할 수 없을 지경이었다. 나는 어디서도 이런 광경을 본 적이 없다. 그동안 선량하게 보아왔던 한 여인이 일어서더니 자기는 지금까지 죄를 지으면서 살아왔다고 고백하였다. 그녀는 결혼도 하지 않고 남자와 1년 이상 동거해왔다고 자백하였다. 그 여인과 함께 살았던 남자도 일어나 자백하였다. 집회를 마치고 사태를 바로잡기 위해 두 사람은 정식으로 결혼식을 올렸다.”

준비 기도회를 인도했던 힐만의 증언이다.

“얼마나 놀라운 한 주간이었는지! 본국에서도 은혜로운 부흥회에 여러 번 참석해 보았지만 이처럼 죄를 깊이 자백하고 기도의 응답으로 성령의 임재와 능력이 나타나는 집회는 본 적이 없다. 우리의 신실한 전도부인은 감정에 북받쳐 올라 눈물을 흘리며 그동안 시기하고 사랑이 없었음을 자백하였다. 전도부인은 괴로워하며 죄를 자복한 후 평안을 되찾고 이후 성령의 거듭난 삶을 살고 있다.”

“본국(미국)에서도 이런 광경을 본 적이 없다.” 부흥운동 현장을 목격한 선교사들의 일관된 고백이다. 더 이상 한국은 미개한 나라, ‘이교도의 땅’이 아니었다. 선교 개척 20년밖에 되지 않은 한국교회지만 ‘기독교 국가’라는 자부심을 갖고 있던 미국이나 캐나다 교인들도 쉽게 경험하지 못한 ‘오순절 초대교회’ 성령강림 현상을 성경 말씀 그대로 재현하고 있었다. 그렇게 성령 충만을 받고 받은 은총을 ‘변화된 삶’으로 보여주는 한국 교인들의 모습을 보면서 선교사들은 감동과 보람을 느꼈지만 한편에서 부러움과 도전도 받았다. 자신을 선교사로 파송한 본국 교회 교인들의 신앙생활과 비교되었기 때문이다.

한국교회 부흥운동의 주역이 된 하디도 하나님의 ‘이끄심’에 따라 원산에서 시작하여 김화와 개성, 서울, 인천에 이르기까지 집회를 인도하는 동안 자신을 ‘거룩한 누룩’으로 사용하시는 하나님의 임재 앞에서 두렵고 떨리는 마음을 금할 수 없었다. 그것은 호렙산 떨기나무에서 ‘꺼지지 않는 불꽃’을 목격한 모세의 심정과 같은 것이었다.(출 3:2) 인천 부흥집회를 마친 하디는 그런 두려운 감동을 안고 인천항을 출발, 부산과 일본을 거쳐 가족이 기다리고 있는 미국으로 향하였다.

11.
"성령이 하나 되게 하신 것을"
하디와 원산 부흥운동4: 선교연합과 평양 부흥운동 촉발

> 모든 겸손과 온유로 하고 오래 참음으로 사랑 가운데서 서로 용납하고 평안의 매는 줄로 성령이 하나 되게 하신 것을 힘써 지키라(엡 4:2~3)

성령에는 '하나 되게' 하시는 능력이 있다. 마가의 다락방에 모였던 그리스도의 제자들이 그러했다. 그들은 각기 다른 언어를 말하였으나 그 내용은 하나, '부활하신 그리스도'였다. 그렇게 해서 그들은 성령 안에서 마음이 하나 되고 뜻이 하나 되어 힘을 모을 수 있었다.

한국교회는 선교 초기 감리교와 장로교·침례교·성결교·구세군·성공회 등 다양한 교파교회 선교사들에 의해 복음이 전파되었다. 내용은 같은데 형식이 달라 서로 다른 종교로 착각하기도 하였다. 그런 때 1903년 8월 원산에서 '성령 강림'과 부흥운동이 일어났고 그 결과 한국교회의 선교연합과 교회일치 운동이 시작되었다.

하디는 서울 정동교회에서 학생연합 부흥회를 인도하던 중 1904년 9월 22일, 서울 정동교회에서 개최된 초교파 선교사연합 세미나에 참석해서 개회 기도를 하였다. 미감리회의 스크랜턴 장로사가 주최한 이 세미나는 한국 개신교 선교 20주년을 맞아 미감리회와 남감리회, 미국 북장로회와 남장로회, 캐나다장로회 호주장로회 등 6개 교파교회 선교사들이 20년 선교사역을 점검하는 모임이었다. 세미나에서 스크랜턴과 언더우드·마펫·게일·레이놀즈·그리어슨·엥겔·무스 등 각 선교회를 대표하는 선교사들이 복음전도와 교육·의료사역과 토착문화에 관한 연구 논문을 발표하였다. 세미나에 참석한 선교사들은 보다 효과적인 선교사역을 위해서는 선교 연합과 협력이 필요하다는 데 뜻을 모았다. 그리고 구체적인 결과물로 1905년 9월에 위 6개 선교회가 참여하는 '한국복음주의선교연합공의회'가 조직되어 복음전도와 교육과 의료, 문서출판, 신학교육 분야에서 선교연합과 교회일치 운동을 전개하였다.

이렇게 한국에서 선교 연합과 교회일치 운동이 본격적으로 추진되던 1904부터 1905년까지 하디는 미국에서 가족들과 함께 안식년 휴식을 취하고 있었다. 1904년 12월 미국에 도착한 하디는 아내와 가족들이 기다리고 있던 노스캐롤라이나 르노어로 갔다. 첫째 딸 에바와 둘째 딸 베씨가 그곳에 있던 남감리회 계통의 데이븐포트여자대학 예과에 다니고 있었다. 에바와 베씨가 1905년 가을학기 켄터키 주 밀러스버그에 있는 남감리회 계통의 밀러스버그여자대학 본과에 입학하게 됨에 따라 하디 가족도 밀러스버그로 옮겼다. 2년째 미국 생활을 하고 있던 양녀 주복이는 미국에서도 한복을 입고 다녀 켄터키의 작은 마을 밀러스버그 주민들의 관심과 주목을 받았다. 피셔 학장의 아들은 나중에1918년 베씨와 결혼하여 하디의 사위가 되었다. 하디는 밀러스버그여자대학 학장 피셔 박사와 가깝게 지냈고 그곳 도서관에서 성경과 신학도서를 읽으며 신학공부를 하였다.

하디는 토론토와 온타리오 일대를 순회하며 선교비 모금운동을 했던 1차 안식년 휴가와 달리 2차 안식년은 가족과 함께 지내면서 휴식과 독서로 안식년다운 시간을 보냈다. 그렇게 1년 안식 휴가를 즐긴 하디 부부는 대학에 다니는 에바와 베씨만 미국에 남겨두고 다른 자녀들을 데리고 1905년 12월 선교지로 돌아왔다. 그 사이 한국의 정치와 선교 상황은 크게 변해 있었다. 우선 1년 넘게 지속되던 러일전쟁이 미국의 중재로 1905년 9월 끝나면서 전시상황은 종식되었지만 이후 전개된 정치적 상황으로 한반도의 갈등과 불안은 계속 이어졌다. 청일전쟁에 이어 러일전쟁에서도 승리한 일본은 미국과 가츠라-태프트 밀약1905년 7월, 영국과 제2차 영일동맹1905년 8월을 체결하여 한반도 통치와 지배에 대한 서구 열강국의 지지를 얻어냈다. 그리고 고종황제와 대한제국 정부 관료들을 겁박하여 11월 17일 '을사늑약'을 체결, 국권의 상징인 외교권을 강탈하였다. 이어서 한국에 통감부를 설치하고 이토오를 통감으로 파견하여 '보호'란 명분으로 대한제국 정부 행정에 간섭하기 시작했다.

이러한 일본의 침략과 지배에 대한 한민족의 저항운동도 거세게 일어났다. 조약체결 무효상소 운동과 민족주의 지사들의 순국 자결이 이어졌고 조약체결에 찬성했던 이완용과 박제순 등 '을사오적'을 척결하려는 무장투쟁과 항일 의병운동이 거세게 일어났다. 기독교계 민족운동 진영이 주도한 항일 민족운동도 활발하게 전개되었다. 상동교회의 전덕기 목사가 지도하던 감리교 엡윗청년회와 상동청년학원 회원과 학생들이 조약체결 반대 구국기도회와 도끼 상소 운동을 벌였고 이화학당 학생들도 매일 구국기도회를 열었다. 이런 민족적 항일 투쟁은 헤이그밀사사건과 정미7조약 체결, 구한국 부대 강제해산과 항일 의병운동이 치열하게 일어난 1907년까지 지속되었다. 이런 상황에서 외교 협판이었던 윤치호는 을사늑약 체결에 반대하여 관직을 사임한 후 대한자강회 회장으로 취임하여 민족계몽 운동에 참여하였다.

선교 상황의 가장 큰 변화는 앞서 언급했던바 1905년 9월 한국복음주의선교연합공의회 창설이었다. 여기에 참여한 장로교와 감리교 6개 선교회 선교사는 선교사역에서 초교파적인 연합과 협력을 추구하였다. 이미 공동으로 추진해 왔던 한글성경 번역작업을 더욱 강화하였고 장로교회와 감리교회가 따로 사용하던 찬송가도 통합 찬송가로 인쇄하기 시작했다. 정기간행물도 장로교의 「그리스도신문」과 감리교의 「신학월보」를 통합하여 1906년부터 통합된 「그리스도신문」으로 내기 시작했고 영문 잡지도 장로교의 *The Korea Field*와 감리교의 *The Korea Methodist*를 통합하여 *The Korea Mission Field*를 간행하기 시작했다. 교육과 의료 사역에서도 선교 통합이 이루어져 서울에서 세브란스병원과 세브란스의학교가 장·감연합 기관으로 운영되었고 감리교의 배재학당과 장로교의 경신학교를 통합하여 합성중학교가 되었으며 평양에서 숭실중학과 숭실대학, 숭의여학교가 장·감연합학교로 운영되었다. 선교연합공의회는 연합과 협력 차원을 넘어 한국에서 단일 개신교회로서 '대한예수교회'를 조직하기 위한 준비 작업에 착수하였다.

이런 분위기에서 선교연합공의회는 1906년부터 서울과 평양, 원산 등 2개 이상 선교회가 공동으로 선교하는 지역에서 사경회를 초교파 연합집회로 진행하기로 결의하였다. 이에 따라 1906년 1~2월 미감리회와 남감리회, 북장로회 등 3개 선교회가 선교하는 서울에서 미감리회의 정동교회와 상동교회, 북장로회의 승동교회와 연동교회, 남감리회의 자골교회에서 초교파 연합 사경회 및 부흥회가 개최되었다. 그 결과 사경회가 부흥회로 연결되었다. 정동교회 집회를 인도했던 북장로회 선교사 무어의 증언이다.

> "하나님의 성령이 강하게 임하면서 교인들이 죄를 자백하였다. 하룻저녁에는 설교 도중 한 여인이 일어나더니 말씀을 듣던 중 전에는 몰랐던 자기 죄를 깨달았다고 자백하는 바람에 설교가 중단되기도 했다. 그 자리에서 많은 사람이 자기 죄를 자백하고 영적인 삶을 살겠다고 다짐했다. 자기 죄를 깨닫게 되었다면서 자백하고 영적인 삶을 살겠다고 고백하였다. 매일 밤 남녀 교인들이 자발적으로 일어나 그리스도를 따르겠다는 의지를 밝혔다."

'원산 부흥운동'의 재현이었다. 남감리회 선교사 하운셀이 인도했던 장로교의 연동교회에서도 같은 현상이 나타났다. 그렇게 해서 감리교회에서 발원한 부흥운동을 장로교 선교사와 교인들도 경험하게 되었다. 미감리회와 북장로회가 공동 선교하는 평양에서는 연합집회로 진행되지는 않았고 1906년 1월 28일부터 한 주간 장대현교회(장로교)와 남산현교회(감리교)에서 각기 사경회를 열었는데 '하나님의 성령이 사람의 마음을 움직여' 회개하는 교인들이 속출하였다.

캐나다장로회와 남감리회가 공동 선교하고 있던 원산에서도 연합사경회로 진행되었다. 원산에서 초교파 연합집회는 익숙한 현상이었다. 1906년 1월 25일부터 한 주간 연합사경회로 진행되었는데 두 달 전 안식년 휴가를 마치고 돌아온 하디와 캐나다장로회의 럽이 집회를 인도했다. 이미 '성령 충만'을 경험한 부흥 설교자들이 인도하는 집회에서 "선교사와 한국인, 남녀노소를 막론하고 눈물을 흘리며 흐느껴 울면서 자기 죄를 자백하였고 죄 씻음 받기를 갈망하는" 현상이 나타났다. 하디가 안식년 휴가를 떠난 사이 남감리회 원산 선교부를 담당했던 저다인은 같은 시기 함흥에서 개최된 장로교회 사경회에 강사로 초청받아 갔다. 처음으로 장로교 선교구역에 가서 집회를 인도한 집회였는데 참석했던 3백여 명의 교인들에게서 통회 자복이 터져 나왔다. 함흥 선교부 맥레 부인의 증언이다.

> "이방 우상과 어둠 속에 갇혔던 형제자매들이 성령의 빛을 받아 자기 죄를 뒤로하고 밝은 곳으로 나오는 그 모습을 어찌 글로 다 묘사할 수 있을까! 기독교 나라에서 태어난 우리로서는 이처럼 죄에 사로잡혀 괴로워하는 모습을 본 적이 없었다. 건강하게 생긴 사내가 쉰 목소리로 자기 어머니를 돌로 친 이야기로 시작해서 바른 생활을 버리고 깊은 죄악에 빠져들었던 것을 낱낱이 고백하였다. 그 뒤를 이어 몸집이 작은 소녀가 나와서 훌쩍거리며 하나님 보시기에 자기는 큰 죄인이라며 고백하였다. 그 아이는 무당을 도와 북을 치던 아이였다. 그 아이는 교인이 된 다음에도 부모와 선생을 거역하였노라고 울면서 '아프오!' '아프오!' 계속 외쳤다."

그렇게 하디의 뒤를 이어 저다인도 남감리회를 대표하는 부흥사로 두각을 나타냈다. 저다인은 1906년 10월 남장로회 선교구역인 목포로 가서 부흥회를 인도하였다. 그를 초청했던 목포 선교부 프레스턴 선교사의 증언이다.

> "성령이 그에게 말씀으로 임하여 의와 절제와 심판과 죄악과 죄 씻음에 대한 말씀이 마치 수술용 메스처럼 사람들의 마음속을 파고 들어가 영혼의 암처럼 속에 깊이 숨겨져 있던 죄를 들춰냈다. 그러자 죄로 인해 괴로워하던 교인 수십 명이 죄를 자복하였고 건장한 사내들이 어린아이처럼 통곡하였다. 그런 후에 구세주의 사랑이 임하여 신생과 회개, 믿음, 성별, 사역의 능력, 신자의 기쁨이 상처를 치료하는 약처럼 신도들 가운데 임하였다. 새로운 생명, 새로운 빛으로 성도들의 얼굴은 밝게 변하였고 교회는 승리의 찬송 소리로 울려 퍼졌다."

그렇게 북으로 함경도, 남으로 전라도까지 장로교회에서 성령 강림과 부흥운동이 일어났다. 남은 곳은 서북지역 중심인 평양이었다. 평양에서 사역하던 북장로회와 미감리교 선교사들은 휴가 기간인 1906년 8월 연합사경회를 열기로 하고 하디를 강사로 초청했다. 감리교 남산현교회에서 개최된 연합사경회엔 20여 명

장로교와 감리교 선교사 가족 외에 선교부에서 일하는 한국인 직원까지 포함하여 1백여 명이 참석하였다. 하디는 한국인 직원들을 배려하여 영어가 아닌 한국말로 설교하였다. 그 자리에 미감리회 여자병원인 광혜여원 원장 홀 부인과 그의 외아들 셔우드 홀도 참석했다. 셔우드 홀은 당시 평양 외국인학교 학생이었는데 "그의 설교는 웅변적이거나 격동적인 것은 아니었다. 다만 자기의 가슴을 열어 듣는 이들의 마음이 그의 마음과 맞닿게 직선적이고 성실하게 설교했다."고 회고하며 그 날 하디의 설교내용을 이렇게 증언했다.

> "기독교 복음의 핵심은 하나님의 은혜의 말씀에 있다. 무서운 지옥 형벌을 피하고 상을 받아 천국에 가고자 하는 마음만으로 이 세상을 산다면 하나님의 말씀은 알아듣지 못한다. 인간이 자기 힘과 노력으로 잘 되겠다고 생각하는 것은 자만심과 믿음의 부족에서 비롯된 것이다. 기독교의 가르침은 하나님께서 우리를 죄악에서 구해주시는 그 능력에 있는 것이지 반드시 내세에만 있는 것은 아니다. 지금 바로 여기에 하나님의 은혜가 있다. 예수님은 모든 시대를 통해 가장 놀랍고 귀한 말씀을 하셨다. '아버지여, 저들을 용서하여주옵소서. 저들은 자기들이 무슨 일을 하는지 알지 못하나이다.'(눅 23:34) 이 말씀을 음미해보라. 하나님께서는 우리가 어떤 잘못을 저질러도 우리 죄를 사해 주신다는 것을 의미한다. 아무리 높은 이상도 영적인 힘이 없다면 수행하기 어렵다. 기억하라. 이러한 영적인 힘은 계속적인 기도로만 얻어질 수 있다. 우리의 체력이 날마다 음식을 섭취함으로써 유지되는 것같이 우리의 영적인 강건함도 날마다 기도를 통해서만 유지될 수 있다. 이때 우리의 목적은 인간의 영광으로부터 하나님의 영광으로 그 초점이 바뀐다."

하디의 설교는 13세 소년의 마음을 움직였다. 본래 셔우드는 미국에 가서 사업가가 될 생각이었다. 그러나 하디의 설교를 듣고 자신도 의료 선교사가 되어 평양에서 사역하다 순직한 아버지와 뒤를 이어 평양에서 사역하고 있는 어머니의 뒤를 잇겠다고 결심했다. 이후 셔우드는 미국 오하이오 마운트유니언대학을 거쳐 하디가 공부한 캐나다 토론토의과대학을 졸업한 후 1926년 미감리회 선교사로 나와 해주 구세병원에서 사역하였다.

평양에서 하디의 설교는 13세 소년뿐 아니라 어른 선교사, 특히 장로교 선교사들에게 감동과 도전이 되었다. 이에 대하여 장로교의 『평양노회지경각교회사기』1925년는 "선교사들이 성신의 감동함을 받아 각기 죄를 자복하였고 그중에 특별히 이길함 선교사가 성신의 충만함을 받았다."고 기록하였다. 이길함은 마펫, 스왈른과 함께 평양 선교를 개척한 북장로회 선교사로서 1907년 1월 평양 장대현교회에서 일어난 평양 부흥운동의 주역이 되었다. 그는 1907년 3월 *The Korea Mission Field* 에 '평양 부흥운동' 에 대한 보고서를 다음과 같은 말로 시작하였다.

> "1906년 8월, 우리 평양 주재 선교사들은 한 주간 사경회를 가졌는데 목적은 우리 자신의 영적 생활을 더욱 깊이 하려는 것이었다. 원산의 하디 박사가 와서 우리를 크게 도와주었다. 그 집회를 통해 우리는 하나님의 영이 우리 삶을 온전히 지배하여 우리를 당신의 사역에 온전히 쓰이게 되기를 간절히 원하는 마음을 갖게 되었다."

평양의 5년 차 북장로회 선교사 블레어W.N. Blair의 증언은 보다 구체적이었다.

> "우리는 하나님의 임재가 없이는 한 발짝도 나갈 수 없음을 깨달았다. 우리는 아주 간절한 마음으로 하나님께 은총을 내려 주시기를 간구했다. 하나님께서 우리 기도를 들어주시어 은혜의 한 주간을 허락하셨다. 집회 중에 성령께서 우리에게 깨우쳐 주신 것은 가슴을 찢고 눈물로 통회 자복하는 고백이 없이는 승리할 길이 없다는 것이었다. 8월 집회를 마치고 우리가 새롭게 깨달은 것은 강하신 능력으로 나타나는 하나님의 성령 세례가 아니고는 우리뿐 아니라 고난의 시간을 목전에 두고 있는 한국인 형제들에게 살길이 없다는 것이었다."

하디 집회를 통해 회심 체험을 한 평양의 장로교 선교사들은 '평양 교회에 성령이 임하기' 를 위해 기도하기 시작하였다. 10월에는 방한 중인 미국의 저명한 부흥운동가 존스턴 박사를 평양으로 초청하여 장대현교회에서 전도 집회를 열어 길선주를 비롯한 한국교회 지도자들에게 '성령 충만' 의 필요성을 깨닫게 해주었다. 그리고 1906년 12월 겨울 사경회를 앞두고 평양주재 장로교와 감리교 선교사들은 평양 외국인학교 예배실에 모여 '성령 강림' 을 간구하는 합심 기도회를 가졌다.

그리고 마침내 1907년 1월 6일부터 장대현교회에서 개최된 평남노회 도사경회에서 '폭발적인' 회개운동과 부흥운동이 일어났다. 장로교 장대현교회에서 시작된 부흥운동의 불꽃은 장·감 연합학교인 숭실학당을 거쳐 2월 감리교 남산현교회로 옮겨붙었고 이후 북으로 평안도와 함경도, 남으로 경기도와 충청도, 강원도, 전라도, 경상도까지 확산되어 한국교회 전체가 부흥운동 열기에 휩싸였다.

1907년 평양 부흥운동은 1903년 원산 부흥운동의 재현이었다. 정치적으로, 경제적으로, 종교적으로 불안한 시대 상황에서 선교 실패와 능력의 한계를 느끼던 선교사들이 기도와 말씀공부를 하던 중 '성령 세례'를 받으면서 회심을 체험한 것이 부흥운동의 출발이었다. 선교사가 먼저 회개한 후 토착교회 지도자들이 회개운동에 참여하였고 그것이 일반 교인들의 통회 자복과 회심으로 연결되었다. 성령 충만과 회심을 경험한 토착교인들은 윤리적 갱신과 교인 간의 화해, 자발적인 전도, 헌신적인 교회 봉사를 실천하였다. 그 결과 선교사의 도움과 관리를 받던 교회가 자립하고 자치하는 교회로 거듭났다. 부흥운동은 한국교회 체질과 성격을 바꾸어 놓았다. 물질적이고 '형식적인' 교인이 다수였던 교회가 영적이고 '진실된' 교인으로 채워졌다. 하디는 그런 원산 부흥운동과 평양 부흥운동의 불꽃을 당긴 주인공이란 점에서 그에게 '한국 부흥운동의 아버지' Father of the Korean Revival란 칭호가 붙여진 것은 당연하였다.

12.
"때를 얻든지 못 얻든지"
말씀과 전도 사역

•

> 너는 말씀을 전파하라. 때를 얻든지 못 얻든지 항상 힘쓰라. 범사에 오래 참음과 가르침으로 경책하며 권하라(딤후 4:2)

전도자는 때와 장소, 그리고 대상을 가려서는 안 된다. 기회가 왔다 싶으면 그저 말씀을 전해야 한다. 성공 여부나 결과에 연연하면 자신감을 잃고 주저하기 쉽다. 전도자는 그저 뿌릴 뿐이다. 그 말씀의 씨앗이 자라 열매 맺게 하시는 이는 "오직 하나님 뿐"(고전 3:7)이시다.

하디는 의사로 출발했지만 선교사가 된 후 누구보다 열심히 성경을 읽고 연구했다. 그리하여 어느 신학교 출신 선교사 못지않은 성경 실력을 갖추게 되었고 그것은 그가 인도하는 사경회나 부흥회를 통해 유감없이 발휘되었다. 사경회든 부흥회든, 기도회든 그에게는 그저 '말씀 전파'의 기회일 뿐이었다.

안식년 휴가 기간 중 성경과 신학연구에 몰두했던 하디는 1905년 12월 휴가를 마치고 선교지로 돌아와 2년 전 시작된 한국교회의 부흥운동 열기가 꺼지지 않고 지속되고 있음을 확인했다. 그리고 그가 담당한 원산구역 교회들도 꾸준하게 부흥, 성장하고 있었다. 하디가 귀국한 사이 원산 선교부를 관리했던 저다인의 지도력도 있었지만 1906년부터 원산교회의 첫 번째 한국인 목회자로 부임한 주한명 전도사의 역할도 컸다. 한학자로 민족의식이 강했던 주한명은 하디 부흥회에 참석했다가 회심한 후 전도사가 되었다. 교세가 늘어난 원산교회는 1906년 ㄱ자 한옥 예배당을 헐고 1천 명을 수용할 수 있는 목조 예배당 건축을 시작했다. 원산교회 뿐 아니라 원산구역 내 지방 교회들도 부흥과 성장을 이룩하였다. 하디는 원산에 돌아온 후 완공하지 못한 원산교회 새 예배당 건축 때문에 지방순회를 거의 못 하고 대신 저다인이 지방 교회들을 순방하며 교인들을 관리했다. 그런 중에 하디는 1906년 8월 평양에 가서 그곳 장로교와 감리교 선교사들의 심령에 '부흥운동의 불꽃'을 지펴주고 왔다.

1906년 연회는 9월 17일부터 19일까지 서울에서 개최되었다. 3년 만에 미국에서 캔들러 감독이 나와 연회를 주재했다. 캔들러 감독은 윤치호가 공부한 에모리대학 학장을 지낸 인물로 윤치호가 유학 시절 "한국선교가 시작되면 학교 설립 종잣돈으로 써 달라."며 기탁했던 2백 달러를 맡았던 주인공이었다. 한국을 처음 방문한 캔들러 감독은 선교사들의 보고를 통해 한국교회의 부흥과 성장을 확인했다. 선교 개척 10년 차를 맞이한 한국교회는 서울과 개성, 원산, 춘천, 철원(지경터) 등지에 6개 구역, 129개 교회에 교인 2,921명(입교인 1,227명, 학습인 1,694명)과 주일학교 학생 1,412명을 보유하게 되었다. 특히 1905~1906년 1년 사이에 교회는 183%, 교인은 142%, 주일학교 학생은 152% 증가했다. 토착교인들의 자립 의지를 보여주는 헌금 통계도 1,680원에서 3,976원으로 137% 증가하였다. 모두 '원산 부흥운동'의 효과였다.

이런 부흥 결과를 보고받은 캔들러 감독은 연회에서 1) 주한명과 정춘수를 정식 전도사로 임명하고 2) 미감리회 및 장로교 선교회와의 연합운동을 적극 추진할 것과 3) 토착인 전도사와 권사 양성을 위한 교육 및 훈련과정을 마련할 것, 3) 서울 남송현에 있던 선교부 부지를 매각하고 사직동에 새 선교부를 조성할 것 등을 결정했다. 또한 캔들러 감독은 평신도 윤치호를 선교회 회원으로 받아들이고 그를 개성 남학교 교장으로 임명하였다. 캔들러 감독은 연회 후 윤치호와 함께 개성으로 내려가 그가 15년 전 기탁했던 2백 달러와 더 많은 선교부 자금을 주면서 "개성에 대학 수준의 학교를 설립하라."고 부탁했다. 캔들러 감독과 윤치호의 개성 여행에 하디도 동행했다.

윤치호는 1905년 2월 별세한 중국인 부인 마슈전 사이에 2남 2녀를 두었는데 막내딸 용희는 세 살밖에 되지 않아 개성으로 데리고 갈 수 없었다. 그래서 윤치호는 개성으로 내려가면서 어린 용희의 양육을 하디 부부에게 부탁했다. 용희는 원산에서 태어난 하디의 막내딸 마가렛과 동갑이었다. 하디 부부는 용희를 양녀로 받아들여 용희가 미국 유학을 떠나기까지 양육하였다. 그 결과 하디 가족은 한 명 더 늘어났다. 하디 부인이 출산한 6남매 외에 주복이와 용희, 한국인 양녀 둘이 포함되었다. 하디 부인은 어린아이들을 양육하며 전에 했던 것처럼 선교부 텃밭을 일구어 자기 가족뿐 아니라 선교부 가족들에게도 채소와 과일을 넉넉하게 공급하였다. 하디 부인은 틈틈이 루씨여학교와 원산교회 주일학교에도 나가 아이들에게 찬송을 가르쳤다.

1906년 연회에서 하디는 원산구역 외에 지경터구역 담임으로도 파송되었다. 지경터는 하디가 강원도에서 첫 번째 교회를 조직한 곳으로 희망과 절망을 동시에 안겨주었던 곳이었다. 그러나 1904년 부흥회 이후 교회 분위기가 쇄신되었고 교세도 크게 늘어나 1905년부터 독립 구역이 되었다. 지경터구역은 지경터교회와 새술막교회를 비롯하여 김화와 철원·김성·평강 지역에 14개 교회에 250여 명 교인을 확보하였다. 그리고 1906년 6월 서울 배재학당 졸업생 김만길을 교사로 초빙해서 교회 부속 신천학교까지 설립하였다. 그런 지경터교회에서 1906년 12월 8일부터 16일까지 남감리회 제1차 '한국지방회'가 개최되었다.

지경터교회에서 개최된 지방회는 김홍수·정춘수·주한명 등 한국인 전도사들이 주도하였다. 하디와 저다인·크램 등 선교사들도 참석했지만 '방청객'이었다. 회의는 철저히 한국인 사역자 중심으로 진행되었다. 참석 대상은 각 구역의 권사나 속장, 주일학교 교장 등 교회 임원들로만 제한했는데 개회 때 70명이 참석하였고 회의가 진행되는 동안 참석자가 늘어나 폐회 때 86명이 되었다. 여기에 참가 자격이 없지만 '구경하러' 따라온 교인들도 45명이나 되었다. 지방회는 낮에 성경공부와 토론, 회의를 하고 저녁과 새벽에는 전도집회와 기도회로 모였다. 지방회 참석자들은 교회의 자립과 부흥방안을 두고 집중 토의하였다. 그 결과 92명이 십일조 헌금을 하겠다고 약속했으며 72명이 보수를 받지 않고 다른 마을에 가서 전도하겠다고 약속하였다. 그렇게 작정한 날 수가 총 320일이었다. 재물을 바치듯 시간을 하나님께 바치는 '날연보'日捐補, day-offering 신앙이 지경터에서 처음 나타났다.

지경터 지방회를 참관하고 원산으로 돌아온 하디는 1907년 1~2월 예년처럼 기도회와 사경회, 부흥회를 개최하였다. 원산에서 함께 사역하던 저다인이 1906년 9월 연회에서 개성으로 파송되어 옮겨 갔기 때문에 모든 집회를 하디가 인도하거나 지도하였다. 1907년 원산의 사경회나 부흥회의 특징은 여신도와 여학생들이 집회에 적극 참여하여 회심을 경험했다는 점이다. 여신도들은 1월 초 한 주간 초교파 기도회를 가진 후 남촌동 감리교회에서 3주간 사경회에 참석했다. 이에 대한 남감리회 여선교사 마이어즈M.D. Myers의 증언이다.

"원산에서 한 주일 기도주간 가운데 주님이 성령을 우리에게 부어주셔서 많은 사람이 주님을 보다 더 가까이하게 되었다. 이어 3주간 전도집회(사경회)가 열렸다. 겉으로 크게 드러나지는 않았지만 교인들은 죄책감을 깊이 느꼈다. 교인들은 자신을 돌아보며 무거운 죄 짐을 깨닫는 것 같았다. 교인들이 죄를 고백하기 시작하였는데 공개적으로도 하고 개인적으로도 했다. 그리고 주님께서 기도의 영을 부어주시어 교인들로 하여금 승리하게 하셨다."

사경회는 3주간 계속되었다. 마지막 주간에는 날씨가 너무 춥고 길 형편이 좋지 않아 교회에서 2마일(3.2km) 떨어진 루씨여학교 학생들이 걸어서 집회에 참석하기가 어려웠다. 그래서 마지막 한 주간 여학생들은 학교에서 자체적으로 집회를 가졌다. 루씨여학교 집회는 조세핀 하운셀이 인도하였다. 그때 학생들이 성령을 체험하였다. 마이어즈의 증언이다.

"집회를 매일 두 차례 하운셀 양이 인도하였다. 주님께서 그들 가운데 계시어 죄와 숨은 생각들을 들춰내셨다. 구세주께서 그 어린 영혼들을 축복하셔서 그들은 밝은 빛을 경험하였다. 하운셀 양은 학생들이 교실에 옹기종기 모여 기도하고 있는 모습을 볼 수 있었다. 그때 이후로 학생들은 매일 매일 그리스도께서 그들 마음에 가르쳐 주시는 대로 살아가고 있다."

당시 루씨여학교에 다니던 재학생 28명 대부분이 은혜를 체험하였다. 집회를 인도했던 하운셀도 1907년 연회 보고에서 "우리 주님께서 어린아이같이 아름다운 학생들의 기도에 응답하시어 그들이 구한 영적인 은혜를 내려주셨다. 많은 학생이 새 마음을 얻었고 성령의 임재를 느꼈다고 간증하였다."고 증언하였다. 그동안 하디와 저다인 등 남자 선교사들이 담당했던 부흥사역에 여선교사들이 참여하기 시작했다는 점도 중요하였다.

하디는 1월 한 달 동안 원산교회 사경회와 부흥회를 인도한 후 2월에 원산 구역 교회의 권사와 속장, 주일학교 교장 및 권서(매서인)들을 소집하여 '성경공부반'을 인도하였다. 성경과 함께 기독교 교리와 전도, 설교법 등을 가르치는 토착인 전도자 양성과정이었다. 하디는 그동안 남성 사역자들 중심으로 성경공부반을 운영했는데 1907년부터 전도부인과 교회여성들에게도 개방했다. 하디의 성경공부반에 참석했던 전도부인들은 공부반이 끝난 후 원산 여선교부의 로스 부인을 찾아와 "성경을 더 배우고 싶다."고 하였다. 이에 로스 부인은 원산에서 사역하는 전도부인들을 한 주일에 한 번씩 자기 집에 모아 창세기부터 가르치기 시작했다. 그러자 로스 부인의 성경공부반에 들어오겠다는 여신도들이 늘어났다. 이에 원산 여선교부는 남촌 예배당 아래 초가집 하나를 마련해서 '반열방'班列房이라 이름을 붙이고 전도부인과 교회부인들에게 한글과 신구약 성경, 기독교 교리, 전도법 등을 가르쳤다. 자연스럽게 전도부인 양성과정이 시작되었다. 반열방은 계속 발전하여 1909년 산제동 여선교부 안에 벽돌 건물을 짓고 '보혜여자성경학원'으로 새롭게 출발하였다.

1907년 5월, 하디는 원산의 남감리회와 캐나다장로회 여선교부가 공동으로 주최한 전도부인 연합사경회에 나가 오전 성경공부를 인도했다. 하디는 사방에서 "성경을 가르쳐 달라."는 요청을 받고 있었다. 그는 1907년 연초부터 원산 남쪽 통천으로부터 "사경회를 열어 달라."는 요청을 받았다. 하디는 원산에서 3주간 사경회가 예약되어 있었기 때문에 가지 못하고 대신 원산 구세병원의 로스 박사와 주한명 전도사를 보내 한 주간 사경회를 인도하도록 하였다. 하디도 원산 사경회를 마친 후 통천으로 출발했다. 그런데 통천으로 가던 중 원산 남쪽 70리 떨어진 승평昇坪에 들렀다가 거기서 10년 전에 뿌린 씨앗의 결실을 확인했다. 승평 장터에 우연히 만난 75세 노인은 하디에게 "나는 당신이 10년 전에 여기 올 때마다 묵었던 주막집 주인 김오장의 형이오. 그때 당신이 내게 『천당직로』란 책을 주어 그걸 읽고 예수교에 관심이 생겨 신약성경을 구해 읽었소."라며 세례를 받을 의향을 밝혔다. 그렇게 해서 승평에 교회가 설립될 기반이 생겼다.

하디는 통천에서도 같은 경험을 하였다. 통천 집회에 20명 정도가 참석했는데 그중에는 10년 전에 만났던 사람도 여럿 있었다. 그들은 마지막 날 집회에 부인들까지 데리고 왔다. 통천 교인들도 하디 집회에서 통회자복하며 거듭나는 체험을 했다. 하디는 6주 후 통천을 재차 방문해서 사경회를 인도했다. 두 번째 통천을 다녀온 후 승평에서도 방문 요청이 있어 다시 갔다. 이번에는 구도자 40명 정도 모였는데 그 모임을 지도하는 인물은 10년 전 주막집에 있다가 하디를 보고 놀라서 도망쳤던 인물이었다. 그도 하디를 만난 후 가족과 이웃 사람 몰래 신약성경을 구해 읽고 구도자가 되어 있었다. 하디는 1907년 연회 보고서에서 이런 경험을 소개하면서 "너는 네 떡을 물 위에 던져라. 여러 날 후에 도로 찾으리라."(전 11:1)를 전도서 말씀과 "오직 자라게 하시는 이는 하나님뿐이라."(고전 3:7)는 말씀을 인용하였다.

1907년 연회는 6월 20일부터 25일까지 서울 배화여학교에서 개최되었다. 연회 참석차 미국에서 윌슨 감독 부부와 해외선교부 총무 램버스, 해외여선교부 총무 캅 등 3명이 내한했다. 전에도 한국을 방문한 적이 있었던 윌슨 감독과 램버스 총무는 선교사들의 보고를 통해 '한국교회 부흥운동의 결과'를 확인할 수 있었다. 하디도 원산구역에 10개 교회, 입교인 245명, 학습인 252명, 도합 597명, 지경터구역에 15개 교회, 입교인 170명, 학습인 225명, 도합 385명 교세를 확보했음을 밝힌 후 각 교회 형편을 다음과 같이 보고했다.

1) 원산교회: 43×63피트 규모(80평)의 새 예배당을 건축한 후 교인이 급속히 증가하여 입교인 132명, 학습인 100명, 도합 232명이 출석하고 있으며 마이어즈와 로스 부인이 지도하는 주일학교도 2백여 명이 출석하고 있다.

2) 미감리회에서 넘겨받은 세 교회에 대하여: 교인 한 명으로 시작된 학익동교회는 4년 전부터 건축

헌금을 모아 1907년 20×28피트 규모의 예배당을 건축하였고 입교인 32명, 학습인 13명, 도합 45명이 출석하고 있다. 빈약했던 사기동교회도 입교인 9명, 학습인 28명, 도합 37명이 출석하고 있다. 마지막으로 넘어온 봉연교회는 입교인 9명, 학습인 13명, 도합 22명이 출석하고 있다.

3) 강원도 동해안 지역: 1906년 동해안 지역에 새로 여섯 곳에 교회가 설립되었다. 특히 동해안 해안선을 따라 성북과 군청, 휘천읍 세 곳 교회가 크게 부흥했다.

4) 원산 서남부 지역: 원산에서 서울로 가는 길목의 금동과 숙정동, 두 곳과 원산에서 개성으로 가는 길목의 장안에 교회가 설립되었다. 이들 세 곳으로 가는 길가에 미조직 교회가 한 곳씩 더 있다. 구역 내 6개 교회와 3개 미조직교회를 합치면 입교인 58명, 학습인 108명, 도합 166명이다.

이와 같이 구체적인 통계 보고를 한 후 하디는 1900년 연회에서 원산선교부에 파송된 이후 6년간의 원산 선교 결과를 다음과 같이 정리하였다.

"원산 구역은 지금까지 선교 역사에서 작년이 제일 성공적인 한 해였습니다. 다른 지역에 비하면 이곳 동해안 지역 주민들의 기독교를 받아들이는 속도가 그리 빠르지 않습니다. 지난 6년 동안 그 속도는 참으로 느렸는데 원산항 주변에서만 눈에 띄게 교인이 늘어났을 뿐입니다. 그러나 금년 보고에서 우리는 신도 증가를 보고하였습니다. 이는 상황이 급속하게 바뀐 탓이 아니라 수년간 포기하지 않고 수고한 결과가 나타난 것입니다."

긴 세월, 어렵고 불리한 환경에서도 포기하지 않고 인내하며 수고한 결과 마침내 교회가 양적으로 부흥되고 교인들이 영적으로 변화되어 자원 전도하고, 자립 운영하며, 자주 치리하는 토착교회 모습을 보게 되었다. 이는 씨를 뿌린 후 참고 기다린 농부가 맛볼 수 있었던 '늦은 비'(호 6:3) 은총이었고 "때를 얻든지 못 얻든지" 기회가 있을 때마다 말씀을 전한 전도자가 누릴 수 있는 추수의 보람이었다. 또한 그것은 말씀과 기도로 시작했던 원산 부흥운동의 결실이기도 했다.

III.

산 위의 신학동네

: 말씀 전도와 신학 교육

1907~1918

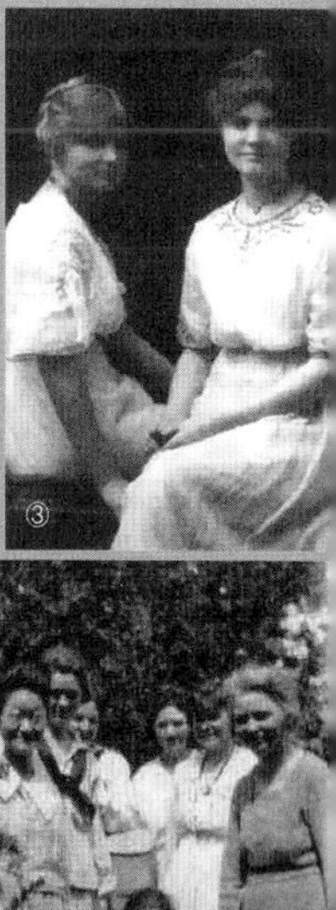

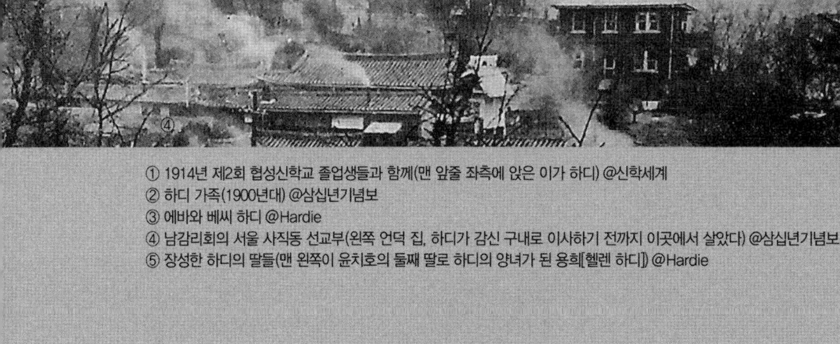

① 1914년 제2회 협성신학교 졸업생들과 함께(맨 앞줄 좌측에 앉은 이가 하디) @신학세계
② 하디 가족(1900년대) @삼십년기념보
③ 에바와 베씨 하디 @Hardie
④ 남감리회의 서울 사직동 선교부(왼쪽 언덕 집, 하디가 감신 구내로 이사하기 전까지 이곳에서 살았다) @삼십년기념보
⑤ 장성한 하디의 딸들(맨 왼쪽이 윤치호의 둘째 딸로 하디의 양녀가 된 용희[헬렌 하디]) @Hardie

13.
"가르쳐 지키게 하라"
신학교 강의와 목회

그러므로 너희는 가서 모든 민족을 제자로 삼아 아버지와 아들과 성령의 이름으로 세례를 베풀고 내가 너희에게 분부한 모든 것을 가르쳐 지키게 하라(마 28:19~20)

그리스도께서 제자들에게 마지막으로 주신 사명은 세 가지, 1) 모든 민족을 제자 삼아 2) 세례를 주어 교인을 만들고 3) 제자와 교인들을 말씀대로 가르치는 것이었다. 그 말씀대로 제자와 사도, 그리고 뒤를 이은 교회 지도자들은 복음 전도와 목회 사역, 그리고 제자 양육에 전념하였다.

선교사로 한국에 나온 하디의 사역도 조금씩 바뀌었다. 처음 독립 선교사로 나왔을 때는 의사였고 남감리회 선교사가 된 후에는 목사로서 복음전도와 목회에 임하였다. 그리고 원산 부흥운동 후 사경회와 부흥회, 성경연구반 강사로 사역하다가 마침내 신학교 교수가 되었다.

1907년 6월 20~25일 서울 배화학당에서 개최된 남감리회 연회에서 다룬 안건 중에 단연 주요한 것은 목회자 양성기관 즉 신학교 설립 문제였다. 연회를 주재한 월슨 감독은 1898년 처음 내한했을 때 '토착인 전도자 양성방안'을 모색할 것을 지시한 바 있었다. 그동안 선교사들이 개인적으로, 혹은 사경회와 성경연구반을 통해 훈련시킨 전도사와 전도부인들이 있었으나 체계적인 신학교육은 이루어지지 못했다. 그 사이 원산부흥운동과 평양부흥운동을 거치면서 한국교회는 급속한 성장과 부흥을 이룩하여 20여 명의 선교사가 관리하기는 어려운 상황이 되었다. 다행히 부흥운동을 통해 회심과 윤리적 갱신을 체험한 토착인 교회 지도자 중에 목회자로서 자질과 능력을 지닌 인물들이 나오기 시작했다. 남감리회 연회에서 정식 전도사 직첩을 받아 사역하고 있던 김홍순과 정춘수·주한명 등이 대표적이었다. 선교사들은 물론 윌슨 감독과 램버스 총무는 한국에서 정식 신학교를 시작할 때가 되었다고 판단했다.

남감리회와 같은 시기(6월 18~26일) 서울 상동교회에서 연회를 개최한 미감리회의 입장도 비슷했다. 미감리회는 1894년부터 토착인 목회자 양성과정으로 신학회를 운영하여 그곳에서 배출한 1901년 김창식과 김기범, 2인을 한국인 최초 목사로 안수한 후 매년 2~3명씩 목사를 배출하였다. 그러나 매년 농한기를 이용해 1~2개월씩 비정기 교육을 실시하기는 신학회로 한계가 있었다. 미감리회에서도 정규 신학교 설립이 시급한 과제였다. 마침 1907년 미감리회 연회에 2년 전부터 일본과 한국 선교를 관리하던 해리스 감독 외에 세계선교를 관리하던 크랜스턴 감독과 해외선교부 총무 레너드, 그리고 한국선교 개척 공로자 가우처 박사가 참석했다. 이들도 남감리회의 윌슨 감독과 램버스 총무처럼 일본 감리교회 조직총회에 참석했다가 한국을 방문했다.

자연스럽게 1907년 연회에서 양측 교회 사이에 화합과 일치의 모습을 보여주었다. 양측 감독과 해외선교부 총무, 선교사 대표들이 상대 연회를 교차 방문해서 축하하였음은 물론 6월 20일과 21일 오후에 두 교회 연회원이 상동교회에 모여 '합동 연회'를 개최하고 선교 협력방안에 대해 협의하였다. 그리고 6월 23일(일)에는 양측 감독과 선교사, 연회 참석자들이 정동교회에서 주일 오전예배를 함께 드린 후 목사 안수식을 거행하였다. 비록 양측 감독이 공동 집례한 안수식은 아니었지만 같은 장소에서 두 교회 목사 안수식이 연이어 거행됨으로 두 교회의 연합 분위기는 한껏 고조되었다.

이런 분위기에서 미감리회와 남감리회 사이의 선교협력과 연합 방안이 구체적으로 논의되었다. 특히 6월 20~21일 오후 상동교회에서 열린 합동 연회에서는 두 교회 연합으로 신학교를 설립하는 문제를 집중 토론하였다. 양측 모두 신학교 설립에는 이견이 없었다. 다만 신학교 수준을 미국의 대학 졸업생들이 들어가는 '신학교'로 할 것인가? 아니면 중등학교(고등학교) 졸업생들이 들어가는 '성경학원'으로 할 것인가? 집중 토론한 끝에 우선 성경학원 수준으로 시작하기로 했다. 양측 감독과 해외선교부 총무도 동의하였다. 이에 양측 연회에서는 대표를 선정하여 '연합 성경학원 설립방안'을 만들어 검토하기로 하였다. 미감리회에서는 20년차 선교사 존스 장로사를 선임했고, 남감리회는 하디를 대표로 선정했다. 하디와 존스는 6월 22일 배재학당에서 만나 다음과 같은 성경학원 설립계획안을 마련하였다.

1) 명칭과 목적: 학교 명칭은 '감리교협성성경학원'이라 한다. 목적은 목회자와 전도자들에게 기독교 교리를 가르치고 훈련하며 성경 및 신학에 관한 교재들을 발간하는 데 있다.
2) 운영: 성경학원은 미감리회와 남감리회 연회 및 감독의 지휘를 받는다. 교수진은 두 교회 감독이 임명하며 교과과정은 두 교회의 연회 승인을 받아야 한다. 매년 보고서를 두 교회 연회나 선교사 연례회에 제출해야 한다.
3) 교수회: 성경학원 교수회는 교장과 필요한 교수들로 구성하는데 미감리회와 남감리회 감독들이 임명한다. 두 교회 감독이 임명한 교수진 가운데 각 교회별로 한 명씩 선발해서 전적으로 교수하는 일과 다양한 학교 업무에 전담하도록 한다.
4) 재정: 성경학원 운영에 필요한 재정은 두 교회에서 추천하여 입학한 학생 비율에 따라 두 교회에서 분담한다. 학교는 기본적으로 학생들의 자급으로 운영하는 것을 원칙으로 하되 가난한 학생이나 학비 지원이 필요한 경우에는 교수회의 재량에 맡긴다.
5) 조직: 성경학원 본부는 서울에 둔다. 교과과정은 두 교회 지도부의 승인을 얻어야 한다. 교과목은 기초적인 성경 과목과 각종 사역에 필요한 실천 과목, 신학의 기초 및 고급 과정을 포함해야 한다.
6) 전도사 양성 과정: 성경학원 교수진과 이사회가 필요하다고 판단될 때 그 시기와 장소를 결정하여 전도훈련학교를 개설할 수 있다. 성경학원 교수 가운데 한 명이 필요하다고 생각하는 외국인 혹은 토착인 교사들을 도움을 받아 개설할 수 있다.

이 같은 성경학원 설립안은 6월 24일(월) 양쪽 연회에 제출되어 승인받았다.

연합 성경학원은 독자적인 부지와 건물을 마련하기까지 미감리회에서 운영해온 신학회에 남감리회가 참여하는 방식으로 수업을 진행하기로 했다. 그리하여 이미 신학회 교수로 활약해온 미감리회의 존스와 노블, 스웨어러, 모리스, 케이블, 무어 등에 남감리회의 하디와 크램이 합류하였다. 그리고 신학교 운영과 교육에 전담할 대표로 미감리회의 존스, 남감리회의 하디가 임명되었다. 초대 교장은 존스로 정했다. 이후 존스는 하디와 협의하며 신학교를 운영하였다. 윌슨 감독은 다른 신학교 출신 선교사들이 있었음에도 의과대학 출신인 하디를 남감리회를 대표하는 신학교수로 파송하였다. 그만큼 하디의 신학적 소양과 교수 능력을 인정한 결과였다.

연합신학교로서 협성성경학원의 첫 수업은 1907년 9월 17일부터 10월 12일까지 3주간, 12월에 2주간 서울에서 이루어졌다. 미감리회에서 존스와 노블, 남감리회에서 하디와 크램이 교수로 참여했다. 학생으로 이미 신학회 수업을 받아 온 미감리회의 40~50명 목회자에 남감리회에서 김홍순과 정춘수·주한명·오화영·이화춘·한인수·홍순탁·홍종숙 등 10여 명이 참석하였다. 하디는 신구약 성경과목을 가르쳤다. 두 번째 수업은 1908년 1~2월 서울과 평양에서 7주간 수업을 하였는데 서울 수업에 37명, 평양 수업에 87명이 참석했다. 1908년부터 성경학원은 5년 과정으로 매년 2학기로 나누어 4개월 동안 조직신학(9과목)과 성경신학(10과목), 역사신학(5과목), 실천신학(5과목) 분야를 가르치기로 교과과정을 정했다. 하디는 1908년 성경학원 교수로 사역한 내용을 다음과 같이 보고하였다.

> "금년[1908년] 초 우리는 서울에서 남북감리회 소속 학생들로 한 달간 신학반 수업을 했고 이어서 두 교회의 모든 구역 임원을 위한 전도반 수업을 했습니다. 지난가을에 일어난 소요에다 교수진이 다른 사역에 매달리다 보니 서울 수업은 한 번밖에 못 했습니다. 33명이 참석했는데 그중 4명이 남감리회 소속입니다. 신학생들은 상급반 18명, 하급반 15명으로 구성되었습니다. 조직신학 입문과목인 기독교변증론을 존스 박사가 강의했고 교리장정은 노블 박사, 교회사는 크램이 맡았으며 나는 상급반에서 갈라디아서, 하급반에서 고린도전서를 강의했습니다. 대부분 학생은 수업 후 치른 시험에서 훌륭한 성적을 받았고 네 명만 낙제했습니다. 신학교 사역이 아주 중요한데 전

적으로 신학교에만 종사할 선교사 파송이 시급합니다. 그런 중에도 나는 반 정도 시간을 할애해서 장정 번역에 착수했는데 몇 주 안에 끝낼 예정입니다."

하디는 "전적으로 신학교 사역에만 종사할 선교사 파송이 시급하다."며 전임full time 신학교수 파송을 요청하였다. 미감리회에서는 존스를 전임 교수로 파송하였다. 그런데 남감리회의 윌슨 감독은 1907년 연회에서 하디를 성경학원 교수로 파송하면서 동시에 원산구역 담임으로도 파송하였다. 그가 맡았던 지경터구역은 춘천 선교부의 무스에게 넘겼다. 이로써 하디는 1년 중 반은 서울과 평양, 개성 등지로 옮겨 다니며 수업하는 성경학원 강의와 교재 집필에, 나머지 반은 원산구역 목회에 할애했다.

다행히 원산 선교부에도 인원 보충이 이루어졌다. 1907년에 새로 나온 피어만과 릴리가 원산으로 파송을 받았고 1908년에는 춘천에서 사역하던 2년 차 선교사 히치가 원산으로 옮겨 왔다. 산제동에서 원산 시약소를 관리하던 로스는 하디의 제안에 따라 원산교회가 위치한 시내 남촌동에 제2시약소를 설립한 후 양쪽을 오가며 1년 동안 3천 명이 넘는 환자를 치료하였다. 하디는 남촌동 시약소에 전도부인을 상주시켜 환자와 가족들에게 복음을 전하도록 했다. 원산교회 교인들은 러일전쟁 후 국제도시로 변모한 원산에 일본·중국인 상인들이 가지고 들어온 아편이 사회 문제가 되자 '아편박멸회'를 조직하고 아편금지 시민운동을 전개하였다. 두 차례 전쟁을 겪으면서 원산교회가 성장함에 따라 1908년 교인 60여 명을 떼어 원산의 두 번째 감리교회로 중리교회를 개척했다. 그러면서 '원산항교회'라고 불렸던 남촌동교회는 '상리교회'로 명칭을 바꾸었다. 원산의 상리와 중리, 두 교회는 1931년 다시 통합하여 '원산중앙교회'가 되었다.

하디는 새로 개척한 중리교회를 히치에게 맡기고 남촌동 상리교회는 주한명 전도사에게 맡겼다. 그리고 자신은 원산구역에 속한 지방 교회들을 순회하며 교회와 교인을 관리하였다. 하디의 선교구역은 1908년 2월 미국 북장로회와 캐나다장로회, 남감리회 등 3개 선교부 사이에 이루어진 선교구역 분할협정으로 다시 조정되었다. 그 결과 하디의 원산 선교부가 담당한 지역은 강원도 동해안의 6개 군(통천·이천·회양·고성·간성·양양) 전부와 함남 3개 군(원산·덕원·안변) 일부로서 길이는 160마일, 폭은 50마일에 이르렀다. 그 지역 인구는 15만 명 정도였다. 하디는 이 넓은 지역을 영동·회양·안변·원산 등 4개 구역으로 나누어 관리했다. 다음은 하디가 1908년 9월 연회 보고를 통해 밝힌 원산구역 상황이다.

1) 원산: 원산항과 원산에 인접한 안변군, 덕원군 일부로 구성되었다. 원산항을 중심으로 반경 10마일 안에는 교회가 네 곳밖에 없다. 그런 중에도 원산교회는 꾸준히 성장하여 금년 입교인 47명을 새로 얻었다. 원산항의 두 번째 교회(중리교회) 부지를 구입했고 금년 가을 예배당 건축을 마칠 예정이다. 원산지역 총 교인은 입교인 168명, 학습인 98명이다. 금년도 가장 바람직한 사역은 지난 연회 이후 부인들을 위한 성경반을 조직한 것이다. 상당수 부인이 1년급과 2년급 수업을 마치고 수료증을 받았다.

2) 영동: 강원도 동해안 5개 군으로 조직되어 있다. 조직교회 21개, 미조직교회 3~4개가 있으며 입교인 276명, 학습인 295명이다. 그 가운데 6개 교회의 입교인 16명과 학습인 976명은 캐나다장로회에서 우리에게 넘어온 교인들이다. 지난해 북쪽에 있는 3개 군에서 부흥회가 열렸는데 은혜를 많이 받았다. 고성군 교회들이 눈에 띄게 발전하여 토착인 사역자 생활비를 부담하고 있다. 이 지역에 매일학교가 네 곳 있으며 고성군에 두 개가 있다.

3) 회양: 최근 5년 동안 캐나다장로회에서 선교하던 곳이다. 6개 조직교회, 5개 미조직 교회의 입교인 37명, 학습인 155명이 우리에게 이양되었다. 여름 동안 회양군 내에 6개 교회가 새로 조직되어 입교인 79명, 학습인 114명이 늘어났다. 북창에 매일학교가 있으며 삼밧골에도 학교를 설립할 계획이다.

4) 안변: 함남 안변군과 강원도 이천군 일부로 구성되어 있다. 원산 서쪽에 있는 이 지역은 대부분 험준한 산악지대에 속한다. 15년 전부터 권서들이 이 지역에 들어가 사역했는데 작년까지 산악 서편지역에 교회는 한 곳밖에 없었다. 지금은 조직교회 15개와 미조직교회 몇 개가 있으며 입교인 152명, 학습인 129명이다. 금년에 부흥의 불길이 일어나 다른 지역보다 눈에 띄는 진보를 이루었다.

하디가 1908년 연회에 보고한 원산구역 통계에 의하면 교역자로 선교사 9명

(남자 4명, 여자 5명), 토착인 사역자 9명(권사 2명, 전도사 1명, 전도부인 6명), 교회 53개, 교인 1,124명(입교인 594명, 학습인 630명), 주일학생 407명으로 남감리회의 전체 6개 구역 중 개성 다음으로 큰 교세였다. 선교구역 분할협정으로 캐나다장로회에서 넘어온 교회와 교인 때문이기도 하지만 1907~1908년 1년 사이에 원산구역 교세는 배로 늘었다. 그 무렵 원산뿐 아니라 개성과 서울, 춘천, 철원(지경터) 등 다른 구역도 괄목할 성장을 이룩하였다. 이에 연회를 주재하기 위해 내한한 워드 감독은 1897년 이후 단일 '한국지방회' 였던 것을 서울·개성, 원산, 춘천 등 3개 지방으로 분할하고 하디를 원산지방 장로사(현 감리사)로 임명하였다.

1908년 연회에서 워드 감독은 새롭게 북간도 지역 선교를 시작하기로 하고 하디와 개성출신 이화춘 전도사를 선교 개척자로 임명하였다. 두만강 건너 화룡과 용정, 연길, 훈춘 등 북간도 지역에는 1890년대 중반부터 많은 한국인이 이주하여 농사를 지으며 살았고 1905년 을사늑약 체결 후에는 이동휘와 이상설·정재면·김약연·구춘선·박태환·박무림 등 거물급 민족운동가들이 망명하여 항일 민족운동 기지를 건설하고 있었다. 그런 가운데 용정에 살던 중국교인 싼진單金이 한인들에게 전도하기 위해 원산을 방문, 한글 전도책자를 사 간 것이 알려지면서 남감리회가 북간도지역 선교를 시작하기로 했다.

이화춘 전도사는 1908년 10월 권서 이응현, 한주익과 함께 북간도 용정에 들어가 중국인 교인 싼진과 박무림 등의 지원을 받으며 용정 시내에 전도소를 차리고 용정 주변 한인촌을 돌며 전도하여 와룡동과 모아산에 교회를 설립하였다. 그런데 이들보다 먼저 용정과 북간도 지역에 들어가 교회를 설립한 장로교 전도자들이 있었다. 1902년 캐나다장로회 서진 선교부의 그리어슨이 파송한 홍순국과 안순영 등이 들어가 전도한 결과 1906년 용정과 양무정, 광제암에 장로교회가 설립되었다. 이에 안순영과 이화춘은 북간도 선교를 장로교와 감리교 공동으로 추진하기로 하고 용정을 중심으로 북쪽은 감리교, 남쪽은 장로교가 맡기로 했다.

하디는 1909년 4월 대영성서공회 부총무 베시와 함께 북간도 지역을 방문하였다. 하디는 용정에 한 달간 머물러 북간도지역 한인촌과 교회들을 순방하면서 이화춘 전도사와 권서들이 1년 동안 이룩해 놓은 선교 결과를 확인했다. 그리고 장로교 전도인과 권서들도 만나 선교 상황을 청취하였고 그 지역 교회와 한인촌 지도자들의 제안과 부탁도 들었다. 하디는 현장 방문 결과 "영국과 미국 성서공회에서 북간도 지역에 권서를 더 파송할 계획이고 캐나다장로회에서도 그곳에 선교부를 설치할 계획이다. 그러니 우리가 시작한 북간도 사역을 장로교회에 넘겨주는 것이 좋을 것 같다."는 결론을 내렸다. 특히 북간도 지역 선교에 공을 들이고 있는 캐나다장로회가 강원도 및 함경도 선교구역 분할협정에서 남감리회에 '흔쾌히' 양보하는 모습을 보였으므로 북간도 지역에서 두 교회가 서로 경쟁하는 모습을 보이는 것은 바람직하지 않으니 한발 늦게 시작한 남감리회가 북간도 선교를 양보하고 그 역량을 국내 선교에 집중하는 것이 효과적이라 생각했다. 이런 하디의 제안에 따라 1909년 9월 연회는 북간도 선교에서 철수하기로 결의하고 이화춘 전도사를 철원 지경터구역 담임자로 파송했다. 경쟁보다는 협력을 취하는 것이 하디의 선교 원칙이었다.

하디는 1908년 11월 한 달 동안 서울에서 진행된 성경학원 겨울학기 수업에 참여했다. 하디는 여전히 성경 과목을 가르쳤다. 96명이 등록하여 수업 후 필기시험을 치렀는데 60점 이상을 받은 학생은 3학년 13명, 2학년 20명, 1학년 22명, 총 55명이었다. 1909년 봄 학기 수업은 평양에서 3월 5일부터 4월 21일까지 두 달간 실시하였다. 학생 72명이 등록했으며 존스와 노블·케이블·크리췟 등 미감리회 선교사들이 강의했다. 하디는 북간도 선교지 답사여행 때문에 평양 수업에는 참가하지 못했다. '협성성경학원'으로 시작한 남북감리회 연합신학교는 3년 차를 맞은 1909년 다시 한번 변모를 시도하였다. 그 과정에서 하디는 신학교 '전임' 교수가 되었다. 그리고 거처도 서울로 옮겼다.

14.
"영성과 지성을 갖춘 전도자 양성"
협성신학교 설립의 주역

> 어떤 사람들은 마음이 굳어 순종하지 않고 무리 앞에서 이 도를 비방하거늘 바울이 그들을 떠나 제자들을 따로 세우고 두란노 서원에서 날마다 강론하니라. 두 해 동안 이같이 하니 아시아에 사는 자는 유대인이나 헬라인이나 다 주의 말씀을 듣더라(행 19:9~10)

바울은 순회전도 여행을 하면서 유대인과 헬라인을 가리지 않고 복음을 전했다. 그렇게 선교하던 바울은 전도사역을 계승할 제자 양육의 필요성을 느꼈다. 그래서 에베소에 2년 동안 머물러 두란노 서원에서 제자를 모아 강의하였다. 그 결과 디모데와 디도처럼 히브리어와 헬라어 모두에 능통하고 영성과 지성을 갖춘 전도자들이 배출되었다.

하디는 1907년 이후 신학 교수로 목회자 양성에 임하였다. 그는 뜨거운 열정과 감정에 몰입하는 부흥운동가는 아니었다. 과학을 중시하는 의사 출신답게 냉철한 이성으로 성경 말씀을 풀이하며 학생들의 가슴과 머리에 호소하였다. 지성과 영성을 갖춘 전도자 양성, 그것이 하디의 신학교육 목표이자 내용이었다.

하디는 1909년 1월 예년처럼 원산지방 사경회와 부흥회를 인도하였다. 그리고 2월 10일 다섯 살짜리 막내딸 마가렛 조이가 병을 앓다가 죽었다. 하디 부부로서는 16년 전1893년 독립 선교사 시절 원산에서 태어난 셋째 딸 마리가 출생 하루 만에 죽은 이후 두 번째 겪은 충격이자 슬픔이었다. 하디는 조이의 시신을 서울 양화진 외국인 묘지에 안장하고 묘비를 세우면서 먼저 죽은 언니의 이름도 새겨 넣었다. 이들 자매의 묘소에는 2003년 기독교대한감리회가 건립한 '하디 영적 각성 100주년 기념비'가 마치 아버지가 두 딸을 보듬어 안고 있는 모양으로 세워져 있다. 원산에서 어린 조이 하디를 조카처럼 사랑했던 캐롤은 개성으로 임지를 옮겨 설립한 고려여자성경학원의 영어 명칭을 '조이하디성경학원'으로 바꾸었다. 하디 부부는 1935년 은퇴하고 귀국하기까지 이 성경학원을 적극 후원하였다.

하디는 이런 가족적 시련과 슬픔을 겪으면서 맡겨진 선교사역을 계속하였다. 1907년 이후 하디의 사역은 신학 교육과 원산지방 목회, 두 영역에서 이루어졌다. 원산지방 사역은 동료 선교사와 한국인 목회자들의 참여와 협력으로 꾸준한 성장과 발전을 이룩하였다. 하디가 1909년 연회에 보고한 원산지방 통계를 1년 전과 비교해보면 사역자는 선교사가 9명에서 10명으로 1명 늘어난 반면에 토착인 사역자는 9명에서 17명, 전도부인은 6명에서 11명으로 늘었다. 이는 토착인 사역자의 비중이 커졌음을 의미했다. 교회도 53개에서 67개로(26%) 늘었고 교인은 입교인 594명에서 867명(46%), 학습인 630명에서 741명(18%), 총교인 1,124명에서 1,608명(43%)으로 늘었다. 주일학교도 9개 학교, 407명에서 10개 학교, 591명으로(45%) 늘었다. 하디는 남감리회 선교사로 1900년 원산에 들어와 교회 하나에 10여 명 교인으로 시작했는데 8년이 지난 현재 단독 지방회가 설립되어 원산·회양·안변·영동 등 4개 구역에 67개 교회, 1,600명 교인으로 성장했다.

반면에 신학교육은 중대한 고비를 맞고 있었다. 연합신학교로 출발한 협성성경학원은 3년차에 접어들었지만 여전히 '실험적인' 학제와 교과목으로 서울과 개성, 평양, 인천 등지를 옮겨 다니며 '이동식' 수업을 하고 있었다. 체계적이고 안정적인 수업이 진행되려면 무엇보다 독자적인 교사校舍 마련이 시급하였다. 이 문제를 논의하기 위해 1909년 6월 서울에서 남감리회의 하디와 저다인, 무스, 미감리회의 존스와 노블, 케이블이 참석한 신학교 연합운영위원회가 개최되었다. 이 자리에서 미국에서 모금운동을 하다가 1년 전 돌아온 존스 교장은 신학교 부지와 교사 건축을 위해 '1만 달러 후원'을 약속한 독지가를 얻었음을 보고하였다. 이에 연합위원회에서는 다음 세 가지를 결의하였다.

1) 신학생 정원은 45명으로 하고 1년 2학기 수업을 하되 9월 15일부터 12월 15일까지, 3월 1일부터 6월 1일까지, 한 번은 개성에서, 한 번은 서울에서 수업한다.

2) 존스 교장의 동의로 연합신학교를 개성이나 서울에 설치하기로 하고 두 교회 선교부에서 1년 동안 건립기금 모금운동을 전개한다.

3) 1910년 신학교육 실무준비를 위한 위원으로 미감리회에서 존스와 케이블, 남감리회에서 하디와 저다인을 선정한다.

존스 교장은 이런 협의 결과를 6월 23~29일 평양에서 개최된 미감리회 연회에 참석하여 보고한 후 다시 귀국하여 1년간 미국에 머물며 30만 달러 규모의 '미감리회 한국선교 25주년 기념' 선교기금 모금운동을 시작하였다.

이처럼 미감리회에서 신학교 교사 건축을 본격적으로 추진하고 나서자 남감리회에서도 적극 호응하였다. 1909년 9월 2~6일 서울 사직동 선교부에서 개최된 남감리회 연회에서 김홍순과 주한명·정춘수·홍종숙·이덕수·손재홍 등 한국인 전도사들의 성품통과가 이루어졌고 스톡스와 갬블, 리드 등 개성 선교사들이 제안한 '20만명구령운동'을 결의했다. 한 달 후 서울에서 열린 복음주의선교연합공의회에서 이 운동을 발전시켜 "1년 안에 1백만 명을 구원하자."는 표어로 '백만명구령운동'을 전개하기로 했다. 이로써 1909~1910년 초교파적으로 전개된 백만명구령운동으로 전국 교회는 다시 한번 부흥운동과 전도운동 열기에 휩싸였다.

하디는 1909년 연회에서 원산지방 장로사로서 원산지역 교회 부흥과 성장에 대해 보고한 후 신학교와 관련해서 6월 연합운영위원회에서 논의한 신학교 교과과정과 교사 건축기금 모금운동 계획을 보고하였다. 연회는 이런 하디의 보고를 승인하면서 신학교 설립 위치에 관하여 미감리회측과 협의할 위원으로 하디와 저다인을 선임했다. 또한 연회는 1년 전 "신학교 사역에 전념할 선교사 한 명을 파송해 달라."는 하디의 제안을 받아들여 하디를 '신학교 전임' 교수로 파송하면서 서울 수구문교회와 철원 지경터구역 담임을 겸하도록 하였다. 이로써 하디의 임지가 서울로 바뀌었다. 하디는 연회를 마친 후 원산으로 내려가 원산지방 사역을 정리한 후 가족을 데리고 서울로 올라왔다.

서울로 올라온 하디 가족은 사직동 언덕 위, 남선교부 안에 방금 건축을 끝낸 2층 벽돌 양관에 짐을 풀었다. 하디는 곧바로 개성에 내려가 1909년 9월 15일부터 시작된 협성성경학원 가을학기 수업에 참여하였다. 성경학원은 1909년 가을학기부터 학제를 변경하여 1년에 두 학기 수업을 하되 매학기 3개월씩 수업하기로 했다. 개성 수업엔 미감리회 학생 28명, 남감리회 학생 25명이 등록하였다. 남감리회 선교구역인 개성에서 진행된 수업이었던 만큼 하디를 비롯해서 콜리어, 갬블, 리드 등 남감리회 선교사들이 교수로 참여하였다. 존스 교장이 귀국 중이어서 하디가 교장직을 대행하였다. 선교사 교수들이 주로 성경을 강의하였고 하디의 부탁을 받고 개성 한영서원 교장 윤치호가 비교종교학을 강의하였다. 하디 역시 윤치호의 부탁을 받고 한영서원 학생 부흥회를 인도하였다.

3개월 개성 수업을 마치고 서울로 돌아온 하디는 1910년 1월 이화학당 학생 부흥회를 10일간 인도하였다. 이화학당 부흥회에는 이화학당 학생뿐 아니라 남감리회의 배화여학교, 북장로회의 정신여학교 학생을 포함 250명이 참석했다. 하디 부흥회에 참석한 학생들은 통회자복과 회심을 체험하였다. 이화학당 프라이 교장의 증언이다.

> "어느 날 점심시간에 직원 한 명이 우리에게 달려와 식당으로 가보라고 하였다. 가보니 전교생이 거기 모여 눈물을 흘리며 한목소리로 죄를 용서해 달라고 하나님께 울부짖고 있었다. 그날 저녁부터 자백이 시작되었다. 자백 내용은 학창시절 학생들이 저지를 수 있는 그런 죄들이었다. 그런데도 학생들은 자기 죄 때문에 하나님의 얼굴을 뵐 수 없다며 몸부림쳤다. 그렇게 자정을 넘겨 새벽 한 시, 두 시까지 집회는 계속되었다. 학생들은 환하게 바뀐 얼굴과 새로워진 마음으로 열심히 공부하고 있다. 우리 교사들의 걱정은 모두 사라졌고 한 목소리로 주님께 영광을 올렸다."

하디는 2월 새로 담임하게 된 수구문교회 부흥회를 인도하였다. 수구문교회는 1897년 남송현 선교부 안에서 리드가 시작한 서울의 최초 남감리교회였다. 남송현 선교부에서 시작한 서울교회는 교인이 늘어나자 1905년 수구문水口門으로도 불리던 광희문 안쪽 청녕교(을지로 5가 부근) 부근에 한옥 예배당을 마련하고 옮겼다. 그때부터 청녕교교회 혹은 수구문교회로 불렸다. 수구문교회 부흥회는 백만 명구령운동과 연계해서 진행되었다. 집회는 사흘간 매일 새벽과 오전, 오후, 저녁, 네 차례 열렸다. 거기서도 교인들의 통회 자복이 터졌다. 남감리회 여선교사 아이비M. Ivey가 전하는 수구문교회 부흥회 장면이다.

> "먼저 말씀이 주어지지 않았더라면 어찌 성령께서 그처럼 오랫동안 그들 속에 감추어진 죄를 들춰내 자각하게 하시고 그들을 영원한 길로 인도하실 수 있었겠는가? 그 점을 고려하여 사려 깊은 하디 박사는 교인들에게 매번 집회 전에 고린도전서 13장을 읽고 공부하도록 지시하였다. 하루에 네 번씩 고린도전서 13장을 읽고 시편 103편 기도를 해본 적이 있는가? 그렇게 해 본 사람이라면 그런 식으로 사흘간 설교를 듣고 가르침을 받은 사람들이 어떻게 되었을지는 알 수 있을 것이다. 교인들은 인격적으로, 내적으로 자신을 돌아보게 되었다."

수구문교회 부흥회를 마친 하디는 3월 15일부터 서울에서 진행된 성경학원 봄 학기 강의를 시작했다. 서울 수업도 개성 수업처럼 3개월 진행할 계획이었지만 미감리회 연회가 예년보다 앞당겨 5월에 개최된 관계로 수업 기간을 단축해서 한 달만 수업하였다. 그런데도 인천과 강화, 평안도, 충청도, 강원도에서 어느 때보다 많은 학생이 참석해서 세 반으로 나누어 수업했다. 수업에 참여한 신학생들은 백만명구령운동에 맞추어 매주 수요일 오후 3~4명씩 전도대를 조직하여 서울 거리에 나가 전도하였고 저녁에는 정동교회에서 전도 집회를 열었다. 그렇게 한 달간의 집중 수업을 마친 후 방한 중인 남감리회 켄터키연회 모리슨 박사 초청 부흥회를 한 주간 열었다. 미국 에즈베리대학 학장을 역임한 노련한 신학자 모리슨 박사의 강연은 교수와 학생 모두에게 유익하였다. 하디는 성경학원 외에 미감리회 여선교부에서 운영하는 감리교부인성서학원(후의 협성여자신학교)에도 나가 강의하였다.

1910년 봄 학기 성경학원 수업을 마치면서 선교사 교수들은 연합 신학교육에 한층 자신감을 얻었다. 이에 교수들은 서둘러 독자적인 교사를 마련하고 성경학원이 아니라 신학교 체제로 바꾸기로 했다. 그리하여 1910년 6월 23일 미감리회와 남감리회 선교부 대표들로 연합 이사회를 조직하고 학교 명칭을 '감리교회협성신학교'로 바꾸었다. 그리고 신학교 교육이념을 다음과 같이 정했다.

> "모든 학생으로 하여금 그리스도 및 성령과 인격적인 관계를 맺어 활력 있는 그리스도인의 영적 생활을 하면서 철저하고도 정확한 학문 연구를 추구하여 현장 전도에 적합한 높은 수준의 설교 실력을 갖춘 전도자가 되도록 이끈다."

협성신학교는 1) 그리스도 및 성령과의 인격적 관계에서 이루어지는 영적 생활, 2) 철저하고도 정확한 학문 연구, 3) 설교 실력을 갖춘 전도자 훈련을 추구했다. '영적이며 지적인 실력을 갖춘 전도자 양성'을 설립이념으로 삼았다.

이런 연합이사회 결정은 1910년 9월 16~21일 개성 한영서원에서 열린 남감리회 연회에 보고되어 승인을 받았다. 미국에서 나온 호스E.E. Hoss 감독이 연회를 주재하였는데 한 달 전 체결된 강제 합병조약(경술국치)으로 인해 연회에 참석한 한국인 목회자들의 분위기는 무겁고 침울했다. 그런 중에 연회는 신학교와 관련하여 1) 신학교 부지와 건축에 필요한 자금을 미감리회와 동등하게 부담할 것이며 2) 하디와 저다인, 피어만을 남감리회 대표 신학교위원으로 선정하고 2) 연합신학교 위치를 서울로 할 것을 결의하였다. 이 같은 내용은 곧바로 미감리회 측에 전달되었다. 미감리회는 처음부터 서울을 신학교 후보지로 생각하고 있었다. 장소 문제가 해결되면서 협성신학교 부지 확보와 건축 작업이 본격 추진되었다. 미감리회에서 이미 1만 달러를 확보해 놓았기 때문에 남감리회에서도 1만 달러 건립기금을 내기로 했다.

부지 구입과 건축 작업은 1911년 들어 본격 추진되었다. 오래지 않아 서대문 밖 냉천동 언덕에 5천여 평 부지를 확보했다. 언덕 바로 아래엔 조선 시대 경기도 관찰사 직할부대인 경기중영과 임오군란1882년 때 불탄 일본 영사관으로 사용되던 청수관, 조선 시대 시인 묵객들이 즐겨 찾던 반송지와 천연정이 있었다. 강제합병 후에는 청수관 자리에 일본불교 정토종 대곡파大谷派가 건립한 '향상회관'이 들어서면서 그 주변이 일본인 거주지로 변모하였다. 그런 곳에 부지가 마련됨에 따라

교사와 기숙사 건축에 착수하였다. 서양식 본관 건물은 존스 교장이 귀국한 후 짓기로 하고 임시 가교사라도 마련하기로 했다. 마침 적당한 건물이 나왔다. 강제합병 후 조선총독부는 서울시내 궁궐부터 축소, 훼손하였다. 그 과정에서 창덕궁 후원(비원)에 있던 조선 시대 왕실 도서관 성격의 규장각 건물을 대거 철거하면서 건축 부재를 민간에 매각하였다. 그렇게 매물로 나온 규장각 부속 60칸짜리 한옥 기와집을 신학교에서 구입, 냉천동 언덕으로 옮겨 와 강의실(30평)로 꾸미고 2층짜리 한옥 기숙사와 한국인 직원 숙소까지 마련하였다. 그 결과 협성신학교 학생들은 1911년 9월 가을학기부터 새 교실에서 수업할 수 있게 되었다.

그런데 정작 하디는 냉천동 수업에 참여하지 못했다. 신학교 부지를 마련한 직후 안식년 휴가를 떠났기 때문이었다. 하디는 1910년 9월 연회에서 신학교 교수직 외에 서울 수표교교회 담임으로 파송되었다. 1년 전 수구문교회의 거리전도소로 시작된 수표교교회는 1년 만에 150명이 출석하는 교회로 성장했다. 그래서 연회는 저다인을 수구문교회로, 하디를 수표교교회로 파송하여 신학 교육과 교회 목회를 겸하도록 했다. 그런 상황에서 백만명구령운동을 주도하던 복음주의선교연합공의회에서는 1910년 9~10월 두 달 동안 서울과 지방에서 대대적인 전도운동을 전개하기로 하였다. 이에 따라 평양의 장로회신학교와 서울의 협성신학교도 가을학기 개강을 미루고 전도운동에 참여하기로 했다. 서울에서는 9월 26일부터 10월 1일까지 전국교회 지도자와 선교사들이 참여하는 준비기도회가 열렸고 10월 24일부터 한 주간 민족 복음화를 위한 기도회를 실시한 후 11월 한 달 동안 전국에서 선교부 중심으로 전도운동과 전도 집회를 개최하였다. 하디는 서울 준비기도회와 전도대회 강사로 활약하였다.

백만명구령운동 때문에 미뤘던 협성신학교 가을학기는 1910년 11월부터 6주간 서울 종로 기독교청년회관에서 수업하였다. 1911년 봄 학기 수업은 2월 15일부터 역시 기독교청년회관에서 6주간 실시하였다. 봄 학기 수업을 마치고 시험을 치른 학생은 1년급 43명, 2년급 40명, 3년급 36명, 총 119명이었다. 하디는 봄 학기 개강 직전인 2월 1일 춘천에 내려가 2주간 지방사경회를 인도하였다. 춘천지방 장로사 히치는 1911년 연회에서 "금년 사경회는 내가 지금까지 참석했던 것 중에 제일 만족스러웠다. 하디 박사가 작년에 이어 올해에도 와서 인도하였다. 그 역시 춘천 지방 사역이 발전된 것을 보고 기뻐하였다."고 보고하였다. 하디는 춘천 사경회를 마치고 서울로 돌아와 협성신학교 1, 2학년 봄 학기 수업을 한 후 4월 4일부터 시작된 3학년 봄 학기 수업을 한 주만 하고 안식년 휴가를 얻어 4월 7일 서울을 떠났다. 그래서 냉천동 새 교사에서 시작된 가을학기 수업과 협성신학교 제1회 졸업식에 참석하지 못했다.

1911년 12월 20일 정동교회에서 거행된 협성신학교 제1회 졸업식에서 총 39명 졸업생이 배출되었다. 그 가운데 남감리회 소속 졸업생은 홍종숙과 주한명·정춘수·이화춘·김홍순·한인수 등 6명이었다. 그중에 김홍순과 정춘수·주한명은 1911년 9월 남감리회 연회에서 머라 감독에게 남감리회 최초 한국인 목사로 안수를 받았다. 이들 세 목사는 모두 하디의 동역자거나 그의 설교를 듣고 개종한 이들로 전도와 목회 현장에서 하디에게 훈련받았고 신학교에 들어와 하디의 성경 강의를 들으며 영성과 지성을 겸비한 복음 전도자로 양육 받았다. 바울에게 디모데와 디도가 그러했던 것처럼 김홍순과 정춘수·주한명, 세 목사는 하디에게 '믿음의 아들' 같은 제자들이었다.

15.
“대를 이은 사랑과 헌신”
2대 선교사로 내한한 하디의 두 딸

> 나는 여호와니 너의 조부 아브라함의 하나님이요 이삭의 하나님이라. 네가 누워있는 땅을 내가 너와 네 자손에게 주리니 네 자손이 땅의 티끌 같이 되어 네가 서쪽과 동쪽과 북쪽과 남쪽으로 퍼져나갈지며 땅의 모든 족속이 너와 네 자손으로 말미암아 복을 받으리라(창 28:13~14)

할아버지 아브라함이 하란에서 만났던 하나님, 아버지 이삭이 브엘세바에서 만났던 하나님을 야곱은 베델에서 만났다. 동일하신 하나님이 할아버지와 아들과 손자에게 나타나 동일한 복을 빌어주셨다. 그리하여 할아버지의 하나님이 아버지의 하나님이 되었고 아버지의 하나님이 아들의 하나님이 되었다. 그렇게 이스라엘 민족에 ‘조상의 하나님’ 전통이 수립되었다.

하디 부부는 자녀 여덟 명을 낳았다. 한국인 양녀까지 포함하면 열 명을 길렀다. 그중 아들 둘은 캐나다와 미국에서, 딸 둘은 원산에서 죽고 딸 넷만 남았다. 그중 첫째와 둘째는 원산에서 자라나 미국에서 대학을 마친 후 “어려서부터 부모님의 삶을 보며 나도 커서 선교사가 되겠다고 결심했다.” 면서 한국선교를 지원했다. 그렇게 대를 이은 선교사가 나왔다.

1911년 4월 하디 부부는 3차 안식년을 얻어 귀국할 때 혼자 생활할 수 있는 양녀 주복이는 서울 배화여학교 기숙사에 두고 거트루드와 그레이스, 로버트, 그리고 양녀 헬렌(용희)을 데리고 떠났다. 하디 가족은 경부선 열차로 부산에 내려가 그곳에서 배를 타고 일본을 거쳐 6월 중순 미국에 도착하여 곧바로 딸 에바와 베씨가 있는 켄터키주 밀러스버그로 갔다. 에바와 베씨는 미국에서 공부하는 동안 선교사가 되기로 결심하고 밀러스버그여자대학을 졸업한 후 1911년 가을부터 뉴욕성경학원에 가서 1년간 성경과 신학을 공부하고 남감리회 여선교사 양성학교인 스카릿성경학원에 입학할 계획이었다. 하디 부부는 '대代를 이어' 선교사가 되겠다고 결심한 두 딸을 격려하는 한편 데리고 간 양녀 헬렌을 밀러스버그여학교에 입학시켰다. 헬렌의 미국 유학은 친부 윤치호의 부탁이기도 했다. 안식년 휴가를 얻어 귀국한 하디 가족에 대한 소식을 남감리회 해외선교 잡지 *The Missionary Voice*는 다음과 같이 전했다.

> "우리는 뜨거운 마음으로 하디 가족을 환영하는 바이며 사역 현장을 떠났으니 안식을 취하면서 많은 유익과 즐거움을 얻기를 기대한다. 본국 교회 교인들은 한국에서 일어난 대부흥운동에서 근위병yeoman 역할을 한 하디 박사를 통해 선교지에서 일어난 놀라운 역사에 관하여 많은 것을 들을 수 있을 것이다."

그러나 "안식과 즐거움을 얻기 바란다."는 기대는 어긋났다. 밀러스버그에 도착한 직후 아들 로버트와 하디 부인의 건강이 급속히 악화되었다. 하디는 서둘러 미시간주 배틀크릭에 있는 요양병원에 아들과 부인을 입원시켰다. 한 달 치료 끝에 부인과 아들은 차도를 보였다. 퇴원 후 하디 가족은 캐나다의 고향 마을 세네카에서 가까운 빌라노바에 살던 친척 집으로 옮겼다. 하디 부부는 고향교회인 세네카 유니티교회를 방문해서 '감사의 뜻'으로 구리 헌금쟁반을 기증하였다. 그 무렵 여동생 에바도 15년째 인도에서 선교사로 활동하고 있었다. 어려서 부모를 잃고 고아가 되었지만 해외 선교사로 나가 활약하고 있는 하디 남매는 세네카 교인들에게 자긍심을 심어 주었다.

고향에서 잠시 휴식을 취한 하디는 에바와 베씨, 두 딸이 공부하고 있는 뉴욕성경학원을 방문했다. 뉴욕성경학원 원장 화이트 박사는 미국 학생해외선교자원운동 지도자 중의 한 사람으로 한국을 두 차례 방문, 초교파 연합신학교로서 피어선기념성경학원 설립을 마무리 짓고 돌아온 직후였다. 화이트는 1910년 9월 서울을 첫 번째로 방문했을 때 복음주의선교연합공의회에 참석하여 장로교와 감리교 선교사들에게 성경을 강의한 후 초교파 성경학원을 설립할 것을 제안하였다. 연합공의회는 그의 제안을 받아들여 성경학원설립 검토위원회를 조직하였는데 하디도 남감리회 대표로 검토위원이 되었다. 그 과정에서 하디는 서울에서 화이트를 만나 성경학원 설립에 관해 대화를 나누었고 두 딸의 신학공부를 부탁했을 것으로 보인다. 하디도 뉴욕성경학원 특별연구과정에 들어가 신학교수들의 강의를 듣고 도서관에서 신간 신학 서적을 읽으며 협성신학교 강의를 준비하였다.

하디는 1912년 봄 가족을 데리고 매사추세츠 노스필드로 갔다. 그곳에 있는 노스필드성경학원에 거트루드, 그레이스 두 딸을 입학시키기 위함이었다. 거트루드와 그레이스가 입학한 노스필드성경학원은 해외선교자원운동 창시자인 무디가 제2세 선교사와 전도인을 양성하기 위해 설립한 여학교였다. 그래서 그 무렵 한국에서 사역하고 있던 선교사 자녀도 다수 재학하고 있었다. 그런데 노스필드에 도착한 직후 아들 로버트의 병(육종암)이 재발되었다. 열한 살짜리 아들은 회복하지 못하고 1912년 8월 15일 숨졌다. 로버트의 시신은 무디 유가족의 배려로 마운트허몬 라운드탑 공원묘지에 있는 무디 부부 묘역에 안장하였다. 하디 부부로서는 앞서 죽은 세 자녀도 그러했지만 외아들의 죽음이 견디기 힘든 시련이었다. 남감리회 선교잡지 *The Missionary Voice*는 노스필드에 아들을 묻고, 네 딸은 노스필드와 내슈빌에 남겨두고 선교지로 떠나는 하디 부부 소식을 전하며 "하디 박사는 선교사로서 지녀야 할 영웅적 자질과 헌신이 어느 정도인지 시험당하는 것 같다."고 적었다.

아들 장례식을 치른 하디 부부는 1912년 9월 14일 미국을 출발, 일본을 거쳐 10월 5일 서울에 도착하였다. 하디 부부가 귀환하기 한 달 전인 9월 2~12일 개성에서 열린 남감리회 연회를 주관한 머라 감독은 하디에게 기존의 협성신학교 교수 외에 새로운 직책을 더하였다. 우선 하디를 미감리회와 남감리회, 북장로회 3개 선교부 연합으로 운영하는 피어선성경학원에 이사 및 교수로 파송하였다. 그리고 전에 담임했던 서울 수구문교회와 수표교교회 외에 철원과 김화·김성·평강지역 교회들로 새로 조직된 강원서지방 장로사를 겸하도록 했다. 이로써 하디는 두 곳 신학교 사역 외에 5개 구역 교회들을 돌아봐야 했다. 다행히 수표교교회에 최태곤 전도사, 수구문교회에 유경상 전도사, 철원교회와 평강교회에 신공숙 전도사, 김화교회와 김성교회에 김홍순 목사가 파송되어 하디의 목회 사역을 도왔다.

하디의 주요 사역지인 협성신학교는 외양이나 내용에서 많은 변화를 이루었다. 우선 서울 시내가 한눈에 내려다보이는 냉천동 언덕에 마련한 5천여 평 부지에 창덕궁에서 옮겨다 지은 '규장각 건물'에서 강의가 이루어지면서 수업의 질도 높아졌고 신학 지원자도 늘어났다. 협성신학교는 1912년 1월 한 달간 겨울학기 수업을 하였고 4월부터 1학년 67명, 2학년 44명, 3학년 44명, 4학년 39명, 총 194명이 봄 학기 3개월 수업을 받았다. 교지와 교사를 마련한 후 신학교는 안정적인 모습으로 발전하고 있었다. 다만 존스 교장이 돌아오지 못하게 된 것이 아쉬웠다. 존스는 '한국선교25주년기념' 모금활동을 마치고 귀환을 준비하던 중 1911년 여름 뉴욕에서 엘리베이터 추락사고로 골절상을 입고 장기치료를 받아야 했다. 결국 존스는 한국 선교사직을 사임하고 1912년부터 미감리회 해외선교부 협동총무로 자리를 옮겨 1919년 5월 별세하기까지 협성신학교와 한국 선교를 간접 지원하였다.

존스의 귀환이 어렵게 되자 미감리회 해리스 감독은 1912년 3월 연회에서 존스 후임으로 케이블을 협성신학교 제2대 교장으로 임명하고 데밍과 장락도 목사를 교수로 파송하였다. 이에 상응하여 남감리회 연회에서도 하디와 저다인, 그리고 1912년 연회에서 목사 안수를 받은 홍종숙 목사를 협성신학교 교수로 파송하였다. 이로써 협성신학교는 남북 감리회의 선교사 교수 4명, 한국인 교수 2명으로 구성되었다. 이들 협성신학교 교수들은 같은 냉천동 캠퍼스에서 수업하는 피어선성경학원에서도 강의했다. 피어선성경학원 교수진은 이들 협성신학교 교수 외에 미국 북장로회 서울 선교부에서 파송한 언더우드와 게일, 클라크, 그리고 안동교회의 한석진 목사가 있었다. 이후 1917년 피어선성경학원이 서대문 안에 독자적인 건물을 짓고 나가기까지 두 신학교는 냉천동 부지와 교사를 함께 사용하였다. 감리교 신학생들에게 협성신학교는 본과, 피어선성경학원은 예과와 같았다. 성경학원에서 기초로 성경을 공부한 학생들은 신학교에 진학해 본격적으로 신학을 수학하였다.

하디가 안식년 휴가를 마치고 1912년 10월 서울에 도착했을 때 협성신학교와 피어선성경학원은 이미 가을학기 수업이 진행 중이라 신학교 강의에는 참여하지 않고 서울 수표교교회와 수구문교회, 강원도 김화와 철원지방 교회들을 돌아보는 것으로 사역을 재개하였다. 하디는 1913년 3월 봄 학기 수업부터 신학교와 성경학원에서 강의를 시작했다. 봄 학기 3개월 수업을 마친 하디의 학사보고다.

> "지금까지는 성경학원 학생들이 형식적으로 시험을 치렀다. 하지만 지난 학기부터 우리는 학기 중 매일 수업 성적이 좋지 못한 학생이나 학기말 각 과목 시험을 통과하지 못한 학생(60%)의 진급을 허락하지 않기로 했다. 우리[남감리회] 학생 중 뛰어난 점수를 받은 학생은 배성원 89점, 김중묵 89점, 전재풍 84점, 박범우 83점이다. 지금까지는 신학생들도 관대하게 대하였다. 그러나 이번 학기부터 매일 성적을 내고 학기말에 필기고사에서 만족할만한 점수를 얻지 못하면 진급시키지 않기로 했다. 그 결과 70%만 통과했다."

엄격한 수업 관리는 신학교육이 보다 체계적으로 이루어지고 있음을 보여주는 증거였다. 그런 상황에서 봄 학기 수업을 마치고 협성신학교 교장 케이블이 안식년 휴가를 받아 출국했다. 이에 신학교 연합이사회에서 후임 교장으로 하디를 선출하였다. 하디는 존스와 케이블에 이어 제3대 교장이었고 남감리회 출신으로는 첫 번째 교장이었다.

신학교 교장으로서 하디의 첫 행사는 1913년 6월 13일 종교교회에서 거행된 협성신학교 제2회 졸업식이었다. 그 날 17명이 졸업하였는데 그 중 남감리회 출신은 윤상은과 정재덕, 두 명이었다. 둘 모두 하디가 개성과 서울에서 목회할 때 도와주었던 전도사들이었다. 그리고 협성신학교 졸업식 다음 날, 6월 14일 오후 4시에는 서울 장로교 승동교회에서 피어선성경학원 제1회 졸업식이 거행되었다. 성경학원 초대원장 언더우드의 사회로 진행된 졸업식에서 19명 졸업생이 배출되었다. 그 중에는 하루 전 협성신학교 졸업장을 받은 윤상은도 포함되었다. 그렇게 두 학교를 동시에 졸업한 학생들도 적지 않았다. 두 학교 신학생들이 같은 공간에서 같은 교수들에게 수업을 받았기에 가능했던 일이다.

하디는 서울에서 두 신학교와 교회 사역에 임하면서 개성을 두 차례 다녀왔다. 처음 5월 15일 원산에서 죽은 막내딸 이름을 따 '조이하디기념성경학원'이라 불렀던 개성 고려여자성경학원 졸업식에 참석하여 축사를 하였다. 그곳엔 하디가 개성에서 처음 얻은 교인 최나오미가 성경학원 교사 겸 사감으로 훌륭하게 사역하고 있었다. 7월에도 크램과 게일, 언더우드 등과 함께 개성 한영서원에서 개최된 조선기독교청년회YMCA 학생하령회에 강사로 참여하였다. 그 무렵 한영서원 교장 윤치호는 백오인사건에 연루되어 서울에서 1년 6개월째 수감생활을 하고 있었다. 하디는 지도자를 잃은 한영서원 학생들을 격려하고 돌아왔다.

1913년 봄 학기 수업을 마친 하디는 신학교 교수들과 협의하고 성경학원 2년, 신학교 3년 과정으로 학제를 개편한 후 성경학원 졸업생에게만 신학교 입학 자격을 주기로 하였다. 두 학교를 예과-본과 개념으로 운영하며 교과목도 과정에 맞추어 배분하였다. 그렇게 학제를 개편한 후 9월 20일부터 가을학기 3개월 수업을 시작하였는데 신학교 55명, 성경학원 53명이 등록하였다. 신학교 과목은 데밍이 조직신학, 노블이 실천신학을 맡았고 케이블이 맡았던 교회사는 장락도 목사가 가르쳤다. 성서신학은 하디와 벙커가 구약, 저다인이 신약을 가르쳤으며 벙커는 음악을 가르쳤다. 피어선성경학원에서도 언더우드와 게일, 하디 외에 한국인 교수 장락도 목사와 한석진 목사가 성경과 성경역사, 성경개론 등 주로 성경과목을 가르쳤다.

가을학기 개강 직전인 1913년 9월 3일, 하디의 두 딸, 에바와 베씨가 미국 남감리회 여성해외선교부 파송 선교사로 서울에 도착하였다. 1년간 스카릿성경학원에서 선교사 훈련을 받은 에바와 베씨는 10년 만에 부모의 선교지인 한국에 돌아왔다. 베씨는 선교본부에 지원서를 내면서 선교사가 된 동기를 다음과 같이 설명했다.

> "나는 어려서 한국에 있을 때부터 하나님께 헌신하였고 언젠가 선교사가 되어 돌아와야겠다는 생각을 하였다. 대학에 다니면서도 그것을 위해 나름대로 준비를 하였다. 무엇보다 나의 부모에게

깊은 감사를 드린다. 서로 떨어져 지내는 동안에도 부모님은 내 삶의 모범이 되셨다."

베씨와 에바가 한국 선교사가 되기로 결심한 것은 어렸을 적부터였다. 다음은 베씨가 한국에 도착한 이듬해1914년 *The Korea Mission Field* 에 발표한 "나는 왜 선교사가 되었는가?"라는 짧은 글이다.

> "내가 선교사가 된 것은 내 부모님 기도의 응답이라 믿는다. 부모님은 내가 이 길을 선택하기를 바라고 기대하셨다. 부모님은 한국 선교사이며 나도 선교지에서 태어났다. 내 삶의 초반부를 이곳에서 살면서 이 나라 백성을 사랑하는 법을 배웠고 이 나라를 내 고향처럼 여겼다. 내가 공부하기 위해 미국에 있을 때도 나는 돌아가기를 바랐고 기대했다. 미국에서 9년 있으면서도 이런 내 소망과 기대는 변하지 않았다. 이곳에 다시 돌아올 수 있게 되어서 대단히 감사한다. 왜냐하면 하나님께 가장 소중하게 쓰임 받는 것이 내 소원이기 때문이다."

베씨의 소원은 "하나님께 가장 소중하게 쓰임 받는 것"이었다. 이는 하디가 일찍 돌아가신 부모로부터 받은, "세상에 가장 유익한 존재가 되라."는 유언의 다른 표현이었다. 그렇게 캐나다의 독실했던 감리교도가 남겼던 '거룩한' 유언은 3대에 걸쳐 계승, 유지되었다. 에바와 베씨가 서울역에 도착했을 때 늦은 밤이었음에도 한국인 친구 수십 명이 역까지 나와 환영하였다. 에비와 베씨는 서울 도착 2주 후 9월 17일부터 서울에서 개최된 남감리회 연회에 참석, 선배 선교사들로부터 뜨거운 환영을 받았다. 이들은 한국말을 유창하게 할 수 있었기에 어학 공부나 현지 적응훈련 없이 곧바로 배화여학교 교사로 파송 받아 사역을 시작하였다.

신학교 가을학기 수업을 끝내고 12월 18일 하디 부부는 사직동 사택에서 또 한 차례 경사를 치렀다. 13년 동안 키운 양녀 주복이의 결혼식을 하디가 직접 주례한 것이다. 주복이의 결혼 상대는 하디의 피어선성경학원과 협성신학교 제자 김인영金仁泳이었다. 남감리회 최초 전도부인이었던 김세라(김사라)의 아들 김인영은 개성 한영서원을 졸업한 후 1913년부터 피어선성경학원과 협성신학교에서 하디에게 신학 수업을 받고 있었다. 그는 피어선성경학원과 협성신학교를 졸업한 후 석교교회 전도사를 거쳐 1922년 남감리회 목사로 안수를 받았고 협성신학교와 피어선성경학원에서 신약을 강의하다가 1925년 미국에 유학, 에모리대학에서 성서학을 공부하고 1928년 돌아와 협성신학교 교수(학감)가 되었다. 하디의 '한국인 사위' 김인영은 그의 신학교 사역에 큰 힘이 되었다. 주복이의 결혼식을 마친 직후 하디는 두 딸이 근무하기 시작한 배화학당에 가서 학생부흥회를 인도하였다.

배화학당 교사가 된 에바와 베씨는 한국에 파송된 남감리회 여선교사로는 최초 '2세 선교사'였다. 하디 부부는 한국에서 자라나 선교사가 되어 돌아온 두 딸을 환영하기 위해 늦은 밤에도 서울역까지 마중 나간 수십 명의 한국 친구들, 그리고 두 딸을 위해 사직동 선교부 사택에서 환영회를 열었을 때 참석한 서양인, 한국인 친구 2백여 명의 즐거운 모습을 보며 외아들을 잃었던 슬픔에 위로를 얻었다. 또한 결혼 전까지 선교사 사택에 함께 살면서 하디 가족의 생활을 도와주었던 양녀 주복이도 결혼 후 남편과 함께 계속 사직동 선교부 내 직원 숙소에 머물며 하디의 사역을 도왔다. 하디 부부는 믿음과 선교의 대를 이어 사역하는 딸들의 모습을 보며 보람을 느꼈다.

16.
"연합하여 자라게 하시니"
종교교회, 석교교회 담임과 영신학교 설립

•

> 온 몸이 머리로 말미암아 마디와 힘줄로 공급함을 받고 연합하여 하나님이 자라게 하시므로 자라느니라(골 2:19)

사도 바울은 제자와 교인들에게 "연합하여 하나 되라."고 거듭 강조하였다. 그러면서 우리의 몸을 예로 들었다. 몸의 여러 지체가 기능과 역할이 다르더라도 머리를 중심으로 서로 연결되어 '한 몸'을 이루듯, 하나님의 일을 하는 사람은 그리스도 안에서 연합하고 협력하는 것이 마땅하다.

하나님 사역은 혼자 독단적으로 할 수 없도록 되어 있다. 하나님은 특출한 영웅 한 사람을 통해 일하시기보다 평범한 여러 사람을 통해 당신의 사역을 완성하신다. 하디는 목회와 신학교육 현장에서 그런 하나님의 방식을 실천하였다. 그가 교회와 신학교에서 연합과 협력을 추구했던 이유다.

1913년 9월 연회에서 하디의 시역에 약간의 변동이 이루어졌다. 협성신학교와 피어선성경학원 교수 사역에는 변함이 없었고 새로 서울 시내 매일학교 관리 사역을 맡았다. 그리고 교회 임지도 서울 종교교회 및 석교교회 담임으로 바뀌었다. 종교교회는 1900년 4월 하디가 초대 담임자로 사역했던 자골교회 후신으로 여성 교인 십여 명으로 시작했지만 1908년 도렴동 종침교 부근에 한옥예배당을 마련하고 옮기면서 종교교회로 불렸다. 종교교회는 1910년 도렴동에 당시 남감리회 교회로는 제일 큰 석조 예배당을 지은 후 남감리회의 중심교회로 성장하였다. 하디는 1913년 12월 새로 담임하게 된 종교교회의 사경회 및 부흥회를 인도하였고 해를 넘겨 1914년 1월 27일부터 2월 10일까지 종교교회에서 개최된 초교파 만국기도주간 집회를 인도하였다. 그러나 종교교회 목회는 1913년 연회에서 함께 파송된 협성신학교 제자 홍종숙 목사에게 전적으로 맡기고 자신은 돕는 사역만 했다.

협성신학교 언덕 아래 천연동에 위치한 석교교회는 1910년 종교교회의 서대문 밖 교인들을 중심으로 옥천동 돌다리 근처에 3백여 평 부지와 한옥 건물을 마련하고 집회를 시작하였다. 그리고 1911년 협성신학교가 냉천동 언덕에 자리를 잡게 되자 석교교회 예배에 협성신학교 및 피어선성경학원 학생들이 대거 참석하였고 이들의 전도로 교인들이 늘어났다. 석교교회는 설립 당시부터 신학생이던 유한익 전도사가 지도했다. 대한제국 경무관 출신으로 고종황제의 총애를 받았던 그는 1905년 을사늑약 체결 후 관직을 벗고 기독교로 개종한 후 1910년 오십이 넘은 나이에 아들(유철수)과 함께 협성신학교에 입학하여 공부하면서 전도사로 목회를 시작하였다. 하디는 석교교회 목회를 유한익 전도사에게 맡기고 예배당 건축과 교회부속 학교 설립을 지원하였다. 종교교회에서처럼 석교교회에서도 하디는 토착인 목회자와 '협력목회'를 추구하였다.

신학교에서도 마찬가지였다. 협성신학교 교장으로서 2년차를 맞이한 1914년, 하디의 가장 큰 과제는 냉천동 신학교 강의실과 교수 연구실, 도서실, 예배실을 갖춘 본관과 학생 기숙사를 마련하는 일이었다. 협성신학교는 1910년 연말에 냉천동 언덕에 5천여 평 부지를 확보한 후 규장각 부속건물을 옮겨다 짓고 1911년 가을학기부터 수업을 시작하였다. 그러나 계속 증가하는 신학생들을 수용할 공간이 부족해서 '전교생'이 동시에 수업을 받지 못하고 매학기 2개 학년만 소집해 수업을 진행했다. 더욱이 피어선성경학원 학생들도 냉천동 교사를 함께 사용한 관계로 강의실 부족상황은 심각했다. 다행히 미국에서 모금운동을 하던 존스를 통해 갬블 부인의 후원금 1만 달러로 부지를 구입하고 규장각 건물을 옮겨 지은 뒤 1912년 가을 냉천동 언덕 위쪽으로 본관을 지을 부지 공사까지 마쳤다. 그러나 미국 선교분부에서 후속 기금이 도착하지 않아 본관 건축 공사는 계속 지연되었다.

이에 하디는 남감리회 해외선교부 총무에게 '남감리회 몫 1만 달러'의 조속한 집행을 요청하였다. 이에 선교부 총무는 약정 기금을 포함하여 1만 5천 달러를 건축 비용으로 쓸 수 있도록 허락하였다. 이를 바탕으로 하디는 미감리회 파송 교수들과 협의한 후 1914년 여름 본관 건물 설계를 확정하고 가을부터 신학교 본관과 기숙사 건축을 시작하였다. 이미 본관은 부지 조성공사를 해 놓은 상태였다. 건축 공사는 1년 걸렸다. 본관 건물은 건축기금 1만 달러를 기부한 갬블 부인의 이름을 따 '갬블기념관'이라 명명하였다. 그런데 안타깝게도 갬블 부인은 건축이 시작될 즈음 미국에서 별세하였다. 갬블 부인은 거액의 선교비(후원금)를 내면서도 자신의 신분이 드러나지 않기를 원했다. 그래서 미국 선교본부에서도 이름 외에는 기부자에 대한 정보를 알려주지 않았다. 그러기에 더욱 값진 선물이 되었다.

1914년 8월 19~27일 원산 루씨여학교에서 남감리회 연회가 개최되었다. 미국에서 앳킨스 감독과 해외선교부 총무 쿡 박사가 나와 연회를 이끌었다. 하디도 7년 만에 원산을 방문하여 크게 발전한 원산 선교부 현장을 목격하였다. 하디는 감독과 연회원들에게 협성신학교 본관이 건축 중임을 밝히고 학교 현황을 다음과 같이 보고했다.

교장: 로버트 하디(연봉 1,350달러)

학교 부지: 5에이커(구매가 5천 달러, 현시가 1만 2천 달러)

본관: 건축 중(현시가 1만 달러)

부속 건물: 한옥 교실(3백 달러) 한옥 사무실(2백 달러) 한옥 사무실(150달러) 한옥 기숙사 2채(각 2백 달러) 한옥 직원숙소 2채(250달러와 125달러) 총 11,425달러

이사회: 미감리회와 남감리회 동수로 12~16명으로 구성(반은 선교사, 반은 한국교회 대표)

도서관: 장서 5백 권(1천 달러 가치)

교수진: 남감리회 2명, 미감리회 4명

재학생: 3학년 25명, 2학년 36명, 1학년 16명(남감리회 학생은 3학년 7명, 2학년 7명 1학년 6명) 현재 목회하는 학생은 77명(남감리회 학생은 20명)

졸업생: 총 56명(남감리회 7명)

연회에서 협성신학교 졸업생 오화영과 김영학, 최태곤 등 3인이 목사 안수를 받았다. 목사 안수를 받은 오화영은 원산 상리교회, 김영학은 철원 지경터교회, 최태곤은 수표교교회 담임으로 파송되었다. 하디는 자신의 신학교 제자들이 목사 안수를 받고 선교사들과 협동 목회를 시작하는 것을 보며 보람을 느꼈다. 신학교 보고를 마친 하디는 새로 맡게 된 매일학교 사역에 관하여 다음과 같은 보고서를 제출했다.

"선교사업에서 시급한 것 중의 하나가 제대로 된 기독교 초등학교를 설립하는 것입니다. 수개월 동안 우리는 서울 시내에 초교파연합 초등학교를 설립할 계획안을 만들어 총독부 학무국의 승인을 얻었습니다. 그 계획에 따르면 서울 시내 네 곳에 초교파연합 초등학교를 설립하는 것인데 장로회와 양 감리회 선교부 승인까지 얻었습니다. 적당한 부지만 확보된다면 우선 한 학교라도 시작할 예정입니다. 우리가 설립하려는 기독교 초등학교는 총독부가 요구하는 수준에 맞추어야 합니다. 그렇지 않으면 설립허가나 인가를 받기 어렵기 때문입니다. 각 선교부가 서울처럼 좁은 곳에서 각기 학교를 운영한다는 것은 재정 낭비로 바람직하지 않습니다. 서로 연합해서 학교를 운영하면 더 좋은 수준의 교육을 할 수 있고 경비도 절감될 것입니다."

여기서 하디가 말한 '우리'는 서울에서 공동 선교를 하고 있는 미감리회와 남감리회, 북장로회, 3개 선교부 대표를 의미하였다. 중등학교(고등학교)와 대학교 차원에서 실시해왔던 초교파 연합교육 범위를 '초등학교'까지 넓히자는 제안이었다. 그동안 미감리회의 정동교회와 상동교회, 남감리회의 종교교회와 수구문교회, 북장로회의 새문안교회·승동교회·연동교회 등에서 교회부속 매일학교를 설립하여 초등교육을 실시해왔는데 시설과 내용에서 부족한 점이 많았다. 더욱이 일본 총독부는 1911년 '조선교육령'을 선포하고 총독부 규정과 기준에 미치지 못하는 사립학교들을 대거 폐쇄하였다. 그러면서 '무상교육'이란 미끼로 전국에 공립학교(보통학교)를 설립, 초등교육 단계부터 식민지 교육을 추진하였다. 이런 상황에서 하디는 미감리회의 베커, 북장로회의 언더우드 등 각 선교부 교육담당 선교사들과 협의하고 초등학생부터 기독교 신앙교육을 실시할 수 있는 교육 공간으로서 초교파연합 초등학교를 설립하자는 데 뜻을 모았다.

1914년 남감리회 연회는 이런 하디의 계획을 승인하였다. 하디의 계획은 서울을 네 권역으로 나누어 장·감 연합 초등학교를 하나씩 설립하는 것이었다. 하디는 새로운 학교를 설립하는 것보다 이미 있는 교회부속 매일학교를 통합하는 방식을 취하였다. 하디는 우선 자신이 담임하고 있는 종교교회 부속 광진光進학교와 언더우드가 운영하던 북장로회 새문안교회의 영신永信학교를 통합하고 미감리회 배재학당의 초등교육 과정을 흡수하는 작업을 추진하였다. 설립 작업은 순조롭게 진행되어 1915년 봄 새문안교회와 종교교회 중간지점인 수창동에 독자적인 교사를 마련하고 장감연합 초등학교로서 영신학교를 새롭게 시작했다.

영신학교 초대 교장은 언더우드가 맡았고 언더우드가 1916년 별세한 후에는 미감리회의 베커가 교장이 되었다. 배화학당 교사로 일하던 하디의 두 딸도 영신학교 교사로 봉사하였다. 남녀공학이었던 이 학교는 처음 180명으로 시작하였는데 2년 후 367명으로 늘었다. 그중 104명이 여학생이었다. 서울 동부와 남부, 북부에도 이런 초교파 연합 초등학교를 더 세우려 했던 하디의 계획은 비록 이루어지지 않았지만 그의 '연합교육' 의지가 담긴 영신학교는 협성학교로 이름을 바꾸었다가 해방 후 광신중고등학교로 발전하였다.

영신학교 설립을 승인한 1914년 연회에서 하디 부녀父女의 임지 파송에 변화가 있었다. 우선 하디는 협성신학교 교장 및 피어선성경학원 교수, 석교교회 담임은 그대로 유지하고 종교교회 대신 자교교회를 새로 담임하게 되었다. 자교교회는 종교교회와 함께 같은 자골교회에 뿌리를 두었다. 자골교회 교인들이 1908년 종침교(도렴동)에 한옥 예배당을 마련하고 종교교회로 옮겨갈 때 거기 합류하지 않고 자골 여선교부에 남아 예배를 드리던 교인들이 있었다. 주로 부녀자와 빈민층 교인들이었다. 캠벨 부인을 비롯한 여선교사들은 이들을 위해 1909년 경복궁 서편 창성동에 한옥 예배당을 마련해 주어 자교교회로 발전하였다. 자교교회는 얼마 후 좀 더 북쪽, 자수궁 다리 근처에 2층 벽돌 예배당을 마련하고 옮겼다. 1914년 연회에서는 자교교회에 하디와 함께 그해 목사 안수를 받은 최태곤 목사가 파송되었다. 명목상 담임은 하디였지만 최태곤 목사가 실질적인 목회를 하였다. 하디는 종교교회나 석교교회에서처럼 자교교회에서도 협력 목회를 추구했다.

선교 2년차를 맞은 에바와 베씨의 사역에도 변화가 이루어졌다. 둘은 배화여학교 외에 지역교회 여성사업과 매일학교 사역도 겸하였다. 즉 에바는 자교교회, 베씨는 종교교회와 석교교회에 파송되어 주일마다 교회로 나가 주일학교와 여성신도 모임을 지도하였고 교회부속 매일학교도 관리하였다. 그 사이 배화여학교 교장 캠벨 부인은 자골에 있던 여선교부를 필운동(누하동) 언덕으로 옮기고 그곳에 1914년 가을 2층짜리 벽돌양관으로 여선교사 사택과 배화여학교 교사를 지었다. 이에 따라 사직동 남선교부에서 부모와 함께 살던 에바와 베씨도 필운동 배화여학교 경내의 독신여선교사 사택으로 옮겨가 스미스·니콜스·행킨스 등 선배 선교사들과 함께 생활하였다. 하디 부부는 그렇게 "부모의 집을 떠나"(창 12:1) 동료 선교사들과 함께 살면서 사역하는 두 딸의 모습을 대견스럽게 바라보았다.

그런데 에바와 베씨가 필운동 여선교부로 옮겨가기 직전인 1914년 여름, 사직동 사택에서 하디 가족은 반가운 손님을 맞이하였다. 하디 가족이 10년 전 미국 밀러스버그에서 처음 만났던 제임스 피셔가 서울 사직동 집을 방문한 것이다. 에바와 베씨가 유학했던 밀러스버그여자대학 학장 아들이었던 피셔는 1911년 버지니아 에모리헨리대학을 졸업한 후 미국 국무성 산하 도서관리청 파견으로 미국 식민지 필리핀에 가서 3년간 교육행정관으로 근무하고 귀국하던 길에 서울에 들른 것이다. 피셔는 서울에 머무는 동안 하디 가족 뿐 아니라 여러 선교사를 만나 교류하였다. 그리고 방한 중이던 일본기독교청년회 총무 갤런 피셔로부터 "일본에 와서 학생들에게 영어를 가르쳐 달라."는 요청을 받고 미국으로 들어가지 않고 일본으로 가서 2년간 구마모토 노베오카 중학교 영어교사로 사역했다. 그것이 인연이 되어 하디 가족은 1915~1916년 여름휴가를 일본 가루이자와에 가서 피셔와 함께 지냈다. 거기서 베씨와 피셔는 본격적으로 사귀기 시작했다.

17.
"사람 세우기"
목회자 양성과 지도력 육성

•

> 모세가 여호와께서 자기에게 명령하신 대로 하여 여호수아를 데려다가 제사장 엘르아살과 온 회중 앞에 세우고 그에게 안수하여 위탁하되 여호와께서 모세에게 명령하신 대로 하였더라(민 27:22~23)

출애굽 대장정 40년 사역을 끝내야 할 시점에서 모세의 가장 큰 과제는 후계자 선정이었다. 그러나 하나님은 이미 그의 후계자를 선정해 놓으셨다. 출애굽 과정에서부터 모세를 보좌해 온 여호수아였다. 그렇게 해서 여호수아는 모세를 인도하신 하나님의 능력에 힘입어 모세가 못다 한 요단강 건너편 약속의 땅을 점령할 수 있었다.

하디의 신학교 사역 목표는 토착인 목회자 양성이었다. 신학교에서 성경과 신학을 배운 신학생들은 목사 안수를 받은 후 복음 전도자로, 교회 목회자로 사역을 시작하였다. 그 결과 전도와 목회 현장에서 선교사들이 경험했던 것과 같은 성령의 역사, 하나님의 능력이 나타났다. 그렇게 한국교회의 지도력이 선교사에서 토착인 목회자에게 이양되고 있었다.

하디는 1915년 1월 9일 필운동에 새로 지은 배화여학교 봉헌예배에 참석하여 축도함으로 1915년 사역을 시작하였다. 봉헌예배는 종교교회 홍종숙 목사의 개회사로 시작되어 자골교회 초기 교인이었던 유경상 전도사의 성경봉독, 배화여학교 교사 남궁억과 미감리회 선교사 베커의 환영사, 에바 하디의 독창에 이어 총독부 학무국장 세키야와 남감리회 선교사 왓슨, 미감리회 중앙교회 박용래 목사의 축사 후 하디의 축도로 끝났다. 하디 부녀가 함께 순서를 맡았던 의미 있는 행사였다.

그리고 한 달 후 1915년 2월, 하디는 또 한 가지 반가운 소식을 접했다. 그것은 백오인사건 주모자로 체포되어 서대문 형무소에서 3년 옥고를 치른 윤치호가 석방된 것이다. 하디 가족과 윤치호 가족은 원산 시절부터 한 가족처럼 지냈다. 하디 부부는 윤치호의 어린 딸 용희(헬렌 하디)를 양녀로 양육하였고 1911년 안식년 휴가를 얻어 귀국할 때 데리고 가 밀러스버그대학에 입학시키고 돌아왔다. 윤치호는 재혼한 부인에게서 얻은 막내딸(무희)의 영어 이름을 하디의 딸 이름을 따 '베씨'로 지었다. 그런 관계로 일반인의 면회가 어려운 '정치범'으로 서대문형무소에 수감된 윤치호를 하디 부부만은 면회가 가능했다. 윤치호는 출옥 한 달 후 첫째 딸 봉희(로라)를 원산 공립보통학교 교사 김긍선과 결혼시켰다. 하디는 3월 30일 서울 종교교회에서 거행된 두 사람의 결혼식에 참석하여 기도 순서를 맡았다. 석방된 윤치호는 개성 한영서원으로 돌아가지 못하고 서울에 남아 중앙기독교청년회YMCA 총무로 사역하였다.

윤치호가 감옥에서 풀려날 즈음, 하디는 또 한 명의 동역자를 얻었다. 미국 밴더빌트대학을 졸업하고 들어온 양주삼梁柱三 목사였다. 평남 용강 출생인 양주삼은 1901년 중국 상해로 건너가 윤치호가 수학한 중서서원에 입학하여 재학 중 세례를 받았고 1905년 미국으로 건너가 당시 태평양 연안지역에서 동양인 선교를 관리하고 있던 리드의 후원을 받아 샌프란시스코 한인교회 전도사로 목회하면서 한인교포 기관지『대도』를 발간했다. 하디는 서울에서 국내 '구람위원'으로『대도』간행을 도와주었다. 이후 양주삼은 남감리회 테네시연회에서 목사 안수를 받았고 1913년 밴더빌트대학을 졸업한 후 예일대학 신학부에서 1년간 신학을 수학하고 1915년 2월 귀국하였다. 그는 귀국하자마자 곧바로 협성신학교 교수로 부임하였고 1915년 10월부터 자교교회 담임목사를 겸하였다. 두 곳 모두 하디의 사역지였다.

양주삼의 합류로 협성신학교 교수진은 더욱 탄탄해졌다. 남감리회에서는 교장 하디와 저다인이 참여하였고 미감리회에서는 기존의 케이블과 데밍·로튼·장락도 외에 배재학당 교장을 지낸 벙커가 새로 합류하였다. 냉천동 본관과 기숙사 건축이 한창 진행 중이라 1915년 3월에 시작한 봄 학기 수업은 기존 규장각 건물에서 실시하였다. 협성신학교의 봄학기 재학생은 1학년 50명, 2학년 10명, 3학년 21명, 4학년 17명 등 총 98명이었다. 그중 3학년과 4학년 2개 학년만 학교에 들어와 수업을 받았다. 6월 종강과 함께 4학년 17명이 졸업하였는데 그중 남감리회 졸업생은 강조원과 김영학·유철수·유시국·신공숙 등 5명이었다. 졸업 행사는 3일간 진행되었다. 6월 5일(토) 오후 하디 교장은 졸업생 전원을 사직동 자택으로 초청하여 축하 만찬을 베풀었고 6월 6일(주일) 오전에는 종교교회에서 졸업예배를 드렸으며 그날 오후 졸업생과 재학생이 신학교에 모여 기도회를 가졌다. 그리고 6월 7일(월) 오전에 정동교회에서 졸업식을 거행하고 오후에는 신학교에서 졸업생들이 참여하는 동창회 연설회를 개최하였다. 이런 졸업 행사는 협성신학교 전통이 되었다.

그렇게 봄학기 수업을 마친 후 하디는 부인과 두 딸, 에바와 베씨를 데리고 1915년 8월 여름휴가를 일본 가루이자와로 떠났다. 가루이자와는 일본의 대표적 휴양지로서 매년 여름 그곳에서 선교사 수양회가 열렸는데 일본뿐 아니라 중국과 한국, 필리핀 등지의 선교사와 외국인들도 대거 참석하였다. 그 가운데 하디 가족과 가까운 사이가 된 피셔도 포함되었다. 피셔는 당시 일본 가루이자와에서 여름휴가를 보내던 하디 가족의 모습을 이렇게 증언했다.

> “하디 박사는 일 때문에 휴가 여행에 신경을 쓸 겨를이 없었다. 그래서 부인이 일본 여행 뿐 아니라 모든 휴가 계획을 짜고 준비하였다. 하디 부인은 그 일을 즐기는 것 같았다. 부인은 여름휴가의 모든 일정을 계획하고 관리하였다. 부인은 집 한 채를 세내어 한국에서 일꾼들까지 데리고 와서 가족이 여름휴가를 편하게 보낼 수 있도록 하였다. 부인은 항상 공간이 넉넉한 집을 마련해서 비용 때문에 고민하는 손님들도 여러 명이 함께 지내도록 했다. 나중에 원산 근방 명사십리가 휴양지로 개발된 후에는 하디 가족이 여름휴가를 그곳에서 보냈다. 하디 박사는 휴가 중에도 대부분 시간을 독서와 집필, 번역에 몰두하였다.”

하디 가족은 1916년 8월 여름에도 두 딸과 함께 가루이자와로 여름휴가를 떠났다. 이번에는 미국 노스필드성경학원에서 공부하고 있던 거트루드와 그레이스도 합류했다. 오랜만에 하디의 온 가족이 일본에서 여름휴가를 즐겼다. 1918년 휴가 때도 피셔는 가루이자와 하디 부부의 손님으로 참석했다. 그리고 피셔처럼 일본에서 영어교사로 봉사활동을 하고 있던 바넘Clifford Barnum도 하디 가족의 손님으로 참석했다. 피셔는 이미 하디의 둘째 딸 베씨와 깊이 사귀는 관계가 되었고 바넘도 미국에서 온 거트루드를 만나 사귀기 시작했다.

하디 가족은 1915년 8월 여름휴가를 마치고 서울로 돌아와 에바와 베씨는 배화여학교, 하디는 협성신학교와 피어선성경학원 가을학기 강의를 시작하였다. 하디가 휴가를 마치고 돌아왔을 때 신학교 본관(갬블기념관)과 기숙사 건축은 마무리 단계에 접어들고 있었다. 두 건물 모두 3층 벽돌 양관으로 본관은 5백 평 규모, 기숙사는 1백 평 규모였다. 수업이 진행 중인 1915년 9월부터 10월까지 서울 경복궁에서 조선총독부가 주최하는 산업박람회가 열렸는데 이를 계기로 신학생들이 박람회장에 나가 전국에서 올라온 관람객들을 대상으로 전도하였다. 신학생들이 하루에 386명을 전도한 때도 있었고 신학생 두 명이 박람회장에서 부흥회를 열어 새신자 750명을 얻기도 했다.

신학교 건축 공사가 막바지에 이른 9월 29일부터 10월 4일까지 개성 북부교회에서 남감리회 연회가 개최되었다. 미국에서 나온 호스 감독이 주재한 연회에서 김홍순과 정춘수·양주삼 3인이 한국인 목회자 가운데 처음으로 진급 과정을 모두 마친 장로 목사로 안수를 받았다. 그리고 같은 날 호스 감독은 유시국·한인수·박학면·신공숙·정재덕 등을 집사 목사로 안수하였다. 이들 모두 하디의 협성신학교 제자들이었다. 1915년 연회에서는 신촌 연희전문학교 운영에 남감리회도 공식 참여하기로 결의하였다. 이로써 연희전문학교는 장로교와 감리교 6개 선교회가 모두 참여하는 초교파 연합대학이 되었다. 1915년 연회에서 하디 가족의 임지 파송엔 변화가 없었다. 하디는 여전히 협성신학교 교장과 피어선성경학원 교수를 겸하였고 자교교회와 석교교회를 담임하였으며 에바와 베씨도 배화여학교에서 사역하면서 자교교회와 석교교회, 종교교회 여성사역 및 매일학교 사역을 관리하였다.

1915년 연회를 마칠 즈음 협성신학교 건축 공사도 끝났다. 내부 설비를 갖추고 새로 지은 갬블기념관에서의 첫 수업은 1916년 3월 봄 학기에 이루어졌다. 냉천동 언덕 위에 우뚝 솟은 갬블기념관 1층엔 교수 연구실과 학교 행정처가 자리 잡았고 2층엔 강의실, 3층엔 도서관이 꾸며졌다. 건물 전체에 난방과 전기 시설이 되어 있어 주야간 교수와 학생들의 연구와 강의가 한 건물 안에서 이루어졌다. 40명을 수용할 수 있는 3층짜리 기숙사 건물도 난방과 전기 시설이 되어 있었고 방마다 침대와 책상이 구비되었고 목욕과 세탁, 휴게 시설은 물론 1층에 식당이 있어 교수와 학생들이 함께 식사할 수 있었다.

이런 학생 시설 외에 학교 부지 안에 선교사 교수 사택으로 벽돌양관을 두 채 지었다. 미감리회 기금으로 지은 2층짜리 양관엔 미감리회에서 파송된 선교사 교수 가족들이 살았다. 전에 강의실로 사용하던 '규장각' 건물과 한옥 직원 숙소도 헐지 않고 학교 부속시설로 계속 사용하였다. 그 결과 냉천동 언덕에 한옥 건물과 양관 건물이 공존하였고 거기서 외국인 선교사 가족들과 한국인 교수와 학생, 직원들이 어울려 살면서 '동·서양의 아름다운 조화'를 이루었다. 냉천동에 마련된 교수 사택에 입주한 케이블은 1916년 3월 개최된 미감리회 연회에서 협성신학교를 "동아시아 최고 수준의 신학교"라고 지칭한 후 이렇게 소개했다.

> "협성신학교는 한국의 9백여 교회, 5만 3천 명 신도를 지도할 목회자를 양성하기 위해 미감리회와 남감리회가 연합해서 설립한 신학교다. 학교는 서울 시내가 한눈에 내려다보이는 서대문 밖 언덕에 위치하여 수업하는 학생들의 건강에도 적합한 곳이다. 말 그대로 '산 위에 있는 동네'(마 5:14)라 할 수 있다. 우리는 이곳에 갬블기념관과 새 기숙사를 지었다. 극동 아시아에 있는 신학교 중에서 가장 훌륭한 부지와 시설이라 할 수 있다. 충분하고 세심한 검토를 거쳐 확정된 교과과정을 성공적으로 운영하고 있다. 학년별로 매년 6개월 수업을 하고 있다. 학생들은 추가로 2년 동안 9개월 수업하는 피어선기념성경학원 과정을 들어야 한다. 모든 신학생들은 자신이 속한 지방회나 구역회에서 품성과 수학능력, 신앙에 대한 심사를 거친 후 추천서를 받아 입학할 수 있다."

당시 협성신학교 재학생은 본과만 1백 명이 넘었으며 그만한 숫자의 예과생들이 또 있었다. 신학교는 1915년 봄 제3회 졸업생 13명을 배출하여 총 83명 졸업생을 냈다. 졸업생들은 한국교회 지도자들이 되어 있었다. 1회 졸업생 최병헌 목사와 2회 졸업생 박원백 목사는 지방 장로사로, 2회 졸업생 오기선 목사는 일본 도쿄 연합교회 목사로, 2회 졸업생 장락도 목사는 협성신학교 교수로 사역하고 있다. 이들은 모두 미감리회 졸업생들이었다. 하디는 1916년 5월 미국 남감리회 선교잡지 *The Missionary Voice*에 "생기발랄한 한국교회"란 제목의 글을 통해 남감리회 졸업생들의 활약상을 자세히 소개하였다. 우선 제1회 졸업생 홍종숙 목사가 담임하고 있는 종교교회를 이렇게 소개하였다.

> "홍종숙 목사는 종교교회에서 여전히 일을 잘하고 있다. 주일 아침 예배 참석자는 평균 350명을 상회하고 있으며 수요일 저녁 기도회에도 150명에서 2백 명 정도가 참석한다. 청년 교인들이 급속하게 늘어나고 있는 것이 이 교회 특징이다. 지난 주일에는 내가 남자 청년 8명과 여자 청년 12명에게 세례를 주었다. 세례지원 청년들만으로 속회가 조직되었는데 그들을 문답하는 것은 언제나 내 몫이다. 모든 교회 재정은 교인들이 부담하고 있다."

홍종숙 목사는 1916년 1월 개성에 내려가 호수돈여학교 학생부흥회를 인도했다. 거기서 회개운동이 일어났다. 호수돈여학교 선교사의 증언이다.

> "우리는 한 주간 특별부흥회를 열었다. 우리를 위해 서울에서 홍[종숙] 목사가 내려와 부흥회를 인도했다. 우리는 졸업생들이 학교를 떠나기 전에 은혜받기를 간절히 원했다. 하나님께서는 우리 기도를 들어주셨다. 학생들이 그렇게 가슴 깊이 뉘우치는 것을 본 적이 없다. 감정 폭발 같은 현상은 없었지만 교사와 학생들의 마음속에 성령이 강하게 역사하셨다. 학생들의 생활이 전혀 다르게 변한 것을 보고 참으로 기뻤다. 학교 분위기는 그 어느 때보다 좋다."

하디가 인도했던 원산 부흥운동에서 일어났던 통회자복과 회심 현상이 한국인 목사의 부흥회에서도 나타났다. 같은 시기 과부나 기혼여성들이 주로 다니던 개성 미리흠여학교에서도 부흥회가 열렸다.

“2월 초 서울에서 김 목사가 내려와 학생부흥회를 열었다. 주님의 능력이 첫날부터 나타나 집회 기간 내내 역사하였다. 많은 학생이 죄를 깨닫고 공개 자복하였다. 마음이 새롭게 변한 학생들의 모습을 보고 모두 기뻐하고 있다. 그때 은혜받은 학생 가운데 두 명이 두 주 전에 세례를 받고 교회에 가는 모습을 보았다. 1년 전만 해도 학생 가운데 9명은 불신자 집안에서 와서 그리스도에 대해 전혀 몰랐는데 이번 집회 때 모두 은혜를 받았다.”

미리흠여학교 부흥회를 인도한 ‘김 목사’는 협성신학교 3회 졸업생 김영학 목사였다. 그 역시 하디의 신학교 제자로 1913년 목사 안수를 받은 후 철원구역과 서울 수구문교회에서 하디와 동역하였다. 홍종숙 목사와 김영학 목사뿐 아니었다. 정춘수와 오화영·신석구·이화춘·유한익 등 하디의 신학교 ‘제자 목사’들은 교회 목회와 부흥 사역에서 뛰어난 능력을 발휘하고 있었다. 이제 토착인 목회자는 단순히 선교사의 사역을 돕는 ‘조역’이 아니었다. 동역으로 바뀌었다. 이를 지켜보면서 하디는 한국교회의 ‘영적 지도력’이 선교사에서 토착인 목회자에게 이양되고 있음을 감지했다.

부흥회나 사경회에 선교사와 토착인 목회자가 함께 인도자로 참여하는 경우도 늘어났다. 1916년 2월 9일부터 16일까지 한 주간 동안 철원읍교회에서 개최된 철원지방 직원사경회에 철원·김화·김성·평강·창도 등 5개 구역의 교회 임원 50여 명이 참석하였다. 낮 시간에는 협성신학교 교장 하디가 요한일서, 실천신학 교수 히치가 십일조론, 감리교부인성서학원 교장 앨벗슨이 찬송가를 가르쳤고 석교교회 유한익 전도사도 강사로 참여해 에베소서와 골로새서를 강의하였다. 저녁 부흥회는 하디가 인도했는데 이에 대해 김화구역 김기순 전도사는 “하리영씨가 부흥회를 인도하매 성신의 권능과 열심의 전도로 죄악을 깨달아 회개하고 새 은혜 받은 형제자매가 많으며 낙심되었든 형제들도 다시 돌아온 자가 적지 아니함으로 모든 영광은 주께 돌린다고 하였더라.”고 증언하였다. 신학자로 변모한 하디였지만 부흥사로서 영적 능력은 여전히 남아 있었다.

18.
"네 지경이 넓혀지리라"
「신학세계」 창간과 신학연구

●

> 야베스가 이스라엘 하나님께 아뢰어 이르되 주께서 내게 복을 주시려거든 나의 지경을 넓히시고 주의 손으로 나를 도우사 나로 환난을 벗어나 내게 근심이 없게 하옵소서 하였더니 하나님이 그가 구하는 것을 허락하셨더라(대상 4:10)

유다 후손 야베스가 하나님께 구한 것은 세 가지, 1) 지경地境을 넓혀주시고, 2) 주의 손으로 도와주시어, 3) 환난을 벗어나 근심 없게 해 달라는 것이었다. 하나님께서는 그 소원을 들어주셨다. 그렇게 하나님을 의지하고 바라는 자의 지경은 계속 넓혀졌다.

하디의 지경(사역)도 계속 넓혀졌다. 우선 목회 사역도 서울의 모든 남감리회 교회를 담임하게 되었다. 그리고 신학교에서도 교장이 되었다. 교장으로서 하디는 냉천동 교사와 기숙사 건축공사를 마무리 지었고 1916년부터 신학교 기관지 「신학세계」를 창간하였다. 하디 사역에 문서선교가 추가된 것이다.

냉천동 언덕에 아름답고 웅장한 현대식 건물로 갬블기념관과 기숙사, 선교사 교수 및 한국인 직원들의 숙소까지 마련한 하디 교장은 새로운 환경에서 새롭게 시작하는 협성신학교의 규정도 새롭게 정비하였다. 우선 학교의 목표를 "교회에 헌신하고 역사役事하기를 원하는 자를 성경과 신학으로 상당히 교육하야 교역자의 직무를 감당케 하기로" 규정한 후 수학 연한은 3년으로 하되 매년 2학기제로 운영하며 교과목은 성경(구약과 신약)과 교회사기, 조직신학, 실용신학 외에 음악과 국어

(일본어)를 필수과목으로 정하였다. 다음은 1916년 봄 학기부터 실시한 교과과정이다.(괄호 안은 시간)

학년과 학기		성경(120)	조직신학(60)	교회사기(60)	실용신학(60)	국어(60)
1학년	1학기	구약총론(30) 모세제도(30) 공관복음(60)	논리학(20) 증거론(20) 심리학(20)	히브리인의 역사上(60)	강도학(30) 음악(30)	국어(60)
	2학기	신약총론(30) 예언서연구(30) 사도행전(30) 소선지서 채집(30)	자연신교론(20) 유신론(20) 심리학(20)	히브리인의 역사下(60)	석의학(30) 음악(30)	국어(60)
2학년	1학기	갈리디아(20) 히브리(40) 이사야(60)	인류학(60)	고대교회사(30) 초대교회사(30)	강도학(30) 음악(30)	국어(60)
	2학기	로마인서(50) 베드로후서(10) 시편 욥기(60)	그리스도론(30) 속죄론(30)	중세교회사(60)	강도학(30) 음악(30)	국어(60)
3학년	1학기	빌립보(12) 에베소(22) 골로새(25) 빌레몬(2) 디도(8) 에스겔(51)	성신론(20) 구세론(20) 말세론(20)	종교개혁 이후 현대교회사(60)	기독교재산론(20) 문답교시법(20) 음악(20)	국어(60)
	2학기	다니엘(32) 스가리야(24) 유다(4) 요한복음(15) 요한일서(15) 묵시(30)	변증론(60)	각 교파의 역사(60)	주일학교 교수법(60) 음악	국어(60)

교수진은 미감리회와 남감리회 선교부에서 파송한 '최소 선교사 2인'과 양측 연회에서 파송한 한국인 교수 2~4명으로 구성하되 이들의 월급과 학교 운영에 필요한 경비는 양측이 균등하게 분담하기로 했다. 학교 경영과 운영에 관한 권한과 책임은 이사회에 해당하는 탁사부와 교수회의에 해당하는 교사부에 두었다.

12~16명으로 구성된 탁사부의 반은 미국의 미감리회와 남감리회 해외선교부에서, 반은 국내에서 사역하는 두 교회 선교부에서 선발하였다. 미국 탁사부는 신학교 재산과 기부금에 관한 사항을 결정하였고 한국 탁사부는 교수 채용과 교과과정 및 교과목 심의, 학교 예산과 결산 및 교칙 승인, 탁사부원과 교장 선출, 학교 건물 수리에 관한 사항을 처리하였다. 선교사 및 한국인 전임 교수들로 구성된 교사부는 교과과정 및 교과목 선정과 학생들의 수업에 관한 제반 사항을 결정하였다.

교사부의 중요한 업무 가운데 하나는 장학금을 받고 교수 사역을 돕는 교비생 선발이었다. 협성신학교는 설립 초기부터 가난한 학생이거나 수업 성적이 뛰어난 학생 가운데 교비생을 선발하여 장학금을 지급하며 선교사 교수들의 수업과 연구를 돕는 조수로 활용하였다. 어학에 재능이 있는 학생들에겐 번역 일도 맡겼다. 그렇게 교비생으로 선발된 학생들은 선교사 교수 일을 도우면서 학문적 소양을 쌓을 수 있었다. 하디는 이런 교비생 제도를 적극 활용하였다. 하디의 '양녀 사위'가 된 김인영도 하디의 번역과 서기 사무를 도와주던 교비생이었다. 하디는 교비생 제도를 정비하여 1915년 가을학기부터 '학생보조부'란 기구를 만들어 장학기금을 체계적으로 운영했다. 미국 선교부에서 보내오는 선교비 가운데 일정 비율로 학생 기금을 조성해서 가능한 한 모든 학생들이 장학금을 받고 공부할 수 있도록 했다.

이렇게 신학교의 외형과 조직을 새롭게 개편한 하디의 다음 과제는 내실 있는 신학 교육이 이루어지도록 지원하는 일이었다. 그러기 위해 무엇보다 교수들의 지속적인 학문연구가 필요했다. 이에 하디는 신학교 교수들이 연구한 바를 신학생과 목회자들에게 알릴 수 있는 '학술교류의 장'으로 신학 잡지 간행을 준비했다. 전에1900~1907년 미감리회 신학회 기관지로 간행된 「신학월보」가 있었지만 신학 논문 외에 교계 소식도 수록하여 잡지 성격을 취하였다. 더구나 「신학월보」가 1907년 폐간된 후 전문 신학 잡지는 나오지 않고 있었다. 미국 샌프란시스코에서 한인교포 잡지 「대도」를 간행한 경험이 있던 양주삼 교수가 하디 교장의 계획을 적극 지지하며 편집 실무를 맡았다. 그리하여 1916년 2월 협성신학교 기관지로서 「신학세계」 창간호가 간행되었다. 편집 겸 발행인으로 이름을 올린 하디는 발간사를 통해 「신학세계」를 간행하는 이유를 다음과 같이 밝혔다.

"본 신학교가 예수교의 속죄 구령하는 복음진리를 전파할 교역자를 양성할 목적으로 창립된지라. 자담하는 바 책임이 중대하거니와 지금에 본보 발행을 시작하야 금일 조선교회의 요구를 수응하며 조선 교역자의 지식을 증진케 할 책임을 또한 자담하니 집필자로 하여금 과연 전전긍긍케 하는 도다. 모사는 재인이오 성사는 재천이라 하엿스니 본보의 종당 성공은 재천이라 하겠지마는 인ㅅ이 자조(스스로 도운) 후에 천역조지(하늘 역시 도와줄 것)라 한 것은 성경에도 명백히 말씀하신 바라. 본보의 성공여부는 인이 극력하야 모謀하지 않고 엇지 천天에만 재在하다 하리오. 오인이 선차 극력 자조하면 천역조지하여 종래 성공케 할 것을 신信하노라. 구주의 십자가를 부負하고 천국을 향하는 오제는 담대히 전진할지어다."

하디는 좀 더 구체적으로 「신학세계」 간행 목적과 편집 원칙에 대하여, "1) 본보의 목적은 성경과 신학의 연구한 바를 게재하여 조선교인의 신덕을 배양하려니와 특별히 교역자의 지식을 증진케 함에 있고, 2) 본보의 체제는 한언문과 순언문을 절반씩 병용하여 문학계와 보통계에 보급하며, 3) 본보의 편집은 협성신학교 교사부(교수회)에서 담임하되 독자들의 의견과 제안을 적극 반영할 것이며, 4) 본보의 성질은 순수 종교잡지인 고로 정치에 관한 언론이나 사건은 일절 싣지 않고 타인과 시비쟁론하는 글도 역시 싣지 않겠고, 5) 본보는 교회의 보통지식을 증진하는 데 목적이 있으므로 외국교회나 본국교회 관련기사 가운데 특기할 내용이 있으면 게재하겠지마는 일반적인 교회 소식은 싣지 않겠으며, 6) 본보 발행은 조선교회를 발달시키는 데 도움이 되기를 바라고 영업적 이익을 추구하지 않으므로 구독료를 최저로 정할 것이라."고 밝혔다.

「신학세계」 창간호에는 하디·저다인·케이블·데밍·양주삼·장락도 등 교수들의 논문 외에 졸업생 손정도·유경상, 재학생 배형식·백형련의 글도 수록되었다. 그뿐 아니라 북장로회 평양신학교 교수인 마펫과 게일의 글도 수록하였고 화보로 방금 건축을 끝낸 협성신학교 전경과 작고한 남감리회 한국선교 개척자 리드, 미감리회의 무어 감독, 그리고 개성 북부교회와 서울의 동대문교회와 종교교회 등 감리교회 관련 사진과 함께 1912년 평양 장로회신학교에서 개최된 조선예수교장로회 제1회 총회, 서울 승동장로교회 사진도 수록하였다. 감리교 잡지지만 교파주의를 고집하지 않겠다는 편집 의도를 보여주었다. 그리고 「신학세계」는 국내 선교사와 미국교회 독자들을 위해 내용 일부를 영문으로 편집하였다. 하디는 창간호에서 영문으로 '기독교 문서사업의 필요성' 이란 글을 잡지 끝에 수록했다.

> "교회와 목회에 필요한 모든 것을 교실에서 줄 수는 없다. 아무리 훈련을 잘 받은 사역자라도 문서 없이는 목회 자리를 유지할 수도, 더 성장할 수도 없다. 오늘 한국교회에 가장 필요한 것이 이것이다. 특히 기초수준 이상의 기독교 문헌이 절대 부족하다. 반면에 기독교를 대변할 수 없는 서양의 유명 인사들의 전기나 철학과 과학, 종교에 관한 세속적인 저작물, 극단적 자유주의와 이성의 탈을 쓴 통속소설들이 수입, 번역되어 범람하고 있다. 한국인들은 글을 좋아하는 민족인데 양질의 책이 없어서 이런 류의 책들이 불신자는 물론이고 우리 목회자나 교육 받은 평신도 가운데서도 널리 읽히고 있다. 그런 면에서 기독교의 대표적인 명작들을 폭넓게 보급할 필요가 있다. 왜냐하면 지금 유행하고 있는 저질 서적들로 인해 한국사회의 전통과 풍습 뿐 아니라 윤리와 종교 생활에도 악영향이 끼칠 것이기 때문이다. 돈과 시간과 노력을 기울여 교역자들을 훈련시킨 다음 그들로 하여금 배운 대로 사역할 수 있도록 거기에 합당한 도구를 들려주지 않고 현장으로 내보내는 것은 미숙한 정책이다."

1910년대 들어서 일본에서 들어오는 통속적이고 비윤리적이며 저급한 문학 서류들이 청년 학생계층에 급속히 확산되는 현실에서 건전한 '기독교 문학' 을 수호하고 확산시키려는 것도 「신학세계」 간행의 목적 중 하나였다. 그런 점에서 「신학세계」에는 신학 논문 외에 신학생과 목회자들의 시와 수필, 논설 등 문학 작품이 다수 수록되었다. 「신학세계」를 국한문, 혹은 순 한글로 인쇄하는 이유도 일제 식민통치 하에서 '국어' 자리를 일본어에 빼앗긴 한글을 지키려는 데 있었다.

하디는 「신학세계」를 계간지로 시작했지만 차츰 격월간을 거쳐 월간으로 발전시킬 계획이었다. 그러나 출판비가 만만치 않았다. 1년 4회 발행하려면 적어도 1천 달러는 필요하였다. 더욱이 시골의 가난한 목회자들도 구독할 수 있도록 책값을 저렴하게 책정하여(1부 15전, 1년 구독료 50전, 당시 신학생 1학기 등록금은 19원 10전이었다.) 처음부터 '적자 출판' 이었다. 출판비는 선교사 교수들이 조성한 '한국감리교 출판기금'으로 충당하였다. 그래서 하디는 미국 독자들에게 「신학세계」 출판비 보조를 호소했다.

> "인구 비율로 보면 한국이 극동아시아에서 가장 많은 기독교인 수를 확보하고 있다. 인도나 중국, 일본보다 우세하다. 잡지 발간 외에 신구약개론과 성경주석, 조직신학, 실용신학, 교회사, 성경지리, 웨슬리 설교와 일기 등을 번역 완료하고 출판을 기다리고 있다."

하디는 「신학세계」에 발표된 교수들의 논문이 나중에 단행본으로 인쇄되어 신학교 교재로 활용되기를 기대했다. 그래서 「신학세계」에 발표된 교수들의 논문은 대부분 연재물로 우선 하디가 솔선해서 논문을 발표하였다. 다음은 하디가 1919년 안식년 휴가를 떠나기 전까지 3년 동안 「신학세계」에 발표한 글들이다.

분야	논문(연재 시기)
성서신학	"신약서론新約緖論" (1916.2~1918.7) "성경 문답" (1916.2~11) "히브리 예언서론" (1917.2) "사도행전 공과" (1917.8) "주일공과: 고린도전서" (1918.1~7) "사도바울의 행적과 그 서신을 관찰함" (1918.9) "주일공과: 고린도후서" (1918.9~11) "에스라서는 히브리 역사의 분수계分水界라" (번역)(1918.11) "주일공과: 요한복음" (1919.3~5) "통신공과: 누가복음" (1919.3~9) "욥기에 대한 론문(번역)" (1919.7) "로마서 주석" (1919.9) "주일공과: 다니엘" (1919.9) "통신공과: 요한복음" (1919.9) "창세기 시두始頭 기술" (1919.11) "통신공과: 사도행전" (1919.11)
역사신학	"웨슬레씨의 도리적 강도(번역)" (1916.2~1920.11) "신성구락부(번역)" (1916.2) "웨슬레씨 일기(번역)" (1916.8~1924.3) "18세기 5대 개혁자" (1917.5) "조선에 처음 남감리교인 중 1인 되는 윤성근씨" (1918.11)
기타	"하나님의 의지함으로 부채가 없게 됨" (1917.2) "무혼한無魂漢의 귀주기담歸主奇談(번역)" (1918.11) "과학과 그리스도교 종교(번역)" (1919.3) "진화론의 쇠퇴(번역)" (1919.5) "기도를 힘써 열심으로 함" (1919.7)

모두 26편 논문이 발표되었는데 그 가운데 8편이 연재물이었다. 하디의 논문이 실리지 않은 경우가 없었다. 많을 때는 한 호에 6편이 실리기도 했다. 논문 성격을 보면 그의 전공분야인 성서신학 관련 논문들이 가장 많았다. 신약개론서라

할 수 있는 "신약서론"은 연재를 마치고 1918년 단행본으로 출간되어 신학교 교재로 사용되었다. 구약에서는 창세기와 다니엘, 에스라 등 포로기 예언서 연구, 신약에서는 복음서와 사도행전, 로마서, 고린도서 등 바울서신 연구가 주류를 이루었다. 하디는 전문적인 신학논문 외에 지역 목회자와 주일학교 교사들을 위해 '주일공과' 형태로 성경을 소개하는 글도 매번 썼다. 역사신학 분야에서는 감리교회 신앙과 신학의 정체성을 담고 있는 감리교 창시자 웨슬리의 일기와 설교를 번역하였다. 그 외에 18세기 독일의 경건주의운동을 소개하였고 원산부흥운동 때 '양심전'의 주인공이었던 윤성근의 전기도 썼다. 기타 기독교인의 기도와 경건 생활에 관한 글이나 과학 및 진화론에 대한 기독교의 바른 이해를 돕기 위한 글을 번역해 소개하였다. 이처럼 하디의 신학적 관심은 성서신학에 주안점을 두었지만 역사신학과 실천신학 분야까지 광범위하였다. 신학 교수 중에도 '가장 열정적으로' 신학을 연구하고 글을 쓰는 교수는 단연 하디였다.

「신학세계」는 국내 뿐 아니라 해외에도 전파되었다. 이를 받아 본 미국 남감리회 해외선교부에서는 *The Missionary Voice*에 "불타는 선교를 위한 작은 불쏘시개"란 제목의 기사에서 "하디 박사가 편집주간, 양주삼이 편집주필이 되어 신학세계를 발간하기 시작했다. 수록 논문은 대부분 한국어로 되어 있으며 영어 논문도 하나씩 실려 있다. 한국 교인들은 모두 이 잡지를 좋아한다."며 하디가 새롭게 시작한 문서사역에 힘을 실어주었다. 국내에서도 「신학세계」는 협성신학교 재학생과 졸업생, 감리교회 목회자 뿐 아니라 장로교회 목회자들에게 전달되어 큰 호응을 얻었다. 다음은 창간호를 받아 본 초교파 교계신문 「기독신보」에 실린 기사다.

> "감리회 협성신학교에서 신학세계를 발간함은 이미 다 아시는바 벌써 제1호를 받어 읽어보신 이도 수천 명에 달하였거니와 장차 제2호부터는 선금 50전씩 보내고 청구한 이에게만 배달할 터이라 하니 만일 미리 청구치 아니하면 추후에는 다시 사보기가 어렵도다. 여러 교역자 제씨는 주저하지 말고 곧 청구하여 기회를 잃지 말기를 바라노라. 밥 한 끼는 못 먹으면 다시 먹을 기회가 있으되 이 기회를 게을리하면 다시 살 수 없으리니 다시 사지 못하면 눈과 금전은 쓸데없는 폐물이 되리로다."

하디가 기대했던 대로 「신학세계」는 활발한 신학연구와 교류의 장이 되었다. 많은 협성신학교 교수와 재학생, 졸업생, 그리고 목회자들이 성경과 신학에 대하여 연구하고 탐구한 바를 「신학세계」에 발표하였다. 필자와 함께 독자도 늘어났다. 이에 하디는 1918년 1월부터 격월간으로 잡지를 간행하기 시작했다. 협성신학교가 기관지 「신학세계」를 간행한 것에 자극을 받은 평양 장로회신학교도 1918년 3월 계간지로 「신학지남」을 간행하기 시작했다. 이후 「신학세계」와 「신학지남」은 일제 말기까지 선의의 경쟁을 벌이며 감리교회와 장로교회 신학 수립의 기반이 되었다. 성결교회(동양선교회)는 1922년 11월부터 경성성서학원 기관지로 「활천」을 간행하기 시작했다.

이처럼 「신학세계」 창간으로 하디의 사역이 하나 더 늘었다. 1916년 9월 연회는 하디의 사역에 신학교와 교회 담임 외에 '번역 및 문서사업'을 추가하였다. 「신학세계」의 집필과 번역, 편집과 출판 사역을 맡긴 것이다. 하디는 1923년 협성신학교 교장 직을 사임한 후에도 「신학세계」 편집·발행인 직책만은 계속 맡았다. 그는 1935년 정년 은퇴하고 귀국할 때까지 「신학세계」에 매호 한두 편, 많을 때는 다섯 편까지 논문과 글을 발표하였다. 그렇게 「신학세계」에 연재한 글들이 단행본으로 출간되어 신학교 교재나 전도문서로 활용되었다. 포로생활에서 돌아온 이스라엘 민족에게 "성벽이 건축되는 날 곧 그 날에는 지경이 넓혀질 것이라."(미 7:11) 했던 성경 말씀처럼 협성신학교 건축을 끝낸 하디 교장의 사역은 '문서선교' 영역으로 확장되었다.

19.
"부모에게 기쁜 소식"
두 딸, 에바와 베씨의 한국선교

> 형제들이 와서 네게 있는 진리를 증언하되 네가 진리 안에서 행한다 하니 내가 심히 기뻐하노라. 내가 내 자녀들이 진리 안에서 행한다 함을 듣는 것보다 더 기쁜 일이 없도다(요한3 3~4)

장로 요한은 가이오를 비롯하여 자신이 전도한 '믿음의 자녀'들이 진리 안에서 믿음 생활을 잘하고 있다는 소식을 전해 듣고 "기쁘다."를 연발했다. 부모 된 입장에서 바르게 사는 자녀의 모습을 보는 것만큼 즐거운 일은 없다. 이보다 더 큰 기쁨은 남을 통해서 "당신 자녀들이 진리 안에서 잘하고 있다."는 증언을 들을 때 얻을 수 있다.

에바와 베씨, 두 딸과 함께 같은 선교지에서 사역하는 하디도 그런 보람과 기쁨을 누렸다. 3년차 선교사가 된 에바와 베씨는 부모와 선배 선교사들의 기대에 어긋나지 않는 모습을 보여주었다. 서울 배화여학교에서 사역을 시작한 두 딸은 아버지가 담임하는 종교교회와 석교교회, 자교교회의 주일학교와 매일학교를 지도하면서 사역의 지경을 넓혀 나갔다.

1916년 연회에서 하디 가족의 임지에 변화가 이루어졌다. 하디는 협성신학교 교장과 피어선성경학원 교수 외에 '서적 편집사업'이 추가되었고 목회 사역도 석교교회와 자교교회를 계속 담임하면서 신설된 서울서구역을 맡아 고양군 일대 교회들을 관리하였다. 석교교회는 개성 북부교회로 옮겨 간 유한익 목사 대신 이희백 전도사가, 자교교회엔 전재풍 전도사가 부임하여 하디의 목회를 도왔다. 모두 신학교 재학생이었다. 그리고 일본 유학을 다녀온 유경상 전도사가 하디의 '문서 편집사업' 동역으로 파송되어 「신학세계」 편집 일을 맡았다. 「신학세계」 편집을 맡았던 양주삼 목사는 1916년 연회에서 개성 한영서원 부교장으로 임지를 옮겼다.

하디의 두 딸, 에바와 베씨의 임지에도 변화가 이루어졌다. 에바와 베씨는 3년간 배화학당 교사로 파송되어 학생들을 가르치며 종교교회와 자교교회, 석교교회, 수구문교회 등 서울시내 교회의 여성사역에 참여하였다. 특히 베씨는 서울시내 매일학교 사역을 담당하였다. 당시 남감리회 여선교부가 운영하거나 참여하는 서울 시내 매일학교는 모두 4개였다. 남감리회와 미감리회, 북장로회 선교부 연합으로 운영하는 수창동의 영신학교는 180명 재학생 가운데 남감리회 학생이 65명이었다. 수표교교회 부속 매일학교도 북장로회 승동교회 매일학교(승동학교)와 연합 경영을 시작하였고 수구문교회 부속 매일학교(후의 광희문여학교)도 착실하게 발전하였다. 베씨는 석교교회 부속 매일학교에 특별한 관심을 기울였다. 1916년 연회에 제출한 베씨의 보고서다.

> "지난해 석교교회 매일학교는 놀라온 발전을 하였습니다. 작년 9월 등록 학생이 98명이었는데 금년 7월 126명으로 늘어났고 평균 출석도 61명에서 102명으로 증가했습니다. 또 다른 바람직한 현상은 자급 의지가 높아 매달 수업료를 내는 학생이 늘어나고 있다는 점입니다. 교회 출석률도 아주 좋습니다. 매주일 오전 주일학교와 오전 예배에 90여 명이 출석하는데 대부분 우리학교 학생들입니다. 주일 오후 주일학교에는 참석자가 150명을 넘는 때도 있습니다. 오후 주일학교는 우리 학교 학생과 교회 주변의 불신자 학생들을 대상으로 운영하고 있습니다. 우리 학교는 지난 2월 영신보통학교 지교枝校로 정부 인가를 받았습니다. 그래서 우리학교 졸업생이 영신보통학교로 진학할 수 있게 되어 지난 3월 우리 졸업생 4명이 영신보통학교에 들어갔습니다."

석교교회 부속학교는 여학생들만 다니는 학교였다. 1백 명이 넘는 학생들을 한국인 교사 두 명이 가르치고 있었다. 선교사들은 학교 설립기금을 보내 준 미국 독지가의 이름을 따 '메리위클학교'라 불렀지만 한국 교인들은 '서대문 여학당'이라 불렀다. 그러다가 1915년 총독부로부터 수창동 영신보통학교 지교로 설립인가를 받으면서 '서대문 영신학교'라 불리기 시작했다. 베씨는 석교교회 외에 수표교교회와 수구문교회 매일학교도 지도하면서 지방 여성사역에도 참여하였다. 베씨의 계속된 보고다.

> "시간이 되는 대로 전도부인과 함께 석교교회와 수표교교회, 수구문교회 매일학교 학생들의 가정 방문을 실시하였습니다. 그렇게 해서 대부분이 불신자들인 우리 학교 학부모들과 예배를 드릴 수 있는 기회를 얻었습니다. 석교교회에서는 성경공부반을 두 개 만들었고 부인성가대를 조직했으며 주 1회로 글을 모르는 부인들에게 한글을 가르치기 시작했습니다. 금년 1월에 한 주간 사경회를 열었는데 결과가 좋았습니다. 낮에는 남녀 신자들에게 성경을 가르쳤고 밤에는 전도집회를 열었습니다. 사경회에 부인만 30명 정도가 참석했고 저녁 집회엔 훨씬 많은 사람이 참석했습니다. 지난 8월에는 부인 7명과 아동 6명이 세례를 받았습니다. 지난해 연합부인성서학원에서도 가르칠 기회가 있어 미감리회 선교사들과 함께 강의하였습니다. 지난 가을학기와 이번 봄 학기에 각 10일간 강의했습니다. 2월에는 올리버 양과 함께 지방 순회여행을 다녀왔습니다. 지방 전도여행은 처음 하였는데 이를 통해 지방 사역의 중요성을 깨달았습니다."

그렇게 두 딸은 배화여학교와 매일학교 교육, 성서학원과 사경회 강의, 서울 시내교회 주일학교와 여성사역, 지방순회 전도 등 아버지에 뒤지지 않는 사역을 감당하고 있었다. 1916년 연회에서 에바와 베씨의 사역지가 바뀌었다. 에바는 원산지방으로 파송되어 루씨여학교와 매일학교사역을 하게 되었고 베씨는 춘천지방으로 파송되어 여성사업과 매일학교 사업을 담당하게 되었다. 연회를 마치고 임지로 떠나는 두 딸의 모습을 지켜보는 하디 부부의 마음이 흐뭇하였다. 하디로서는 선교사가 되어 돌아온 딸들이 맡겨진 교육선교와 복음전도 사역을 나름대로 '훌륭하게' 감당하고 있음을 확인한 1916년 연회였다.

연회를 마친 하디는 협성신학교 가을학기 수업을 시작하였다. 새 강의실에서 맞은 두 번째 학기로서 1학년 9명(미감리회 6명, 남감리회 3명), 2학년 8명(미감리회 6명, 남감리회 2명), 3학년 9명(미감리회 7명, 남감리회 2명), 총 26명(미감리회 19명, 남감리회 7명)이 등록했다. 전체 재학생 90명 가운데 3분의 1밖에 등록한 이유는 학생 대부분이 지방 목회자들이라 3개월 이상 교회를 비워두고 서울에 올라와 기숙사 생활을 하며 수업을 들을 수 없었기 때문이었다. 그런 중도 졸업반 3학년 학생들이 모두 등록한 것만도 다행이었다. 교수진은 양주삼 목사가 개성 송도고등보통하교 교감으로 떠난 것 외에는 변동이 없었다. 하디는 신구약 성경과목을 맡아 강의했다.

10월 서울을 방문 중인 영국 '케스윅사경회' 지도자 찰스 인우드 목사를 초청하여 특강 수업을 진행했다. 가을학기 수업을 마친 후 1916년 12월 21~22일, 서울 이화학당에서 새로 나온 미감리회 감독 웰치 박사를 환영하는 모임을 겸하여 남북감리회 선교사연합 세미나가 개최되었다. 미감리회는 선교 30년, 남감리회는 선교 20년을 맞이하는 시점에서 복음전도와 교육선교, 의료선교 각 분야의 선교사역을 점검하는 의미로 열린 세미나에서 하디는 "목회자 양성"이란 주제로 신학교육의 내용과 방향을 제시하는 논문을 발표했다. 세미나를 계기로 남북감리회 연합으로 운영하는 협성신학교의 중요성이 재확인되었다.

이런 분위기에서 협성신학교는 1917년 들어 두 가지 새로운 시도를 하였다. 우선 1월에 처음으로 졸업생을 위한 연장교육 프로그램을 실시했다. 교수들은 졸업생이 90명에 달하므로 많은 목회자들이 등록할 것으로 기대했지만 현장 목회에서 시간을 내기 어려운 사정 때문에 미감리회 졸업생 17명만 등록해서 한 달간 수업을 들었다. 비록 숫자는 적었지만 현장 목회자들에게 필요한 과정이라는 평가를 받아 매년 한 차례씩 실시하기로 하였다. 그리고 1917년 봄 학기부터 기존 한국어 수업 외에 영어로 강의하는 '영어반'을 별도로 편성해 수업을 실시하고 신학생 필수과목으로 헬라어와 히브리어 수업을 시작하기로 했다. 영어반은 배재고등보통학교나 연희전문학교에서 '영어 수업'을 받고 신학교에 입학한 학생들의 요청으로 개설한 것이었다. 그러나 1917년 봄 학기 영어반은 정원(6명)을 채우지 못해 개설되지 못했다. 대신 교수회에서는 학과목에 영어를 추가하여 모든 신학생에게 영어를 가르치기로 했다.

그렇게 시작된 봄 학기였지만 성적은 그리 좋지 않았다. 우선 등록 학생이 1학년 8명(미감리회 5명, 남감리회 3명), 2학년 9명(미감리회 7명, 남감리회 2명), 총 17명이었다. 협성신학교로 출발한 1910년 이후 가장 저조한 실적이었다. 졸업반인 3학년은 아예 등록 학생이 한 명도 없었다. 그래서 1917년도 졸업생은 없었다. 케이블 교수는 1917년 6월 개최된 미감리회 연회에서 협성신학교 봄 학기 실적이 저조한 이유를 "1) 예기치 못한 사정으로 남감리회의 무스와 미감리회의 로튼이 귀국함으로 교수 인력이 부족하였고, 2) 졸업반인 3학년 중에 등록 예정자가 4명밖에 되지 않아 적은 숫자로 학급을 열기 어렵다고 판단한 결과"로 설명하였다. 반면에 1년 전 창간한 「신학세계」는 반응이 좋아 전국에 정기구독자 750명을 확보하였다.

1917년도 신학교의 가장 큰 변화는 6년 동안 학교 교사를 함께 사용하던 피어선성경학원이 독자적인 부지와 건물을 마련하고 독립해서 나간 것이다. 피어선성경학원은 1911년 9월 냉천동 협성신학교 교사에서 수업을 시작할 때부터 독자적인 부지와 교사를 마련할 계획을 세웠다. 그러나 미국에서 피어슨 박사의 유가족을 중심으로 추진하던 모금운동이 예정보다 늦어져 1914년 말에야 기금이 들어와 서대문 바로 안쪽, 서대문정 2정목(현 신문로 2가), 경희궁 맞은편 언덕에 1천여 평 부지를 확보하였다. 다시 1년을 기다려 1915년 7월 기초공사를 시작하였지만 건축공사를 지휘하던 언더우드 교장이 1916년 4월 건강 악화로 귀국했다가 그 해 10월 별세하는 바람에 공사가 또 지연되었다. 언더우드 별세 후 저다인이 제2대 교장으로 취임하여 공사를 마무리하고 1917년 5월 20일 봉헌식을 거행하였다.

이로써 피어선성경학원은 냉천동의 협성신학교 교실과 기숙사를 빌려서 사용하던 '위탁교육' 시대를 마감하고 '독립운영' 시대를 열었다. 피어선성경학원은 1911년 9월 설립 때부터 서대문으로 옮겨간 1917년 6월까지 6년간 총 339명이 수업을 받았다. 많은 감리교 학생들이 협성신학교의 '예과'처럼 운영되었던 피어선성경학원에서 먼저 성경을 배운 후 신학교에 들어와 신학 수업을 받았다. 그래서 피어선성경학원을 거쳐 협성신학교를 졸업한 감리교 목사가 많았다. 남감리회 목사로 윤상은과 박진하·전재풍·박범우·강재의·원익상·박연서·전병룡·김인영·김성태·이관운·유덕수·신후승·이호빈李鎬斌·이호빈李浩彬·조신일·정기종·백학신·원천봉·이성석·박창현 등 20명이 넘었다. 두 학교에서 하디에게 수업 받은 제자들이었다.

피어선성경학원이 분가해 나간 후 협성신학교 학생들은 한층 조용하고 한

적해진 냉천동 캠퍼스에서 수업할 수 있었다. 가을학기 개강 직후 1917년 9월 21~24일 원산 보혜여자성경학원에서 남감리회 연회가 개최되었다. 미국에서 나온 킬고 감독이 주재한 연회에서 하디는 협성신학교 사역 외에 서울지방 장로사 보고도 하였다. 신학교 교수 겸 서울지방 장로사였던 무스가 가족 문제로 1917년 2월 갑자기 귀국하게 되면서 하디가 장로사직도 겸하였다. 지방 장로사로서 하디가 관리한 교회는 서울시내 5개, 고양군(서구역)에 7개, 양주군(동구역)에 9개, 총 21개 교회였다. 사역자는 선교사 10명, 한국인 목회자 25명, 교회 임원 47명이었으며 교인은 총 1,600명에 달했다.

하디가 관리하던 지방 내 21개 교회 가운데 벽돌 예배당을 보유한 교회는 종교교회와 수표교교회 둘뿐이었다. 1917년 수구문교회와 석교교회가 벽돌 예배당을 마련하였다. 서울 최초 남감리교회로 남송현에서 서울교회로 시작한 수구문교회는 1905년 수구문 안 청녕교 부근에 마련한 한옥 기와집에서 50명 정도가 모여 예배를 드리다가 1910년 2월 하디가 인도한 '만국기도주간' 특별부흥회를 계기로 부흥하여 교인 수 1백 명을 넘겼다. 이에 새 예배당이 필요하였다. 마침 미국 버지니아연회의 피터스버그지방회와 버지니아 아이버의 감리교 실업인 베인 및 그가 출석하던 버지니아 웨이크필드교회에서 보내 온 선교 후원금으로 광희정(광희동)에 4천여 평 부지를 확보하고 2층짜리 벽돌 예배당(84평)을 건축하였다. 이때부터 교회 명칭을 광희문교회로 바꾸었다.

1917년 2월 광희문교회 건축이 마무리될 즈음, 하디는 미국 해외선교부 총무로부터 "버지니아주 익명의 교인이 석교교회 예배당 건축비 1천 5백 달러를 기부했다."는 연락을 받았다. 석교교회는 1910년 서울 시내 남감리회 가운데 막내 교회로 출발했지만 짧은 기간에 급속한 부흥과 성장을 이룩하였다. 특히 설립 초기부터 전도사로 목회한 유한익의 노력으로 5년 만에 2백 명 교인이 출석하는 교회로 발전했다. 1914년 독립구역이 된 후 초대 담임자로 부임한 하디는 석교교회 새 예배당 건축을 위해 고심하던 중 해외선교부를 통해 버지니아의 익명의 기부자와 버지니아연회 노포크지방회 교인들이 보내온 선교비로 건축을 시작했다. 하디는 1917년 12월 22일 2층짜리(140평) 고딕식 벽돌양관 예배당을 짓고 봉헌식을 거행하였다. 석교교회는 그때 지은 벽돌 예배당을 현재도 사용하고 있다.

1917년 연회에서 하디의 파송 임지에 약간의 변화가 이루어졌다. 하디는 서울지방 장로사 직책을 계속 맡았고 지역 교회로는 석교교회 외에 서울 동구역과 서구역, 그리고 동구역에서 새롭게 분할된 포천구역까지 담임하게 되었다. 협성신학교 교장과 서적 편집사무도 계속 맡았고 면제받았던 피어선성경학원 교수직도 다시 맡았다. 혼자서 무려 8개 직책을 맡았다. 연회에서는 하디의 목회를 도울 한국인 사역자로 석교교회에 이희백 전도사, 포천구역에 박범우 전도사, 서적 편집사무에 유경상 전도사를 파송하였다. 늘어난 사역에 비하면 턱없이 부족한 인력이었다. 그만큼 하디가 부지런히 움직여야 했다.

하디의 두 딸도 1917년 연회에 참석해서 사역 보고서를 냈다. 춘천지방으로 파송되었던 베씨는 매일학교 사역에 관하여 "1) 춘천 시내에 한 곳, 지방에 네 곳 매일학교에 전체학생은 177명이고 평균 출석은 150명이며 2) 모든 학교가 정부 인가를 받기는 했지만 건물과 시설 면에서 당국이 원하는 수준에는 미치지 못하고 있다."고 밝혔다. 그리고 두 차례 전도부인과 함께 춘천지방 순회 여행을 하면서 신자와 불신자 가정을 방문하였고 부인사경회를 개최하였다고 보고했다. 원산지방의 에바도 매일학교 사역에 대하여 "지방 내 다섯 곳 매일학교에 총 175명이 다니고 있으며 한 곳에서는 매일학교 부설로 야학을 설립하여 그것을 통해 새 신자 4명을 얻었다."고 보고하였다.

연회에서 두 딸의 임지에도 약간의 변화가 이루어졌다. 베씨는 계속 춘천에 머물러 매일학교 사역을 관리하면서 새로 가평구역 여성사역을 맡게 되었고 에바는 서울로 올라와 아버지가 담임한 석교교회와 포천구역의 여성사역과 매일학교 사역을 맡게 되었다. 부모를 떠나 있던 1년 사이 에바와 베씨는 한층 숙련된 선교사로 성장했다.

IV.

영성과 지성의 조화

: 협성신학교 교장 사역

1918~1923

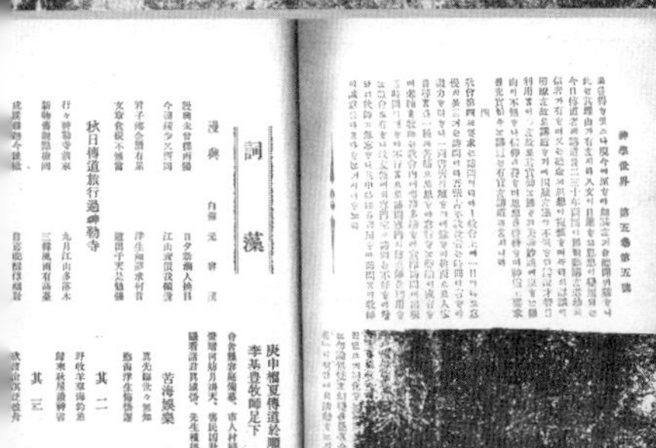

① 1918년 12월 12일에 발생한 갬블기념관 화재 @신학세계
② 본관 화재 뒤 복구공사를 거쳐 새롭게 단장한 협성신학교 전경(1922년) @KMF
③ 일제에 검열 당해 기사가 삭제된 신학세계 @신학세계
④ 1916년 협성신학교 전경 @신학세계

20.
"불의 연단을 받은 신학교"
협성신학교 화재사건

> 너희 믿음의 확실함은 불로 연단하여도 없어질 금보다 더 귀하여 예수 그리스도께서 나타나실 때에 칭찬과 영광과 존귀를 얻게 할 것이니라(벧전 1:7)

믿음은 시련을 통해 성장한다. 그래서 바울은 "우리가 환난 중에도 즐거워하나니 이는 환난은 인내를, 인내는 연단을, 연단은 소망을 이루는 줄 앎이로다."(롬 5:3~4) 하였다. 믿음의 사람에게 시련과 환난은 선택이 아니라 필수과목이다. 시련이 믿음 연단의 수단이기 때문이다.

협성신학교는 1915년 냉천동 언덕에 현대식 갬블기념관과 기숙사를 짓고 학제와 교과과정을 정비한 후 본격적인 발전을 도모하였다. 그러던 중 1918년 12월 화재로 본관을 잃었다. 그것이 협성신학교가 통과해야 할 '불의 연단'과 시련의 시작이었다.

하디의 사역은 협성신학교 교장과 강의, 「신학세계」 집필과 편집 발행, 피어선성경학원 강의, 그리고 서울지방 장로사로서 서울과 경기도 지역의 20여 교회를 관리하는 일이었다. 하디는 교회 사역을 방학 중에 몰아서 하였다. 하디는 서울지방회를 1918년 2월 9~11일 경기도 포천 용상동(현 포천시 소흘읍 이동교리) 교회에서 개최하였다. 하디는 지방회를 주재하며 각 구역 목회자들의 보고를 받았다. 서울시내 다섯 개 교회뿐 아니라 고양의 서구역과 양주의 동구역도 착실하게 발전하고 있었다. 특히 1917년 독립구역이 된 포천에서는 베시 선교사와 박범우 전도사의 활약으로 좋은 성적을 내고 있었다.

하디는 목회자 보고를 받은 후 "교회의 장래 발전할 방침"이란 주제로 토론회를 개최하였다. 철원지방 순행목사인 이화춘 목사가 "자급에 대하여", 수표교교회 김영학 목사가 "교회와 인류의 관계", 종교교회 오화영 목사가 "성신을 의지할 것", 광희문교회 김영모 전도사가 "그리스도인의 실력"이란 주제로 논문을 발표하였고 하디는 "주께 구하는 자가 받을 것"이란 제목으로 강연하였다. 신학교 교장답게 하디는 지방회를 세미나 형태로 진행하였다. 그날 발표한 목회자들은 모두 하디의 신학교 제자들이었다. 그런 식으로 하디는 제자들에게 목회는 신학의 연장임을 가르쳤다.

지방회를 마치고 서울로 돌아온 하디는 신학교 강의와 「신학세계」 원고 집필에 집중하였다. 「신학세계」는 창간 주필이던 양주삼이 개성으로 떠난 후 협성신학교 제4회 졸업생 조상옥이 주필로 들어와 하디의 사역을 도왔다. 창간 2년 만에 발행부수 1천 부를 넘긴 「신학세계」는 1918년 1월부터 두 가지 중요한 변화를 시도했다. 우선 계간(1년 4회 발행)을 간행하던 것을 격월간(1년 6회 발행)으로 바꾸었다. 그리고 「신학세계」를 통해 신학교 '통신과'를 시작하였다. '통신과'는 지방에서 생업에 종사하며 지역교회 예배를 인도하는 '본처 전도사'들을 위한 독습 신학 과정이었다. 신학교 교수들이 강의하는 내용이 대부분 「신학세계」에 실려 있어 그 내용에 대한 문제를 보고 독자들이 답을 적어 보내면 교수들이 채점해서 돌려주는 방식이었다. 그리고 1918년 3월호부터는 신학교와 국내외 기독교계 소식을 담은 '교회 소식'도 실었다. 신학교와 교회 현장을 연결하는 매체로서 「신학세계」는 일반 목회자들에게 큰 도움이 되었다. 하디는 1918년 7월 *The Kore Mission Field*에 "신학세계의 전망과 목적"이란 글을 통해 잡지 발간의 목적을 다시 한번 분명하게 밝혔다.

> "우리가 잡지를 내는 첫 번째 목적은 한국교회 목회자와 교육받은 평신도들에게 유익한 문서를 전달하기 위함이다. 한국에는 저질 소설과 반기독교 성향의 철학과 과학, 종교 관련 번역물들이 범람하고 있다. 그런 책에 독자들이 본능적으로 끌리는 것도 있지만 유익한 책들이 부족한 관계로

해로운 책들이 널리 읽히고 있다. 따라서 청결하고 건강한 서적을 보급해서 그것을 읽음으로 한국인들의 정신을 맑고 건실하게 바꾸어줄 필요가 있다. 우리가 잡지를 발간하는 두 번째 이유는 한국인 기독교 필자들을 발굴하여 그들을 격려하고 권면함으로 보다 넓은 문학세계로 이끌고자 함이다. 우리는 이 방면에서 바람직하게 출발하였다는 것과 머지않은 장래에 한국인 필자들이 많이 나와서 좋은 책을 집필하고 번역해 냄으로 한국에서 하나님의 왕국을 건설하는 일에 참여할 것을 믿는다.”

기독교 양서 보급과 필자 발굴이 「신학세계」 간행의 두 가지 목표였다. 실제로 「신학세계」를 통해 신학교 교수뿐 아니라 재학생과 졸업생, 일반 목회자들이 다양한 내용의 논문과 글을 발표하였다. 1918년 7월호부터 틴슬리와 채핀, 김창준 등 감리교부인성서학원 교수들의 글도 싣기 시작했다. 그 결과 「신학세계」는 남녀 신학교 교재로 활용되었다. 교수들은 「신학세계」에 발표된 논문을 묶어 단행본으로 출판하였다. 하디도 「신학세계」에 3년 동안 연재한 것을 묶어 1918년 10월 감리교협성신학교 발행으로 『웨슬네씨의 도리적 강도』와 『웨슬네씨의 일기 제1권(1735~1742)』, 『신약서론: 기독 파견키를 준비하심』, 『신약총론』을 출간했고 1919년 『다니엘서 강해』와 『무혼한의 귀주기담』을 조선예수교서회에서 출판하였다. 하디는 이 책들을 김인영과 유경상, 백남석 등과 공역으로 간행하였다.

협성신학교는 하디 교장 체제 후 학생들의 출석과 수업, 시험 규정을 엄격하게 적용하였다. 그 결과 지방 목회자들이 수업에 제대로 참석하지 못해서, 혹은 중등학교 이상의 신교육을 받지 못한 나이 많은 목회자들이 수학능력 부족으로 규정된 학점을 취득하지 못해서 낙제하거나 중도에 포기하는 경우가 많았다. 이에 1918년 봄 협성신학교 교수회는 “연회원이거나 안수를 받고 교역에 종사할만하되 나이가 많아 공부할 능력이 부족하여 본교 표준점에 불만족할지라도 별과別科로 졸업장을 주기로” 결의하여 1918년 3월 협성신학교 제5회 졸업식에서 본과 10명, 별과 2명, 총 12명 졸업생이 배출되었다. 하디는 「신학세계」 1918년 5월호를 ‘졸업생 특집호’로 꾸몄다. 1918년 4월 봄 학기는 1학년 21명(미감리회 15명, 남감리회 6명), 2학년 6명(미감리회 4명, 남감리회 2명), 3학년 10명(미감리회 5명, 남감리회 5명), 총 37명(미감리회 24명, 남감리회 13명)이 등록하여 냉천동 교사를 건축한 후 가장 많은 학생으로 시작했다. 3개월 수업 후 학기말 고사에서 5명을 제외하고 모두 진급하였다. 낙제한 5명 가운데 2명에게는 재수강 기회를 주기로 했다.

1918년 9월 가을학기를 시작하고 한 달 후 10월 31일부터 11월 4일까지 개성에서 남감리회 연회가 열렸다. 이보다 5개월 앞선 1918년 5월 개최된 미국 남감리회 총회에서는 선교 개척 22년 만에 한국에 독립 연회를 조직하기로 결의하였다. 그리고 그해 총회에서 새로 선출된 맥머리W.F. McMurry 감독을 파견하여 '한국(조선) 연회'를 조직하도록 했다. 이에 따라 한국에서 사역하는 선교사들의 소속 연회도 미국연회에서 한국연회로 바뀌었다. 하디도 지금까지 소속되었던 미국 세인트루이스연회에서 한국연회로 소속을 바꾸었다.

새로 조직된 1918년 연회에서 하디는 '교수진 보충'을 호소하였다. 정규 교수로는 남감리회에서 파송한 하디·저다인·히치, 미감리회에서 파송한 데밍·케이블, 그리고 미국 유학을 마치고 들어온 동석기 목사 등 6명이 있었지만 대부분 교회 목회를 겸하고 있어 신학교 사역에 전념할 수 없었다. 그래서 전에 신학교 강의를 했던 장락도 목사를 다시 학교로 불러들였고 하디의 문서 번역을 돕던 유경상에게도 강의를 맡겼다. 외부 강사로는 최병헌 목사가 '비교종교학'을 강의하였고 세브란스의학교 스코필드 박사와 연희전문학교 밴버스커크가 특강을 했다. 하디는 신학교 연구 심장으로서 도서관 육성에도 특별한 관심을 기울였다.

> "해리스 감독님이 우리 학교 도서실에 아주 유용한 영문 서적 50권을 기증해 주셨습니다. 도서관 기금을 더 마련해서 학생들을 위해 한문과 일본어 한국어 책들을 구입해야 하고 영어책들도 많이 들여와야 합니다. 지난해 우리 학교 북쪽 언덕 뒤편 숲을 매입했고 서쪽에 붙은 두 필지도 구입했습니다. 그 결과 학교 경관도 좋아졌을 뿐 아니라 운동장도 크게 넓힐 수 있게 되었습니다. 지난해 한국인 교수 사택 두 채를 건축했습니다. 이른 시일 내 양호실과 외국인 사택 두 채를 건축해야 합니다."

이어서 하디는 '서울지방 장로사 보고'를 통해 1) 석교교회와 수구문(광희문)

교회 예배당 건축을 완료하고 구역회도 잘 치렀으며, 2) 2월 11일 포천에서 지방회를 개최하였는데 영적인 축복과 단합을 고취하였고, 3) 사경회와 특별부흥회를 각 교회에서 개최하여 영적 분위기가 아주 좋아졌으며 특히 석교교회 부흥회 참석자들이 은혜를 받았고, 4) 작년에 사역하던 목회자들이 재정적 어려움을 많이 겪던 중 한 사람(이희백)은 결국 목회를 포기하였고, 5) 통계를 보면 석교교회는 입교인이 25명 증가하여 95명이 되었고 서구역은 입교인이 16명 늘어 103명이 되었는데 이는 전적으로 전도부인들의 사역으로 여성신도가 늘어난 결과이며, 6) 지방 전체 통계는 입교인 894명(1명 증가), 금년 세례는 어른 70명, 아동 53명이고 학습인 104명에 새 신자 110명이 들어와 총 1,823명인 것을 밝혔다.

하디의 두 딸, 에바와 베씨는 1918년 연회에 참석하지 못했다. 그들은 연회가 열리기 한 달 전에 안식년 휴가를 얻어 귀국하였다. 그 무렵 미국에서 노스필드성경학원을 졸업하고 서울에 와 있던 셋째 딸 거트루드도 언니들과 함께 출국하였다. 하디의 딸들이 예정보다 1년 앞당겨 안식년 휴가를 떠난 것은 둘째 베씨의 결혼 때문이었다. 베씨는 여름 휴가 때마다 일본 가루이자와에서 만나 사귄 피셔와 결혼을 약속하였다. 피셔는 일본에서 봉사활동을 마친 후 1916년 뉴욕신학교에 들어가 1년간 공부한 후 1917년 가을 컬럼비아대학원에 입학하였으나 제1차 세계대전 막바지에 미 해군으로 징집되는 바람에 학업을 계속할 수 없었다. 군인 신분의 피셔는 베씨와 1918년 11월 9일 뉴욕에서 결혼하였다. 결혼 직후 피셔는 징집 해소를 받고 복학하여 1919년 6월 컬럼비아대학원 심리학과 영문학 전공으로 석사학위를 받았다. 졸업 후 곧바로 남감리회 해외선교부에 한국선교를 지원하여 1919년 10월 아내 베씨와 함께 서울에 도착하여 연희전문학교 교수로 사역을 시작하였다.

베씨와 함께 귀국한 에바는 출국에 앞서 1917~1918년 사역 보고서를 여선교부에 제출하였다. 에바는 서울에 있을 때 매일 3~4시간씩 시간을 내서 석교교회에 나가 전도부인과 함께 부인 가정을 심방하고 주일학교와 성경공부반을 지도하였다. 그리고 수창동의 영신보통학교 학생 363명(여학생 104명)을 가르쳤고 석교교회 부속 매일학교(영신학교) 학생 196명(여학생 84명)과 광희문교회 부속 매일학교 여학생 70명도 가르쳤다. 그러나 에바가 의미 있게 보고한 것은 아버지와 함께했던 서울지방 세 구역(동구역, 서구역, 포천구역) 16개 교회 순회 사역이었다.

> "나는 작년에 매달 반 이상을 지방에 나가 가가호호 부인들을 방문하며 전도하였습니다. 만나는 사람들은 모두 우리가 전하는 복음을 경청했습니다. 많은 부인들이 수 마일씩 걸어서 내가 묵고 있는 아버지 집까지 찾아와 전하는 복음을 듣고 갔습니다. 내가 맡은 여성사역은 아버지가 관할하는 지역에서 하는 것이기에 더욱 책임감을 느꼈습니다. 우리는 모든 지방순회 여행을 함께 하였습니다. 아버지도 나도 모두 즐거웠습니다. 그런데 한국 사람들은 어떻게 아버지와 딸이 사이좋게 일할 수 있느냐면서 매우 이상하게 생각하였습니다. 5년차가 되는 1917~1918년은 내게 가장 행복하고 아름다웠던 순간으로 기억에 남을 것입니다."

에바는 지방순회 여행을 하면서 아버지와 함께 나눈 대화와 사역에 대한 아름다운 기억을 간직한 채 미국으로 돌아갔다. 에바는 베씨와 달리 한국에 돌아오지 못했다. 미국에 남아 실업가(바넘)와 결혼했기 때문이다.

그렇게 두 딸(거트루드를 포함하면 셋)을 미국으로 보낸 직후 열린 1918년 연회에서 하디의 임지에 약간의 변화가 이루어졌다. 우선 서울지방 장로사 직책을 저다인에게 넘겨주었고 그 대신 저다인이 맡았던 피어선성경학원 원장직을 하디가 맡기로 했다. 그리하여 하디는 협성신학교 교장과 피어선성경학원 원장을 겸하게 되었다. 교회는 석교교회만 담임하였다. 서울지방 목회자도 많이 바뀌었다. 개성에서 사역하던 오화영 목사가 종교교회로 왔고, 하디의 신학교 조교였던 김인영 전도사가 석교교회에 파송되었으며, 춘천지방에서 사역하던 신석구 목사가 수표교교회로 파송되었다. 유경상 전도사는 계속 하디의 문서 번역과 편집을 도왔다.

연회를 마치고 서울로 올라온 하디는 목회 사역에 대한 부담을 덜고 신학교 사역에 집중하였다. 협성신학교는 1917년도 졸업생을 내지 못했기 때문에 1918년에 두 차례 졸업식을 거행했다. 이미 3월에 제5회 졸업생 12명을 배출하였고 가을학기 수업을 마친 후 12월에 제6회 졸업생 6명(박석훈·오화영·김인영·최기성·이강우·서기훈)을 냈다. 제6회 졸업생 중에 남감리회 소속은 오화영 목사와 김인영 전도사, 두 명이었다. 그런데 제6회 졸업식을 거행하기로 한 날, 12월 12일(목) 이른 아침 협성신학교 본관(갬블기념관)에 화재가 발생하여 건물이 전소되었다. 협성신학교 화재 소식은 그 이튿날 「매일신보」에 자세히 실렸다.

> "작금래昨今來로 일기가 몹시 추워지니까 각처의 불길이 좀 심하야짐을 따라 화재가 자조 생기는 터인대 12일 오전 8시 30분쯤 되어서 경성 냉동 31번지 미국인 '똑꾸다이' 하디의 협성신학교 안 교장실로부터 불이 맹렬히 나서 아래의 층을 물론하고 불길은 전부 퍼져가지고 사정없이 타는데 더구나 그 학교 안의 목재에는 칠을 한 까닭에 불이 붙기가 무섭게 순식간에 다 타버리기를 시작하야 그 형세가 맹렬하자 이를 발견한 경성 각처 소방대들이 급히 출동하는 동시에 소관 종로경찰서장 이하 순사 수십 명이 달려가자 뒤를 이어 본정本町 경찰서에서도 소모전小牟田 서장이하 일반 순사가 내쳐 가서 비상경계를 하며 소방대와 협력하야 소방에 극력 종사하엿스나 수레가 불편하야 아모리 물을 대어 올리고저 하엿스나 원체 그 학교는 산꼭대기가 되어서 적지 않은 고심을 하였던바 그 학교 안에 잇는 집물을 별로 끄러내지도 못한 채로 그 안 전부는 전소되고 다만 겉으로 벽돌집 모양만 남어있다는데 손해는 목하目下 조사 중이나 필경 거액에 달한 모양이더라."

총독부 기관지 역할을 하던 「매일신보」는 협성신학교 화재 소식을 전하며 교장 하디를 '똑꾸다이'라고 표현하였다. "외골수", "고집불통"이란 일본말이다. 왜 그랬을까? 하디는 방화범을 찾기 위해 학교 직원과 학생들을 수사하려는 일본 경찰에 비협조적이었다. 그래서 수사하던 일본 경찰이 하디에 대해 불평하는 소리를 듣고 「매일신보」 가자가 그런 표현을 쓴 것으로 보인다. 방화범으로 몰려 고초를 당할 수도 있었던 '학교 소사' 김희식은 무사하였다.

화재로 인해 신학교가 입은 피해는 컸다. 지은 지 3년밖에 되지 않은 본관 건물이 전소되어 사무 행정과 강의를 하지 못하게 되었음은 물론이고 도서관의 1천여 권 장서도 건지지 못했다. 화재로 인해 신학교가 입은 손실은 대략 3만여 원으로 추산되었다. 협성신학교 화재 소식은 「매일신보」 뿐 아니라 「신학세계」, 「기독신보」를 통해 전국에 알려졌다.

모교 화재 소식을 들은 서울과 지방의 졸업생들은 화재복구를 위한 의연금 모금에 나섰다. 즉 서울에서 목회하고 있던 최병헌과 홍순탁·장락도·김창준·김종우 그리고 졸업 예정자 오화영과 김인영·박석훈과 「신학세계」 주필 조상옥 등은 화재 당일 학교에 모여 즉석에서 '의연금 모금운동'을 결의하였다. 그리고 연락이 닿는 졸업생과 재학생 20여 명으로 발기모임을 가진 후 '협성신학교 화재구조회'(회장 홍순탁)를 조직하였다. 모금운동 실무는 오화영 목사와 조상옥 주필이 맡았다. 전국에서 졸업생과 목회자, 교인들의 헌금이 답지하였다. 하디도 선교사들과 본국 교회에 화재복구 지원을 요청하는 서한을 발송했다. 그 내용이 1919년 3월 내슈빌에서 발행하던 *The Missionary Voice*에 실렸다.

> "신학교 가을학기가 끝나는 12월 12일, 졸업식을 앞두고 아름다운 본관 건물 갬블기념관이 연기에 휩싸였습니다. 발화 원인은 알 수 없습니다. 학생과 소방수들이 1층과 2층에 있는 집기와 서류들을 대부분 건져냈습니다. 그러나 3층에 있는 것들은 하나도 건지지 못했습니다. 가장 큰 손실은 도서관에 있는 1천 2백여 권 귀중한 도서들을 소실한 것입니다. 나도 상당량의 책과 원고를 잃었습니다. 갬블기념관은 3년 전 1만 달러로 지었습니다. 건물을 보수하고 바닥을 콘크리트로 깔려면 1만 4천 달러는 들 것입니다. 거기에 비품을 마련하려면 5천 달러가 더 필요합니다."

이런 하디의 호소에 미국교회도 지원에 나섰다. 1919년 6월 미국 내슈빌에서 개최된 남감리회 해외선교부 실행위원회에서 한국선교와 관련하여 "철원 선교부 개설 자금과 협성신학교 복구비용을 지원하기로" 결의하였다. 그리고 이와 덧붙여 미국에서 모금 중인 '선교 1백주년 기금' 가운데 석교교회 영신학교 건축비 4,500달러를 지원하기로 결의했다. 그리하여 석교교회는 예배당 건물을 마련한 지 얼마 되지 않아 매일학교(영신학교) 건물까지 얻게 되었다.

협성신학교는 국내 졸업생과 교인들의 모금운동과 해외선교부의 지원으로 2년간의 복구공사를 통해 화재 전보다 더욱 견고한 시설과 쾌적한 환경을 마련하였다. 화재복구를 신속히 끝낸 것도 다행이었지만 화재사건을 통해 졸업생들의 '모교사랑'과 한국 교인들의 '신학교 사랑'을 확인한 것에 더 큰 의미가 있었다. 화재 시련을 거치며 신학교는 더욱 견고한 모습으로 거듭났다. 그러나 화재보다 더 큰 시련이 기다리고 있었다. 3개월 후 터진 3·1독립만세운동이다.

21.
"민족의 십자가를 지고"
협성신학교와 3·1운동

> 이에 예수께서 제자들에게 이르시되 누구든지 나를 따라오려거든 자기를 부인하고 자기 십자가를 지고 나를 따를 것이니라(마 16:24)

그리스도인이란 그리스도를 따르는 사람이다. 그리스도 사역의 정점은 십자가였다. 따라서 그리스도를 따르는 제자라면 십자가는 피할 수 없는 숙명이다. 십자가 고난을 통하여 비로소 그리스도와 하나가 되기 때문이다. "내가 그리스도와 함께 십자가에 못 박혔나니 그런즉 이제는 내가 사는 것이 아니요 오직 내 안에 그리스도께서 사시는 것이라."(갈 2:20)

3·1운동은 일제의 무단 침략과 지배에 대한 거족적 저항운동이었다. 이에 대한 일본 군경의 폭력적 진압으로 수만 명이 피살되거나 부상을 입거나 투옥되었다. 그런 민족의 수난 행렬에 참여한 협성신학교와 피어선성경학원 학생들이 적지 않았다. 하디는 '민족의 십자가'를 지고 감옥으로 향하는 제자들의 모습을 지켜보아야 했다.

협성신학교는 본관 화재로 1919년 학사일정에 상당한 차질을 빚었다. 일단 1918년 12월 12일 예정했던 졸업식을 하지 못했고 1919년 1월 개강 예정이던 겨울학기 수업도 하지 못했다. 봄 학기 신입생 모집에도 차질을 빚었다. 반면에 피어선성경학원은 2년 전 건축한 서대문 안 교사에서 차질 없이 수업을 진행하였다. 1919년 1월 8일 2학년 2부와 1학년 3부 학생들의 겨울학기 수업을 시작하였다. 그러나 피어선성경학원 수업도 제대로 진행되지 못했다. 1월 22일 고종황제의 급작스런 승하와 그 이후 전개된 정치·사회적 격변과 혼란 때문이었다. 국내외 민족운동가들은 1919년 3월 헤이그에서 열릴 만국평화회담을 앞두고 미국 대통령 윌슨이 제창한 민족자결주의 원칙에 고무되어 우리 민족의 독립의지를 대내외에 밝힐 수 있는 기회를 찾고 있었다. 그런 때 고종황제의 국장일(3월 3일)을 앞두고 3월 1일 민족대표 33인이 서명한 〈독립선언서〉가 반포되었고 이후 서울과 전국 지방에서 독립만세운동이 전개되었다.

고종황제 승하 소식을 들은 하디는 「신학세계」 2월호 앞머리에 고종황제 영정과 함께 추모사를 수록했다. 협성신학교 재학생과 동문들의 독립운동은 민족대표를 중심한 준비단계와 3월 1일 이후의 대중 투쟁단계로 나뉜다. 1919년 3월 1일 서울 종로 태화관(명월관) 및 탑골공원에서 발표된 〈독립선언서〉에 '조선민족 대표'로 서명한 33인은 모두 천도교와 기독교, 불교 등 '종교계 대표'들이었다. 기독교 대표 16인 가운데 감리교 대표가 9명이었고 그 중 협성신학교 졸업생이 7명(이필주·김창준·신홍식·신석구·오화영·정춘수·최성모), 중퇴자가 1명(박희도)이었다. 특히 남감리회 소속인 오화영·정춘수·신석구 목사는 하디의 수업을 들었을 뿐 아니라 교회와 선교 현장에서 함께 사역했던 동역자들이었다. 이들은 모두 경무청에 연행되어 옥고를 치렀다.

이들 외에 준비단계에 참여한 협성신학교 졸업생들도 많았다. 우선 준비단계에서 민족대표들과 협의한 후 해외 독립운동 기지 건설을 위해 사전에 중국으로 망명한 현순 목사와 손정도 목사가 있다. 그리고 서울의 민족대표들과 연락을 취하며 지방에서 독립만세운동을 준비했던 동문들로 해미의 김병제, 남양의 동석기, 이천의 이강우, 오산의 김광식, 공주의 현석칠·오익표, 천안의 안창호, 대전의 서기훈, 평양의 김홍식·송득후·김찬흥·박석훈, 강서의 한예건, 진남포의 이하영, 해주의 오현경, 연안의 손창현, 경기도 광주의 이창회, 강화의 이진형, 충주의 장춘명, 개성의 강조원, 강릉의 안경록, 북간도의 배형식 목사 등이 대표적이다. 이들도 대부분 체포되어 옥고를 치렀다.

재학생으로 만세운동에 참여하고 옥고를 치른 경우도 많았다. 우선 3월 1일 서울 탑골공원 만세시위와 3월 5일 서울시내 학생연합 만세시위에 직접 참여한 신학생으로 삼척 출신 3학년생 이상준과 해주 출신 2학년생 오의명이 있다. 이들은 봄 학기 수업을 위해 서울로 올라와 기숙사에 있다가 만세시위에 참여하고 현장에서 체포되어 옥고를 치렀다. 특히 오의명은 해주 만세운동을 주도하고 체포된 후 평양 형무소에 투옥된 아버지 오현경 목사와 신학교 같은 반이었다. 지방에서 만세시위를 주도하고 옥고를 치른 재학생으로 수원교회의 임응순 목사, 평양 이문리교회의 주기원 목사, 신창리교회의 이윤영 목사, 진남포 억양기리교회의 안석준 전도사, 수원 제암리교회의 김교철 전도사, 홍천교회의 원익상 전도사, 장단교회의 홍순관 전도사 등이 있다. 피어선성경학원 재학생으로 충주읍교회 전도사로 시무 중이던 장양헌도 교회 청년 학생들과 충주읍 만세운동을 준비하다 사전에 발각되어 체포된 후 옥고를 치렀다.

4월 이후 국내외에서 임시정부와 항일 독립운동 단체들이 조직되고 이를 지원하기 위한 항일 비밀결사 조직들이 결성되었다. 여기에도 협성신학교 동문들이 대거 참여하였다. 서울에서 한성 임시정부 조직에 참여한 현석칠 목사와 이규갑 목사, 중국 상해 임시정부 조직에 참여한 현순 목사와 손정도 목사가 대표적이다. 국내에서 항일 비밀결사를 조직해 군자금 모금운동을 벌인 동문으로 강서 증산에서 향촌회를 조직한 송익주 목사, 당진교회 담임자로 당진 만세운동을 주도하고 중국으로 망명하여 북경에서 신대한동맹회를 조직한 이상만 목사가 있다.

협성신학교 동문들이 대거 참여한 항일 비밀결사로 '철원 애국단'이 있었다. 협성신학교 재학생으로 철원읍교회를 담임하던 박연서 전도사는 같은 교회 평신도 지도자 조종대와 함께 상해 임시정부를 지원하기 위한 대한독립애국단을 조직해서 독립운동자금 모금과 독립운동가 모집 활동을 벌였다. 처음엔 철원과 김화 중심으로 활동하다가 강원도 일대로 조직을 확대하여 강릉교회 안경록 목사, 양양교회 김영학 목사, 춘천읍교회 유한익 목사, 삼화교회 정진수 목사, 원주읍교회 조윤여 전도사, 횡성읍교회 방기순 전도사 등도 참여하였다. 모두 하디의 신학교 제자일 뿐만 아니라 그가 관리했던 선교지역 목회자들이었다. 철원 애국단은 1년여 은밀하게 활동하다 1920년 3월 조직이 탄로나 단원들이 체포되어 옥고를 치렀다.

만세운동에 참여했다가 투옥된 독립운동가들에겐 고문과 악형이 따랐다. 악형을 견디다 못해 목숨을 잃기도 했다. 1918년 12월 졸업생 박석훈 목사는 평양 남산현교회 부담임으로 사역하고 있었는데 담임인 신홍식 목사가 서울에서 민족대표로 활동하고 있던 때 평양에서 만세운동을 준비하였고 시위 현장에서 체포된 후 옥중에서 받은 고문으로 병이 악화되어 1919년 11월 16일 '옥중 순국'하였다. 하디와 함께 석교교회에서 목회했던 유한익 목사는 춘천에서 3·1운동을 맞았다. 그는 고종황제 승하 소식을 듣자마자 하루 금식하며 조의를 표했고 국장 기간 동안 춘천교회 교인들과 함께 '조문 의례'를 행했다. 그 때문에 유한익 목사는 3·1운동이 일어나기 전에 경찰에 체포되었다. 그의 이야기는 미국에서 간행되는 *The Missionary Voice*에 "한국의 성 바울 유한익"이란 제목으로 실렸다.

> "유한익 목사는 독립운동 혐의로 1919년 2월 경찰에 체포되었다. 그는 경찰에게 심하게 매질을 당한 후 판사 앞에 섰다. 판사가 할 말이 있느냐고 하자 그는 성 바울같이 대답했다. '내가 등에 채찍을 맞고 두 손이 묶였지만 내가 바라는 것은 오직 여기 있는 모든 사람이 자기 죄를 회개하고 용서를 받은 후 나처럼 되는 것이다.' 그러자 판사가 '중지! 여기는 설교 자리가 아니다.' 하였다. 그러나 그는 '당신이 내게 마음속에 있는 말을 하라고 했잖으냐.'면서 '내 마음속에는 예수밖에 없다. 그래서 당신이 마음속에 있는 것을 말하라고 했을 때 회개하고 예수를 믿으라는 말밖에 할 것이 없었다.' 하였다. 그는 유치장에 8일간 갇혀 있으면서 감방에 있는 사람들에게 전도하였다. 그중에 4명이 믿게 되었다. 그 후 서울로 압송되어 90일간 감옥에 갇혀 있었는데 성 바울이 그러했던 것처럼 그도 감옥 안에서 계속 전도하였다. 같은 감방에 수감되었던 11명 가운데 9명이 불신자였다. 그는 곧바로 기도회와 성경공부를 시작했다. 어떤 때는 하루 종일 기도와 성경공부를 할 때도 있었다. 그리하여 감방에 있는 사람들은 신약을 두 번이나 통독하였다. 유한익은 감옥 안에서 80회 이상 설교하였다. 11명이 모두 신실한 교인이 된 것은 전혀 이상한 일이 아니었다."

유한익 목사는 3개월 옥고를 치르고 춘천으로 돌아갔다. 그러나 또 다시 체포되었다. 1919년 11월 방한 중인 미국 남감리회 해외선교부 총무 롤링 박사가 춘천을 방문할 때 이를 기회로 삼아 춘천지역 교인들이 독립운동 유인물을 제작해서 시내에 배포한 일에 배후자로 몰려 체포되었다. 얼마 후 풀려났지만 '철원 애국단 사건' 으로 다시 체포되었다.

이런 상황에서 협성신학교와 피어선성경학원은 수업을 할 수 없었다. 조선총독부는 서울 시내 학교에 휴교령을 내렸다. 하디는 신학교 기숙사에 남아 있던 학생들도 고향으로 내려보냈다. 그 바람에 4월 예정이던 입학식과 봄 학기 수업을 아예 하지 못했고 화재 복구공사 때문에 가을학기 수업도 하지 못했다. 결국 1년 휴교 끝에 1920년 4월에야 수업을 재개했다. 신학교가 문을 닫고 종교 집회와 모임마저 일본 경찰의 통제를 받는 상황에서 하디가 할 수 있는 일은 거의 없었다. 강의도, 집회도, 지방순회도 할 수 없었던 하디는 「신학세계」에 수록할 원고를 집필하고 외국논문을 번역하는 일에 몰두하였다.

그런 상황에서 1919년 3월 22일 서울 조선호텔에서 총독부 관료와 선교사 대표자들의 회합이 이루어졌다. 이 모임은 일본기독교회 장로이기도 했던 경성고등법원장 와타나베도오루의 초청 형식으로 이루어졌다. 명의상 초청인은 와타나베였지만 실은 총독부에서 기획한 대화모임이었다. 모임에는 일본쪽은 와타나베와 총독부 학무국장 세키야, 외사과장 가타야마, 검사장 고쿠보, 서울 일본기독교청년회 총무 니와 등이 참석했고 선교사 쪽에서는 미감리회-웰치 감독과 노블·벙커, 북장로회-에비슨과 마펫·게일·휘트모어, 남감리회-저다인·하디, 그리고 서울 중앙기독교청년회 총무 브로크만 등이 참석했다. 회의 결과를 외부에 공개하지 않기로 했기 때문에 선교사들은 자기 생각과 의견을 솔직하게 진술할 수 있었다.

대화 모임은 와타나베의 모두 발언에 이어 게일, 마펫, 하디 등이 발언했다. 와타나베의 발언은 '총독부 시정' 10년의 치적을 강조하고 홍보하는 내용이었다. 일본이 통치하기 전에는 쇠약하고 부패하였던 한국이었지만 총독부가 들어서 정치와 경제, 교육과 사회 각 분야에서 개혁정책을 펼침으로 미개했던 한국을 문명세계로 이끌었다는 내용이었다. 이에 대해 선교사들은 1) 일본의 통치로 한국이 근대화되고 문명발전과 의식계발이 이루어진 것은 사실이지만 2) 한국인들은 이런 '물질적' 가치나 유익보다 민족 고유의 '정신적' 가치와 전통을 중요시하는 경향이 있는데 3) 일본의 오만한 통치와 민족차별 정책으로 그런 정신적 가치와 전통이 훼손되고 무시당한 것에 한국인들의 불만과 반감이 증폭되었고 4) 근대화 과정에서 선교사들의 교육을 통해 한국사회에 자유와 정의, 평등, 평화를 중요시하는 정신적, 도덕적 세계관이 형성되었던바 일본의 강압적인 통치로 그런 정신세계가 위협을 받은 것을 항의하는 저항운동이 일어난 것이니 5) 일본의 통치정책과 방법에 근본적인 변화가 필요하다고 지적했다.

일본 측이 작성한 비망록에 담긴 하디의 발언은 다음과 같았다.

> "나는 한국인을 매우 사랑하고 그들을 존경하고 있다. 지난 몇 해 동안 그들의 인성 발달은 매우 괄목할 만한 것이었다. 그 발달은 일본인과 선교사들의 노력으로 이루어진 것이다. 일본이 도입한 교육체계는 한국인의 인성 발달에 크게 공헌하였다. 나는 일본인의 노력이 어떤 결과를 가져올지 관심 깊게 지켜보고 있다. 일반적으로 일본을 아시아의 관문으로 믿어왔다. 일본은 한국에서 한국인들을 공정하고 인도적이고 자비롭게 통치할 사명이 있었다. 나는 일본이 이 나라를 발전시킨 것을 기뻐하였고 많은 것이 개선되고 경제적인 번영을 이룬 것에 감사했다. 그러나 한국인들은 이런 물질적인 개선이 있었음을 인정하면서도 그것이 전적으로 자신들을 위한 것은 아니었다고 생각하고 있다. 또한 물질적인 유익을 얻었다 하더라도 오만한 일본인들에게 감당하기 어려운 억압을 당하며 열등하게 취급받는 것에 불만을 품게 되었다. 그들의 인성이 발달함에 따라 불법에 대한 저항감도 커졌다. 지금 우리가 보고 있는 현상은 그동안 이들이 받아온 의도적 인종차별에 대한 혐오와 불만과 저항의 감정을 숨기고 있다가 처음으로 기회를 얻어 드러내놓고 표현한 것이다. 한국인들을 강제로 제국의 충성스런 신민으로 만들 수 없다. 그들의 자발적 동의를 얻어야 한다. 그 관건은 육적이거나 지적인 것에 있지 않고 정신적인 것에 있다. 즉 한국인들의 믿음과 신용을 얻는데 있다. 지금까지 우리 손으로 이룬 업적이 파괴되지 않기를 바란다."

대화 모임은 3월 24일 조선호텔에서 한 차례 더 열렸다. 2차 대화모임도 총독부 관리와 선교사 대표들 사이에 평행선을 그었다. 3월 29일과 3월 30일에도 세키야와 웰치 감독, 에비슨이 별도로 만나 대화하였으나 창조적인 결과는 없었다. 다만 모임을 마치면서 총독부 관리들은 선교사들에게 총독부 정책에 반영할 수 있는 개혁방안을 정리하여 제출하면 검토해 보겠다고 하였다. 이에 4월 16~17일 서울에서 사역하고 있던 미감리회와 남감리회, 북장로회 3개 선교부의 남녀선교사 18명이 웰치 감독의 정동 사택에 모여 총독부에 건의할 내용을 정리하였다. 요약하면 1) 한국 기독교인들의 종교 행위에 대한 규제와 탄압을 철폐할 것, 2) 일본인 관료들의 반反 기독교적 태도와 정책을 포기할 것, 3) 복음전도와 의료, 교육, 문서사업 분야에서 추진되는 선교사업의 자율성을 보장할 것, 4) 한국에 있는 선교부 재산에 관한 자율권을 보장할 것 등이었다. 교육 정책에 대하여는 보다 구체적으로 1) 기독교 학교의 종교수업과 성경교육 금지조항 철폐, 2) 기독교 학교에서 한국어 수업 허락, 3) 학교 운영의 자율권 보장, 4) 교사와 학생 선발의 자율권 보장, 5) 교과목 개설과 운영의 자율권 보장, 6) 교재 발행과 선택의 자율권 보장, 7) 사립학교에 대한 과도한 규제 철폐 등을 요구했다.

선교사들의 요구는 총독부가 받아들이기 어려운 것들이었다. 선교사들도 이런 요구 조건이 모두 받아들여질 것으로 기대하지는 않았다. 다만 총독부의 통치 정책과 방법에서 보다 민주적이고 온화한 방향으로 전환되기를 기대하였다. 선교사들은 9월 서울에서 개최된 복음주의선교연합공의회를 통해 '시정개혁안'을 만들어 총독부에 다시 한번 제출하였다. 1919년 9월 새 총독으로 부임한 사이토 총독은 '문화통치'로 정책을 전환하면서 언론과 출판, 집회의 자율권을 어느 정도 허용하는 모양새를 취하였다. 하지만 내용상으로는 경찰력을 더욱 강화하여 국내외 민족저항운동 세력을 분쇄하고 한민족의 고유한 문화와 역사 전통을 변질시켜 일본화日本化하는 정책을 펼쳤다. 한국인들의 '정신세계'를 개조하려는 문화통치에 가장 큰 영향을 받은 곳이 종교계와 교육계였다.

하디는 총독부 당국자들과의 대화 모임에 남감리회 선교부 대표자로 참석하였다. 거기서 하디는 '속에 있던' 생각과 의견을 밝혔다. 일본의 통치가 폭력적이고 강압적일수록 고난당하는 한민족을 향한 하디의 연민과 애정은 깊어졌다. 하디 부부는 1919년 6월 감옥에서 고초 당하고 있는 협성신학교와 피어선성경학원 제자들을 안타까워하면서 네 번째 안식년 휴가를 떠났다. 협성신학교 교장 대리로 미감리회의 케이블이 선임되었다. 하디는 안식년 휴가 중 1년간 「신학세계」에 수록(연재)할 원고를 미리 써놓고 떠나서 그의 글은 「신학세계」에 중단 없이 계속 실렸다.

22.
"그리스도 안에 있는 너희에게 편지하노니"
문서 강의와 설교

•

> 하나님의 뜻으로 말미암아 그리스도 예수의 사도 된 바울은 에베소에 있는 성도들과 그리스도 예수 안에 있는 신실한 자들에게 편지하노니 하나님 우리 아버지와 주 예수 그리스도로부터 은혜와 평강이 너희에게 있을지어다(엡 1:1~2)

바울은 대면 강의보다 서신 강의를 선호했다. 설교는 듣는 순간으로 끝나지만 서신은 훨씬 넓게 퍼지고 오래 남았다. 그 결과 신약성경의 반이 '바울 서신'이었다. 그 중에도 두란노서원에서 제자들을 양성했던 에베소에 대한 기대가 남달랐다. 그래서 멀리 떠나 있으면서도 편지로 강의를 계속했다.

서울의 두 신학교, 협성신학교와 피어선성경학원에 대한 하디의 애착도 컸다. 특히 협성신학교에 거는 기대는 남달랐다. 그래서 안식년 휴가 중인 하디는 화재사건과 3·1운동으로 1년 동안 수업을 하지 못하고 있는 제자들에게 「신학세계」를 통해 문서 강의와 설교를 계속했다.

3·1운동 발발로 신학교 강의와 교회 예배는 물론 지방순회 전도여행까지 금지되거나 통제당하고 있는 상황에서 하디가 할 수 있는 것이라곤 연구와 집필밖에 없었다. 하디는 화재로 학교 연구실(교장실)에 있던 서적과 자료들을 대부분 소실하였기 때문에 사직동 사택에서 독서와 집필에 몰두하였다. 하디는 그렇게 쓴 원고를 선교사 잡지 *The Korea Mission Field*와 신학교 기관지 「신학세계」에 발표하였다. 하디의 '문서 강의'가 시작되었다. 그는 3·1운동 소식이 외국에 전파되기 시

작한 1919년 4월 *The Korea Mission Field*에 "한국의 지도력 양성기관으로서 협성신학교"란 제목의 글을 발표하였다. 그는 참된 지도력의 본을 선교사들이 먼저 보여주어야 한다고 지적하였다.

> "모든 외국인 선교사들은 일하고 있는 지역사회 사람들로부터 지도자로 인정받고 있다. 좋든 싫든 선교사들은 지역사회에서 어느 누구보다 영향력 있는 지도자로 여겨지고 있다. 남녀 선교사들은 매일 사역 현장에서 지치지 않는 열정으로 봉사함으로 기독교 지도력의 제1원리가 어떤 것인지를 보여주고 있다. 공직에 있는 사람이 그 지도력을 유지하고 향상시킬 수 있는 길은 자기가 섬기고 있는 곳에서 자발적인 희생과 봉사를 늦추거나 소멸하지 않는 것 밖에 없다. 그런 모습을 통해서라야 자신이 봉사하고 있는 이곳 한국에서 그 지도력이 향상될 것이다. 그런 면에서 우리는 더욱 능동적인 자세로 마음과 뜻과 정성과 힘을 다하여 맡겨진 일을 할 뿐 아니라 우리와 함께 사역하고 있는 토착인 전도자들과 어깨와 어깨를 나란히 하여 협력할 때에만 우리가 바라는 선한 영향력이 그들에게 전달되어 그들도 지도자란 이름에 걸맞는 인재가 될 수 있을 것이다. 그런 배경에서 한국 기독교 지도자 양성소로서 협성신학교는 최선을 다하고 있다."

선교사들이 보여줄 지도력은 '자발적인 희생과 봉사'였다. 그것은 그리스도 예수의 지도력이었다. "너희 중에 누구든지 크고자 하는 자는 너희를 섬기는 자가 되고 너희 중에 누구든지 으뜸이 되고자 하는 자는 너희의 종이 되어야 하리라."(마 20:26~27) "내가 너희에게 행한 것 같이 너희도 행하게 하려 하여 본을 보였노라."(요 13:15) 그리스도에게서 발원된 '섬김의 지도력'은 그의 제자와 사도, 교부와 수도사들을 통해 기독교 전통으로 계승되었고 이제 선교사들을 통해 한국 사회에 소개되었다. 그런 지도력의 전달과 훈련장이 곧 신학교였다.

> "이런 목적에서 한국의 지도자 양성기관으로 설립된 협성신학교가 하는 일이 무엇인지 보여주는 것이 마땅하다. 자신을 전적으로 주님께 바치고 교육을 잘 받은 사람만이 많은 무리에게 효과적인 영향력을 끼칠 수 있을 것이기에 우리 교수들은 목회 지원자들에게 성경과 신학에 대한 충분한 지식을 넣어주는 것과 함께 맡겨진 목회 사역에 적합한 인물로 양육하기 위해 최선을 다하고 있다."

목회자의 참된 지도력은 '성경과 신학에 대한 충분한 지식과 목회자로서 적합한 소양'에서 비롯되었다. 그래서 하디는 1) 모든 신학생에게 기숙사 생활을 하면서 주일마다 서울 시내나 근교의 교회로 나가 봉사활동을 하고, 2) 교과목은 이론신학과 역사신학·성서신학·실천신학, 네 분야에다 음악과 위생학, (총독부에서 요구하는) 일본어 수업을 추가하였고, 3) 신학교 수업의 3분의 1이상을 신구약 성경 수업에 할애하고 영성 훈련을 위해 매 학기 2~3일 신앙집회를 열었으며, 4) 신학교 교수들은 강의 외에 번역과 교재 출판에 많은 시간을 할애하고, 5) 수업은 대부분 한국어로 하지만 영어로 하는 과목도 있으며 헬라어와 히브리어 수업도 진행하였고, 6) 상급반 학생들은 연회에 가입하여 목사 안수 과정을 밟도록 교리와 장정, 성경과목을 집중해서 가르쳤다.

하디는 신학교육에서 영성과 지성의 조화를 추구하였다. 하디는 이를 위해 신학생들의 독서를 강조하였다. 신학생들은. 교재로 활용하고 있는 「신학세계」는 반드시 구독해야 함은 물론 신학교 교수들이 '신학생 필독서'로 선정한 20여 권의 신학 서적들도 읽어야 했다. 그중에는 방금 미국이나 유럽에서 출간되어 서구 신학교에서 교재로 사용하는 것들이었다. 신학생들은 정규과목으로 편성된 성경과 기독교 고전을 배울 뿐 아니라 이런 '신간 서적'들을 통해 서구의 최신 신학연구까지 습득할 수 있었다. 협성신학교는 신학생들이 이런 신학 원서들을 읽을 수 있도록 영어 교육을 강화하였다.

또한 하디는 미국이나 영국에서 간행되는 여러 종류의 신학 잡지나 기독교 정기간행물들을 정기 구독하면서 거기 실린 논문이나 글들을 번역하여 「신학세계」에 소개하였다. 「신학세계」 주필 조상옥을 비롯하여 영어에 능통한 김인영과 유경상, 백남석, 최상현 등이 외국 논문이나 저술, 신학교 교수들의 영어 논문을 한글로 번역하여 「신학세계」를 통해 발표하였다. 한국인 교수 장락도와 양주삼의 논문 외에 최병헌 목사의 비교종교학 논문 "종교변증설"을 연재하였고 신학교 졸업생과 재학생들의 투고문도 종종 실렸다. 그렇게 「신학세계」는 강압적인 일제 식민 통치 하에서 서구 신학과 한국교회를 연결하는 소통의 창구가 되었다.

하디는 누구보다 「신학세계」를 통해 활발하게 논문을 발표하였다. 서구 신학의 '최신' 연구결과를 한국 신학계와 교계에 알리려는 그의 관심은 「신학세계」에 수록된 논문에서 잘 드러난다. 하디는 1919년 3월호에 영국 트리니티대학 교수 제임스 오어의 "과학과 그리스도교 종교", 5월호에 미국 오벌린대학 교수 조지 라이트의 "진화론의 쇠퇴" 등을 번역해서 발표했다. 두 논문 모두 20세기 들어서 진화론과 과학주의 도전과 위협으로 위기를 느끼고 있던 기독교 신앙과 교리에 대한 변증론이었다. 기독교(개신교)의 근본 교리와 전통을 수호하는 '복음주의 신학 노선'에서 하디의 입장은 확고하였다. 그리고 7월호에는 스위스 개혁주의 신학자 고데의 "욥기에 대한 논문"을 번역, 게재하였다. '의인이 당하는 고난' 문제를 다룬 이 논문은 3·1운동 투쟁과 시련 속의 한국인 독자들에게 '이유 없이, 죄 없이 고난 당하고 있는 정치 현실'에 대한 신학적 해석을 제시하였다.

욥기 논문은 일제의 폭력으로 인해 고난과 시련을 겪고 있는 한민족을 향한 위로와 격려의 메시지를 담고 있었다. 보통 인간의 고난에 대한 해석은 '운명론'에 바탕을 두었다. 사람이 지은 죄에 대하여 하나님이 벌을 내리신 것이거나 인간이 죄를 짓기 전에 미리 경고하기 위해 내리는 것이므로 인간은 고난을 피할 수 없다는 것이다. 그런 운명론적 고난 해석과 '다른' 해석의 길을 보여준 것이 욥기다.

> "대저 한편으로 벌주심이 죄과의 분량을 좇차 될 진대 또 다른 편으로 성결케 하시는 일은 그 없이 불결함의 정도를 따라 될 터인 즉 이로 좇차 가장 시험 많이 받은 자가 사실로 아니면 그 내심으로 가장 큰 죄인이오 실제 행위로 아니면 내심의 사상으로 제일 큰 죄인으로 여길 것이 당연하다는 운명성의 글자가 불행이란 글자에 오히려 붓쳐 있도다. 자연지심自然之心이 질식한 바 되는 이 옥에서 나올 길을 찾는 것이 진실로 긴요한 것인데 욥기는 우리에게 이 길을 주려고 성경 가운데 한 자리를 취하였나니라. 하나님께서 사람에게 고생을 당케 하시되 그 지은 죄에 필요한 갚음을 주시는 것도 아니오 그 덕의상 품행에 징계를 받을 필요가 있어 그러함도 아니오 무삼 빠질 듯한 죄과를 미리 방어하시는 뜻으로 하시는 것도 아니오 다만 당신을 위하사 당신의 존귀를 표명하시기 위하사 하시는 경우가 있나니 그 때에는 사람이 이런 고생을 당하는 것은 온 우주 안에 한 고상한 자리에 참예하여 곧 조물주의 위엄을 노를 발하시게 한 원수를 갚고 인생의 세계 위에 다른 세계에까지 영화가 비취게 하는 일이로다."

의인(그리스도인)이 당하는 고난은 죄 값도 아니고 경고의 채찍도 아니다. 고난 속에는 창조주 하나님의 계획과 섭리가 깃들어 있다. 그러므로 고난을 당하여 자책하거나 좌절하기보다는 고난 속에 담긴 하나님의 섭리와 그 뜻을 깨닫는 것이 고난 극복의 지름길이다.

> "전혀 자기의 형편을 깨닫지 못하는 자에게라도 그 흑암 가운데서 한 고상한 사명을 받을 지니 곧 그 쓴잔을 주시는 손을 인하야 다 마시라 함이라. 하나님께서는 도처에 가장 지혜로우시고 가장 권능 있으신 이가 되심을 스스로 나타내시니 또한 필경 가장 좋은 신神이 되실 것이라. 그만하면 내게 만족하다. 나는 내 장막 안에 가증한 것들을 찾아서 다 멀리 버린 자라. 그런데 하나님께서 웨 나를 당신의 연단시키는 그릇 속에 담으시고 점점 더 맹렬히 열을 더하시는지 그 이유를 분별치 못하겠구나. 그러나 그 속뜻이 무엇인고. 그 풀무의 불을 피우시는 이는 다른 이가 아니시오 오직 하나님이시라. 이 사상을 가지고 나는 내 십자가를 더 껴안고 그 오묘하고 해석 못 할 것까지 다 믿으며 이 귀중한 짐을 가지고 나의 눈을 감고 오직 하나님의 팔에 내 전신을 맡기노니 곧 그 모든 하신 사업에 지혜라는 이름을 인치신 하나님께로다. 이것이 곧 엘리후 또 여호와께서 친히 보이신 길이니 단순한 믿음의 길이라."

의인이 당하는 고난의 극치는 그리스도의 십자가에 나타났다. 그리스도께서 죄 없이, 이유 없이 당하신 고난의 십자가에는 죄지은 인류를 구원하시려는 하나님의 '거룩하신' 뜻과 계획이 담겨 있었다. 그리스도도 그 뜻을 알기 위해 십자가를 지기 전 먼저 겟세마네 동산에서 기도하셨다. 그러므로 고난당하는 그리스도인이 할 일은 고난까지 창조하신 하나님을 향한 믿음과 고난 속에 담긴 하나님의 뜻을 깨닫기 위한 기도뿐이다. 그래서 하디는 같은 7월호에 "기도를 열심히 함"이란 글을 수록했다. 이 글은 방금 남북 감리교 선교사들이 시작한 '선교백주년기념사업'을 위해 열심히 기도하자는 취지로 쓴 것이지만 내용에서는 '고난당하는 자의 기도'(약 5:13)를 염두에 두고 쓴 것임을 알 수 있다. 그는 우선 교인들의 형식적인 기도, 마음과 뜻과 힘을 다하지 않고 건성으로 하는 기도, 습관적인 기도의 예를 든 후 "이런 기도는 가치도 없고 효력도 별로 없다."고 단언하였다. 그리고 '효력 있는 기도' 에 대해 이렇게 기술하였다.

> "효능을 내고 우리 영혼을 격동하며 우리의 장처長處와 단처短處를 드러내는 기도는 우리 전체의 정력을 다 드려야 되는 것이옵고 우리가 자의 자원하야 일심 전체를 기도하는 일에 희생하는 때에는 스스로 깨달을 것이며 이런 기도는 우리에게 해害 돌아오는 것을 면케 하는 신령상 사역의 형식이 아니오 우리게 참으로 신령상 사역하는 것이 되나니라."

하디는 같은 7월호에 연재한 '주일학교 공과' 에서도 열왕기하 19장에 나오는 이야기, 바벨론의 산헤립이 쳐들어와 예루살렘을 포위하였을 때 유대왕 히스기야가 하나님께 간절히 기도하여 위기를 극복했던 내용을 다루었다. 하디는 그렇게 시련 당하는 한국교회 교인들에게 '고난당하는 자의 기도' (약 5:13)를 제시하였다. 일제의 야만적인 폭력 앞에 의인의 고난을 생각하며 참고 기도만 하라는 말이 소극적이고 비굴하게 보일 수도 있었다. 그러나 "눈에는 눈, 이에는 이로 갚으라." 하기보다 "악한 자를 대적하지 말라. 누구든지 네 오른 뺨을 치거든 왼편도 돌려대라." (마 5:38~39)는 말씀을 따르는 신앙인이라면 불의와 악에 대한 심판과 징벌은 의로우신 하나님께 맡기고 다만 내 안에 그런 불의와 폭력이 틈타지 못하도록 마음과 육신을 다스릴 뿐이다. 그것이 하디가 「신학세계」를 통해 신학교 제자와 목회자들에게 전하고 싶었던 문서 강의 주제였다. 이런 「신학세계」를 통한 문서 강의는 그가 안식년 휴가를 마치고 1920년 8월 서울에 돌아오기까지 한 번도 거르지 않고 계속되었다.

23.
"감추인 것이 드러나리라"
귀국 보고와 일본의 죄상 폭로

그런즉 그들을 두려워하지 말라. 감추인 것이 드러나지 않을 것이 없고 숨은 것이 알려지지 않을 것이 없느니라. 내가 너희에게 어두운데서 이르는 것을 광명한 데서 말하며 너희가 귓속말로 듣는 것을 집 위에서 전파하라(마 10:26~27)

불의와 죄는 숨으려는 속성이 있다. 죄를 진 다음에는 그것을 감추려 애쓴다. 그러나 하나님이 창조하신 세상에서 숨길 죄는 없다. 에덴동산에서 아담과 하와처럼, 선지자 나단 앞에 다윗처럼, 숨긴 죄는 드러나고 그에 대한 심판과 징벌은 피할 수 없다.

3·1운동 때 보여준 일본 경찰과 군인들의 야만적인 폭력은 상상을 초월하였다. 그리고 일본은 이런 만행이 외부에 알려질까 우려하여 언론과 집회를 통제했고 사실을 왜곡한 기사만 냈다. 그러나 현장을 목격한 선교사들은 그 실상을 은밀하게 본국 교인들에게 알렸다. 그렇게 해서 일제의 죄상은 세상에 알려졌다. 안식년 휴가로 귀국한 하디도 그런 일을 했다.

안식년 휴가를 얻은 하디 부부가 출국한 3개월 후, 1919년 9월 3일부터 9일까지 원산 루씨여학교에서 남감리회 연회가 개최되었다. 연회를 주재하기 위해 미국에서 램버스 감독이 나왔다. 램버스 감독은 해외선교부 총무 시절인 1899년과 1907년에 한국을 방문한 적이 있었지만 1910년 총회에서 감독으로 선출된 후 첫 방문이었다. 램버스 감독과 함께 남감리회 해외선교부 총무 롤링스 박사와 여성해외선교회 총무 하웰도 동행했다. 특히 하웰은 6개월 예정으로 일본과 중국, 한국 등 동아시아 선교 현장을 순방 중이었다. 일본을 먼저 들른 램버스 감독 일행은 시모노세키에서 배를 타고 부산에 도착해서 열차편으로 서울을 거쳐 원산으로 갈 예정이었다. 그런데 감독 일행이 원산으로 출발하기 직전, 9월 2일에 서울역에서 함북 성진 장로교인 강우규가 새로 부임하는 사이토 총독에게 폭탄을 투척한 사건이 터졌다. 이 사건으로 남대문교회 조사로 있던 피어선성경학원 졸업생 송창근(함북 경성출신)도 체포되었다. 그 때문에 램버스 감독 일행의 출발이 늦어져 연회 이틀째인 9월 4일에야 원산에 도착하였다.

원산에서 개최된 연회 분위기는 가라앉아 있었다. 우선 연회에 참석했어야 할 한국인 목회자 중 반 이상이 독립운동 관계로 참석하지 못했다. 연회가 열린 원산의 상리교회 담임자 정춘수 목사와 평신도 지도자 곽명리와 이가순도 수감 중이었다. 그래서 연회 초반 분위기는 위축되고 침울하였다. 미국에서 나온 감독과 총무들을 환영하는 분위기도 아니었다. 연회 분위기가 바뀐 것은 사흘째 되는 날이었다. 2년차 선교사 테일러의 증언이다.

> “연회 사흘 째 되는 날 미국에도 잘 알려진 양주삼 형제가 일어나 눈물을 글썽이며 ‘감독은 자기 부인이 위중한데도 자기 직무 때문에 동양에 나왔다.’고 회중에 알렸다. 그러자 감독이 일어나서 연회원들에게 알리고 싶지 않았다고 말하면서 출발하기 전 아내에게 물었더니 ‘가세요. 가서 당신의 한국 형제들에게 위로의 말씀을 전하세요. 그들에겐 당신의 도움이 필요합니다.’ 말했다고 전하였다. 감독이 이런 말을 할 때 나는 한국인 형제들의 얼굴을 보았다. 그들은 감독의 영웅적 자세와 희생정신에 감전된 듯 보였다. 그러면서 그들의 얼굴에도 새로운 희망의 빛이 보이기 시작했다. 그때부터 목회자들은 다가올 부흥에 대해 말하기 시작했다. 모두들 앞으로 나가자고 약속했다. 그리고 수난당하고 있는 한국인 목회자들을 위해 기도한 후 그들을 위해 헌금했다.”

감독이 병상에 누운 부인으로부터 “가세요, 가서 당신의 한국 형제들에게 위로의 말씀을 전하세요, 그들에겐 당신 도움이 필요합니다.”라는 말을 듣고 어려운 여행을 결심하였다고 말하자 한국인 회중들은 마음을 열었다. 그때부터 연회 분위기가 달라져 불안과 불평 대신 부흥과 전진을 말하기 시작했다. 램버스 감독에 이어 롤링 총무가 나와 선교백주년기념운동을 소개한 후 "금년 3월 이해 조선의 독립운동에 참가하여 목하 수감 중인 목사 10여 명과 이들의 가족이 생활상 극심한 곤란을 겪고 있으니 응분의 의연금을 모아 재감인 가족 부조금으로 충당하자."며 먼저 3백 원을 내놓았다. 그러자 그 자리에 있던 윤치호도 2백 원을 내놓았고 다른 연회 참석자들도 헌금에 참여하여 즉석에서 '재감자 가족 구휼금' 5천 5백 원이 모아졌다. 침울하게 시작하였지만 희망으로 끝난 연회였다.

원산 연회를 주재한 후 귀국한 램버스 감독은 *The Missionary Voice*에 한국교회가 당한 시련과 이를 극복하려는 신앙 열정을 다음과 같이 소개하였다.

> "나는 지난 3월 1일 민족독립운동이 시작된 이후 많은 저해요소가 있었음에도 많은 한국인 형제들이 연회에 참석한 것을 보고 놀랐다. 우리 목회자 가운데 14명이 투옥되었는데 그중 5명은 우리 교회를 대표하는 목회자들이었다. 투옥되었던 인사들 가운데 4명만 석방되었고 나머지는 아직도 감옥 안에 있다. 이들 외에 여러 명의 전도부인과 전도사, 학생들이 수감되었다. 이런 점 외에는 전반적으로 무난한 연회였다. 연회 중에 확인할 수 있었던 것은 한국 교인들의 기도하는 열정과 믿음의 확신이었다. 우리 선교사들과 토착인 목회자들의 놀라운 보고도 들었다. 감동할 만한 신앙 열심과 열정적인 성경공부, 하나님을 향한 확고한 신념, 그것이 온갖 훼방에도 흔들리지 않는 사역의 기반이 되고 있다. 기독교는 이곳에 뿌리를 내렸다. 한국 땅에 자리를 잡았다. 결코 뽑히지 않을 것이다."

램버스 감독과 함께 방한했던 여성해외선교회 총무 하월도 원산 연회와 한국교회 분위기를 자세하게 보고하였다.

> "많은 연회원들이 아직도 감옥에 있었다. 감옥에 있다가 나온 회원도 여러 명 되었다. 그들은 그곳에서 갖가지 굴욕을 당하였다. 전도부인들도 여러 명 감옥에 있다고 한다. 그들이 당한 시련은 차마 말로 표현할 수 없을 정도다. 이들은 가슴이 찢어진 백성이다. 그들은 자신들을 구해 줄 수 있

는 유일한 길로 알고 우리를 찾아와 매달렸다. 실망하고 돌아갔던 사람들이 다시 찾아오는 것을 보고 내 마음이 아팠다. 하지만 연회에 참석한 한국인 사역자와 선교사들이 대부흥운동 출발선에 서 있음을 느꼈다. 그들은 '대운동'이란 단어를 썼다. 모두 그 말만 하였다. 준비가 모두 끝난 듯 했다. 박해자들이 기독교에 결정타를 날린 것처럼 보였지만 결과적으로 더 많은 사람들이 교회로 나오고 있다."

하월은 원산 연회를 마친 후 서울로 올라와 배화여학교를 시찰하였고 미감리회 여성해외선교회가 서대문 밖 죽첨정에 짓고 있는 감리교부인성서학원 공사현장도 둘러보았다. 하웰은 남자 신학교(협성신학교)처럼 여자 신학교도 남북감리회 연합으로 경영하는 것에 찬성하였다. 이어서 개성을 방문했다. 하월은 호수돈여학교 교장 와그너를 통해 들은 개성 만세운동을 정리하여 "호수돈 여학생들의 한국 독립운동"이란 제목으로 *The Missionary Voice*에 발표하였다. 하월은 춘천에 가서도 교회 지도자들의 독립운동 실상과 의지를 확인하였다. 그는 "기독교 학교든 공립학교든 모든 학생들이 독립운동에 가담하고 있으며 지금은 여성들까지 모두 참여하고 있다. 어떤 개혁정책을 쓰더라도 한국인들에게는 먹혀들어갈 것 같지 않다. 그들은 오로지 독립만을 원하고 있다. 다른 것은 들으려고도 하지 않는다."고 증언했다. 한달 간의 방한을 마친 하월은 미국 교인들에게 다음과 같이 호소했다.

"한국은 지금 대개혁의 적기를 맞고 있다. 어느 곳을 가 보아도 부흥의 열기를 느낄 수 있다. 내가 보기에 많은 사람이 '마음으로'까지는 아니더라도 '생각으로'는 기독교를 받아들이는 것 같다. 이 시점에 한국을 위한 기도가 절실하다. 이런 민족적 시련 속에 교회에 들어오는 사람들이 진정한 개종자가 될 수 있도록 기도하자. 그 어느 때보다 사역자가 필요하다. 모든 사역 분야에서 전진해 나갈 때이다."

그렇게 램버스 감독과 롤링스, 하월 등 해외선교부 관계자들은 한국을 방문해서 '시련 가운데 소망'을 발견하고 돌아갔다. 또한 이들의 귀국 보고서를 통해 한국의 독립운동 실상이 해외에 알려진 것은 또 다른 소득이었다.

*The Missionary Voice*에 이들 방문객의 보고서만 실린 것이 아니다. 평화적 만세시위와 폭력적 진압을 현장에서 목격한 선교사들의 비밀 보고서를 통해 보다 구체적으로 일본의 전근대적인 식민통치와 이에 대한 한민족의 저항, 이를 진압하는 일본 군경의 야만적 폭력, 그로 인한 한국교회와 그리스도인들의 수난과 시련이 소상하게 미국과 서구교회에 알려졌다. 그런 식으로 선교사가 선교본부에 보낸 자료가 여러 차례 *The Missionary Voice*에 실렸다. 1919년 6월호에 실린 "한국의 소요"라는 글이 3·1운동 관련 첫 번째 기사였다. 이 기사를 쓴 선교사 이름은 익명으로 처리되었지만 내용을 보면 3월 1일 시작된 서울 만세시위를 현장에서 목격한 선교사가 분명하다. 본문에 "만세운동이 일어난 며칠 후 우리는 성경학원 문을 닫을 수밖에 없었다."는 언급이 있어 피어선성경학원 교장이었던 하디로 추정할 수 있다. 글은 4월에 쓴 것으로 보인다.

> "경찰과 헌병들은 서울에서 많은 사람들을 체포하기는 했지만 첫날은 시위대에 인내심을 발휘하는 것 같았다. 그러나 지방, 특히 북쪽에서는 많은 한국인들이 부상을 당했고 죽은 사람도 적지 않았다. 3월 말까지 한반도 전역에서 만세시위가 그치지 않고 일어났다. 대부분 지역에서는 평화 시위가 이루어졌지만 몇 곳에서는 폭력사태가 일어났다. 이는 시위대에 대한 부당한 진압으로 야기된 것이다. 현재까지 체포된 사람은 대략 1만 명에 달하며 피살된 이들도 많다. 지금은 시위가 소강상태를 유지하고 있는데 이는 강압적인 진압의 결과이기도 하지만 농부들이 봄 농사를 시작하는 시기라 그렇다."

그리고 한 달 후 *The Missionary Voice*에 같은 익명의 필자가 쓴 "한국의 소요"란 기사가 실렸다. 이 기사는 보다 구체적으로 3·1독립운동의 배경과 동기, 초기 시위 과정을 소개하였다. 특히 독립선언서에 서명한 민족대표 33인 중에 "남감리회의 종교교회와 수표교교회, 원산 상리교회 목사 3명"이 포함되었고 서울 시내 학생연합 만세시위 때 2백 명 이상 체포되었으며 전국에서 수천 명이 체포되고 2백여 명이 피살되었다고 밝혔다. 필자는 한국인들의 시위방법을 구체적으로 소개했다.

“한국인들의 시위방법은 수동적 저항이었다. 그들은 전혀 폭력을 쓰지 않았고 체포를 당하면서도 저항하지 않았다. 그들은 감옥에 끌려가면서도 노래를 부르고 즐거워하며 '만세'를 불렀다. 심지어 여학생들도 그러했다. 온 나라가 '독립 만세' 소리로 하나가 되었다. 경찰은 주모자들을 체포하느라 혈안이다. 독립선언서에 서명한 33명을 체포하였는데도 시위가 계속되자 경찰은 배후를 캐내려 애썼다. 어느 한국인 목사는 경찰관이 배후를 대라고 하자 '전능하신 하나님이다!'라고 하였다. 경찰이 '그가 누구냐?'고 묻자 목사는 '2천만 조선 민족이다.'라고 대답했다.”

1919년 4월 수원지방 제암리와 수촌리, 화수리 등지에서 일본군경이 예배당과 민가를 불 지르고 교인과 주민들을 학살한 사건은 선교사와 국내외 기독교인들을 경악시켰다. *The Missionary Voice*는 8월호에서 “의도된 일본의 만행”이란 제목으로 이 사건을 자세히 보도하였다. 필자는 사건 현장을 방문한 선교사들이 작성한 보고서를 바탕으로 제암리에서 일본 헌병대가 기독교인과 천도교인 36명을 살해한 것을 '피의 살육' bloody massacre이라고 표현하였다. 그 외에 독립운동 혐의로 재판을 받고 있는 기독교인들에 대한 일본 검찰과 재판관의 공개적 증오심, 시위 학생들을 숨겨준 일로 체포된 모우리 선교사에 대한 '불공정한' 재판 등도 언급하였다. 이런 기사들이 실린 *The Missionary Voice* 8월호는 “일본은 자신부터 씻으라.”는 제목의 사설을 통해 일본의 만행을 규탄하였다.

“보고서에서 밝힌 대로 일본 당국자들이 그런 만행을 저질렀다면 일본은 문명세계로부터 엄중한 비난을 피할 수 없을 것이다. 교인들을 도망치지 못하게 예배당 안에 가두어놓고 불을 질러 살해했다면 그것은 독일이 벨기에에서 저지른 것보다 더한 비인간적인 만행이라 하겠다. 일본이 문명국가로서 지위를 유지하고 세계로부터 존경을 받으려면 이런 만행에 대한 책임을 인식하고 다시는 그런 일이 재발하지 않도록 조처를 취해야 할 것이다. 일본이 한국에서 통치권을 계속 행사하려면 암흑시대에 사용했던 야만적인 통치방법을 쓰기보다는 한국 국민에게 보다 자유롭고 유익을 끼치는 방법을 취해야 할 것이다. 우리는 한국이 독립을 해야 한다는 문제를 논하는 것이 아니다. 그것은 정치인들의 소관이지 우리 선교사들이 다룰 문제는 아니다. 하지만 우리가 주저하지 않고 말할 수 있는 것은 일본이 이번 사안과 관련해서 자신의 과오를 깨끗이 씻고 다가오는 세대의 이타적 정신에 어울리는 정책을 쓰지 않는다면 일본은 세계 앞에서 수치와 무시를 당할 것이란 점이다."

계속해서 *The Missionary Voice* 10월호에 "의로 인하여 받는 고난"이란 제목의 기사가 실렸는데 "어느 선교사가 목격한 공포장면"이란 부제가 붙었다. 필자는 대부분 학교가 문을 닫고 지방 여행도 금지된 상황에서 어렵사리 만난 한국교회 지도자들의 증언을 토대로 보고서를 썼다. 그는 한국교회가 당한 시련과 박해, 그런 가운데서도 꺾이지 않는 신앙과 독립 의지를 미국교회에 전하였다.

"감옥에 가지 않은 우리 교회 지도자들은 절망하거나 두려운 마음이 전혀 없이 미래를 하나님께 맡기고 소망의 예언을 믿으며 사역하고 있다. 내일 무슨 일이 벌어질지도 모르는 가운데서도 제대로 훈련 받은 적도 없는 교회 지도자들이 어떤 직책을 맡았든 담대하게 사역을 감당하고 있다. 숫자를 파악할 수 없을 정도로 많은 지도자들이 변호사의 법률적인 도움은 전혀 받지 못한 상태에서 수시로 경찰에 불려가서 심문당하고 구타당하고 감옥에 갇혔다. 경찰서나 헌병대에서 풀려날 때는 심문 과정에서 당한 일들을 발설하지 않겠다고 약속해야만 한다. 풀려 난 후에도 엄중한 감시를 받고 살아야 한다. 항시 공갈과 협박, 체포와 구타, 고문과 투옥이 대기하고 있다."

기독교인들은 단지 선교사와 관련이 있거나 기독교인이라는 이유로 경찰서에 불려가 구타를 당하고 투옥되었다. 그런데 그런 '억압' 상황이 오히려 한국교회의 '영적 능력'을 키웠다.

"우리 교인들에게는 참으로 견디기 어려운 시련의 때를 겪고 있다. 하지만 이 순교하는 교회는 진정한 의미에서 신실한 교회로 바뀌고 있다. 그리고 이 나라 백성의 대부분을 차지하고 있는 불신자들은 전에는 몰랐던 기독교의 영적인 능력을 깨닫기 시작하였다. 우리는 한국에서 배척당하고 고난당하는 교회가 결과적으로 예수 그리스도를 드높이는 중요한 역할을 감당할 것을 믿는다. 그렇게 하나님은 스스로 지혜롭다는 인간을 어리석게 만드셨다."

'순교하는 교회'가 '신실한 교회'로 발전한다는 초대교회 원리를 한국교회 교인들이 경험하고 있었다.

> "우리 교회에 대하여 한마디만 더 덧붙이겠다. 그것은 교회의 영적인 생명이 놀라볼 정도로 성장한 것이다. 숫자는 늘지 않았지만 그건 별로 중요한 것이 아니다. 실로 '불로 연단'하는 것 같은 시련이었지만 그것을 통해 신앙은 빛나는 금이 될 수 있다. 지금까지는 볼 수 없었던 영적인 능력을 교인들에게서 발견하였다. 우리 교인들이 목자 없는 양처럼 여기저기 흩어져 있다고 할지라도 미래에 대한 낙관적인 분위기를 느낄 수 있다. 현재 상황은 극히 힘들지라도 희망을 잃지 않고 믿음 안에서 기도하는 소리를 들을 수 있다. 외국인들을 의지하기보다 하나님을 의지하려는 믿음이 더욱 강해지고 있음을 그 어느 때보다 확실하게 느낄 수 있다."

이처럼 남감리회 기관지를 통해 일본의 만행과 한국 교인들의 신앙 투쟁이 미국 교계에 널리 알려진 상황에서 1920년 4월 14~21일 미국 캔자스시티에서 남감리회 여성해외선교회 선교사대회가 개최되었다. 그 대회에 안식년 휴가 중이던 하디 부부도 참석했다. 대회에는 해외선교부 관계자들과 안식년을 맞아 귀국해 있던 국외선교사 20명, 국내선교사 50명을 포함하여 150명 정도 모였다. 6개월 동안 아시아 각 지역을 순방하고 돌아온 하웰 총무는 중국과 일본 선교 상황을 보고한 후 한국 상황에 관하여 다시 한번 "모든 우리 여학교가 독립운동의 영향을 받고 있다. 그럼에도 불구하고 1년 동안 발전하였다. 기독교인들로 가득 찬 감옥은 교인들의 기도실로 바뀌었다. 나라 전체가 전도 열기로 뜨겁다. 모든 학교가 항일운동의 중심이 되었다. 여학생들은 학생운동 진영에서 뛰어난 활약을 보였다."고 전하였다.

한국 선교사로는 안식년 휴가 중이던 개성 호수돈여학교 교장 와그너와 서울 배화여학교 설립자 캠벨 부인이 선교사대회에 참석했다. 캠벨 부인은 1918년 8월 안식년 휴가를 얻어 귀국했다가 건강이 악화되어 1년 넘게 요양 중이었다. 캠벨 부인은 그런 중에도 대회에 참석해서 "한국은 동양의 선교사 나라가 될 것이다. 일본은 교사 나라가 될 수도 있다. 한국은 동양의 토착민들에게 그리스도를 전해야만

한다. 나는 이제 비로소 일본을 위해 기도할 수 있는 자리까지 왔다. 나와 함께 기도하지 않겠는가?"라고 발언하였다. 하디도 발언 기회를 얻었다. *The Missionary Voice* 의 보도다.

> "하디 박사는 '한국에 필요한 것이 많지만 그 가운데 가장 시급한 것은 일본인들을 위한 사역이다. 일본인들이 그리스도를 배워 알지 못한다면 한국의 복음화에 큰 장애가 될 것이다.' 고 하였다. 그는 계속해서 '한국인들 가운데 사는 일본인들을 향한 내 생각이 바뀌었다.' 면서 '나는 일본이 구원받기 위해 매일 기도한다.' 고 하였다."

일본을 보는 하디의 시각이 바뀌었다. 우선 일본의 '아시아의 문명국', 그래서 한국을 도와 근대화시킬 수 있을 것이란 기대를 접었다. 3·1운동으로 일본의 감추어진 야만성과 폭력성이 드러났다. 그래서 하디는 "일본이 구원받기 위해 기도한다."고 했다. 앞서 캠벨 부인이 "일본을 위해 기도하게 되었다."고 한 발언과 일맥상통하였다. 일본이 구원받아 '착한 나라'가 되어야 한국을 비롯한 아시아 국가들에 진정한 평화가 올 것이기 때문이었다. 그렇게 3·1운동을 거치면서 일본은 야만적 폭력성을 감추고 겉으로 미소 짓는 나라, 남을 돕기 전에 자신이 먼저 구원을 받아야 할 민족인 것이 드러났다.

24.
"내 백성을 위로하라"

예언서 연구와 위로 메시지

•

> 너희의 하나님이 이르시되 너희는 위로하라. 내 백성을 위로하라. 너희는 예루살렘의 마음에 닿도록 말하며 그것에게 외치라. 그 노역의 때가 끝났고 그 죄악이 사함을 받았느니라. 그의 모든 죄로 말미암아 여호와의 손에서 벌을 배나 받았느니라 할지니라 하시니라(사 40:1~2)

이스라엘 민족의 죄 값으로 망국의 위기에 들렸던 첫 메시지가 "회개하라." 였다면 바벨론 포로 70년 복역을 끝낼 즈음 들린 두 번째 메시지는 "위로하라." 였다. 포로시대 예언자 이사야는 시련과 고난을 겪은 민족을 위로하시고 새날을 열어주시는 희망의 하나님을 설파했다.

4차 안식년을 얻어 귀국했던 하디는 미국과 캐나다를 순방하며 고난받는 한민족과 한국교회의 실상을 전하였다. 휴가를 마치고 서울로 복귀한 하디는 신학교 사역을 재개하면서 망국시대, 포로시대 예언자 연구에 집중하여 그 결과를 「신학세계」를 통해 발표하였다. 주로 위로와 희망의 메시지였다.

안식년 휴가를 끝낸 하디 부부는 귀환하는 남감리회 여선교사 캠벨 부인과 마이어즈, 니콜스 그리고 1년 전 결혼을 위해 선교사직을 사임한 맏딸 에바와 함께 서울로 돌아왔다. 이들의 귀환 여행에 동아시아 순방에 나선 램버스 감독과 중국 및 일본에 귀임하는 선교사들도 함께 하였다. 이들 하디와 램버스 감독 일행은 1920년 7월 29일 밴쿠버를 출발하여 한 달 여행 끝에 일본에 도착, 감독과 일본 및 중국 선교사들은 그곳에 내리고 하디 부부와 한국 선교사들은 곧바로 한국으로 출발, 8월 말 서울에 도착하였다.

서울로 돌아온 하디 가족은 1년 전 '평신도 선교사' 신분의 연희전문학교 교수로 부임한 피셔와 베씨 부부의 환영을 받으며 사직동 선교부에서 함께 살기 시작했다. 이제는 딸과 사위가 아니라 동등한 자격의 동료 선교사였다. 하디 부부가 서울에 도착한 한 주일 후 램버스 감독도 연회를 주재하기 위해 내한했다. 본래 1920년 연회는 춘천에서 거행할 예정이었으나 유한익 목사와 김조길 전도사를 비롯한 춘천교회 교인들이 독립운동에 연루되어 체포된 바람에 연회 장소를 서울로 옮겨 9월 15~20일 종교교회에서 개최되었다. 연회원 중에는 정춘수와 오화영·신석구·유한익·김영학 등 아직도 감옥에 갇혀 있는 목회자들이 여러 명 되었다. 램버스 감독은 목회자 파송이동을 최소화하였다. 다만 3·1운동 이후 만주와 시베리아 지역으로 망명 및 이주하는 기독교인들이 늘어남에 따라 중단했던 만주·시베리아 선교를 재개하기로 하고 크램을 선교 관리자, 정재덕 목사를 선교사로 파송하였다.

1920년 연회에서 하디는 계속 협성신학교와 피어선성경학원, 두 곳 교장을 맡아보며 석교교회 담임자로 파송되었다. 처음으로 한국연회 정식 회원으로 참석한 사위 피셔는 연희전문학교 교수로 파송되었고 하디 부부와 함께 들어온 에바는 '개인적으로' 조선예수교서회 문서 사역을 도왔다. 연회를 마친 후 하디는 신학교 사역에 복귀하여 가을학기 수업을 준비하였다. 두 학교 모두 독립운동으로 인한 후유증에서 완전히 벗어나지 못한 상태였다. 특히 협성신학교는 아직도 많은 졸업생과 재학생들이 감옥 안에 있거나 도피 중이었다. 화재로 강의실을 잃은 데다 휴교령으로 1년 동안 수업을 하지 못했던 협성신학교는 1920년 봄 학기가 되어서야 수업을 재개했다.

하디가 서울로 돌아왔을 때는 신학교 본관의 보수 공사가 어느 정도 마무리되어 학교는 화재 전 모습을 회복하고 있었다. 9월 28일 가을학기를 개강하였는데 1학년과 2학년 각 5명 정도밖에 등록하지 않았다. 여전히 불안한 '시국상황' 때문이었다. 3·1운동 이후 신학교는 일본 경찰 당국의 감시를 받았다. 신학교 기관지 「신학세계」도 경찰의 감시와 검열을 피할 수 없었다. 가을학기 개강 직전, 1920년

9월 22일자 「기독신보」에 실린 기사다.

> "본월 14일에 발행할 「신학세계」는 치안방해의 어구語句가 있다 하야 이를 경기도 경무부警務部에서 전부 압수하였다더라."

일본 총독부는 신문이나 잡지 내용까지 검열하여 독립운동에 관한 보도나 반일反日 논조의 글은 싣지 못하게 하였다. 「신학세계」가 이런 검열에 걸려 문제 된 내용을 삭제하고 재인쇄한 후 전국에 배포하였다. 문제된 글은 해주지방 장로사 그로브가 쓴 "독립과 기도"란 글이었다. 본문은 삭제되었지만 제목은 그대로 두어 독자들은 삭제된 글이 어떤 내용인지 미루어 짐작할 수 있었다.

하디는 일제의 감시와 검열을 피하여 「신학세계」를 계속 발간해야 할 책임이 있었다. 그런 중에도 하디는 「신학세계」에 논문을 계속 발표하였다. 다음은 하디가 1923년 교장직을 사임하기까지 「신학세계」에 발표한 글이다.

분야		논문(연재 시기)
성서신학	구약	"네 큰 선지자" (1920.1~5) "아가서 강론(역술)" (1920.11~1922.1) "에스겔" (1921.1) "호세아" (1921.3) "하박국" (1921.5) "성경공부의 원측" (1921.7) "나훔" (1922.1) "묵시 강론(역술)" (1922.3~12) "공의의 선지자 아모스" (1923.1) "사랑의 선지자 호세아와 성결의 선지자 이사야" (1923.2) "히스기야 왕 때의 두 선지자: 평민 미가와 정치가 이사야" (1923.6) "요시야 왕 때에 개혁을 운동한 두 선지자: 스바냐와 청년 예레미야" (1923.8) "여호야김 왕 시대에 세 선지자: 나훔과 예레미야와 하박국" (1923.11), "히브리 종교의 기원" (1923.11) "예레미야와 에스겔의 예언" (1923.11)
	신약	"예수 그리스도" (1920.3~9) "요한일서 해석" (1922.3~1923.6) "요한2서와 3서" (1923.8)
실천신학		"개인 전도할 의무(역술)" (1923.1~1924.1)
기타		"사설: 학생 제군에게" (1922.7), "제7권의 편집을 마치면서" (1922.12), "감리회협성신학교 교장 보고" (1923.8)

이 시기 「신학세계」에 발표된 하디의 글이 예언서 연구에 집중되었음을 알 수 있다. 하디는 본문 주석이나 강해 보다는 인물 연구에 초점을 맞추었다. 즉 예언자의 출신과 활동의 시대적 배경, 예언 메시지의 역사·신학적 의미를 규명하려 노력하였다. 우선 하디는 "네 큰 선지자"라는 제목으로 이사야와 예레미야, 에스겔, 다니엘 연구를 시작하였다. 이들은 망국 시대와 포로시대 이스라엘을 대표하는 예언자들이었다. 하디는 예언서의 핵심을 '선민사상'으로 보았다. 세속적인 목적과 유익을 얻기 위해 이스라엘을 침략하고 지배하는 주변의 '세상 나라'와 달리 이스라엘은 세상을 구원하기 위한 하나님의 특별한 계획과 섭리에 따라 '선택된' 민족이라는 사상이었다.

> "이방인들은 현재에 속한 백성들이니 곧 우리 주의 말씀하신 바와 같이 땅의 민족들이며 오직 이스라엘은 재앙을 받는 가운데서도 저희는 장래에 속한 민족 됨을 깨닫기를 그치지 아니한 것이라. 어떠한 국민적 불행이라도 능히 소멸시키지 못한 이 진기한 포부를 유대 민족의 심중에 살아 있게 도와준 것은 아무것보다도 예언이니 예언은 모든 시대에 항상 이스라엘에게 하나님의 율법이 그 모든 허락과 경계하심으로써 현재에 확실히 적응함이 되고 이 율법이 장래에 최후 승리를 얻을 것을 보이는 엄위하고 광명한 그림이 되어 마치 현재를 장래에 연聯하는 다리가 된 지라."

하나님은 당신의 거룩한 계획, 곧 세계만민을 구원할 도구로 선택한 이스라엘 민족을 거룩하게 훈련시키기 위해 율법을 주셨다. 그러나 이스라엘 민족은 율법을 지키기보다 어겼고 그 결과 거룩함을 상실했다. 그럼에도 하나님은 이스라엘을 포기하지 않으시고 '풀무 불로 연단하시는' 망국과 포로생활, 그 시련과 고난을 거쳐 '거룩함'을 회복하도록 인도하셨다. 심판(징벌)과 회복, 그것이 예언의 핵심이었다.

> "이사야가 자기 예언을 총괄하는 그 세 큰 의지를 발견시키고 응용할 방법의 몇 표본이 이러하니 곧 이스라엘 위에는 여호와의 백성이란 거룩한 예정이 있음과 저들이 저희 생존한 법칙이 되는 이 예정하심을 따라 행하지 아니하면 거룩한 심판이 항상 저희 위에 달려 있음과 여러 번 심판 가

운데 단련을 받은 거룩하고 없어지지 않을 그 나머지는 저희로 말미암아 끝 날에 비칠 그 영화로운 상태가 실현될 것이라.”

하디는 두 번째 예언자 예레미야도 같은 관점에서 해석하였다. 그러면서 예레미야를 그리스도의 예표豫表로 보았다.

“예레미야의 광포한 새 언약의 기초는 이것이니 죄를 사하심의 열매요 자유로운 뜻으로 자녀같이 순종하는 근원이 되는바 성신이 마음을 새롭게 하시는 것이라. 율법은 결코 이를 산출할 권능이 없었나니 이 언약이 후일에 하나님과 인류 사이에 건설되리라 하였도다. 그런데 6세기를 지나 될 일을 그렇게 명백히 지시한 이 기초는 주의 못 박히신 날과 오순절에 놓았으니 곧 어린 양의 피로 다시 화목함과 성신으로 새 마음을 얻는 것이다. 이 선지자의 예언에서 세상에 건설된 하나님의 나라에 대하여 가장 맑고 가장 신령한 각오가 있는 것을 우리가 깨닫겠으며 그 국가가 유형한 전제정치의 전복되는 것을 목도하는 경각에 예레미야와 그 전체 민족을 붙드신 고상한 소망을 가히 보겠도다.”

하디는 예레미야 예언 6백 년 후의 페르시아 제국 멸망을 ‘유형有形한 전제정치의 전복’이라고 표현하였다. 이 대목을 읽는 한국 독자들은 마음속으로 언젠가 이루어질 ‘일본 제국주의의 몰락’을 연상하였을 것이다.

하디는 세 번째 예언자 에스겔을 ‘회복’ 관점에서 해석하였다. 그는 에스겔서의 ‘마른 뼈 골짜기의 생기’ 이야기(겔 37:1~10)에서 국가 회복의 2대 원리를 찾았다.

“우리는 여기서 두 가지 회복에 대한 예표를 보나니 첫째 으뜸으로 그 백성의 외계적 정치적 회복이라. 곧 포로생활을 면하고 귀국하는 일인데 그 부활함의 먼저 상태가 그 표상이 되는 도다. 그러나 국가 회복은 그 민족에게 생명의 기관만 주어 국민적 사회적 조직은 이루게 하되 바로 생명을 주는 것은 아니라. 그런즉 국가가 생명이 없이 곧 하나님의 생기 거룩함의 정신이 없이는 영화롭고 흥성한 가운데 들어가는 것이 무삼 유익이 있느뇨. 열매 맺힘이 없이 쉬 스러지는 꽃과 다름이 없도다. 이스라엘이 그 고국에 돌아오는 것이 과연 부활하였다는 칭호를 들을 만큼 되자면 마땅히 하나님 나라로 그 정점을 삼을 것인데 이는 오직 하늘의 은사 곧 신령적 생활을 나려주심으로만 할 것이라. 그런즉 우리는 그 오순절에 이 묵시의 보이신 둘째 사실이 실현된 줄 아나니 그 국민의 심령상 거듭남이 실행되며 동시에 모든 인류가 구원을 얻는 새 세대가 또한 시작할 것이라."

첫 번째 생기가 외형의 회복으로 국가의 정치적, 외형적 회복을 의미하였다면 두 번째 생기는 내면의 회복, 즉 종교적, 내면적 회복을 의미하였다. 그런 관점에서 하디는 포로생활을 마친 이스라엘 민족의 귀환을 1차 생기 회복으로 보았고, 그 후 5백 년 지나 오순절 성령강림을 온전한 2차 회복으로 보았다. 이런 해석을 한반도에 적용한다면, 한민족이 일본의 식민통치로부터 정치적 독립을 쟁취하는 것이 1차 회복이고 한민족이 종교적으로도 '신령한' 백성이 되어 이 땅에 하나님의 나라를 건설하는 것이 2차 회복이라 할 수 있다. 하디는 정치적 회복보다 종교적 회복을 더 중요하게 여겼다.

하디는 네 번째 예언자 다니엘을 통해서 정복주의 야욕에 사로잡힌 제국들의 멸망을 이야기하였다. 그는 바벨론에서 포로생활을 하던 다니엘이 느부갓네살의 꿈에 보였던 진흙과 철, 놋, 은, 금으로 만들어진 신상, 그리고 다니엘 자신이 환상으로 본 '네 짐승'을 다니엘 시대부터 그리스도 시대까지 이스라엘 민족을 다스리다 멸망한 네 제국(바빌로니아·페르시아·그리스·로마)으로 해석하였다. 인류 역사에서 약소국을 침략하고 지배하는 제국주의 국가들의 오만과 폭력에 대한 하나님의 심판은 불변의 법칙이었다.

"어느 국가가 흥성함의 극도에 달하야 제 발달로 제 정치적 혹 무력적 조직으로 혹 도덕 발전으로 세계문명의 선두에 섰다고 스스로 자랑하는 일이 있느뇨? 혹 어느 국가가 하나님의 경고하심에 눈을 가리웠다가 미리 보지 못하던 심판에게 공격을 당하야 땅에 넘어져 상한 사람처럼 누어 피를 흘리느뇨? 어느 국가가 전능하신 이의 징계를 받은 후 하늘 재판장께 경의를 표하고 저를 때린 지팡이를 저주하지 아니하며 도리어 저를 징계하신 손에 영화를 돌리느뇨? 어느 국가가 회복을 얻는 광명한 빛을 맛본 후에 다시 또 한 번 야심적 소망과 세상적 갈망에 전심하느뇨? 다니엘이 나아와 주의시키기를 말세의 금金 같은 시대를 실현하는 것은 사람의 할 일이 아니오 그리스도의 하실 사업이며, 사회상 참담을 소멸하는 것은 오직 죄악을 끊어버리는 결과로만 될 것이오. 인류에게 행복 되는 시대는 오직 의의 해가 올라 오늘날부터 비로소 시작될 것이니 간단히 말하자면 그 영광은 하나님의 명하시는 안에서 거룩함의 면류관이라 할지니라."

하디는 소小예언서도 같은 맥락에서 해석했다. 하디는 '사랑의 선지자' 호세아가 탕녀 고멜을 세 번씩이나 용서하고 데려온 것과 그를 예언자로 부르신 하나님의 계획을 "자기 동포의 의지 없는 형편 처지를 생각하고서 권고하며 애통하며 징계하며 엄호하며 엄책하며 허락하였으니 사실상 저희를 여호와 앞에 정결하고 흠이 없는 사역자로 다시 만들기 위하야 다수한 가급적 수단을 써서 돌아오기를 권면하려 하심"이었다고 설명하였다. 회개는 회복과 부흥의 출발점이었다.

하디는 '공의의 선지자' 아모스서의 요지를 여섯 가지로 정리하였다. 즉 1) 여호와는 공의의 신이시니 거의 종교를 반대하고 사회를 파괴하는 사회적 죄악은 결코 용서하지 아니함, 2) 여호와는 당신의 백성이 의로운 자가 됨으로 착한 행동을 나타내기를 기대하심, 3) 이스라엘은 소망이 없이 부패하고 부끄러워할 줄도 모르고 무례하고 완고함, 4) 이스라엘이 하나님의 징계함을 무시하고 회개하기를 원치 아니함, 5) 여호와께서 반드시 북방 나라의 군사로 정복하야 심판하심, 6) 이스라엘이 각국으로 헤어짐으로 키질하는 중에서 복 받고 회복될 참 이스라엘의 좋은 알갱이가 생길 것을 예언한 것으로 정리하였다. 회개와 회복을 통해 '좋은 알갱이'가 된 이스라엘에 새로운 농사(역사)의 희망이 있듯 시련과 고난으로 연단 받은 한민족에게도 그런 희망의 미래가 있음을 암시하였다.

하디는 하박국을 '독립자존'의 사상가, 포로생활 중에 "고상한 묵시를 받아 안위와 담력을 얻은" 예언자로 설명하였다. 그는 하박국 2장 4절의 "보라 그의 마음은 교만하며 그 속에서 정직하지 못하나 의인은 그의 믿음으로 말미암아 살리라."는 말씀을 바탕으로 교만한 국가와 의로운 민족의 상반된 운명을 설명하였다.

“선지자 하박국에게 판에 기록하여 걸라고 하신 묵시는 간단하고 활발하나 이해할 수 없는 것은 아니니 2장 4절에 있는 두 말은 선인과 악인의 운명을 상반한 것인 듯 하니 그 뜻은 악한 자로 말하면 그 뜻이 정직하지 않고 그 속으로 나약하니 죽을 지경에 이르렀으나 의인은 하나님을 믿는 믿음으로 말미암아 살지니 곧 그의 믿음과 여호와를 견고히 의지함이니라. 역사상 내려오는 사실을 보건대 사람의 위력威力과 부원富源과 무력한 도덕을 의뢰하는 민족들은 비운을 당하여 길이 살지 못하고 의로움과 하나님을 존중히 여기는 의인들은 사나니 죽을 형편에 이른 후라도 살고 저희는 미쁨을 말미암아서 사나니 곧 영원히 사시고 그 생명은 일반 인류의 근원이 되시는 하나님을 굳게 의탁함으로 사나니라.”

군사력과 경제력, 그에 바탕을 둔 무력과 위력으로 이웃 나라들을 침략하고 지배하려는 ‘악인’의 나라는 망할 수밖에 없지만 하나님을 의지하는 믿음으로 사는 ‘의로운’ 민족은 죽은 것 같으나 살아서 하나님의 영광을 드러낸다. 독자들은 “누가 악인이고 누가 의인인가?” 질문하면서 일본과 한국, 두 나라의 현재와 미래를 비교하였을 것이다.

하디는 나훔서를 통해 서로 상반된 두 종류의 애국심을 분석했다.

“나훔 선지자의 간단한 예언은 인류가 공평함을 얻으려고 애걸함에 대한 영구하게 응용할 말씀이 되었나니 이 예언은 무도한 압제함을 대항하여 인류의 심정에서 나오는 원한의 소리며 범법犯法을 막고 무죄한 자의 피 흘리는 것을 벌하심을 하나님께 구하는 부르짖음이며 성도가 주께 부르짖어 ‘얼마 동안이나 이 핍박을 용납하시리이가.’ 하는 구함에 대하여 길이 있으리라고 대답하실진대 믿음은 소멸되고 공경하는 마음과 애국심은 스러지리라. 물질상 성공과 사사私事 영광을 홀로 중히 여기는 애국심은 보존치 못할 나라를 세우게 되리니 대개 하나님께서 그런 나라를 심판하실 때가 이르러 그 나라를 멸하고 진리와 의로움을 중심 삼는 애국심을 가진 자들의 나라를 견고케 하실 것이니라.”

애국심에 관한 한 일본과 한국은 서로 뒤지지 않았다. 그러나 그 성격은 판이하게 달랐다. 일본은 민족 우월주의, 애국주의 열정에 사로잡혀 대륙으로 진출하려는 야욕에서 한반도 침략과 지배를 추구하였다. 반면에 한민족의 애국주의는 일본의 제국주의 침략과 말살로부터 살아남기 위한 것이었다. 일본의 민족주의가 세력 확장을 위해 '공세적인' offensive 것이었다면 한민족의 민족주의는 생존을 위해 '방어적인' defensive 것이었다. 하디는 그 차이를 인식하고 있었다. 그래서 "물질적인 성공과 사사로운 영광을 중히 여기는 애국심"과 "진리와 의로움을 중심으로 삼는 애국심"을 구분하였다. 전자는 하나님의 심판으로 멸망할 것이지만 후자는 하나님의 보호하심으로 견고케 될 것이다.

그렇게 하디는 안식년 휴가를 마치고 돌아와 예언자 연구에 집중하였고 그 결과를 「신학세계」에 발표였다. 이를 통하여 협성신학교 재학생과 졸업생, 목회자들은 은유와 비유 속에 담긴 메시지를 읽을 수 있었다. 독자들은 구약의 예언자들이 처했던 이스라엘 민족 상황을 오늘 한민족이 처한 정치·사회적 상황과 비교하면서 "현재와 현실만 보지 말고 역사와 미래를 보라." "고난과 시련 가운데 하나님의 선민으로 살았던 이스라엘 민족의 역사에서 오늘 한민족을 향하신 하나님의 섭리와 계획을 읽으라." "물질적인 가치와 자기 유익만 추구하던 제국주의 국가들은 하나님의 심판을 받아 멸망하였지만 역경 가운데도 정의와 평화를 추구하고 믿음을 지킨 민족은 하나님의 보호하심으로 살아남았다. 억압으로 통치하려는 일본과 신앙으로 이를 극복하려는 한국의 미래가 분명하지 않은가?" 하는 위로와 희망의 메시지를 읽었다.

25.
“나중 영광이 더 크리라”
협성신학교 교장 사역

> 이 성전의 나중 영광이 이전 영광보다 크리라. 만군의 여호와의 말이니라. 내가 이곳에 평강을 주리라. 만군의 여호와의 말이니라(학 2:9)

평화의 시대. 모든 것이 풍부했던 시절에 지은 솔로몬의 첫 번째 성전에 비하면 포로생활에서 돌아와 지었던 두 번째 성전은 규모에서 뒤떨어질 수밖에 없었다. 그럼에도 예언자는 “나중 영광이 처음 것보다 크리라.” 였다. 왜 그랬을까? 두 번째 성전은 철저한 회개를 기반으로 지은 것이기 때문이었다.

화재사건이나 3·1독립운동은 협성신학교에 큰 위기를 불러왔다. 학생들은 체포되거나 도피 중이었고 강의실도 없어 수업이 제대로 진행되지 않았다. 그런 중에도 하디는 신학교 교장으로 복귀하여 본관 건물을 복구하고 학제와 교과과정을 새롭게 개편함으로 1920년대 신학교 부흥시대를 열었다.

1921년에야 신학교는 정상화되었다. 1921년 1월 간행된「신학세계」6권 1호부터 편집진을 개편하여 교장 하디가 발행 겸 편집인으로 복귀하였고 신학교 교수 데밍과 히치, 장락도, 조상옥 등으로 편집부를 구성했다.「신학세계」주필 조상옥은 1921년 가을학기부터 피어선성경학원 교수도 겸하였다. 화재로 훼손되었던 갬블기념관은 ‘선교백주년기금’ 2만 4천 달러(4만 8천 원)로 완전히 복구되었다. 중앙난방 보일러 시설을 갖춘 건물 각방엔 난로가 필요 없게 되었고 바닥도 목재 대신 시멘트로 바꾸었다. 본관에는 8개 강의실과 사무실, 교수 연구실, 도서실, 강당, 기도실(예배실)을 마련하였고 기숙사도 증축하여 70명을 수용할 수 있게 되었다. 하디는 교내에 추가로 선교사 사택과 한국인 직원 숙소, 학생 진료실도 지었다. 3년 전 추가로 매입한 언덕 아래 부지에 운동장을 조성하고 주변에 다양한 과실나무와 꽃나무를 심었다.

이처럼 환경과 시설을 쇄신한 1921년 4월 1학년(신입생) 14명, 2학년 9명, 3학년 10명, 총 33명으로 봄 학기 수업을 시작하였다. 1920년 가을학기에 1~2학년 8명이 수업한 것에 비하면 놀라운 숫자였다. 목회 때문에 등록하지 못한 학생들까지 포함하면 협성신학교 재학생 수는 총 79명에 달했다. 6월 30일 봄 학기 종강 후 곧바로 졸업생을 위한 '고등 신학연구반'을 개설하였는데 전체 졸업생의 3분의 1에 해당하는 37명이 등록해서 한 달 동안 수업을 들었다. 오랜만에 모교를 찾은 졸업생들로 신학교는 활기를 띠었다. 그렇게 신학교는 화재와 3·1운동을 겪기 이전 상황을 회복하고 있었다.

신학교 회복은 곧 한국교회의 회복을 의미하였다. 3·1독립만세운동으로 투옥되었던 교계 인사들 가운데 중형을 선고받았던 오화영 목사나 신석구 목사를 제외하고는 대부분 석방되어 목회 현장에 복귀하였다. 그런 상황에서 3·1운동 영향으로 교회마다 신입 교인들이 늘어나고 있었다. 이들을 지도할 목회자와 선교사 인력 보충이 시급하였다. 특히 선교사 추가 파송이 시급했다. 1918년 이후 새로 파송된 선교사는 피셔 부부 밖에 없었다. 하디는 1921년 4월 선교사 잡지 *The Korea Mission Field* 에 "시급한 인력 보충"이란 글을 발표했다. 그는 남감리회 목회자 현실에 대하여 "현재 한국인 목회자는 47명, 전도부인 44명, 권서 13명, 선교사 32명밖에 없다. 지난 5년 동안 9,854명이 새로 등록했고 교회는 50개 신설되었는데 이들을 가르치고 훈련할 인력이 부족하다."며 본국 교회에 선교사 증파를 호소하였다.

> "더 이상 버티기 어렵습니다. 선교사를 더 보내 주십시오. 한국 전 지역에서 새 신자들이 급증하고 있습니다. 인종과 민족을 떠나서 이들을 지도할 사람이 필요합니다. 새로 들어오는 이들은 사회적으로나 지식적으로 상층에 속하는 이들입니다. 특히 청년계층에서 많이 나오고 있습니다. 이들

을 바른 신앙으로 가르치지 않는다면 교회의 영적 능력을 유지하기 어려울 것입니다. 현재 인력으로는 새로 나오는 사람들을 4분의 1도 돌보기 어렵습니다. 본국 교인들에게 호소합니다. 남자든 여자든 사명감을 가지고 나와서 우리를 도와주십시오.”

이런 하디의 ‘간곡한’ 호소에 미국 선교본부가 호응하였다. 1921년 9월 남선교사 스펜서와 셔하우스, 여선교사 핸슨과 메이너, 브레이, 퍼리, 코크, 모우크 등 8명이 한꺼번에 들어왔고 11월 케이트가 합류했다. 계속해서 1922년 브러프와 스나이더, 루비 리, 맥마킨이 들어왔고 1923년 하워드와 하우저, 라이트, 구들렛, 1924년 새디 모어와 블랙, 로써, 1925년 올리버 스미스와 율린 스미스 등이 들어왔다. 그 결과 30명 수준이었던 남감리회 선교사가 4년 사이에 50명이 되었다. 하지만 새로 들어온 선교사 가운데 반 이상은 1차 임기(6년)만 끝내고 귀국하였다. 장기간 머물며 선교하기가 그만큼 어려웠다.

1921년 9월 14~19일 서울 종교교회에서 남감리회 연회가 개최되었다. 그런데 연회를 주재할 램버스 감독이 일본에서 투병 중이라 서울에 오지 못했다. 램버스 감독은 두 달 전인 1921년 7월 내한해서 브래넌과 테일러, 양주삼 등과 함께 만주·시베리아 선교시찰 여행을 떠나 8월 1일 블라디보스토크에서 시베리아 선교연회를 조직한 후 서울을 거쳐 일본으로 돌아갔다. 이후 램버스 감독은 건강이 급속히 악화되어 끝내 회복하지 못하고 9월 26일 숨을 거두었다. 램버스 감독의 유언에 따라 그의 장례식은 그가 태어났고 또한 어머니 묘소가 있는 중국 상해에서 10월 11일 한·중·일 3국 감리교회 연합으로 진행되었다. 한국에서는 크램과 양주삼 목사가 대표로 장례식에 참석했다. 장례식 후 램버스 감독 부인은 한국연회에 1만원을 기부하여 은퇴 목회자들을 위한 집을 마련하였다. 하디는 「신학세계」 1921년 11월호를 ‘램버스 감독 추모특집’으로 꾸몄다.

1921년 연회는 램버스 감독이 참석하지 못해 크램 장로사가 대신 회의를 주재하였다. 하디는 협성신학교 교장과 피어선성경학원 원장으로 계속 파송되었고 석교교회 담임도 겸하였다. 하디는 두 신학교 교장을 겸하고 있어 학사일정도 같이 운영하였다. 즉 1921년 9월 23일 같은 날 두 학교 모두 가을학기를 시작하여

12월 20일 마쳤다. 종강 후 12월 21일, 협성신학교 제7회 졸업식이 거행되었다. 협성신학교는 1918년 12월 이후 2년 동안 졸업생을 배출하지 못하다가 1921년 12월에야 제7회 졸업생 6명을 배출하였다. 민족운동계의 거두 월남 이상재 선생이 권설 순서를 맡았던 졸업식에서 이은택과 방기순·안석준·오현경·오의명·전재풍 등 6명이 졸업하였다. 그 가운데 오현경·오의명은 독립운동으로 옥고를 치른 부자父子 신학생이었고 방기순과 안석준도 옥고를 치르고 나온 독립운동가였다.

하디 부부는 가을학기를 마치고 냉천동 협성신학교 부지 안에 새로 지은 선교사 사택으로 거처를 옮겼다. 지하실을 갖춘 2층짜리 벽돌집 양관이었다. 하디는 신학교 안 교장사택에서 살게 되면서 학교 사무를 보는데도 편리하였고 연구와 집필에 보다 많은 시간을 할애할 수 있었다. 또한 담임하고 있던 석교교회와도 가까워 목회에도 도움이 되었다.

하디는 신학교 동료 교수들과 논의하여 1922년부터 몇 가지 새로운 변화를 시도하였다.

첫째, 겨울학기(1~2월)를 부활시켜 1년 3학기제로 운영하기로 하였다. 2년제 피어선성경학원은 이미 오래전부터 3학기제로 운영하고 있었다. 이에 따라 협성신학교는 1922년 1월 5일, 피어선성경학원은 1월 12일 겨울학기 수업을 시작하였다.

둘째, 신학교 교수진을 대거 보충하였다. 남감리회의 하디와 히치, 미감리회의 데밍과 케이블, 장락도 외에 미국 오하이오 웨슬리언대학 및 드류신학교 졸업생 노정일과 협성신학교 졸업생 김인영, 그리고 최병헌 목사를 새로 초빙하였다. 총독부가 필수과목으로 지정한 일본어는 10년 넘게 소다가이치曾田嘉伊智가 맡아 강의하고 있었다. 일제강점기의 대표적인 '친한파'親韓派 일본인으로 알려진 소다는 서울 일본인 감리교회 전도사(장로)로 가마쿠라鎌倉(후암동)에 고아원(해방 후 영락보린원)을 설립하여 1천 명이 넘는 한국 고아들을 돌보고 있었다. 그리고 1922년 가을학기부터 평양 숭실대학 출신으로 미국 산호세 퍼시픽대학과 시카고 노스웨스턴대학에서 신학을 전공한 변성옥이 교수진에 합류하였다. 변성옥은 조상옥 후임으로 「신학세계」 주필을 겸하였다.

셋째, 학제를 개편하여 1922년 봄 학기부터 '영문과'英文科와 '선문과'鮮文科, 두 반으로 나누어 신입생을 뽑기로 했다. 협성신학교는 1917년에도 '영어반' 모집을 시도했지만 정원(5명)을 채우지 못했다. 그런데 3·1운동 이후 고등학교와 전문학교 졸업생 가운데 신학 지원자들이 늘어나면서 다시 한번 영어전문 수업을 시도하기로 했다. 그러면서 영문과를 '본과'本科, 선문과를 '별과'別科로 불렀다. 그리고 본과와 별과 3년 과정을 마친 졸업생을 위해 1년 과정의 연구과를 운영하기로 했다.

넷째 학과 개편에 따라 입학 기준과 교과목에도 변화가 이루어졌다. 다음은 개편된 학제에 따라 신학생들이 배워야 할 교과목이었다.(괄호 안은 시간)

분야	본과(영문과)	별과(선문과)	연구과	
			본과	별과
성경신학	성경지지·역사(2) 성경(22) 성경총론(2) 희랍어·히브리어(4)	성경지지·역사(2) 성경(18) 성경총론(3)	성경(5)	성경(5)
조직신학	조직신학(6)	조직신학(6)		
역사신학	교회역사(6)	교회역사(6)	교회역사(3)	교회역사(3)
실용신학	주일학교교육학(2) 실용신학(7) 교회장정(2)	주일학교교육학(1) 실용신학(7) 교회장정(2)	실용신학(3)	실용신학(4)
교양	영어(16) 문학(4) 논리학(2) 심리학(2) 만국지지·역사(3) 종교비교학(1) 사회학·주일학교법(4) 음악(8)	일본어(8) 영어(2) 한문(2) 문학(1) 논리학(2) 심리학(2) 종교비교학(1) 사회학·주일학교법(4) 음악(6)	문학(2) 종교비교학(2) 희랍어·히브리어(4)	문학(2) 종교비교학(2)

개편된 협성신학교 교과목을 보면 목회를 지망하는 신학생으로 반드시 배워야 할 성경과 조직신학, 교회사, 실용신학(실천신학), 주일학교 교육(기독교교육), 교회장정 외에 영어와 일본어, 한문, 문학, 음악, 종교학, 사회학 등 일반교양 과목들에도 상당한 시간을 할당하였음을 알 수 있다. 이는 성경과 신학에 대한 기본 지식만

으로는 점차 교양과 지식 정도가 높아가는 현대 교인과 시민들을 효율적으로 지도할 수 없다는 판단에 따른 것이었다. 목회자는 교회에서뿐 아니라 지역사회에서도 지도자로 인정받아야 했다. 그러기 위해서는 신앙과 신학에 대한 지식과 능력뿐 아니라 일반교양과 지식, 정보에도 일반 시민에 뒤떨어져서는 아니 되었다. 특히 불신자 지식인들을 교회로 인도하기 위해서는 종교와 사회, 문학에 대한 기본 지식을 갖추어야 했다. 그것은 새로 제정한 신학교 목적에서도 확인된다.

> "본교의 목적은 기독교의 교역자를 양성키 위하여 성경과 신학의 과정을 준비할 뿐 아니오 그 높은 직분의 실행을 위하여 교육함이라. 이 신학교는 신神의 교훈과 신이 이 세상에서 역사役事하신 것의 완전한 지식을 학생들에게 교시敎示할 과정을 준비하는 것이니 이 과정은 교역자 되기에 기초가 되며 또 교회 일로 역사할 때에 능력 있는 일군 될 방법을 가르쳐 주는 것이라."

이처럼 협성신학교는 학제와 교과과정, 교과목을 개편한 후 1922년 4월 입학시험을 거쳐 1학년은 본과, 별과 합하여 13명, 2학년 27명, 3학년 19명이 등록하여 총 49명이 봄 학기 수업을 시작했다. 3개월 수업을 마친 3학년생 가운데 '엄격한' 졸업 시험을 통과한 강문호와 김영렬, 유백희, 이윤영 등과 그동안 독립운동과 목회 등으로 졸업식에 참석하지 못했던 방훈과 이인구, 김기순, 신석구 목사 등 총 8명이 6월 15일 제8회 졸업식에서 졸업장을 받았다. 하디는 협성신학교 졸업식 이틀 전인 6월 14일 거행된 피어선성경학원 제7회 졸업식을 주관하며 홍희수와 송문용, 현성원 등 졸업생 3명을 배출했다.

협성신학교 가을학기는 남감리회 연회 때문에 한 달 늦춰 10월 11일 개강하였다. 1922년 9월 12~16일 개성 송도고등보통학교에서 개최된 남감리회 연회는 미국 총회에서 새로 감독으로 선출된 보애즈 감독이 나와서 주재하였다. 그 동안 한국 연회를 주재한 감독들은 미국에 거주하면서 선교지를 방문했던 '순회감독'이었는데 보애즈 감독부터 선교지에 거주하는 '주재 감독'으로 일본 고베와 중국 상해, 서울 사직동에 사택을 마련하고 아시아 선교를 지휘하였다. 보애즈 감독과 함께 *The Missionary Voice*에 한국의 독립운동에 관하여 우호적인 기사를 실었던 해외선교부의 핀슨 총무와 여성해외선교부의 하웰 총무도 내한하였다.

보애즈 감독은 연회 중에 김인영과 임두화, 이인구, 강재의, 박진하, 원익상, 권사용, 한사연 등 8명에게 목사 안수를 베풀었다. 모두 하디의 신학교 제자였다. 특히 하디의 '양녀 사위' 인 김인영은 목사 안수를 받으면서 협성신학교 교수로 임명되었다. 보애즈 감독은 연회 마지막 날 송도고등보통학교 교장이던 왓슨을 서울 협성신학교 교수로 파송하고 윤치호를 송도고보 교장으로 임명하였다. 왓슨은 미국 밴더빌트대학 출신으로 1905년에 내한, 이듬해 개성으로 내려가 한영서원(송도고등보통학교)에서 사역을 시작하였고 학교 설립자 윤치호 교장이 105인사건으로 체포되어 학교가 위기에 처했을 때 교장직을 맡아 10년 만에 9백 명이 넘는 재학생과 140명 졸업생을 배출한 명문 사립으로 육성하였다. 그런 왓슨이 하디의 요청으로 1922년 6월 협성신학교 졸업식에 참석해서 설교하였는데 그 내용이 졸업생과 재학생은 물론이고 신학교 교수들과 목회자들에게 감동을 주었다. 그 결과 "왓슨을 신학교로 보내야 한다."는 여론이 형성되었다. 하디는 신학교를 맡길 후계자로 왓슨을 염두에 두었다.

1922년 연회에서 하디의 파송 임지에는 큰 변화가 없었다. 그는 계속 협성신학교 교장과 피어선성경학원 원장, 그리고 석교교회 담임자로 파송되었다. 여기에 추가해서 하디는 영국성서공회 요청으로 한글성경 개역위원이 되었다. 영국성서공회는 1910년 구약성경 한글 번역본을 인쇄한 후 곧바로 언더우드와 게일, 레이놀즈 등으로 개역위원회를 조직해서 성경(구약) 개역작업에 착수하였다. 그러나 언더우드의 별세1916년 후 개역 작업에 별 진전이 없다가 1920년 게일과 레이놀즈가 개역위원이 되었고 1922년 베어드와 하디가 합류하면서 번역(개역) 작업에 탄력이 붙었다. 그리하여 하디는 1935년 은퇴하고 귀국하기까지 13년 동안 구약 개역 작업에 참여하였다. 하디의 사역에 신학교육과 저술활동 외에 성경번역 작업이 하나 더 추가되었다.

이처럼 하디는 안식년 휴가에서 돌아온 후 화재로 인해 소실되었던 본관 건물을 완전 복구하고 학교 시설과 주변 환경을 새롭게 조성하면서 학교 안 교장 사택으로 거처를 옮겼다. 신학교는 미감리회와 남감리회, 양측 감독과 선교부의 전

폭적인 지원으로 재정적으로도 안정적인 기반을 조성하였다. 하디는 교수진을 대폭 보강하고 학제와 교과과정, 입학과 수업 규정을 전면 개정하였다. 처음으로 영문과를 시작했는데 결과도 좋았다. 매 학기 10명 미만이었던 등록학생 수도 40~50명으로 늘었다. 중단되었던 졸업식도 2년 사이에 세 번이나 거행하여 미뤘던 졸업생들을 배출하였다. 졸업생 가운데는 3·1독립만세운동에 참여하고 옥고를 치르느라 수업이나 졸업식에 참석하지 못했던 '독립운동가' 신학생들이 많이 포함되어 있었다. 격월간으로 간행되는 신학교 기관지 「신학세계」도 독자들의 사랑을 받으며 꾸준히 배포되었다. 모두가 하디 교장의 탁월한 지도력의 결과였다.

26.
"머물 때와 떠날 때"
협성신학교 교장 사임

> 범사에 기한이 있고 천하만사가 다 때가 있나니 날 때가 있고 죽을 때가 있으며 심을 때가 있고 심은 것을 뽑을 때가 있으며 죽일 때가 있고 치료할 때가 있으며 헐 때가 있고 세울 때가 있으며…(전 3:1~3)

때를 잘 알아야 한다. 그래야 실수와 오류를 줄일 수 있다. 인간의 때도 중요하지만 하나님의 때는 더욱 중요하다. 때와 시간의 결정권자이신 하나님의 때에 맞춰 사는 지혜가 필요하다. 그래서 예수님도 제자들에게 "때를 분간하는 지혜를 구하라."(눅 12:56)고 당부하셨다.

1923년 하디는 노년기에 접어드는 58세가 되었다. 독립 선교사 시절까지 포함하면 한국에서 선교사로 33년 사역하는 중 협성신학교 교수로 16년, 교장으로 10년 사역하였다. 정년까지 10여 년 남은 상황에서 선교사역을 잘 마무리하는 것이 중요하였다. 그러기 위해 사역을 취할 때와 내려놓을 때를 잘 분간해야 했다.

형식과 내용에서 면모를 일신한 협성신학교는 1923년 2월 학생 부흥회로 겨울학기를 마감하였다. 강사는 이필주 목사와 김창준 목사였다. 둘 다 협성신학교 동문으로 3·1운동 민족대표로 참여하여 2년 8개월 옥고를 치르고 나온 직후였다. 석방 후 김창준 목사는 서울 중앙교회, 이필주 목사는 연화봉교회(후의 청파동교회) 담임으로 목회에 복귀하였다. 이필주와 김창준, 두 목사는 1922년 12월 피어선성경학원에서 개최된 미감리회 서울지방회 주최 '석방 목사 환영회'에 참석했다가 마침 열리고 있던 피어선성경학원 학생 부흥회에 참석해서 '옥중 체험'을 간증하였다. 그 자리에 있었던 하디는 이필주, 김창준 두 목사를 협성신학교 부흥회 강사로 초청하였다.

협성신학교 부흥회는 2월 9일(목)부터 2월 12일(일)까지 4일 예정으로 개최하였다. 부흥회 주제는 "주 하나님, 우리에게 성령 세례를 주옵소서."였다. 이필주 목사가 오전과 오후 집회, 김창준 목사가 저녁 및 새벽 집회를 나누어 인도하였다. 3·1운동 민족대표로 장기 옥고를 치르고 나온 두 '동문 목사'가 인도하는 부흥회에 후배 신학생들도 비상한 관심을 갖고 참석했다. 그런데 둘째 날까지 아무런 반응이 없었다. 케이블 교수가 *The Korea Mission Field* 에 "신학생들의 대각성운동"이란 제목으로 기고한 학생 부흥회 장면이다.

> "둘째 날 아침 시간이 참으로 인상적이었다. 김[창준] 목사는 짧지만 가슴을 울리는 메시지를 전했고 한 시간 넘게 기도하였다. 두 목사가 거의 모든 시간을 독점했다. 그들은 온 힘을 다해 하나님께 기도하며 자백했다. 한 목사가 기도를 마치면 다른 목사가 바로 이어서 기도했다. 그렇게 수없이 반복했다. 보이지 않는 능력의 임재를 느꼈다. 두 목사가 자백한 죄는 분노와 불성실, 질투, 외식外飾, 하나님보다 세상 것을 더 사랑한 것, 남을 비난하고 불평한 것 등등이었다. 그러나 둘째 날까지 죄를 자백하는 학생은 한 명도 없었다."

학생들은 독립운동에 참여했던 동문 목사들을 통해 정치나 사회, 민족의식에 관한 연설을 기대했는지도 모른다. 그런데 두 목사는 학생들 앞에서 기도와 자백만 반복했다. 학생들에게 그런 장면이 낯설었고 때론 실망스럽기도 했다. 학생들의 반응이 없자 강사나 교수들도 실망하였다. 그런데 사흘째 되는 날 학생들이 변하기 시작했다. 계속되는 케이블의 증언이다.

> "성령께서는 당신 방식대로 집회를 이끄셨다. 학생들의 죄책감이 깊어지면서 즉흥적인 자백들이 터져 나오기 시작했다. 한 학생이 일어나 자기 가슴을 열어 제치고 머리를 찧으며 괴로워하자 학생들은 그를 위해 함께 기도하였다. 긴 자백의 시간이 흘렀다. 그들이 자백한 죄란 형식적으로 예

배드린 것, 오만했던 것, 받는 봉급이 적다고 불평했던 것, 이런저런 정욕들, 교수들에 대한 불평과 불만, 부모를 거역한 것, 예수를 머리로만 알려고 했던 것 등등이었다. 집회가 끝날 때까지 자백은 계속 이어졌다."

학생들이 자백한 죄는 앞서 강사 목사들이 자복한 것과 비슷한 것들이었다. 대부분 목회자로서 지을 수 있는 내면적인 죄들이었다. 학생들은 자기 죄를 공개 자복할 뿐 아니라 죄로 인해 괴로워하는 동료 학생을 위해 합심해서 기도하였다. 집회는 하루 더 연장되어 월요일(2월 13일) 오후에야 끝났다. 집회 내내 자복하기를 거부했던 학생 다섯 명도 마지막 날 집회 때 통회 자복하였다. 전교생이 성령 충만을 경험했다. 케이블의 기사는 "학교 전체가 부서진 것 같았다. 모든 학생이 마음을 새롭게 하여 하나님께 헌신하였다."는 말로 끝났다. 부흥회를 거치면서 학교 분위기는 완전히 달라졌다. 학생들은 부흥회를 통해 '받은 은혜'를 가정과 교회로 돌아가 용서와 화해, 성화의 삶을 살았다.

하디는 별도로 미국에서 간행되는 *The Missionary Voice*에 협성신학교 부흥회 소식을 전했다.

"우리 학교 졸업생 두 목사가 신학교에 와서 부흥회를 인도하였는데 그들은 피정 기간 중에 받은 은혜를 우리에게 전해 주었다. 그들의 설교는 단순하면서도 능력이 있었다. 학생들은 수업을 중단하고 매일 네 차례 교실에 함께 모여 설교를 들었다. 참석했던 거의 모든 학생이 죄를 회개하였다. 학생들은 교만과 탐욕, 이기심, 질투, 형식적인 사역, 집과 신학교, 가정에서 사랑 없이 형식적으로 사역했던 것들을 회개하였다. 그들은 성령을 체험하고 성령의 이끌림을 받아 거룩하고 선한 삶을 살기로 결심하였다."

하디 교장은 '성령 충만'으로 끝난 1923년 협성신학교 학생 부흥회를 지켜보면서 깊은 감동과 감회를 느꼈다. 그리고 그것은 정확하게 20년 전, 1903년 원산에서 시작된 부흥운동의 재현이었다. 기도와 말씀으로 준비한 집회에서 인도자(강사)가 먼저 '성령의 감동'을 받아 통회 자복한 것이 부흥운동의 시작이었다. 인도자의 회심체험이 참석자들의 통회자복을 끌어내 회중은 회개와 중생, 성화에 이르는 기독교 신앙의 본질을 체험하였다. 20년 전, 30대 후반 나이에 부흥운동의 도구이자 주역으로 활약했던 그가 이제 50대 후반에 이르러 자신이 가르쳤던 신학교 제자 목사들이 인도하는 부흥회에서 동일한 성령의 역사가 일어나고 있음을 목격하였다. 이제 부흥운동 사역은 제자들의 사역이 되었다. 그가 없어도 한국교회 부흥운동을 계속 될 것이라는 확신도 얻었다. 그것은 또한 '아름다운 퇴장'을 준비하라는 암시이기도 했다.

부흥회 한 달 후, 3월 23일 제9회 졸업식에서 곽주영과 노병덕, 임진국 등 3명이 졸업하였다. 이로써 협성신학교는 총 115명 졸업생을 배출하였다. 하디는 3·1운동 민족대표로 서명하고 옥고를 치른 신홍식 목사를 초청해서 졸업식 축사를 맡겼다. 1923년 봄학기부터 신입생 입학 자격을 고등보통학교 졸업생으로 제한하였고 영문과 입학생은 별도 영어시험을 치러야 했다. 이처럼 입학생 자격을 까다롭게 규정하였음에도 예상외로 많은 지원자가 몰려왔다. 4월 6일 봄 학기를 개강할 때 입학시험에 통과한 영문 예과 9명, 본과(선문과) 1학년 72명이 새로 입학하였다. 여기에 1년 전에 예과로 들어와 1년 수업을 마친 영문과 1학년 5명, 본과 2학년 30명, 본과 3학년 16명을 합쳐 총 135명이 수업을 받았다. 영문과(예과)와 본과 합쳐 신입생 81명 가운데 34명이 총독부 인가를 받은 고등보통학교 출신이었다. 하디 교장은 6월 봄 학기 수업을 마치면서 3·1운동 민족대표로 옥고를 치렀던 오화영 목사를 초빙하여 특별 기도회를 가졌다.

협성신학교와 마찬가지로 피어선성경학원도 1923년 '최고의 해'를 기록하였다. 성경학원은 1912년 학교 설립 이후 총 250명이 2년 과정으로 들어와 성경과 성경지리, 성경역사, 한문과 일본어를 배웠다. 졸업생 64명 중 35명이 목회자가 되었거나 준비 과정으로 교회 사역에 참여하고 있었다. 1923년에는 92명이 등록하였는데 이는 학교 역사상 가장 많은 숫자였다. 그중에 69명이 신입생이었고 2학년이 23명이었다. 그 해에 14명이 졸업하였는데 5명이 감리교협성신학교에 입학하였다. 당시 재학생 49명(1학년 22명, 2학년 27명) 가운데 30명이 미감리회, 15명이 남감리회, 4명이 장로교 소속이었다. 피어선성경학원 교수진은 북장로회와 미감리회, 남감리회 선교사와 한국인 목회자들로 구성되었으며 「신학세계」 주필이었던 조상옥 목사가 1921년부터 피어선성경학원 원감으로 파송되어 학교 운영의 실무를 담당하였다.

이처럼 두 신학교가 역사상 가장 활기찼던 1923년 봄 학기, 하디는 협성신학교 강의실에서 '충격적인' 사건을 겪었다. 이 사건은 해방 후 협성신학교 제14회 졸업생1928년 이진구 목사의 증언을 통해 알려졌다. 개성 한영서원 졸업생 이진구는 원산 광명학교 교사로 3·1운동에 참여하고 6개월 옥고를 치른 후 개성 한포구역 전도사로 목회하면서 1922년 가을 협성신학교에 입학했다. 그의 신학교 동기 중에는 그와 같은 민족주의 학생들이 많았다. 그런 신학생들이 하디의 강의를 듣다가 반발한 것이다. 이진구 목사의 증언이다.

> "하디는 본래 의사요, 목사로서 근엄한 신사였다. 한국으로 말하면 군자요, 선비였다. 그는 좀체 웃지를 아니한다. 그가 한 번 웃으면 3년 풍년이 든다는 별명이 날 만큼 그에게는 웃음이 없었다. 하디 교장이 가르치는 과목은 구약 호세아였는데 성경에서 죄란 말이 나오기만 하면 으레 '너희 조선인이 지금 일인에게 박해를 받는 것은 죄가 많은 까닭이다.' 라고 한국인의 죄를 들먹인다. 그것도 한두 번이 아니었다. 교수 중에 죄란 대목이 나오기만 하면 몇 번이고 한국인의 죄와 결부시키곤 했다. 한 번은 한 학생이 '선생님, 우리나라 속담에 좋은 말도 세 번 들으면 듣기 싫다는 말이 있습니다.' 하고 한국인의 죄에 대한 말을 삼가도록 진언도 했으나 하디에게는 소용이 없었다."

하디는 강의실에서는 종종 "한국이 망한 것도 오랜 세월 하나님께 죄를 지은 때문이다. 그러니 한국이 독립을 얻으려면 죄를 회개하고 거룩한 하나님의 백성으로 거듭나는 것밖에 없다."는 취지로 강의하였다. 하디는 한민족이 회개할 죄목을 게으름과 정직하지 못한 것, 관리들의 부정과 부패, 당파적 이기심, 교만과 배타성, 편협한 시기와 질투 등을 지목하였다. 수업 중 거듭 '한국인의 죄' 를 지적하는 하디의 강의에 자존심이 상한 신학생들이 '반격' 을 도모했다.

“그 후 하디 교장의 호세아 시간이 돌아왔고 예의 죄의 말이 또 나왔다. 이때를 놓칠 새라 신후승이 일어나 이진구가 수집해 준 자료를 가지고 공격을 시작했다. ‘우리 조선 백성이 지금 일본에 속박을 받는 것은 죄 값이니 마땅하다고 늘 말씀하시는데 우리가 세계 역사를 상고하여 보았더니 역사상에 영국인처럼 죄악이 많은 나라는 없습니다. 영국은 아프리카와 아시아의 여러 나라를 강점하고 그 민족을 다량 학살하였으며 특히 인도에는 동인도회사를 설립하고 수억만 인구와 그 애국자들을 학살했습니다. 그보다 더 큰 죄는 중국 4억만 인구에게 아편을 먹여 죽이려고 하다가 아편전쟁까지 일으킨 죄악은 역사상 유례없는 죄악입니다. 우리 조선은 한 번도 외국을 침노한 일이 없는 군자의 나라인데 일본 놈들이 포악하게도 우리나라를 강제로 빼앗은 것이 아닙니까?’ 이 말을 들은 교장은 얼굴이 붉어지더니 입술이 바르르 떨린다. 한순간 노한 눈으로 학생들을 노려보던 그는 다시 고개를 들며, ‘옳소 마는 우리 영국 사람은 각국에 선교사를 많이 보내서 선교하지 아니하오?’ 했다. 즉, 너희 말이 옳다. 그러나 그 죄를 속하기 위해 각국에 선교사들을 많이 보내어 전도하는 것이 아니냐 하는 뜻이다. 과연 학생들이 예측한 대로 그의 기지 있는 답변 한마디에 학생들의 공격은 꺾였고 그의 얼굴은 다시 자신만만한 태도로 변했다. 이때 전주부가 나서더니 책상을 꽝 치며 ‘당신 같은 인종 차별 하는 선교사는 필요 없다.’고 소리치고 재차 책상을 내리쳤다. 교장은 다시 온몸을 부들부들 떨며 가방에 책을 넣고 나간다. 그대로 나가면 큰일이라고 생각한 나이 많은 목사 학생들은 재빨리 나가 문을 가로막은 후 ‘못 나가십니다. 모든 원한을 다 풀고 나가셔야 합니다.’ 하고 제지했으나 교장은 두 학생을 밀치고 그대로 나가버렸다.”

선교사에게 ‘인종 차별’이란 단어는 치명적이었다. 사실 그 무렵 3·1운동 이후 민족적 자존심이 한층 강화된 한국인 사회에서 일부 선교사들이 보여준 백인 우월주의 자세에 대한 비판과 반대 여론이 팽배해 있었다. 「동아일보」와 「매일신보」, 「조선일보」, 「중외일보」 등에 선교사들이 운영하는 기독교 학교에서 일어난 ‘외국인 선교사 배척운동’에 관한 기사들이 종종 실려 청년·학생 계층에 급속히 퍼지고 있던 사회주의(공산주의) 진영의 반反기독교운동에 빌미를 제공했다. 그런 때 신학교 강의실에서 신학생의 선교사 교수를 향한 ‘인종 차별’ 발언이 나왔으니 당사자인 하디는 물론, 교수와 학생 모두에게 충격이었다. 결국 이 사건은 교수회를 넘어 이사회까지 올라갔고 교수와 학생회 사이에 타협이 이루어져 ‘인종차별’

발언을 한 전주부만 '출학'정학시키는 것으로 사태는 종결되었다.

전교생이 참여하는 동맹휴학으로 발전하지 않았지만 '교장 배척' 발언은 하디에게 큰 충격을 안겨주었다. 어쩌면 한국에서 선교사로 사역했던 기간 중 가장 충격이 컸던 사건일 수도 있었다. 하디는 이 사건을 "교장직에서 물러나라."는 하늘의 뜻으로 받아들였다. 하디는 앞선 김창준 목사와 이필주 목사가 인도한 학생 부흥회를 목격하며 "물러날 때가 되었다."고 생각했다. 그러던 차에 비록 일부지만 자신을 배척하는 학생들이 있음을 확인하고 교장직에서 물러날 결심을 굳혔다. 하디는 1923년 6월 이사회와 선교회에 신학교 보고서를 제출하면서 사임을 표명하였다.

"과거 3년 동안에 나에게 돌아오는 모든 중대한 책임을 원만히 감당치 못함을 점점 깨달았으나 다만 하나님의 특별하신 은혜와 진실한 아내의 도움으로 지금까지 왔으며 과거 1년 동안에는 조선문 성경을 개정함과 신학교에 가장 필요한 신학 교과서를 준비하며 신학세계와 그리스도 신문의 원고를 취집함에 다대한 시간을 이용하였는데 이 일은 허다한 집무와 여러 가지 방해에서 거리낌이 없어야 하겠는고로 이에 교장의 직무를 사면하오니 이와 같이 체임하고 얼마큼 힘을 더는 것이 본인이 더욱 유조하게 신학교를 도움이 될 줄로 믿으며 동시에 탁사[이사]들과 교사[교수] 제씨께 영구히 계속할 이 사업에 대하야 유력히 도우심을 감사하옵나이다."

신학교 이사회와 남감리회 선교부는 고심 끝에 내린 하디의 사임원을 받아들였고 하디가 추천한 왓슨을 후임 교장으로 선임하였다. 하디는 교장직만 사임하였지 교수로서 계속 강의하면서 「신학세계」 편집 일은 계속 맡아 하였다. 피어선성경학원 원장직도 계속 맡았다. 게다가 조선예수교서회 편집부장이란 새로운 직책을 맡았고 초교파 교계신문 「기독신보」 사장까지 맡게 되었다. "때를 분간하여" 신학교 교장직에서 물러난 하디의 선교사역은 오히려 더 늘어났다.

V.

제2의 고향에서

: 문서선교와 농촌운동

1923~1930

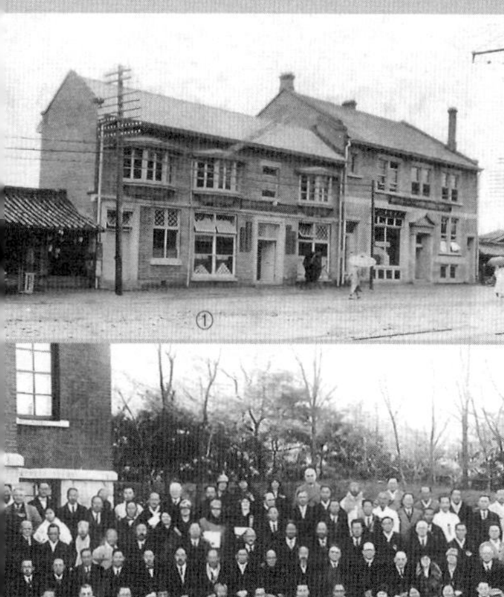

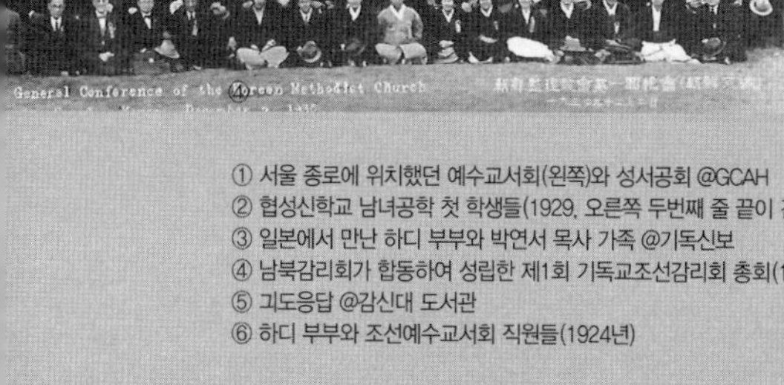

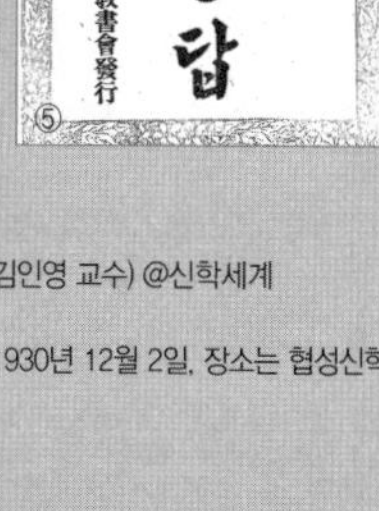

① 서울 종로에 위치했던 예수교서회(왼쪽)와 성서공회 @GCAH
② 협성신학교 남녀공학 첫 학생들(1929, 오른쪽 두번째 줄 끝이 김인영 교수) @신학세계
③ 일본에서 만난 하디 부부와 박연서 목사 가족 @기독신보
④ 남북감리회가 합동하여 성립한 제1회 기독교조선감리회 총회(1930년 12월 2일, 장소는 협성신학교) @김진형
⑤ 긔도응답 @감신대 도서관
⑥ 하디 부부와 조선예수교서회 직원들(1924년)

27.
"진리의 말씀을 기록하라"
조선예수교서회와 「기독신보」 사역

> 전도자는 지혜자이어서 여전히 백성에게 지식을 가르쳤고 또 깊이 생각하고 연구하여 잠언을 많이 지었으며 전도자는 힘써 아름다운 말들을 구하였나니 진리의 말씀들을 정직하게 기록하였느니라(전 12:9~10)

진리는 깨달으면 알리게 되어 있다. 그래서 전도자는 깨달은 진리를 설교나 강의, 강연, 혹은 기록을 통해 남에게 전달한다. 제자 역시 스승의 말씀을 기록으로 남기려 한다. 그 결과 진리는 기록된 말씀으로 후대에 전달된다. 기록된 말씀을 묶은 것이 곧 성경이다.

하디는 의사로 시작하여 목사와 부흥사를 거쳐 신학교 교수가 되었다. 직책과 역할은 바뀌었지만 사역의 중심은 성경이었다. 성경 속에 담긴 진리를 한국 사람들에게 전하는 것이 선교의 사명이었다. 이를 위해 설교와 강의도 많이 하였지만 문서로 남기는 일을 더 중요시하였다. 협성신학교 교장직을 사임한 하디에게 새로 맡겨진 사역이 바로 '문서선교'였다.

1923년 8월 30일부터 9월 2일까지 서울 수표교교회에서 개최된 연회에서 보애즈 감독은 하디의 임지를 조정하였다. 감독은 협성신학교 교장직 사임을 표명한 하디를 협성신학교 이사 및 교수로 계속 파송하면서 피어선성경학원 원장, 석교교회 담임을 겸하도록 하였다. 그리고 새롭게 '예수교서회 편집사업 및 성경번역 사업'을 맡겼다. 하디의 사위 피셔는 연희전문학교 교수로 계속 파송되었고 양녀사위 김인영도 협성신학교 교수로 파송을 받아 신학교 구내의 한국인 교수 사택으로 옮겨 하디 부부와 같은 부지 안에 살았다. 2년간 조선예수교서회 협동총무로 봉사했던 에바는 결혼하기 위해 1923년 5월 미국으로 돌아갔다. 에바의 결혼 상대는 미국의 스탠더드석유회사 한국지점에서 근무한 적이 있던 보스턴의 사업가 윌슨이었다.

함께 살던 딸이 결혼하기 위해 떠나고 협성신학교 교장직도 내려놓고, 어찌 보면 하디 부부에게는 쓸쓸한 가을이었다. 그런 때 협성신학교 졸업생과 재학생들이 '하리영 박사 협성신학교 재직 15주년 기념식'을 마련했다. 즉 1923년 9월 재학생 전체와 졸업생 대표 최병헌·오화영·김종우·김인영·홍종숙·김창준 등의 발기로 준비위원회를 구성한 후 한 달 준비 끝에 1923년 10월 30일 협성신학교 강당(예배실)에서 기념식을 개최하였다. 최병헌 목사의 사회로 홍순탁 목사의 기념사 후 졸업생과 재학생들이 은제 꽃병을 축하선물로 증정하였다. 선교 초기부터 함께 사역했던 게일과 에비슨, 노블 등이 축사를 맡았다. 특히 선교사들 사이에 '토론토 삼총사'로 불렸던 에비슨과 게일, 하디가 오랜만에 한자리에 모여 30년 우정과 20년 선교사역을 회고할 때 참석자들은 큰 감동을 느꼈다. 하디 부부도 기념식을 통해 많은 축하와 위로를 받았다. 특히 '스스로' 교장 직책을 내려놓은 것에 대하여 졸업생과 한국인 목회자들이 높이 평가하는 발언을 들으면서 자신의 결단이 옳았음을 재확인하였다.

협성신학교 학생 동문들이 마련해준 신학교 재직 15주년 축하를 받는 것으로 가을학기를 시작한 하디는 기존 신학교 사역 외에 새로 맡겨진 예수교서회 문서사역과 성경번역 일로 더욱 분주하였다. 가을학기 수업을 마친 후 1923년 12월 선교본부 핀슨 총무에게 쓴 편지다.

> "9월부터 11월까지 시간의 반을 신학교 사역에 할애하였습니다. 신학교에서 매주 8시간, 1학년에게 모세오경 개론, 2학년과 3학년에게 로마서와 에스겔서를 강의하였습니다. 나머지 시간 반은 예수교서회 편집부 일을 하였습니다. 12월 한 달은 평양에 가서 출애굽기 개역 작업에 참여하였습니다. 1학년생 이찬용이 편집부 일을 도와주고 있는데 그에게 특별장학금을 보내 주어 고맙습

니다. 켄터키주 밀러스버그의 맥대니얼 부인이 보내 준 기금으로 우리가 사는 건물 비용의 부족한 부분을 채웠습니다. 작년에 총무님과 나눈 대화를 생각하며 다시 힘을 얻습니다."

하디의 새 직장이 된 조선예수교서회朝鮮耶穌敎書會는 오늘 대한기독교서회의 전신으로 1890년 6월 정동 언더우드의 사택에서 언더우드와 아펜젤러·베어드·벙커·기포드·존스·게일·헐버트·마펫·레이놀즈 등 장로교와 감리교 선교사들에 의해 설립되었다. 설립 초기에는 배재학당 인쇄소 사역을 하던 올링거가 실무를 맡았고 1893년부터 북장로회 선교사 빈턴이 맡아 하다가 1910년부터 구세군 사관 본윅이 '전임 총무'가 되어 28년간 사역하였다. 본윅 총무 체제로 바뀐 후 사업이 확장됨에 따라 1911년 종로 2가 대로변에 2층 벽돌집을 짓고 1층은 책방, 2층은 편집 및 업무 공간으로 사용하였다. 예수교서회 바로 옆에 한글성경을 인쇄, 반포하는 영국성서공회가 붙어 있고 길 건너편에 중앙기독교청년회가 있어 종로 2가는 일제강점기 초교파 문화선교운동의 구심점이 되었다.

조선예수교서회는 1910년대까지 기독교 교리와 전도 문서를 주로 간행하다가 1920년대 들어서 성경 주석과 신학 관련 교재들을 많이 간행하였다. 하디도 「신학세계」에 연재했던 글을 모아 조선예수교서회 발행으로 『다니엘서 강해』 1921년와 『구약총론 상』 1921년, 『바울행적』 1921년, 『표준교리문답』 1923년, 『기도의 원측』 1926년, 『기도응답』 1925년, 『공창의 해독』 1925년, 『교사와 학생』 1925년, 『판결골작이』 1926년 등을 간행했다. 그 외에 장·감 연합 찬송가와 주일학교 공과를 발행하였고 정기간행물로 영문 월간잡지 *The Korea Mission Field*와 한글 주간신문 「기독신보」, 그리고 「성경잡지」와 「주일학교잡지」도 간행하였다. 창립 30주년을 넘긴 1921년에 이르러 조선예수교서회는 신간 99종을 포함하여 20년 동안 3백만 권을 인쇄 배포하였고 전도지를 포함하여 총 4,700만 쪽을 인쇄하였다.

1920년대 들어 예수교서회 사업이 크게 확장됨에 따라 1923년 가을 조선예수교서회 이사회는 새 사옥 건축과 편집부 설치를 결의하였다. 새 사옥 건축은 자금 문제로 1925년에야 착수하였다. 그동안 예수교서회는 실행위원회와 편집위원회를 두고 경영과 편집, 출판을 맡도록 했다. 각 선교회 대표 선교사들로 구성된 편집

위원회는 편집위원들이 각자 원고를 마련해서 서회에 넘기면 서기와 총무가 협의해 출판했다. 그렇다 보니 체계적인 편집 기획이나 출판이 이루어지지 못했다. 이에 1923년 이사회는 서회 실무진을 영업부와 편집부로 이원화하여 영업부에 본워 총무와 미감리회의 벙커, 구세군 사관 출신 홉스를 선임하고 편집부에 북장로회의 게일과 남장로회의 클라크, 그리고 남감리회의 하디를 선임했다. 편집부에 배정된 게일과 하디, 클라크는 모두 '편집부장'이란 직책으로 각기 2~3명의 한국인 직원들을 데리고 번역과 집필, 교정 업무를 진행하였다. 출판에 관한 기획이나 결정은 3인 편집부장 협의로 이루어졌다.

하디는 1923년 가을 예수교서회 편집부장으로 일을 시작하면서 번역과 편집 업무를 도와줄 조수로 최상현과 김태원을 데리고 갔다. 최상현은 3·1운동 때 연희전문학교 졸업반 학생으로 동대문교회 전도사로 있으면서 독립선언서를 영문으로 번역하는 일에 참여했다가 1년 옥고를 치른 후 「신학세계」 편집부에서 일하다가 하디를 따라 예수교서회로 옮겼다. 김태원은 배재학당 출신으로 3·1운동직후 중국으로 망명하여 상해 임시정부 산하 무장독립운동 단체인 철혈단 단장으로 국내에 잠입, 친일파 요인 암살을 모의하다가 1921년 1월 체포되어 3년 옥고를 치렀다. 그는 서대문과 함흥 형무소에서 수감생활을 하던 중 신앙을 회복하였고 출옥 후 '감방 동지' 이동욱(협성여자신학교 교수)의 소개로 하디를 만나 예수교서회 번역원이 되었다. 이처럼 하디는 독립운동 전력 때문에 취직도 어렵고 일본 경찰의 감시를 받고 있던 청년 지도자들에게 일자리와 함께 피난처를 마련해 주었다.

하디는 1924년 12월부터 「기독신보」 사장(발행 겸 편집인)도 맡았다. 1915년 12월 창간된 「기독신보」는 복음주의선교연합공의회에서 간행하는 한글 주간신문으로 예수교서회에서 간행 실무를 맡았다. 그래서 창간 때부터 「기독신보」 사장은 본워·게일·밀러·로즈·홉스 등 선교사들이 맡았고 취재와 편집 실무는 김필수·임문상·박동완 등 한국인 주필과 기자들이 맡았다. 3·1운동 당시 「기독신보」 기자였던 박동완은 민족대표 33인 중 1인으로 참여하고 투옥되었다. 「기독신보」는 창간 때부터 '민족주의' 성향의 기사를 자주 실었다. 1920년부터는 3·1운동 민족대표들의 재판을 비롯하여 국내외 독립운동에 관한 기사도 상세하게 실었다. 그 때문에 일본 경찰과 총독부로부터 수시로 '발매 금지', 압수 처분을 당했다. 이런 정치적 탄압과 감시로부터 「기독신보」 기사와 기자들을 지켜내는 것이 사장으로 취임한 하디의 책임이었다.

하디는 사장으로 취임하면서 「기독신보」 편집진을 새롭게 꾸몄다. 협성신학교 제자로 「신학세계」 주필과 피어선성경학원 원감을 역임한 조상옥을 「기독신보」 주필로 임명하였고 편집부 기자로 김춘배와 최경식을 채용했다. 예수교서회 편집부에서 일하던 최상현과 김태원, 한치진, 고영환 등도 신문사 일을 도왔고 일본 도쿄제국대학을 졸업한 평양 숭실전문학교 교수 채필근 목사, 일본 아오야마학원 신학부를 졸업한 협성여자신학교 교수 전영택 목사, 일본 고베신학교를 졸업한 승동교회 김영구 목사, 세브란스의학전문학교 교수 이의식 등을 '촉탁 기자'로 임명하고 연재물을 맡겼다. 그는 또 지역사회와 교회에 영향력 있는 목회자나 평신도 지도자들을 '선전원' 혹은 '특파원'으로 세워 「기독신보」의 외연 확대를 꾀하였다. 그 결과 그가 사장으로 취임한 6개월 사이에 「기독신보」 발행 부수가 2천 7백 부에서 4천 부로 늘어났다.

하디는 1925년 6월 *The Korea Mission Field*에 「기독신보」의 기능과 역할을 다음과 같이 정의하였다.

> "어느 나라든 가장 풀기 어려운 문제가 윤리와 도덕 문제이다. 이런 문제를 해결하는 방법은 교육을 통한 사회적 양심을 고취시키거나 기독교 국가에서는 종교 언론을 통해 이 문제를 꾸준하게 다루는 것뿐이다. 그러므로 국민 가운데 일부만 기독교를 믿는 나라에서 종교 신문이 얼마나 중요한 역할을 하는지 쉽게 알 수 있다. 그런 나라에서는 일반 언론이 도덕 문제를 중요하게 여기지 않을뿐더러 다루더라도 반대 방향에서 다룬다. 한국에서 기독교가 계속 발전하려면 각 교인 가정마다 종교 신문이 지속적으로 배달되어 사악한 영향력으로부터 가족을 지켜내도록 이끌어야 한다. 세속 신문이 얼마나 위험한지 아는 사람이라면 비록 주간신문이지만 기독교 신문이 꾸준하게 배포됨으로 그 사악한 영향력을 제어하고 소멸시킬 수 있음을 알 것이다. 더 중요한 것은 출판의 자유가 제한된 곳에서 기독교 신문이 바른 정보와 교육의 매체가 되어서 교인들의 영적 생활을 증진시킬 뿐 아니라 교인들로 하여금 곁길로 나가지 않도록 이끌어주는 역할을 한다는 점이다."

1920년대 들어 청년·학생 계층, 지식인 사회에 허무주의와 세속적 쾌락주의 문화가 확산되었다. 여기에 반反종교 노선을 표방한 사회주의와 공산주의, 무정부주의 등 급진적인 사조가 등장하면서 교회와 기독교는 그 공격과 비판 대상이 되었다. 이 같은 이념과 사상, 문화와 사조의 혼란 속에서 「기독신보」가 교회와 교인, 특히 청년 학생들을 바르고 선한 길로 이끄는 '영적 인도자' 역할을 수행할 것으로 기대했다. 그런 점에서 하디는 「기독신보」에 최고의 필진이 쓴 최상의 기사가 실리도록 노력하였다.

「기독신보」의 제1 필자는 사장인 하디였다. 그는 사설이나 논설 외에 신앙과 신학 관련 글들을 계속 발표하였다. 다음은 1923~1930년 하디가 「기독신보」에 쓴 글이다.

분야	제목(발표 시기)
사설 논설	"기뻐하라"(1924.11.5) "본보 발전의 치하와 요구"(1925.1.28) "사회의 기초"(1925.4.29) "락심자를 동정하라"(1925.6.3) "교역자 제씨께"(1925.11.18~12.2) "부모를 공경하라"(1927.5.25) "협동 협력"(1928.10.24) "평신도를 선두로"(1930.11.19~11.26) "기독교? 교파주의?"(1930.12.3)
신앙 교양	"기도는 무엇이뇨"(1923.1.31~2.14) "기도는 하나님의 방침으로 정하신 천명"(1923.3.7~3.14) "개인기도"(1923.3.28~8.15) "어떻게 기도할가"(1923.8.29~12.26) "묵상"(1925.10.7) "과학 강좌"(1930.10.29~11.12) "현대청년과 장래노인"(1930.4.23)
신학	"신자의 의義"(1924.12.24) "구신약 성경연구"(1929.10.30~1931.12.23)
보고 기사	"피어선성경학원 보고"(1924.7.23.) "본 사장의 관서시찰담關西視察談"(1925.1.14) "가나다교회 병합에 대하야"(1925.7.22) "관서지방 조선교회 정황"(1925.9.9) "여중잡문旅中雜聞"(1926.3.31~8.25) "고 조상옥군을 추억함"(1927.9.7) "클락씨의 농업강좌"(1929.8.28~9.25) "조선 싸리로 미국이 치부"(1930.3.19) "가나다의 교회연합"(1930.9.10~9.17)

8년(416주) 동안 연재를 포함하여 총 162회 글을 발표하였다. 이름을 밝히지 않고 쓴 논설과 사설까지 포함하면 거의 매 호 한 편 이상 글을 쓴 셈이다. 그뿐 아니다. 하디는 예수교서회 편집부장, 「기독신보」 사장으로 자리를 옮긴 후에도

편집인으로 이름을 올린 「신학세계」에 계속 논문과 논설을 발표하였다. 다음은 1924~1932년 「신학세계」에 발표한 하디의 글이다.

분야	제목(발표 시기)
성서신학	"묵시록 강의"(1924.1~3) "요엘서 강의"(1924.6) "아모스 강의"(1924.9) "로마인서"(1924.12) "골로새인서 서론"(1925.10) "에베소인서 서론"(1925.12) "빌립보인서 서론"(1926.4) "빌립보인서 대지"(1926.4) "빌레몬서 서론"(1926.4) "유다서 서론"(1926.7) "성경의 영감"(1927.4) "창세기 강의"(1927.6~1929.6) "학개의 교훈"(1927.9) "산상설교"(1927.9) "성경공부 하는 법"(1927.9) "성경과 과학의 일치한 증명"(1928.5) "히부리에서 직접 번역한 일문신약日文新約"(1928.7) "이적의 기원"(1928.7) "창세기와 바벨론에서 발견된 비문들"(1928.7) "목회서신 개론"(1928.11) "골로새서 의역意譯 부附 주해註解"(1929.1) "에베소서 의역意譯 부附 주해註解"(1929.3) "현하 조선교회 안에 성경
성서신학	해석"(1929.5) "기적과 성경"(1929.6~8) "신약연대론"(1929.11) "신약편성에 대하여"(1929.12) "예수 그리스도의 교훈"(1929.12) "성경연구법"(1930.1) "구약성경과 과학"(1930.5) "로마인서 주석(의역 포함)"(1930.5) "이스라엘 족속의 메시아 기대에 대하야"(1930.9) "신명기 법전"(1930.11) "에스겔 법전"(1931.1) "창세기에 대한 현대적 교훈"(1931.4) "제사법전"(1931.4) "신약의 유래"(1931.6~1932.3) "이사야서 연구"(1931.8) "예수 그리스도의 생활과 교훈"(1931.8~10) "비판의 결과인 신약"(1931.12) "이스라엘의 최대 예언자"(1932.3) "예수의 생애"(1932.3) "예수의 초자연적 탄생에 대하야"(1932.5~9) "부활의 증거"(1932.5~7)
조직신학	"유일신론"(1927.6~9) "삼위론과 삼위일체설"(1927.11) "하나님께 대한 신념"(1929.11) "개혁적 예수"(1928.7) "기독교 사상의 기조"(1931.1)
역사신학	"애킨스 감독의 서거"(1924.1) "대설교가 빌립스 뿌룩스"(1924.6) "헨드릭스 감독 략력"(1928.1) "세계적 은인 무디"(1928.3) "예루살렘대회"(1928.3) "고 감독 루터 월슨 박사"(1928.11) "고 요셉 할쎌 감독"(1928.11) "해주 폐병원 요양원 헌당식"(1928.11) "기독교조선감리회 제1회 총회기념"(1931.1) "우애의 표현"(1931.1) "중앙협의회에 대하야"(1931.4) "고 나약이羅約珥 의사의 부음을 듣고서"(1931.6) "고 남감리교회 뻬참 감독을 추억함"(1931.10)

분야	제목(발표 시기)
실천신학	"습관"(1924.12) "사람이 무엇이뇨?"(1929.5) "부를 탐하는 자"(1925.8) "죄를 이기는 방법"(1927.8) "금주담총"(1927.11) "기도의 응답(번역)"(1928.11~1929.3) "기도응답의 실례"(1929.3)
기타	"양로養老 준비"(1930.5) "남북감리교 연합에 대하야"(1924.9) "합동하자"(1928.1) "교파연합의 세계적 운동"(1929.6) "교회의 합동"(1929.6) "과거 천년 동안"(1929.11) "조선남북감리교회 연합에 대하야"(1930.9) "평신도를 선두로"(1930.11) "귀국 휴양의 도途에 오르면서"(1932.5)

하디는 격월간으로 간행하는 「신학세계」에 8년 동안(48호) 연재물을 포함하여 총 77편의 논문과 논설을 발표했다. 매 호 두 편 이상 글을 썼다는 계산이다. 앞서 살펴본 「기독신보」에 발표한 글까지 포함하면 8년 동안 240여 편의 글을 썼으니 그사이 안식년 휴가와 지방 및 시베리아 여행 기간을 제외하고 서울에 있을 때는 강의 외에 대부분 시간을 집필에 몰두하였다는 것을 알 수 있다. 여기에 성경 번역까지 포함하면 가히 '초인적인' 집필 활동이었다.

하디는 조선예수교서회 편집부장 및 「기독신보」 사장직을 새로 맡게 된 1924년 이후 냉천동 협성신학교와 신문로 피어선성경학원, 종로 조선예수교서회를 오가며 사역하였다. 그러나 종로의 예수교서회 공간이 부족했기 때문에 새 건물이 마련되기까지는 협성신학교 구내 사택에서 서회 일을 하였다. 그러다 보니 사택 1층은 하디의 번역과 집필, 편집 사무를 돕는 조교와 조수들의 사무실처럼 되었다. 하디의 '초인적인' 저술 활동의 이면에는 이들 한국인 조수와 제자들의 협력과 조력이 있었다. 하디는 제자들과 '함께 협력하며' 진리를 탐구하고 그것을 글로 펴내는 문서 사역에 마지막 열정을 쏟았다.

28.
"누가 이웃이 되겠는가"
일본 여행과 일본 선교

•

> 네 생각에는 이 세 사람 중에 누가 강도 만난 자의 이웃이 되겠느냐. 이르되 자비를 베푼 자니이다. 예수께서 이르시되 가서 너도 이와 같이 하라 하시니라(눅 10:36~37)

강도를 만나 모든 것을 빼앗기고 얻어맞아 죽게 된 유대인을 살려준 것은 제사장도, 레위인도 아니었다. 오히려 유대인들이 '원수처럼' 여기는 사마리아인이었다. 사마리아인은 유대인에게 사랑을 베풀었고 그 결과 둘은 이웃이 되었다. 이웃이니까 사랑하는 것이 아니라 사랑해서 이웃을 만들라는 말씀이었다.

일제강점기 한국인과 일본인은 이웃이나 친구가 될 수 없었다. 3·1운동 후에는 더욱 그러했다. 그러나 언제까지 증오와 반목으로 일관할 것인가? "너희 원수를 사랑하며 너희를 박해하는 자를 위하여 기도하라."(마 5:44)는 말씀이 일본에겐 예외인가? 하디는 그런 고민을 안고 일본을 다녀왔고 거기서 답을 구했다.

협성신학교 교장직을 사임한 1923년 가을학기 이후 하디의 신학교 사역은 매주 5시간 강의와 「신학세계」 편집 업무에 집중하였다. 하디는 신학교를 졸업한 조수뿐 아니라 재학생 중에도 이찬용과 이성식, 김경보, 이응숙, 김종만 등 교비생들의 도움을 받아 업무를 처리했다. 하디는 교비생을 단지 장학금을 주는 가난한 학생으로 보지 않았다. 미래 한국교회를 이끌 목회와 신학계의 재목으로 보고 재학 시절부터 문서 정리와 번역, 집필, 편집 훈련을 시켰다. 그 중에 재능이 확인된 학생들은 신학교 강의나 미국 유학의 기회를 얻었다. 조상옥이 그런 예였다. 하디의 협성신학교 제자이자 양녀 사위였던 김인영도 신학교 조수를 거쳐 교수가 되었다가 1925년 3월 하디의 주선으로 미국 에모리대학에 유학, 구약을 전공한 후 1928년 돌아와 하디가 맡았던 과목을 강의하였다. 1924년부터 하디의 교비생이었던 김종만도 신학교 졸업 후 일본 칸세이학원 신학부를 거쳐 미국 에모리대학과 예일대학에서 기독교 교육을 전공하고 돌아와 협성신학교 교수가 되었다. 「기독신보」 기자였던 김춘배도 장로교 출신이었지만 남감리회 계통의 일본 칸세이학원 신학부에 유학, 신학을 공부한 후 장로교 목사가 되었다. 이처럼 하디는 자기 일을 돕던 제자들에게 유학을 주선하여 한국교회 지도자로 키웠다.

8년째 원장직을 맡고 있는 피어선성경학원도 마찬가지였다. 피어선성경학원은 1916년 서대문 안에 독자적인 교사와 기숙사를 건립한 후 꾸준히 발전하였다. 1924년 3월, 제9회 졸업식에서 학교 역사상 가장 많은 14명 졸업생이 나왔는데 그 중에는 김재황과 백학신, 장기형, 차경창 등 일제강점기와 해방 후 한국 감리교회를 이끈 지도자들이 다수 포함되었다. 피어선성경학원은 12년 역사에 78명 졸업생을 냈다. 피어선성경학원은 1911년 처음 출발할 때부터 협성신학교 '예과' 처럼 운영되어 성경학원 졸업생은 입학시험을 치르지 않고 신학교에 곧바로 입학할 수 있었다. 그러나 1923년부터 협성신학교가 총독부 지시에 따라 신입생 입학 기준을 '고등보통학교 졸업' 으로 규정하면서 성경학원 졸업생들에게 주어졌던 특혜가 사라졌다. 그 결과 성경학원 입학생 숫자가 현격하게 줄어들었다. 신입생 숫자가 1922년에 73명이었던 것이 1923년 49명, 1924년 15명으로 줄었다. 신입생 감소는 학교의 위기였다.

이런 상황에서 하디는 성경학원의 학제와 조직을 개편하였다. 우선 학교 설립 목적에 기존의 전도자(목회자) 양성 외에 평신도 지도자 육성을 추가하였다. 1924년 봄 학기부터 학제를 이원화하여 종래처럼 보통학교 졸업생들을 위한 본과와 고등보통학교 졸업생들을 위한 별과로 나누었다. 별과는 평양 장로회신학교와 서울 협성신학교 입학생을 위해 1년 3학기제로 신구약 성경과 기초 신학, 그리고 영어를 집중적으로 가르쳤다. 또한 주일학교 교사와 평신도 지도자들을 위한 성경연구회와 주일학교 강습회 프로그램을 개설하였다. 하디는 이처럼 성경학원 목적과 학제, 교과 내용을 개편한 후 학교 원장직을 젊은 후계자에게 넘기기로 결심했다. 하디는 원장직과 함께 교수직도 사임하기로 했다. 1924년 9월 미국 북장로회와 미감리회, 남감리회 대표들로 구성된 이사회는 하디의 원장 사임을 승인하고 북장로회의 8년차 선교사 앤더슨을 후임 원장으로 선임하였다. 당시 앤더슨의 나이 34세, 하디보다 25세 아래였다. 그렇게 피어선성경학원은 '젊은' 선교사 중심으로 지도체제를 바꾸었다.

피어선성경학원 사역에서 손을 떼기로 한 상태에서 하디는 1924년 9월 5~9일 개성 중앙교회에서 개최된 연회에 참석했다. 연회를 주재한 보애즈 감독은 하디를 협성신학교 교수와 예수교서회 편집 및 성경번역 사업 담당으로 파송했다. 그리고 하디가 10년 넘게 담임했던 석교교회에 협성신학교 제2회 졸업생 윤상은 목사를 담임자로 파송하였다. 석교교회로서는 첫 번째 한국인 담임 목사였다. 이후 하디는 소속 목사로 석교교회와 교회부속 영신학교 사역을 도왔다. 협성신학교 교장과 피어선성경학원 원장에 이어 석교교회 담임목사까지 내려놓은 하디는 홀가분한 마음으로 집필 사역에 집중할 수 있게 되었다. 신학교든 교회든 자신이 하던 사역을 물려받은 후배와 제자들이 '보다 훌륭하게' 사역을 발전시켜나갈 수 있도록 격려하고 후원하는 일이 선배와 스승으로서 하디가 할 일이었다. 그런 맥락에서 하디는 1924년 가을학기 수업을 마친 후 일본의 관서지역 순회여행을 다녀왔다.

하디가 일본 관서지방을 방문하게 된 동기는 두 가지다. 첫째는 「기독신보」 사장으로서 일본 관서지역 한인교회와 동포들의 실상을 취재하여 한국교회에 알리는 것이고, 둘째는 일본 관서지역 선교사로 파송된 제자 박연서 목사를 격려하기 위함이었다. 도쿄를 중심으로 한 일본 관동지역은 대한제국 시기부터 유학생 중심으로 한인 사회와 교회가 설립된 반면 1910년대 후반 들어서 한인 이주가 급증한 오사카와 고베, 교토, 나고야 등 관서지역에는 경제적 빈곤 때문에 이주한 교포들이 대부분이었다. 1925년 무렵 28만 명으로 추산되는 관서지역 한인 교포 가운데 절대다수가 공장과 상점, 항구에서 막노동을 하면서 살았다. 더욱이 1923년 9월 관동지역에서 일어난 대지진 여파로 일본 내 한인 교포들은 멸시와 천대, 폭행과 추방 위협까지 받았다.

이러한 관서지역 한인 교포들을 대상으로 한 선교는 1917년 고베신학교 유학생 임택권과 이인식이 고베거류 한국인 수 명과 집회를 시작한 것에서 출발하였다. 집회 참석자가 늘어나자 칸세이학원 강당을 빌려 예배를 드렸고 1922년 3월 조선예수교장로회 총회에서 파송한 김이곤 목사의 전도 활동으로 오사카, 나고야, 교토, 나라 지역에도 한인교회가 설립되었다. 장로교 총회에서 경비 부족을 이유로 김이곤 목사를 1년 만에 소환한 후 고베신학교와 칸세이학원 신학부, 도시샤대학 신학부 유학생들이 자원해서 주말마다 한인교포 지역에 나가 교회를 조직하였다. 그 결과 관서지역에만 13개 교회가 설립되어 전담 선교사와 목회자가 필요하였다. 이런 상황에서 1924년 9월 조선예수교연합공의회에서 일본 관서지역 선교를 결의하고 박연서 목사를 파송하였다.

박연서 목사는 하디가 1912년 서울지방 장로사로 시무할 당시 교역자로 양성할 목적에서 피어선성경학원에 추천해서 입학시킨 교회 청년 15명 중의 한 명이었다. 박연서는 피어선성경학원을 졸업하고 1917년부터 철원에서 전도사로 목회하던 중 3·1운동을 맞아 철원 애국단 조직에 참여했다가 체포되어 3개월 옥고를 치렀다. 박연서는 출옥 후 화천과 포천에서 목회하였고 1923년 연회에서 목사 안수를 받은 지 1년 만에 하디의 추천으로 조선예수교연합공의회 선교사로 파송되었다. 박연서 목사는 1924년 9월 말 일본 오사카에 도착한 지 한 달 만에 관서지역 세 곳에 교회를 설립하였다. 하디는 그런 제자 박연서 목사를 응원하기 위해 1924년 11월 20일부터 12월 3일까지 부인과 함께 일본 여행을 다녀왔다. 일본에서 하디를 맞았던 박연서 목사가 「기독신보」에 기고한 글이다.

> “나는 그를 배견하고 열광에 취한 듯 부지중 눈물을 흘렸다. 첫째 나와 하[하디]씨의 개인상 관계는 바울 선생과 디모데의 관계와 같다. 곧 믿음의 아버지이라는 말이다. 선생은 나를 위하여 어릴 때부터 지금까지 힘껏 마음껏 정성을 다하야 충심으로 나를 가르치고 지도하였다…. 이역異域에서 믿음의 아버지를 맞게 되었으니 현명하신 독자는 나의 느낌을 말하지 아니하여도 알 수 있을 것이다. 하 목사는 도착한 날부터 노구의 피로함도 불구하고 각 교회와 우리 동포의 사는 집집마다 호별방문을 하였다. 아! 얼마나 감사하며 기쁜 일이냐. 나는 우리를 위하야 눈물을 뿌리는 저 하

선생과 같은 희생적 동정자가 많이 배출하기를 희망한다."

하디는 9일 동안 오사카와 고베, 니시노미야, 교토, 나라 지역을 돌며 13회 예배를 인도하였다. 일본의 대표적인 명승지인 교토나 나라에 가서도 관광은 한 번도 하지 않고 한인교회 지도자와 교인들을 만나보고 한인 동포들의 주거지와 노동 현장을 방문하여 동포들의 생활상을 조사하였다. 특히 여성이나 아동 노동자들이 많은 공장을 방문해서 위로의 메시지를 전했다. 어려운 형편에서도 자비량으로 한인교회와 노동자 야학을 지도하고 있던 유학생 전도사들도 만나 격려하였다. 재일동포들은 "우리 형편을 알아보기 위해 한국에서 선교사가 왔다."는 사실 하나만으로도 위로가 되었다. 하디는 빈민굴까지 찾아가 한인 노동자들을 위로하였다.

하디 부부는 귀로에 히로시마에 들러 그곳 한인교포 상황을 시찰한 후 서울로 돌아왔다. 귀환 직후 하디는 1925년 1월「기독신보」에 여행보고 기사를 실었다.

"나는 지난 11월 20일로 12월 3일까지 10여 일간 일본 관서지방을 시찰하였는데 그 지방에 그렇게 다수한 조선인이 두류逗留할 줄은 나의 생각 밖이었다. 그들의 생활 상태는 대개로 복잡하고 참담하지만은 공장에 붙어 일하는 사람은 비교적 안전하다. 그러나 장시간 노동할뿐더러 출입을 자유로 하지 못한다. 그곳으로 가는 여러 조선 형제들이 상당한 일자리를 얻기까지는 많은 곤란을 겪다가 그 후 일자리를 얻게 되면 공장에서는 일공日供 1원 20전으로 1원 50전이오 길거리에서 막벌이하는 노동은 1원 50전으로 2원까지가 된다. 히로시마에 조선인 총수는 남자가 780명이요 여자가 80인이오 아동이 120명이며 그중에 180명은 공장에서 일하고 3, 4십 명은 학생이오 17명은 정거장 근처에서 여러 가지 물건을 팔고 기여其餘 다수는 길에서 막벌이한다하니 이상의 정형을 생각하면 이곳에 전도인을 파송하는 것은 필요한 일로 생각한다."

하디는 어려운 상황에서도 신앙을 지키기 위해 애쓰고 있는 한인 교포와 유학생들의 노력에 한국교회가 적극 지원할 것을 호소하였다. 또한 하디는 1925년

1월 미국 선교본부에도 일본방문 사실을 알리면서 '재일 한인선교'에 보다 많은 관심과 노력을 기울일 것을 촉구하였다. 하디는 1925년 6월 *The Korea Mission Field*에도 일본방문 보고서를 쓰면서 연합공의회가 재일 한국인 선교를 보다 적극적으로 추진할 것을 촉구하였다.

> "가능한 모든 방법을 동원해 재일 한국인들에게 복음을 전해야 할 이유는 많다. 그들은 일본에서 안정적인 직업을 얻기 전까지 절대빈곤의 삶을 살아야 하는데 그들에게 우선 필요한 것이 위로다. 그들 대부분은 처음으로 고향을 떠나 멀리 낯선 곳에 온 사람들이다. 그들은 고향보다 개선된 환경에서 살고는 있지만 그만큼 많은 유혹을 받고 있다. 그들은 일본에 살면서 성공할 수 있는 기회를 얻을 뿐 아니라 고향에 있을 때보다 복음을 받아들일 수 있는 가능성이 더 크다. 수는 많지 않지만 이미 교인이 되어서 일본에 온 사람들도 있는데 마땅한 은혜의 수단을 지속적으로 유지할 수 없다면 신앙을 잃어버릴 가능성이 매우 크다. 한국에서 한국인교회가 일본인 교회에 별다른 영향력을 끼치지 못하고 있듯 일본에서도 일본인교회가 한국 교인들에게 선한 영향력을 별로 행사하지 못하고 있는 것 같다. 일본 땅에 한국인교회를 심으시려는 하나님의 특별한 계획이 있지 않을까? 복음을 믿는 우리에게 주어진 사명 가운데 하나가 그리스도 안에서 형제자매가 되도록 만드는 것임이 분명하다. 그렇게 함으로 우리는 더 많은 열매를 맺을 수 있게 될 것이다."

하디는 일본 땅에 설립된 한국인교회의 '선교적 의미'를 세 가지로 정리하였다. 첫째, 재일 한인교포들에게 복음을 전할 수 있는 기회다. 고향에서는 믿을 기회나 의지가 없었지만 타지에서 힘든 생활을 하다 보면 복음을 받아들일 확률이 높기 때문에 전도의 기회를 놓치면 안 된다. 둘째, 일본에 사는 한국인 교인들이 신앙을 유지하고 발전시킬 수 있다. 국내에서 믿음 생활을 하던 교인들도 일본에 건너간 후 타지에서 유혹과 시련을 겪다 보면 신앙을 잃고 타락할 경우가 많은데 한인교회에서 교포들이 신앙생활을 계속할 수 있도록 이끌어야 한다. 셋째, 일본에 있는 한국인교회가 일본인교회와 자매 관계를 맺고 재일 한국인 선교를 추진한다면 한·일 양국 교회와 민족 간에 협력과 평화를 이룰 수 있을 것으로 기대했다.

그런 맥락에서 하디는 한국에서도 한국교회와 선교사들이 한국에 있는 일본인교회와 협력하여 한국에 나와 살고 있는 일본인들을 위한 선교를 추진하기를 촉구해왔다. 정치적으로, 민족 감정으로 볼 때 한국과 일본 사이에 화해와 평화는 불가능한 것처럼 보이지만 한국과 일본, 두 나라 교회와 그리스도인들이 기독교 신앙 안에서 서로 협력하여 증오대신 사랑을, 불신대신 믿음을, 폭력대신 평화를 심어나간다면 두 나라가 진정한 의미에서 이웃과 친구가 될 수 있을 것으로 기대하였다. 하디가 3·1운동 직후 안식년 휴가를 얻어 귀국해서 미국 교계에 일본의 불의와 만행을 고발하면서도 동시에 "나는 일본이 구원받기 위해 매일 기도한다."며 미국교회가 일본 선교에 적극적으로 나설 것을 촉구한 것도 그 때문이었다.

29.
“나그네의 고향 생각”
성지 순례와 유럽 여행

●

> 그들이 나온바 본향을 생각하였더라면 돌아갈 기회가 있었으려니와 그들이 이제는 더 나은 본향을 사모하니 곧 하늘에 있는 것이라(히 11:15~16)

믿음의 사람은 누구나 ‘천로역정’天路歷程, 즉 하늘로 가는 길을 가는 사람이다. 육신으로 태어난 제1의 고향을 떠나 하나님이 보내신 제2의 고향에서 하나님의 일을 하다가 영원한 본향인 하늘나라로 돌아간다. 육의 고향을 떠나 영의 본향을 찾아가는 나그네의 삶이다.

믿음의 사람 하디에게도 고향이 두 곳 있었다. 육신으로 태어난 캐나다 세네카가 제1의 고향이라면 영적으로 거듭나 하나님의 사역자로 20년 동안 사역한 한국은 제2의 고향이었다. 그리고 ‘다시 처음으로’ 돌아가는 환갑還甲을 맞던 해, 하디는 부인과 함께 예수님의 고향 팔레스타인으로 성지 순례 여행을 떠났다.

일본 관서지방 탐사여행을 마치고 돌아온 하디는 서울에서 성탄절 휴가를 보낸 후 1925년 1월 초 전북 군산에서 10일간 개최된 장로교 전북노회 사경회에 강사로 초빙을 받아 가서 로마서와 요한복음, 설교법 등을 강의하였다. 그리고 서울로 돌아와 협성신학교 겨울학기 수업에 참여하여 요한복음과 계시록을 강의하였다. 당시 겨울학기에 등록한 신학생들은 모두 71명이었는데 그 중 하디의 강의를 들은 학생은 35명이었다. 신학교에서는 3학년 졸업반 학생들은 음력 설날을 기해 지방마다 열리는 사경회를 인도하도록 고향으로 내려보냈다. 하디는 신학교 강의를 하는 중에도 번역 작업을 계속하여 미국 기독교교육학자 네빌의 두 권짜리『교사와 학생』을 탈고했고 트럼블의『기도 응답』과 합커크의 절제운동 교재『공창의 폐해』도 번역을 마치고 원고를 인쇄소에 넘겼다.

신학교 졸업식을 마친 후 김인영 교수는 미국 유학길에 올랐다. 하디는 보애즈 감독에게 부탁하여 김인영 교수가 아칸사스 감리교인의 후원금으로 3년간 미국 에모리대학에서 성서신학 석사과정을 공부할 수 있도록 해주었다. 1925년 여름 사위 피셔 부부가 안식년 휴가를 얻어 미국으로 떠났다. 피셔는 총독부에서 연희전문학교 교수진에게 요구하는 박사 학위를 따기 위해 버클리대학 교육학 박사과정에 들어갔다. 그는 3년 후 교육철학으로 박사 학위를 취득하고 서울로 돌아왔다. 하디는 1925년 8월 일본 가루이자와에서 열린 아시아 선교사연합대회에 조선예수교연합공의회 대표로 참석하고 돌아와 남감리회 선교사연례회, 조선예수교연합공의회, 협성신학교와 피어선성경학원 이사회에 참석하였다.

1925년 9월 3~8일 서울 종교교회에서 개최된 남감리회연회에서 하디는 변함없이 협성신학교와 피어선성경학원 교수, 조선예수교서회 편집, 그리고 성경 개역 작업에 파송되었다. 성경 개역 작업을 하던 평양신학교의 엥겔과 베어드가 동시에 안식년 휴가로 출국한 탓에 하디는 그들의 개역 작업까지 맡아 가을학기 내내 성경 번역 작업에 매달렸다. 그런 중에 1925년 10월 21~28일 서울 중앙기독교청년회와 승동교회에서 개최된 제2회 조선주일학교대회에 '성경연구과' 강사로 참여하였다. "예수는 조선의 희망"이란 주제로 열린 주일학교대회는 전국에서 올라온 2천여 명의 주일학교 교사·목회자·평신도로 대성황을 이루었다. 대회 기간 중 1925년 조직된 조선공산당을 중심으로 주일학교 대회장 앞에서 사회주의 진영의 반反 기독교 선전집회가 열렸으나 워낙 많은 교인의 위세에 압도되었다.

봄부터 건강이 악화되었던 하디 부인이 가을학기가 끝날 무렵 건강을 회복하여 하디 부부는 제4차 안식년 휴가 여행을 떠나기로 했다. 하디 부부는 '성지 순례'를 한 후 부모의 고향인 스코틀랜드와 아일랜드를 방문하기로 했다. 성서신학 전공이었던 하디로서는 오래전부터 성지순례를 꿈꾸었다. 하디가 휴가로 자리를 비운 사이「신학세계」편집 업무는「기독신보」편집부에서 맡기로 하였다.

하디 부부는 1925년 12월 23일 아침 기차 편으로 서울을 출발, 부산을 거쳐 일본 고베로 가서 얼마 전 어린 딸을 잃은 박연서 목사 부부를 위로한 후 중국 상해와 홍콩을 거쳐 필리핀 마닐라에 도착, 그곳 선교와 농촌 상황을 둘러보았다. 그리고 싱가포르와 페낭, 남인도(스리랑카) 콜롬보항을 거쳐 인도양을 횡단한 후 아덴만으로 수에즈운하를 통과하여 1926년 1월 31일 이집트 카이로에 도착하였다. 이집트에서는 나일강 유역의 고대도시 멤피스를 둘러보았고 팔레스타인으로 가서 예루살렘과 사마리아·나사렛·갈릴리·헤르몬산 등을 둘러본 후 하이파 항에서 배를 타고 지중해를 건너 이탈리아를 거쳐 3월 영국에 도착하였다.

하디는 여행기를 「기독신보」에 "여중잡문"이란 제목으로 19회 연재하였다. 하디는 여행 중에 보고 느낀 것을 한국교회 독자들에게 '메시지'로 전하였다. 중국 상해와 홍콩을 방문해서 그곳 선교사나 기독교 선교단체들이 추진하고 있던 문맹퇴치운동과 사회개량운동을 소개하였고 필리핀에서는 2회에 걸쳐 '필리핀의 토지 정황'이란 제목으로 필리핀의 농촌경제 상황을 소개하였다. 이어 이집트와 팔레스타인을 여행하면서도 한국교회 독자들을 염두에 두고 글을 썼다. 하디는 자기 전공분야인 구약의 역사와 관련된 유적을 집중적으로 탐사하였고 그 감상을 적어 보냈다. 예를 들어 이집트 고대도시 멤피스를 방문해서는 창세기 요셉과 출애굽기 모세의 역사와 관련이 있는 람세스 왕조의 무덤 유적들을 살펴본 후 이런 기록을 남겼다.

"이 시대에도 제사장 계급이 있어 미신을 조장하고 정치에까지 간섭하였는지는 알 수 없다. 어쨋든 이때 귀족 계급에서는 왕을 위협하여 노예와 물품을 약탈할 양으로 아세아 원정을 실행하다가 도리어 적군의 반격을 받아 적군이 삼각지까지 와서 착족하였더니 나중에는 전 애굽의 주권자가 되어 3백 년 동안이나 전국을 통치하게 된 것이다. 당시에 쳐들어온 족속은 셈족속의 유명한 하익소스 왕과 쉡허드 왕인대 저희는 애굽의 고대문화를 조금도 도라보지 않고 그 나라의 과거에 위대하였던 모든 기념물을 거진 다 파괴하고 남겨두었다는 것은 저희가 모두 개조하야 그 동상이나 석상에 저희가 창작한 것처럼 그렇듯 하게 저희 이름을 새겨두었다. 그뿐 아니라 성경에 기록된 요셉과 그 형제에 관한 성경이야기도 필시는 이 시대에 발생되었을 것인대 하익소스 왕조의 5대

동안은 아모 것도 알 길이 없다. 그때 애급인들은 항상 그들을 구적시仇敵視하다가 나종에는 아모시스 왕이 일어나 전국을 통일하고 데베스에서 즉위하야 노예로 귀화하지 않는 모든 민족을 내여 쫓은 일이 있는대 이 시대에 이스라엘 족속들도 노예로 들어가 고역을 당하게 된 것이다."(출 1:8~12)

이집트 여행을 마친 후 1926년 2월 한 달 동안 팔레스타인 성지를 순례하였다. 예루살렘을 비롯하여 수가, 사마리아, 나사렛, 가나, 갈릴리까지 여행을 마치고 2월 21일 영국 선교사가 운영하는 갈멜산 성경학교에서 주일예배를 드렸다. 하디는 그곳에서 성지여행 중인 평양의 북장로회 여선교사 벗츠와 미감리회 여선교사 헤인스를 만났다. 하디 부부는 앞서 아덴만에서 역시 성지여행 중인 평양 숭실전문학교 교장 베어드 부부를 만났다. 하디는 팔레스타인 여행을 마치고 바울의 선교 유적지가 있는 시리아 다메섹이나 소아시아(터키) 지역도 둘러보고 싶었지만 내전 때문에 포기하고 바울의 3차 전도여행처럼 배편으로 지중해를 건너며 소아시아의 에베소와 드로아, 밧모섬을 멀리 바라만 보았다. 하디가 이탈리아에 도착, 로마로 가는 기차 안에서 쓴 글이다.

"지금은 우리가 세계의 반 바퀴를 돌았으니 조선을 떠난 지도 매우 오랜 듯싶다. 그동안에 우리의 마음은 몇 번이나 제2의 고향인 조선 땅으로 향하였던고! 조선은 과연 우리의 정든 나라이다. 거기서 우리가 선교 사업을 하는 동안에 꿈에라도 한 번 선교사 된 것을 후회한 적이 없었고 우리의 여생을 조선에서 마치기를 결심하였을 뿐 아니라 우리가 죽었다가 환생할 수만 있다하면 다시 조선으로 가기를 바라는 바이다."

긴 여행을 하다 보면 떠나온 집과 고향이 그리운 법이다. 그런데 하디 부부는 본 고향인 캐나다보다 '제2의 고향'인 한국을 더 그리워했다. 그는 한국 선교사가 된 것을 한 번도 후회한 적이 없었다. 한국에서 여생을 마치고 싶을 뿐만 아니라 다시 기회가 주어진다 하더라도 한국 선교사로 살겠다는 생각이었다. 그래서 여행을 시작한 이래 어느 곳을 가든, 어떤 광경을 보든 한국과 관련해서 관찰하고 의미를 찾았다.

> “우리가 이태리 수부인 로마 가까이 왔는데 기차가 산골길을 잡아들어 달아날 때에 나는 그 지세를 보고 문득 조선이 생각나서 조금 생각해 본 후에 내 아내더러 이렇게 말하였다. ‘아! 조선 민족이 근본 이태리에서 온가 보구려. 아마 조선 민족도 고대 라틴 민족인 듯하오.’ 사실상 이태리의 가옥 제도와 문물제도와 일반생활 상태가 조선과 같은 것이 많다.… 여기저기 흩어져 있는 양 떼들은 조선에서 못 보던 것이라 할 수 있지마는 기자릉箕子陵 같은 데를 가 보면 돌로 양의 형상을 삭여 두었으니 그들이 조선에 오기 전에 양을 먹였던 것도 분명하다. 이상 모든 사실은 다 근거 없는 말이라 할지라도 조선이 중국과 일본 두 사이에 있으면서도 그 문물제도와 생활 상태가 아주 판이한 것을 보아서는 생각하여 볼 만한 문제이다. 만약 어떤 사람이 오래 오래전에 이 산 많고 반도로 된 이태리를 떠나서 동반도인 조선으로 갔었다 하면 거기서 정착하게 될 수도 있었을 것이다.”

이탈리아와 한국은 같은 반도 국가일 뿐 아니라 농업을 주업으로 하고 문화와 생활방식, 민족성에서 서로 비슷한 점이 많았다. 이탈리아가 고대 헬라문화를 받아들여 자신만의 독특한 ‘라틴 문화’를 창출하였듯이 한국도 중국에서 문화를 받아들여 한민족 고유의 문화를 만들어냈다. 하디는 ‘근면과 검박한’ 두 민족의 장래를 긍정적으로 내다보았다.

> “일언이폐지하고 이태리 민족은 근면하고 검박한 민족이다. 그러기에 지광地廣으로 말하면 조선에 비하야 삼분지 일밖에 더 크지 못하더라도 인구로 말하면 거진 두 배나 살며 그들의 다수는 자기 소유를 가지고 있는 농부들이다. 천주교를 숭봉하는 나라로서 그렇게 번영하고 진보한 나라가 드물지마는 이 농업국인 이태리 반도 하나는 그 예외로 든다. 앞으로 이 나라 집정자들이 다시 이 나라를 전쟁으로 인도하지 아니하면 불원에 이 나라가 구라파 중에서 가장 번영한 나라가 될 것이다.”

하디 부부는 성지순례와 유럽여행을 마친 후 1926년 4월 초 영국에 도착하였다. 하디 부부는 영국에 3주 정도 머무는 동안 양쪽 집 조상들이 1백 년 전 미국으로 이주하기 전에 살았던 스코틀랜드의 엘긴Elgin과 아일랜드의 코크Cork 지방을 방문하였다. 그리고 4월 21일 런던을 출발하여 뉴욕에 도착, 미국에 있는 자녀들을 방문하는 것으로 본격적인 안식 휴가에 들어갔다. 당시 둘째 사위 피셔는 버클리 대학에서 박사과정을 공부하고 있었고 첫째 사위 윌슨은 매사추세츠주 브라이튼에 살고 있었다. 셋째 딸 거트루드는 일본에서 만난 바넘과 결혼해서 캘리포니아 버클리에, 막내딸 그레이스는 변호사 워너와 결혼해서 미시건주 랜싱에 살고 있었다. 하디 부부는 미국 전역에 흩어져 살고 있는 네 딸과 사위 가족을 둘러보고 캐나다 고향교회와 형제들도 방문하였다.

하디 부부는 휴가 중 1926년 5월 5~20일 멤피스에서 개최된 미국 남감리회 총회에 참석하여 한국 선교 상황을 보고하였다. 하디는 총회에 참석하러 가는 길에 남감리회 총회본부와 해외선교부가 있는 내슈빌도 방문하였다. 멤피스 총회에서는 보애즈 감독 후임으로 에인스워스 감독을 새로운 동아시아 관리감독으로 선출하였다. 미국 메이컨 웨슬리안대학 학장으로 있다가 1918년 감독으로 선출된 그는 명설교가로서 남북감리교 합동과 교회일치운동에도 적극적인 입장을 취하고 있었다. 에인스워스 감독의 지도력으로 1926년부터 한국에서 남북감리회 합동운동이 본격적으로 추진되었다. 해외선교부 총무도 핀슨에서 고다드로 바뀌었다.

그 무렵 협성신학교 교장 왓슨도 안식년 휴가를 얻어 귀국 중이었다. 하디 보다 4개월 늦게 서울을 출발한 왓슨 부부는 본래 1년 휴가를 마치고 서울로 귀환할 예정이었는데 댈러스에 있는 남감리대학SMU의 선교담당 교수로 와 달라는 부탁을 받고 이를 수락하였다. 이에 따라 협성신학교 이사회는 미감리회의 케이블을 신학교 새 교장으로 선출하고 에모리대학 졸업생 임두화 목사를 교감으로 임명하였다. 이처럼 신학교 체제를 바꾸면서 학제도 개편하여 총독부 교육당국에서 요구하는 대학교(전문학교) 체제(4년제)로 바꾸고 1929년 봄학기부터 신입생을 새로 뽑기로 하였다. 그런 가운데 하디 부부는 안식년 휴가를 마치고 1927년 2월 7일 서울로 돌아왔다.

30.
“죽어가는 농촌을 살리자”
기독교 농촌운동

•

> 누가 이 세상의 재물을 가지고 형제의 궁핍함을 보고도 도와 줄 마음을 닫으면 하나님의 사랑이 어찌 그 속에 거하겠느냐. 자녀들아 우리가 말과 혀로만 사랑하지 말고 행함과 진실함으로 하자(요일 3:17~18)

그리스도인의 사랑은 이론이 아니라 실천이다. 사랑은 머리나 입, 가슴에 머물지 않고 손과 발을 통해 표현되어야 한다. 믿음 역시 행함이 없으면 ‘죽은 것’이나 다름없다.(약 2:26) 어려운 형편에 처한 이웃에게 도움의 손길을 내미는 것이 그리스도인의 믿음이고 사랑이다.

사랑의 구체적이고 실천적인 표현이 곧 선교다. 선교 현장에서 만나는 많은 사람들, 그 중에도 가진 것을 빼앗기고 정신적, 육체적 폭력에 시달리는 사람들을 구하고 치유하는 것이 선교사의 할 일이다. 육신의 질병을 고치는 의사로 내한했던 하디가 피폐해진 한국의 농촌을 살리는 일에 적극 참여하게 된 동기다.

안식년 휴가를 마치고 서울로 돌아온 하디는 협성신학교 신학교육과 조선예수교서회 문서선교사역에 복귀하는 한편 새로운 사역으로 기독교 농촌운동에 적극 참여하였다. 1920년대 들어 농촌문제는 기독교뿐 아니라 한국 사회의 심각하고도 중요한 문제로 부각되었다. 일제의 식민통치와 경제 수탈로 농촌경제와 생활 현실은 점점 피폐해졌다. 강제합병 이후 한반도에 진출한 일본 금융자본과 농장주들은 헐값에 농지를 대거 구입하고 농산물을 일본으로 가져갔다. 그 결과 자기 땅에서 농사짓던 농부들은 소작농으로 전락하거나 공장 근로자와 도시 빈민층이 되었다. 농촌에서 먹고 살 수 없어 가족을 이끌고 만주와 시베리아로 이주하는 유랑민들도 늘어났다. 농업 중심이었던 한국의 경제기반이 허물어졌고 그에 따라 농촌교회들도 큰 타격을 입었다. 이런 상황에서 기독교청년회와 여자기독교청년회, 기독교 학교를 중심으로 "조선의 농촌을 살리자."는 표어로 다양한 농촌운동을 전개했다.

캐나다 시골에서 '농부의 아들'로 태어난 하디는 일본의 식민통치로 직접적인 피해를 입고 있는 농촌 현실을 목격하고 "도와야겠다."는 선교적 관심을 갖게 되었다. 하디는 「기독신보」에 성지순례 여행기를 연재하면서 한국의 농촌상황을 염두에 둔 글을 여러 번 썼다. 필리핀 여행기는 아예 "필리핀의 토지정형"이란 제목을 달았다. 필리핀은 20년 동안 미국의 식민통치를 받으면서 법이나 제도를 민주적으로 바꾸어 농민들이 자립할 수 있는 법적 기반을 갖추었지만 '교활한 정치가'와 지배계층 자본가들이 법을 악용하여 교육을 받지 못한 농민들의 토지를 강탈하여 토지를 빼앗긴 농민들이 농노나 도시 노동자로 전락하였다. 하디는 바뀐 자본주의 체제하에서 법의 보호와 자기 권리를 찾지 못하는 농민들의 미신과 무지를 깨우치는 것이 농촌운동의 최우선 과제라고 지적하였다.

> "신시대에 필요한 생존경쟁에 지지 아니하도록 교육을 장려하고 그 자녀들로 농노農奴가 되지 않게 하기 위하여 토지를 상당히 소유하여야 할 것이다. 그렇지 못하면 인민의 권리를 존중하는 공화정치 하에서도 건강하고 자립하는 모범적 국민이 되지 못하고 공장 노동으로 밤낮 애쓰고 학대받는 약한 민족이 되고 말 뿐이다."

하디는 기사 말미에 "비율빈의 토지 정형은 현금現今 조선 농민의 정형과 방불髣髴한 점이 많으므로 독자의 지루한 줄 알면서도 이와 같이 길게 썼으니 특히 농촌 형제들은 깊이 생각하시기를 바란다."고 진술하였다. 한국 농촌운동의 방향을 제시한 셈이다.

하디는 팔레스타인에 가서도 그곳에서 사역하는 영국 선교사를 통해 파악한 팔레스타인의 농촌 상황을 한국 독자에게 알렸다. 천년 넘게 이슬람 세력이 통치했던 팔레스타인이 1907년 영국의 통치를 받게 되면서 세계 각처에 흩어져 살던 30여만 명 유대인들이 돌아왔다. 하디는 이에 대해 "이는 옛적에 유대인이 에스라와 느헤미야의 지도하에 바벨론의 포로에서 돌아온 수효보다 훨씬 지나친다."면서 이를 '제2의 포로귀환'으로 해석했다. 그리고 '돌아온' 유대인들이 '옛 조상의 땅'에서 시작한 일을 주목하였다.

> "1925년 동안에 돌아온 자가 3만 명가량이라는데 그들의 다수는 다 적어도 대학을 졸업한 청년 남녀로 자기 민족 간에 인도자가 될 만한 자격자라고 한다. 지금은 유대와 사마리아와 갈릴리에 유대인의 이주지移住地가 백여 처에 달하는데 그들의 다수는 신식 농업에 익숙하여 아라비아 회회[이슬람]교도의 손에서 황폐되었던 저희 조국을 완전히 개간할 가능성이 있다. 아라비아 사람은 채소를 기르는데 특장이 있지마는 지금 유대의 이주민과 같이 밀 보리나 기타 곡물을 어떻게 산출할는지 아지 못하는 모양이다. 이 유대인들은 채소를 잘 기를 뿐 아니라 여러 가지의 과실 특히 감람, 감귤, 레몬, 포도, 무화과, 기타 편도(아몬드) 등속을 잘 배양한다는데 알고 보니 우리들은 지나는 길에 그 등속의 과수원을 많이 보았다."

하디는 팔레스타인을 여행하면서 '돌아온' 유대인들이 곳곳마다 '자활 공동체'(키부츠)를 만들고 사막이나 황무지를 옥토로 바꾸어 나가고 있는 광경을 목격하였다. 필리핀이나 한국의 농촌과는 전혀 다른 모습이었다. 하디는 일본과 미국, 영국의 식민통치를 받고 있던 세 나라, 한국·필리핀·팔레스타인의 농촌을 비교하면서 한국 독자들에게 "어떤 길을 선택할 것인가?" 묻고 있었다.

하디가 안식년 휴가를 마치고 서울로 돌아온 1927년 2월 이후 「기독신보」에는 농촌운동 관련 기사와 논설, 논문을 자주 실렸다. 1927년 3월 16일자 "농부에게로 가자"란 사설이다.

> "근년에 와서 교육 받은 청년 남녀들은 농촌의 검소한 생활을 싫어버리고 도시의 처한 생활을 흠모하야 도외지로 모혀드는 경향이 없지 않다. 우리는 교육받은 청년인 고로 해서 저 농촌으로 돌

아갈 필요가 있다 하노니 저들[농민]은 근면하지마는 교육이 없음으로 해서 지주의 유린을 당하고 수입을 늘이지 못하는 것인즉 교육 받은 청년들이 그들과 함께 생활하면서 실제로 배호고 가르쳐야 할 까닭이다."

「기독신보」는 1927년 연재 형태로 조선기독교청년회YMCA연합회에서 추진하고 있는 농촌사업 내용을 자세히 소개하였다. 또한 1928년 1월부터 「기독신보」에 '농업란'을 신설하여 숭실전문학교 농과 교수 루츠를 비롯하여 박이원, 조민형, 유재기, 홍병선 등 농촌사업가들의 글들을 연재하였다. 협성여자신학교 교수에서 농촌운동가로 변신한 조민형은 「기독신보」에 연재했던 글을 묶어 『조선농촌 구제책』을 간행했다. 그런데 그 책에 총독부의 농업정책을 비판한 내용도 있어 하디는 필자 보호를 위해 자신을 '저작 및 발행인'으로 하여 인쇄하였다. 물론 서문에서는 조민형의 저작임을 밝혔다. 하디는 또한 「기독신보」를 통해 "어떻게 하면 조선 농촌을 구제할까?"라는 주제로 설문 현상모집을 실시하여 응모한 글 가운데 '우수한' 것들을 모아 『농민의 활로』1931년란 단행본을 펴냈다.

1928년 3월 예루살렘에서 개최된 국제선교대회에 한국교회 대표로 참석했던 양주삼과 신흥우·김활란·홍병선 등은 예루살렘대회를 전후하여 유럽의 '농업 선진국'으로 알려진 덴마크정말, 丁抹를 방문하여 농장과 농업학교, 농업협동조합 등을 시찰하였다. 이들은 기독교 신앙을 바탕으로 한 덴마크 농촌운동에서 한국 농촌운동의 방향과 내용을 찾았다. 귀국 후 이들은 「기독신보」에 덴마크 농촌운동을 소개하는 글을 연재하였다. 그것을 묶은 양주삼의 『농민의 낙원인 정말』, 홍병선의 『정말과 정말 농민』이 출간되었다.

그런데 1928년 3월 예루살렘 국제선교대회 석상에서 미국 모라비안대학 사회학 교수 브룬너 박사가 "한국의 경제·사회·종교 상황에 대한 조사연구"라는 논문을 발표하였다. 브룬너 박사는 예루살렘대회를 준비하던 모트 박사의 부탁을 받고 1927년 내한하여 3개월 동안 한국에 머물며 농촌을 직접 방문하고 실태를 조사한 후 농촌문제의 원인과 현실, 해소 방안 등을 담은 보고서를 작성하여 예루살렘 선교대회에 제출하였다. 그 보고서는 한국 선교사들에게도 배포되었다. 하디는 브룬너의 연구보고를 대단히 높게 평가하였다. 하디는 1928년 4월 선교본부 고다드 총무에게 보낸 서한에서 "브룬너 박사의 한국농촌 조사보고서를 보았는가? 그의 보고서에는 우리 선교사들이 꼭 알아야 할 좋은 내용이 많다. 그는 소작인 증가와 자작농 감소로 인한 농촌경제의 문제점을 지적하고 해결책을 모색하였다. 우리 선교부도 농촌사업에 더 많은 관심과 지원을 기울여야 할 것이다."라고 언급하였다.

하디는 브룬너의 연구보고서를 바탕으로 1928년 12월 *The Korea Mission Field*에 "경제 현안에 대한 교회의 책임"이란 논문을 발표하였다. 하디는 우선 브룬너가 한국의 38개 농촌마을을 직접 방문하여 탐문하고, 총독부를 비롯하여 유관 기관의 자료들을 종합적으로 검토하며 작성한 조사보고서의 신빙성과 객관성을 높이 평가하였다. 그리고 브룬너가 인용한 총독부 통계를 바탕으로 "한국 인구의 83%가 농업에 종사하고 있으며 기독교인 중에도 73%가 농촌에 거주하고 있다. 농민의 반 이상이 소작농이고 농민의 80%가 1백 원 이상의 빚을 가지고 있으며 1년 농가수익은 고작 3백 원 정도이며 36~43%를 받는 소작료로는 농가 부채의 이자를 갚기도 버거운 실정이다. 전국 농가가 은행이나 금융권에 진 빚은 총 3억 3천 3백만 원에 달한다. 그래서 빚 때문에 고향을 떠나 만주나 시베리아, 일본으로 이주하는 농민들이 늘어나고 있다."고 지적하였다.

하디는 경제문제와 농촌문제에 대한 한국교회의 책임을 강조하였다. 그는 "현재의 위기 상황에서 교회의 책임이 막중하다. 교회는 우선 농촌문제에 특별한 관심을 갖고 농부들이 자기 땅에 뿌리를 내리고 살 수 있도록 도와주어야 한다."면서 '노동의 복음'으로 농촌을 살려야 한다고 주장했다.

> "교회는 땅을 조금이라도 소유하고 있는 자들에게 토지를 소중하게 여길 것을 가르쳐야 하고 소작농에게도 서로 힘을 모아 부치고 있는 땅을 사도록 알려주어야 한다. 흉년이 들더라도 땅을 팔지 않도록 도와주어야 한다. '사랑 외에는 아무에게도 아무 빚도 지지 말라.'는 말씀을 강조해서 가르쳐야 한다. 교회는 노동의 복음을 가르쳐야 한다. 노동은 신구약 성경의 중요한 가르침이다. '육일 동안 힘써 일하고' '일하지 않는 자는 먹지도 말라.' '먼저 하나님의 나라와 그 뜻을 구하라. 그리하면 이 모든 것을 더하시리라.' 솔직한 땀과 정의는 떼어 놓을 수 없다."

하디의 논문은 "브룬너 박사가 제안한 것을 진지하게 받아들여야 한다. 브룬너 박사가 연구하고 제안한 것을 실천할 수 있는 농업 전문 선교사가 필요하다."는 제안으로 끝났다. 이런 하디의 제안에 힘을 실어 남감리회한국선교회는 미국 선교본부에 1) 한국의 농촌과 선교 상황을 조사할 농촌문제 연구전문가 1명과 한국에서 농촌사업을 전담할 선교사 2명을 파송해 줄 것, 2) 농촌교회 지도자 훈련을 위한 재정 지원, 3) 신학교 교과과정에 농촌사역 관련 교과목 편성, 3) 선교부에서 운영하는 중고등학교의 실업교육 강화, 4) 연희전문학교와 연계한 농업 개량과 농촌실습 교육기관 설립 등을 요청하였다. 이런 한국 선교회의 요청에 선교본부는 농촌사업 전문가 에머릭을 한국에 단기(5년) 선교사로 파송하였다. 1929년 12월 내한한 에머릭은 강원도 철원과 황해도 금천, 경기도 양주(의정부) 등지에 농장을 조성하고 농촌지도자 양성사업에 착수하였다.

에모릭과 비슷한 시기1929년 3월에 국제기독교청년회연맹의 파송을 받은 미국 베레아대학 농업교수 클라크가 내한해서 조선중앙기독교청년회 농촌부 사업을 지도하였다. 그는 농촌부 간사 홍병선과 함께 기독교청년회 농촌사업 현장을 방문하여 농촌 현실과 농촌사업 현황을 둘러본 후 1929년 8월 지리산과 소래, 원산 등지에서 열린 선교사들의 여름수양회에 참석하여 '농업강좌'를 열었다. 클라크는 한국농촌의 경제문제 해결책으로 1) 민족적 부원富源을 조사하여 초등자산(사냥·어업·목재·광업·농업·축산)과 중등자산(운송·제조·상업)의 균형 발전을 꾀하고, 2) 농업생산을 늘이기 위해 자국 소비개발, 외국산보다 국산 장려, 의복 개량, 물산과 광고 기술 향상, 상품으로 장식하여 소비를 촉진하고, 3) 실업교육을 강화하고 농업대학을 설립하여 농학과 원예·과수·목축·농장관리·농업공학·농촌재정·가정부업 등에 관한 구체적인 과목을 가르칠 것을 제안하였다. 하디는 클라크의 강의 내용을 번역하여 「기독신보」에 5회 연재하였다. 클라크는 이후 2년간 한국에 머물러 기독교청년회와 연희전문학교, 숭실전문학교의 농촌사업을 지도하였고 농촌교회 교인과 주민을 대상으로 농업강좌를 열었다. 하디는 그 내용도 「기독신보」에 소개하였다.

이런 가운데 1929년 9월 개최된 남감리회 연회는 농촌사업에 관하여 1) 남감리회 선교구역 안에 모범농촌을 설립하여 과학적 농업 기술습득과 공동매매를 통해 농민생활 향상과 교회 자급을 촉진할 것, 2) 모범농촌에서 지역 농민을 대상으로 매년 2차 이상 농사강습회를 개최할 것, 3) 남녀청년들을 선발하여 농촌사업 지도자로 육성할 것, 4) 연회 안에 농촌사업부를 조직하여 농촌사업을 지도할 것, 5) 미국 선교본부에 농촌사업을 지도할 선교사 2인, 한국인 지도자 2인 파송 및 지원을 요청할 것, 6) 간이실업학교를 설립하여 농촌 자녀들에게 농업과 목공예, 철공 기술을 가르칠 것 등을 결의하였다. 연회는 이 결의에 따라 연회 산하 농촌사업부를 신설하고 하디와 에머릭·오화영·박연서·홍병선·정춘수·이용도·김인영·어윤희·유백희·최긍섭·유덕수 등 12명을 부원으로 택한 후 하디를 초대 부장으로 임명하였다. 이로써 하디는 농촌사업부장이라는 또 하나의 '감투'(?)를 썼다.

농촌사업부장으로서 하디는 남감리회의 농촌사업을 총괄 지휘하면서 미국 선교본부 지원금으로 철원과 춘천, 양주(의정부) 지역에 부지를 구입하고 에머릭 선교사와 유백희 전도사 지도하에 농장을 경영하며 농업교육과 계몽활동을 펼쳤다. 하디도 수업이 없는 주말에 종종 신학생들을 데리고 양주 농장에 나가 직접 농사일에 참여했다. 그리고 농촌사업과 관련해서 서울에 유학 온 지방이나 농촌교회 교인 자녀를 위한 '기숙사' 사역을 시작하였다. 선교부에서 운영하는 고등학교나 전문학교에 기숙사가 있었지만 수용능력이 부족해 하숙하거나 자취하는 지방 학생들이 많았다. 이에 하디는 1930년 1월 학생 기숙사 두 개를 지어 남녀 유학생들을 수용하여 농촌지도자로 훈련시킬 계획을 수립한 후 미국 선교본부에 지원을 요청하였다. 이처럼 캐나다 시골에서 '농부의 아들'로 태어나 어린 시절 아버지의 농사일을 도왔던 하디는 선교사로 한국에 와서 피폐해진 농촌을 살리기 위해 다양한 사역을 추진하였다.

31.
"기름 부어 세우라"
지도자 육성과 선교 이양

> 여호와께서 그에게 이르시되 너는 네 길을 돌이켜 광야를 통하여 다메섹에 가서 이르거든 하사엘에게 기름을 부어 아람의 왕이 되게 하고 너는 또 님시의 아들 예후에게 기름을 부어 이스라엘의 왕이 되게 하고 또 아벨므홀라 사밧의 아들 엘리사에게 기름을 부어 너를 대신하여 선지자가 되게 하라(왕상 19:15~16)

'불꽃의 예언자' 엘리야가 호렙 산 동굴에서 들은 하나님의 말씀은 미래의 정치, 종교 지도자들을 "기름 부어 세우라."는 것이었다. 특히 마지막에 "엘리사를 기름 부어 후계자로 삼으라."는 말씀은 "예언자 사역을 제자에게 넘기고 은퇴를 준비하라."는 메시지였다.

4차 안식년 휴가를 마치고 서울로 돌아왔을 때 하디의 나이는 62세, 정년(70세) 은퇴까지 8년 남았다. 일선에서 은퇴할 나이가 되었다. 하디도 그 점을 잘 알고 있었다. 다행히 하디는 20년 넘게 사역해 온 신학교육과 문서선교 분야에서 가르치고 훈련시켜온 제자와 후배들이 있어 안심하고 사역을 후계자에게 넘길 수 있었다.

1927년 2월 안식년 휴가를 마치고 돌아온 하디를 가장 환영한 이들이 「신학세계」 편집진이었다. 1년 동안 종로 예수교서회 편집부로 옮겨 사무를 보던 「신학세계」 편집부는 하디의 귀환으로 냉천동 협성신학교 사택으로 원상 복귀하였다. 돌아온 하디에겐 전에 하던 일들이 기다리고 있었다. 도착 즉시 협성신학교와 피어선성경학원 겨울학기 강의에 참여하였고 조선예수교서회 편집부 일과 「기독신보」와 「신학세계」 편집 업무에 임하였다. 또한 신학교 교재로 『창세기 주석』과 『요한서신 주석』을 집필했으며 성경 개역작업도 재개하였다. 이로써 1년 넘게 비어 있었던 냉천동 신학교 구내의 하디 사택은 예수교서회와 「기독신보」, 「신학세계」 편집부 직원들과 후배 선교사, 한국교회 목회자, 신학교 제자 등 방문객들로 다시 북적였다.

그가 휴가를 떠난 사이 협성신학교는 케이블을 새 교장으로 선임하고 학제를 일대 개편하여 1929년 봄부터 4년제 대학으로 바꾸기로 했다. 이에 따라 1927년과 1928년 신입생을 뽑지 않고 3년제로 입학해서 수업을 받고 있던 영문과와 본과(선문과) 학생들을 1928년까지 졸업시켜 내보기로 했다. 그리하여 1926년 겨울학기 수업을 마친 후 1927년 3월 제13회 졸업식을 통해 이강삼(이강산)과 이성석, 이응숙, 이호빈李浩彬, 이호빈李鎬斌, 이환신, 박창현, 송정근, 장기영, 최영래, 한규철, 한태유, 현병찬 등 27명 졸업생을 배출하였다. 1927년 봄학기와 가을학기도 3년제로 입학한 3학년과 2학년 학생들만 등록해서 수업을 들었다. 그 무렵 미국 유학을 마치고 돌아와 미감리회 교육국 간사로 일하게 된 유형기 목사가 신학교에서 종교철학을 가르쳤다. 그때 하디를 처음 만난 유형기 목사가 증언하는 하디의 수업광경이다.

> “노학생老學生 정봉익 목사와 하디 목사의 당나귀 얘기가 유명했다. 어떤 날 하디 목사가 예수께서 나귀 타시고 입성하신 얘기를 하는데 정 목사님이 ‘우리 평양에서는 당나귀라 합니다.’ 하니까 재치 있는 하디 목사가 얼른 받아 ‘옳소이다마는 평양 당나귀 그때 예루살렘에 들어갈 수 있소?’ 반문했다는 것이다.”

교수를 골탕 먹이려는 학생의 짓궂은 질문에도 여유 있게 응답하는 하디로 바뀌어 있었다. 하디의 ‘부드러운’ 강의에 학생들은 매료되었다. 1927년 겨울학기를 마치고 1928년 1월 협성신학교 제14회 졸업식에서 신학교 역사상 가장 많은 41명 졸업생이 나왔다. 그중에는 영문과 졸업생 이용도와 정경옥을 비롯하여 박연서·전효배·조신일·남천우·배덕영·윤태현·차경창·이강산·이피득·한사연·

박기천·이동욱·황치헌 등 일제강점기와 해방 후 한국 감리교회를 이끌었던 지도자들이 대거 포함되었다. 그리고 4년 전 하디 교장에게 '인종 차별' 발언을 하였다가 정학을 당했던 전주부(전요한)도 복학하여 졸업했으며 그와 함께 교장 배척운동을 '모의'(?)했던 신후승과 이진구도 졸업하였다. 하디는 이미 오래 전 그 학생들과 화해하였다. 1928년에도 신입생을 뽑지 않고 남아 있던 3학년생들을 가르쳐 1929년 3월 제15회 졸업생으로 내보냈다. 일제 말기와 한국전쟁 중 순교한 강종근·서태원·최창신 등을 포함하여 모두 18명이었다. 이로써 협성신학교는 1911년 제1회 졸업생을 낸 후 1929년까지 15회에 걸쳐 총 258명의 졸업생을 배출하였다.

협성신학교는 '4년제 대학'으로 새롭게 출발하는 1929년 봄 학기 또 하나 모험을 시도하였다. 협성여자신학교와 '남녀공학' 수업을 시작한 것이다. 협성여자신학교는 1893년 미감리회 여선교부의 스크랜턴대부인이 전도부인양성소로부터 출발하였는데 1908년 감리교부인성서학원으로 이름을 바꾸어 1912년 첫 졸업생 3명을 배출했다. 1921년 남감리회 여선교부와 연합 신학교가 되면서 '협성여자신학교'가 되었고 1926년 서대문 밖 죽첨정(현 충정로)에 3층짜리 벽돌건물을 마련하였다. 협성여자신학교는 3년 과정으로 전문학교 수준의 갑과甲科와 보통학교 졸업생들을 위한 을과乙科로 나누어 수업하다가 1928년 12월 이사회에서 남자 협성신학교와 합동을 추진하면서 을과를 폐지하고 갑과만 뽑되 1929년부터 협성신학교처럼 4년제로 바꾸어 신입생을 뽑기로 했다.

한국에서 중등학교(고등학교) 이상 학생들의 '남녀공학'은 협성신학교가 최초였다. 두 신학교 교수진과 이사회는 처음부터 두 학교의 합동을 추진했지만 보수적인 목회자들 사이에 "청년 남녀학생들이 한자리에서 수업하는 것은 시기상조다."며 우려하는 분위기가 있어 3년간 '실험적으로' 남녀공학을 실시한 후 합동 여부를 결정하기로 했다. 그렇게 해서 1929년 4월 봄 학기에 협성신학교와 협성여자신학교는 '남녀공학'을 할 첫 번째 신입생을 모집하였다. 여학생 5명, 남학생 16명, 총 21명이 등록하였다. 남녀학생 모두 고등보통학교 졸업생들이었다. 수업은 여학생들이 냉천동 남자신학교로 와서 강의를 듣는 형식으로 진행되었다. 처음 시도하는 남녀 공학에 우려하는 목소리도 있었지만 결과는 성공적이었다. 1929년 봄학기 수업을 마친 후 하디는 "실험적으로 시작한 남녀공학이 아직까지는 좋다. 한 학기 수업을 해 본 결과 여학생들의 평균 성적이 남학생들보다 뛰어났다."라고 보고했다.

1929년 협성신학교는 또 하나의 새로운 변화를 시도하였다. 신촌에 있는 연희전문학교와 통합하는 문제였다. 즉 미국의 에모리대학이나 밴더빌트대학, 시카고대학처럼 문과와 수물과(공과), 상과만 있는 연희전문학교에 신학과로 참여하자는 제안이었다. 이 문제를 처음 제기한 신학교 교수들은 연희전문학교와 합동하여 얻을 유익을 1) 신학과 학생들이 신학을 공부하는 동시에 전문학교의 다른 학과를 공부할 수 있고, 2) 연희전문학교와 통합함으로 교수진 운용과 사업 진행의 효과와 경비 절약을 기할 수 있으며, 3) 연희전문학교의 다른 학과 학생들이 성경이나 종교교육을 공부하고 싶을 때 신학과로 와서 공부할 수 있고, 4) 두 학교가 합한다면 보다 더 큰 도서관과 훌륭한 교수진을 얻을 수 있으며, 5) 두 학교 학생들이 교내에서 친밀하게 사귀면 후일 사회에 나아가서 협동하기 쉬울 것이고, 6) 냉천동 신학교 기지(20~30만 원)를 팔아 연희전문 근처에 새 기지를 마련하고 학교와 교수들의 주택을 짓고라도 기본금(5만 원)을 남길 수 있다고 설명했다.

그러나 두 학교의 통합 문제는 2년간 토론하다가 합병상대인 전문학교 측에서 적극적이지 않았고, 신학교 졸업생과 감리교회 목회자 사이에 장·감 연합학교인 연희전문학교와 통합되면 '감리교' 목회자 양성기관으로서 정체성을 잃을 수 있다는 이유로 반대 기류가 형성되어 더 이상 추진되지 못했다.

반면에 1929년 봄 학기부터 시작된 '4년제 학제'와 '남녀공학'은 차질 없이 추진되었다. 협성신학교는 1930년 4월 4년제로 전환한 후 두 번째 신입생을 뽑았다. 고등보통학교 졸업생으로만 입학자격을 제한하였기 때문에 많은 학생이 들어오지는 못했다. 미감리회 5명, 남감리회 5명이 입학하여 1년 전에 들어온 2학년 12명(미감리회 5명, 남감리회 7명)과 함께 수업을 받았다. 여기에 협성여자신학교의 1~2학년 여학생 15명을 포함하여 총 37명 남녀 신학생이 함께 강의를 들었다. 1930년 봄학기부터 오전 수업은 냉천동 남자신학교에서, 오후 수업은 죽첨정 여자신학교에서 실시하였다. 1931년 학생 수는 배로 늘어나 1학년 24명(남학생 14명, 여학생 10명), 2학년 15명, 3학년 21명, 전문학교 편입생 4명을 포함하여 총 64명이 강의를 들었다. 교수진도 보강되어 협성신학교는 교장 케이블과 교감 김인영, 교수 하디와 저다인·스톡스·한치진·김인식·정경옥, 협성여자신학교는 교장 채핀 부인과 교감 틴슬리, 교수 김종만과 홍에스더·고봉경 등이 강의하였다. 전체 교수 13명 가운데 선교사가 6명, 한국인이 7명이었다. 신학교육의 지도력이 선교사에서 한국인 교수로 이양되고 있음을 보여주고 있었다.

그런 중에 1931년 6월 협성신학교 학생들이 수업을 거부하는 '동맹휴학' 사건이 터졌다. 상급반인 3학년 학생들이 "채플 시간에 교장이 눈을 뜨고 기도했다"는 이유로 케이블 교장의 수업을 거부한 것이 발단되어 다른 학년들도 동맹휴학에 참여하였다. 눈을 뜨고도 기도하는 미국교회 습관에 따라 기도시간에 눈을 감지 않았던 교장의 '불경건한'(?) 태도에 학생들이 반발한 것이다. 교장은 "채플 시간에 늦게 들어오는 학생을 체크하기 위해서였다."고 변명하였지만 '보수적인' 학생들은 받아들이지 않았다. 결국 교수회는 동맹휴학을 주도한 여자신학교 3학년생 최용신을 정학 처분하고 조기 방학을 실시하면서 가을학기 개강도 미루었다. 정학을 맞은 최용신은 수원지방 샘골(천곡)교회로 내려가 농촌운동에 투신, 심훈의 소설 『상록수』의 주인공이 되었다.

동맹휴학이란 홍역을 겪은 후 1931년 12월 협성신학교와 협성여자신학교 이사회는 두 학교의 완전 통합을 결의하였다. 그리하여 1932년 4월 봄학기부터 통합신학교로 교명을 '감리교회신학교'로 바꾸었다. 그러면서 문제가 되었던 케이블 교장은 연희전문학교 교수로 가고 대신 연희전문학교 교수였던 빌링스가 새 교장으로 부임해 왔다. 그 때 신학교 교감이었던 김인영 교수도 연희전문학교 교수로 자리를 옮겼다. 학생들은 변함없었다. 그리고 1933년 2월 이미 4년 동안 남녀공학 수업을 해왔던 이복녀·노정호·김정애·정복주·김혜영·박순신·오주경 등 여학생 7명, 김태형·김태정·김영배·김성채·이형재·유정철·홍현설·최경운·김도빈·김영순 등 남학생 10명이 통합된 감리교신학교의 제1회 졸업생으로 배출되었다. 1회 졸업생 홍현설(해방 후 감리교신학교 1대 교장)은 2년 후 같은 캠퍼스에서 공부했던 2년 후배 최영희와 결혼함으로 '감신 커플 1호'가 되었다.

남녀 통합 감리교신학교가 되면서 신학교 기관지 「신학세계」도 편집부를 개편하여 1932년 1월부터 하디와 케이블·저다인·김인영·채핀·틴슬리 등 남녀 신학교 교수를 편집위원으로 임명했다. 통합 후에도 하디는 「신학세계」 '편집인' 직책을 계속 맡았다. 하디는 예언자 연구 논문을 꾸준하게 썼고 김인영과 김창준·정경옥·김종만·홍에스더 등 유학을 마치고 돌아온 한국인 교수들에게 연구 논문 발표의 기회를 주었다. 일부 지역교회 독자들 가운데 "수록된 논문과 글이 너무 어렵다."며 수준을 낮춰 줄 것을 요구하였지만 하디는 '신학 전문지'로서 학문성을 유지한다는 기조를 지키면서 국내외 교계 소식과 정보를 제공하였다. 또한 졸업생과 목회자들의 투고문도 적극 수록하였다. 여전히 적자인 「신학세계」 발간 비용을 메꾸는 것이 하디의 주요 임무였다.

하디의 또 다른 직장 조선예수교서회는 1929년에야 종로에 새 사옥 건축공사를 시작하여 1931년 6월 건축을 끝냈다. 공사 기간 중 예수교서회는 사무실을 피어선성경학원 2층으로 옮겨 일을 보았는데 업무 공간이 좁아 하디는 중요한 회의가 아니면 신학교 사택에서 조수들과 함께 일하였다. 다음은 1929년 연회에 제출한 하디의 조선예수교서회 사역 보고다.

> "한국교회를 강화시키기 위해 가장 필요한 것이 기독교서적 출판입니다. 이 분야에 대한 젊은 남녀청년들의 관심이 증가되고 있음을 기쁜 마음으로 보고합니다. 예수교서회 편집부에는 출판해 달라고 보내온 원고들이 쌓이고 있습니다. 집필과 번역 일로 바쁜 편집부 직원들이지만 이런 외부 원고를 검토하는 것을 즐겨하고 있습니다. 금년에 나는 조수들과 함께 창세기 주석을 편술하였고 갠디어A. Gandier 박사의 『예수의 천국관』을 번역, 출판하였습니다."

예수교서회 편집부에서 하디의 지휘를 받으며 번역과 집필 작업에 참여했던 직원은 기존의 김태원과 최상현 외에 미국 유학을 마치고 귀국한 한치진과 일본 선교사역을 마치고 돌아와 석교교회 담임이 된 박연서, 협성신학교 영문과 졸업생 김강, 협성여자신학교 교수 조민형 등이었다. 하디는 이들과 공역 혹은 공저 형태로 단행본들을 출간했다.

하디는 1929년부터 새롭게 추진된 '초교파 성경주석' 편찬사업에도 참여하였다. 평양 장로회신학교와 서울 협성신학교 교수들 사이에 "장로교와 감리교 신학자 및 목회자들이 집필하는 한국판 성경주석을 펴내자."는 의견이 나와 1928년 12월 조선예수교서회에서 협성신학교와 장로회신학교 교수, 예수교서회 편집위원들이 모여 편찬위원회(위원장 정인과)를 구성하였다. 편집부는 서울과 평양으로 나누어 협성신학교와 장로회신학교 교수들이 담당하기로 했다. 하디는 서울편집부 위원장이 되어 원고 집필과 편집 책임을 맡았다. 그는 바울의 목회서신과 옥중서신 집필에 착수했다. 그러나 성경주석 편찬사업은 3년 정도 지속되다가 중단되었다. 집필에 참여했던 협성신학교와 장로회신학교 교수들의 신학적 입장이 진보와 보수로 나뉘어 서로 달랐고 1930년대 중반 이후 찬송가 발행 및 주일공과 문제 등으로 장로교와 감리교 사이의 연합운동에 균열과 갈등이 빚어진 것이 중요 원인이었다. 비록 결과물은 나오지 못했지만 장로교와 감리교신학교 교수들이 초교파 성경주석 출간을 시도하였다는 점에서 의미는 있었다.

하디는 「기독신보」를 통해 평신도와 목회자를 위한 글도 많이 썼다. 우선 성서학자로서 연구한 결과를 일반 목회자와 평신도들이 쉽게 이해할 수 있도록 「기독신보」에 "구신약 성경연구"라는 제목으로 1929년 10월부터 1931년 12월까지 총 106회 연재하였다. 그는 또한 목회자와 전도인을 위해 1927년 조선예수교서회 발행으로 『전도담총』, 1928년 성문당 발행으로 『조선의 강단』을 출간하였다. 『전도담총』은 예배설교에 사용할 수 있는 예화 51개를 담고 있는데 「기독신보」에 먼저 연재하였다가 단행본으로 묶었다. 『조선의 강단』은 한국교회 목회자들의 설교 본문을 엮은 것으로 장로교와 감리교, 성결교의 대표적 목회자 35명이 참여하였다. 그중에는 3·1운동 때 옥고를 치른 정춘수와 신홍식, 현석칠, 김창준, 박연서, 김경하, 전필순 등이 포함되었다. 여기에 수록된 설교도 대부분 「기독신보」에 먼저 발표되었다. 하디는 필자 발굴 및 소통의 도구로서 「기독신보」를 중요하게 여겼다.

그런데 「기독신보」를 발간하는 일이 쉽지는 않았다. 「기독신보」의 어려움은 두 가지, 재정난과 정치적 탄압이었다. 하디는 매년 늘어나는 적자폭을 줄이려 노력하였지만 여의치 않았다. 그래서 신문 발행권을 조선예수교연합공의회에 넘겨주려 했지만 이루어지지 못했다. 재정난보다 더 어려운 것은 총독부와 경찰당국의 검열과 간섭이었다. 경찰당국은 수시로 신문에 실린 독립운동 및 민족주의 관련 기사를 빌미로 '발매 금지', '압수처분'을 내리고 기자들을 연행하여 조사했다. 당시 「기독신보」 편집부에 주필 조상옥 목사, 기자 김태원과 김강, 고영환, 최상현, 김춘배 등이 활약하고 있었는데 모두 민족의식이 투철했다.

그러던 중 1927년 신문 편집과 발행 실무를 총괄하던 주필 조상옥 목사가 세브란스병원에서 치료를 받다가 별세하였다. 조상옥 목사는 평북 의주 출신으로 중국 유학을 다녀온 후 협성신학교를 졸업하고 「신학세계」 주필과 피어선성경학원 원감에 이어 「기독신보」 주필로서 하디의 문서사역을 10년 넘게 도왔다. 조상옥 목사의 급작스런 별세는 하디에게 충격이었다. 하디는 「기독신보」 사설을 통해 "군君은 항상 교회를 사랑하고 동포를 사랑하여 그 몸을 교회애와 동포애에 헌獻하였다."면서 "내가 군과 사귄 지 12년이 넘었으되 항상 보아도 그 얼굴에 화기를 띠고 있고 성낸 것을 볼 수 없었다. 군은 그 자신이 많은 사람의 경모하는 친구인 동시에 남 도아주기를 좋아하였다. 군은 누구보다도 그리스도의 정신을 잘 체현하였다. 슬프다. 군은 사십삼이란 장년으로 우리를 떠났도다."라고 애도하였다.

하디는 별세한 조상옥 목사 후임으로 박연서 목사를 「기독신보」 주필로 임명했다. 이에 박연서 목사는 석교교회 담임을 하면서 기독신보 일을 겸하였다. 그리고 1929년 4월 「기독신보」 기자로 5년 동안 일했던 김춘배가 일본 고베의 칸세이학원 신학부로 유학을 떠났다. 김춘배의 떠난 자리를 서울 묘동장로교회에서 시무하던 전필순 목사가 채웠다. 전필순 목사는 3·1운동 때 박연서 목사와 서대문형무소에서 함께 수감 생활한 것이 인연이 되어 박연서의 부탁을 받고 기독신보 기자로 참여하였다. 하디는 이처럼 「기독신보」 편집진용을 새롭게 꾸민 후 신문 편집과 발행의 재량권을 주필과 기자에게 부여하였다. 박연서 주필은 신문의 재정 자립을 위해 1) 종래 8면으로 발행하던 신문 지면을 10면으로 확대하여 보다 풍부하고 다양한 기사와 정보를 독자들에게 제공하였고 2) 신문에 기업이나 상품 광고를 실어 광고 수익을 늘여나갔으며 3) 독자 확충을 위해 지방에 지국을 설치하고 지역교회 목회자들을 고문, 평신도 지도자를 지국장과 주재기자로 임명하였다. 그 결과 1928~1929년 1년 사이에 정기 구독자가 25% 늘어나 총 4,200부를 인쇄, 전국에 배포할 수 있게 되었다.

그렇게 하디는 협성신학교와 피어선성경학원을 통한 신학교육에 이어 「신학세계」와 조선예수교서회 편집부, 「기독신보」를 통한 문서선교사역에서도 그동안 가르치고 훈련시켜 온 제자와 후배들에게 그 책임과 역할을 넘겨주었다. 그동안 선교사 중심으로 추진되었던 복음전도와 교육선교, 의료선교, 문서선교 분야의 사역이 한국인 중심으로 바뀌고 있었다. 이러한 '선교 이양'은 개척시대 선교사들의 '은퇴 계절'이 다가오고 있음을 알려주는 신호였다.

32.
"40년 광야의 축복"
선교 40주년 기념식

•

> 너를 낮추시며 너를 주리게 하시며 또 너도 알지 못하며 네 조상들도 알지 못하던 만나를 네게 먹이신 것은 사람이 떡으로만 사는 것이 아니요 여호와의 입에서 나오는 모든 말씀으로 사는 줄을 네가 알게 하려 하심이니라. 이 사십 년 동안에 네 의복이 헤어지지 아니하였고 네 발이 부르트지 아니하였느니라(신 8:3~4)

이스라엘 민족에게 '광야 40년'은 시련이자 은총이었다. 물과 양식이 떨어지고 외부 공격을 받는 위기 때마다 이를 극복케 하시는 하나님의 이적을 체험하였다. 그 결과 이스라엘 민족은 하나님의 말씀으로 먹고 사는 하나님의 백성이 되어 약속의 땅에 들어갈 수 있었다.

하디 부부에게 '한국선교 40년'은 광야의 시련과 은총이었다. 처음 독립 의료 선교사로 내한하여 남감리회 목사와 부흥사, 신학교수로 사역하는 동안 궁핍과 위기도 겪었지만 하나님의 '인도하시는' 손길에서 위로와 용기를 얻었다. 뒤돌아보니 감사할 것 밖에 없는 여정이었다.

하디 부부가 안식년 휴가를 마치고 돌아온 1927년, 선교 개척시대 활약했던 '원로급' 한국교회 지도자와 선교사들이 대거 세상을 떠나거나 은퇴하고 귀국하였다. 1927년 3월 황성기독교 총무로서 기독교 민족 운동계의 대부 역할을 했던 월남 이상재가 별세하였고 두 달 후 5월에 협성신학교 1회 졸업생이자 협성신학교 교수로 하디의 사역을 도왔던 최병헌 목사가 별세하였다. 이상재와 최병헌은 기독교인이었음에도 장례식은 사회장으로 엄수되었다. 이는 초기 한국 기독교의 사회적 지도력이 어느 정도였는지 보여주는 예였다.

1927년 6월에는 하디, 에비슨과 함께 '토론토 삼총사'로 불렸던 게일이 한국 선교 40년을 정리하고 떠났다. 게일은 토론토대학 학생기독교청년회 파송을 받아 캐나다인 최초 한국 선교사로 내한하여 소래와 부산에서 사역하다가 나중에 북장로회 선교회로 적을 옮긴 후 원산과 서울에서 목회도 하였지만 그보다는 성경번역과 한국 역사와 문화 연구, 문서출판 사역에 힘을 기울여 '문서 선교사'로서 많은 업적을 남겼다. 게일은 정년이 남았지만 1910년 재혼한 부인과 자녀들의 건강이 악화되어 은퇴를 6년 앞당기기로 했다. 게일은 1927년 6월 5일 서울 승동교회에서 열린 경성장로교회 도제직회 주최 '게일 목사 선교 40주년 기념예배'에 참석한 후 6월 22일 부인의 고향인 영국으로 출국하였다. 토론토의과대학 졸업반 때 "한국에 의사가 필요하다."는 게일의 편지를 읽고 한국에 선교사로 나올 결심을 하게 되었던 하디였기에 그의 조기 은퇴와 귀국을 바라보는 감회가 남달랐다.

게일이 서울을 떠날 무렵 또 한 명의 원로 선교사가 귀국했다. 미국 북장로회의 최고령(79세) 선교사 디캠프였다. 뉴욕 유니언신학교를 졸업한 후 미국에서 36년 목회한 후 1910년, 62세 나이로 부인과 두 자녀를 데리고 '자비량 선교사'로 한국에 나왔다. 그는 한국어를 습득할 시간적 여유가 없음을 알고 영어로 사역할 수 있는 곳을 찾다가 서울의 몇 곳 기독교 학교에서 영어를 가르쳤고 1911년부터 서울 외국인연합교회를 담임하였으며 1913년부터 선교사 잡지 *The Korea Mission Field* 편집주간으로 봉사하였다. 그렇게 17년간 무보수로 사역한 디캠프는 성년이 된 자녀들의 교육 문제 때문에 1927년 5월 선교사직을 사임하고 미국으로 돌아갔다.

게일과 디캠프가 서울을 떠날 무렵 하디의 신학교 동료 교수였던 남감리회 선교사 갬블도 20년 사역을 정리하고 미국으로 돌아갔다. 갬블은 1908년 부인과 함께 내한해서 개성에서 사역하였고 1915년 안식년 휴가를 얻어 귀국했다가 부인의 건강이 악화되어 한동안 돌아오지 못했다. 1921년에야 부인의 건강이 회복되어 서울로 돌아와 협성신학교 교수가 되어 하디와 함께 사역하였다. 그러나 1927년

1월 갬블 부인은 병이 재발하여 별세하였고 결국 갬블은 그해 6월 어린 자녀들을 데리고 귀국하였다. 이후 갬블은 한국으로 돌아오지 못하고 미국에서 목회를 계속했다.

이처럼 '원로급' 선교사들이 속속 은퇴하고 출국하던 중 1927년 7월 동아일보사가 새 사옥 건축을 기념하여 서울지역 교육계 공로자 18명을 선정하여 표창하였다. 그 가운데 하디와 에비슨·베커·언더우드·로즈·밀러·러들로우·부이·케이블 등 선교사 9명이 포함되었다. 「동아일보」는 하디를 선정한 것에 대하여 "금년 육십삼세의 노령이요 조선에 건너와 선교사업에 종사한 지가 38년이나 되었으니 씨의 후반생은 조선에서 일한 공로자이다. 씨가 조선에 처음으로 건너올 당시에는 글로써 선교할 아무 기관이 없섰든 바 씨의 손으로 비로소 신학세계와 기독신보 등이 발간되었으며 지금도 협성신학교 교수로 있으면서 기독신보 사장과 신학세계 주필을 겸하여 있고 기독교 문학서적을 20년 전부터 해마다 한두 권씩 저술 혹은 번역을 하는 터이다."라고 설명하였다. 「동아일보」는 표창을 받은 하디의 감상문을 신문에 소개했다.

> "나의 감상을 말하랴면 조선이 나의 후반 생애를 늙게 한 그 만큼 38년간의 일을 엇지 다 말하겠습니까. 내가 동양에 파견될 때 조선에 오기를 원하였는데 그때 조선을 처사국處士國이라고 합디다. 겨우 몇천 명의 천주교도가 있을 뿐으로 서양 문명이라고는 아는 이가 극히 적었습니다. 일반교육도 백에 아흔다섯 명쯤은 모를 때이었고 관존민비의 계급차별이 심하였으며 기타 조혼축첩의 폐해가 많을 때인데 불과 몇 십 년 동안에 조선의 문명은 장족의 진보를 하였습니다. 누구의 힘으로 되었는지야 물을 것 없겠지요마는 하여간 과학문명은 그 혜택을 조선민족이 적게 입는다고 볼 수 있으나 신령한 문명의 혜택은 전혀 조선동포가 입고 있습니다. 말하자면 조선은 완전히 그리스도의 나라가 되어 가는 기쁜 현상에 있습니다. 조선 안에 있는 예수교 외국선교사의 주재소는 도합 30처이오 예배당의 수효가 3천에 신도의 총수가 30만 명에 달합니다. 그러고 매년 전도비용으로 조선 안에서 거두는 돈이 150만 원으로 외국 선교회에서 얻어 오는 돈보다 많으며 조선인 교육자 수효가 1,844인이니 6백 명에 불과하는 외국인 선교사보다 얼마나 많습니까. 이로 보면 머지않은 장래에 그리스도의 나라가 될 것을 믿습니다."

선교사들이 시작한 근대 교육과 의료 및 복음전도 사역은 그 역량과 주도권이 한국인에게 넘어가고 있었다. 그 현상을 긍정적으로 평가한 하디는 "머지않아 조선은 그리스도의 나라가 될 것"으로 전망하였다. 이러한 하디의 긍정적인 전망은 1927년 9월 8~13일 서울 종교교회에서 열린 남감리회 제10차 연회 중 개최된 '조선 남감리교회 선교 30주년 기념대회'를 통해서도 확인되었다. 30주년 기념사업회 총무 양주삼 목사의 사회로 진행된 기념대회에서 하디는 "선교 개척사역"이란 논문을 발표하였고 에인스 감독의 "미래의 전망"이란 제목의 강연에 이어 남감리회 선교 개척자 김홍순 목사와 윤치호의 "30년 회고담"으로 끝났다.

그리고 연회 마지막 날인 9월 13일 저녁, 김홍순 목사와 윤치호, 하디 선교사의 '사역 30주년 축하식'이 거행되었다. 그 때 김홍순 목사는 67세, 윤치호와 하디는 62세였다. 축하식에 참석한 연회원들은 이들의 회고와 증언을 들으면서 웃기도 하고 울기도 했다. 에인스워스 감독은 연회원들이 준비한 '무궁화꽃 모양'의 금메달을 선교 개척자들에게 증정하였다. 받는 사람이나 박수치는 사람이나 메달 모양인 '무궁화 꽃'의 의미를 잘 알았다.

연회를 마친 후 하디는 양주삼 목사와 함께 한국교회 대표로 10월 20일부터 일본 도쿄에서 개최된 일본감리교회 제6회 총회에 참석하였다. 일본 감리교회는 1907년 단일 감리교회를 조직한 후 20년 만에 30,088명 교세를 기록하였다. 당시1926년 한국 감리교회는 남감리회가 19,129명, 미감리회가 19,063명, 도합 38,192명 교세를 기록하였다. 한국 감리교 선교는 일본보다 10년 늦게 시작하였음에도 일본교회를 능가하는 교세부흥을 이룩하였다. 하디와 양주삼은 일본 감리교회 총회에 참석하여 한국교회의 부흥과 성장을 대변하였다.

하디는 일본 감리교회 총회 후 고베지역 한인교회를 방문하고 돌아왔다. 하디가 서울로 돌아온 직후 미국 해외선교부 총무 고다드 박사가 한국을 방문했다. 고다드로서는 첫 번째 한국 방문이었다. 그는 11월 1일 서울에 도착하여 서울과 개성, 원산 등지의 선교 상황을 둘러보고 11월 10일 일본으로 떠났다. 하디는 고다드 총무의 한국 일정을 안내하면서 한국선교에 대한 지속적인 후원을 호소하였다. 특히 석교교회를 방문하여 '부흥하는 교회' 현장을 보여주고 교회부속 내일학교(영신학교) 교사 건축 지원을 부탁하였다.

그 무렵 선교 개척자를 추모하고 기념하는 다양한 행사들이 연이어 열렸다. 1927년 9월 조선예수교장로회 총회는 10년 전에 별세한 선교 개척자 언더우드를 추모하는 기념비를 서울 새문안교회 구내에 건립하였고 1928년 4월에는 신촌 연희전문학교에서 교내에 언더우드 동상을 건립하였다. 1928년 3월에는 남대문 밖 세브란스의학전문학교가 교정에 설립자 에비슨 교장을 기념하는 동상을 건립하였다. 1930년에도 원로 선교사들의 사역을 축하하는 모임이 여러 차례 개최되었다. 1930년 9월 협성신학교에서 미감리회 선교사 데밍(도이명)의 '한국 선교 25주년'을 기념하는 축하식이 열렸고 그해 12월 평양 장로회신학교에서 북장로회 선교사 마펫(마포삼열)의 '선교 40주년' 기념식이 열렸으며 평양 남산현교회에서 미감리회 선교사 무어(문요한)의 '선교 25주년' 기념식이 열렸다.

1930년은 하디도 선교 40주년을 맞는 해였다. 이에 윤치호와 김창준·이필주·김태원·박연서·정춘수·김인영·김종우·유형기·함태영·한치진·이동욱·이만규·이용설·신홍식·송흥국·오긍선·정인과·전필순·최상현·최성모·차재명·장락도·홍병선·홍종숙·함태영·이효덕·손메레·신의경·김폴린·홍에스더 등 장로교와 감리교 남녀 지도자 91명이 1930년 7월 '하리영 박사 선교40주년 기념사업발기회'를 조직하였다. 하디가 선교사로 한국(부산)에 처음 도착한 날짜가 1890년 9월 30일이었다. 이것을 기념하여 1930년 9월 27일(토) 오후 서울 중앙기독교청년회관 대강당에서 '하리영 박사 선교 40주년 기념식'이 거행되었다. 마침 남감리회 제14회 연회가 서울 종교교회에서 열리고 있어 연회를 주재하기 위해 방한한 컨 감독을 비롯하여 연회에 참석했던 선교사와 목회자, 평신도 지도자들은 물론 막바지에 이른 남북 감리교회 통합작업을 마무리 짓기 위해 내한한 미감리회의 웰치 감독과 베이커 감독, 목회자를 포함하여 8백여 명 축하객이 참석했다.

중앙기독교청년회 회장 윤치호의 사회로 진행된 기념식은 구세군 악대의 주악으로 시작되어 정춘수 목사의 약력 보고, 신흥우의 기념사, 양주삼과 웰치, 에비슨의 축사 후 이화여전과 감리교신학교 합창대의 축하 음악 순서에 이어 기념품 증정, 하디의 답사로 진행되었다. 하디의 답사 내용을 「매일신보」가 보도했다.

"여러분 오늘 이 자리는 영원히 잊을 수 없는 일이올시다. 내가 조선 안에 발을 들여 놓은 것은 벌써 어느덧 40년이 되었습니다. 내 나이 예순 여덟… 이 몸의 뼈와 살은 비록 미국에서 가지고 왔다 할지나 오늘의 주름진 이 몸은 조선 강산의 우로로 자라난 조선의 살이며 뼈올시다. 이 동안에 내 무엇을 하였는가 하고 회상하면 실로 감회가 깊을 뿐입니다. 나는 더 말하지 않거니와 인생은 짧으나 신神의 사업은 영원한 것입니다. 나는 오직 조선이 신의 거룩한 나라가 되기를 바랄 뿐입니다."

하디는 여전히 "조선이 하나님의 나라가 되는 것이 소원"임을 밝혔다. 기념식 후에는 곧바로 돈의동에 있는 명월관 본점에서 축하 만찬이 열렸다. 일반사회 측 인사로 안재홍이 축사하였다. 「매일신보」는 축하식을 앞둔 9월 23일자 신문에 "문화계발文化啓發의 대은인大恩人"이란 제목으로 하디와의 인터뷰 기사를 실었다. 다음은 하디가 "유창한 조선말"로 「매일신보」 기자에게 진술한 내용이다.

"내가 조선에 건너오기는 1890년 즉 스물다섯 살 때입니다. 고향인 영령英領 카나다의 토론토대학을 맞추고 처음 선교의사로 왔섰습니다. 처음은 경성에서 일을 보았으나 그다음은 원산 부산 각처에서 일을 보고 잠시 귀국하야 성서에 대한 공부를 하야 가지고 다시 나왔습니다. 다소 길다면 길겠지만 하여튼 그동안 조선 일을 보아 오는 동안 여러 가지 곤란한 일도 있기는 있었지만 하루하루 조선 기독교 신자가 늘어가는 것이 항상 낙樂인 동시에 나로 하여금 기운을 주었습니다. 그러나 이렇다고 할 만한 사업을 한 것이 없음에 불구하고 이번 기념 축하를 받는 것은 나로서 매우 민망합니다. 나의 할 일은 지금부터라 할 것이라고 믿습니다."

「동아일보」도 하디의 선교40주년 기념식 준비부터 개최까지 자세히 소개하면서 "이네를 본받자."라는 제목의 사설을 실었다. 하디는 축하식을 마치고 10월 3일 오후 냉천동 협성신학교 구내에 있는 자택에서 자신의 선교40주년 기념식 행사를 위해 수고한 발기인과 제자 50여 명을 초청하여 만찬을 베풀었다. 그 자리에도 참석했던 「동아일보」 기자는 하디가 참석자들에게 "내가 다시 젊었으면 즐거이 조선으로 나오겠노라." 했던 말을 신문에 소개하였다. 하디의 변함없는 '조선

사랑'은 그렇게 세상에 알려졌다. 하디의 선교40주년 기념식을 지켜보았던 익명의 제자가 그 감상문을 「기독신보」에 기고하였다.

“선생의 거룩한 덕, 쌓아온 사업을 마음 깊이 칭송하며 기념하는 말이야 있고 없고 간에 그 수를 헤아림이 없은 들 어떠하려마는 내 눈에 비취인 선생은 다른 이의 그것과 꼭 같다고도 못하려니와 감感한 바 깊어서 한 마디 말이 없지 못하겠다. 선생의 40년간 쌓아온 사업을 들추는 이 남감리 각 교회에서 그 자취를 엿볼 것이오, 협성신학교에서 그 공적을 말하리라. 나는 선생의 그 업적보다도 시대를 살피는 그 정신을 경모하는 자의 하나이다. 실지 전도에서 교역자 양성으로, 교역자 양성에서 문학사업으로 시대를 따라 옮기는 그의 계획적 진출. 처음에는 복음을 원하였다. 다음에는 교역자가 필요하였다. 지금은 문학의 제공을 갈구한다. 이 기機를 살펴서 조선인의 수용공급에 응하는 이가 선생이다.”

하디는 의료선교로 시작하여 목사 안수를 받은 후 복음전도와 교회설립에 주력하였고 부흥운동의 주역이 되었다. 그리고 협성신학교 교수 및 교장이 되어 목회자 양성에 주력하였고 교장 직을 내려놓은 후에는 기독교 언론과 문서선교에 집중하였다. 그것은 한국 사회와 교회가 필요로 하는 일을 내다보고 역할을 바꾸어온 결과였다. 그래서 제자는 글 제목을 “선견자 하디 선생”이라 붙였다. 또한 제자는 학자로서 하디의 '끊임없는' 연구 자세를 높이 평가했다.

“다시 선생의 문인들은 그의 신학사상을 잘 알리라. 보수에 극極하고 철저하였다. 그러나 근자에는 전에 출판하였던 선생의 저서를 개작 혹은 수정에 바빠한다는 것을 알어야 한다. 작년 여름휴가로 경성에 갔을 때 선생의 부탁으로 그 개정한 원고를 열람하다가는 끽경喫驚을 마지 않었다. 이 같은 사실이 늙은 선생의 새로운 정신을 알려준다. 다시 선생을 친히 접하는 이는 선생의 조선을 근심하고 사랑하는 것을 엿볼 수 있으리라. 누구처럼 나는 조선을 사랑하오, 조선 청년을 귀여워하오 하는 말은 하지 않는다. 그러나 선생의 이에 대한 근심은 크고 사랑은 깊다. 우리에게 때를 따라 좋은 양식으로 먹일 자가 누구뇨. 이를 하디 선생에게서 보도다.”

하디는 정규 신학교 출신이 아니었다. 그럼에도 어느 선교사보다 많은 신학 논문을 발표하고 저술을 출간하였다. 그리고 『신약서론』을 10년 만에 『신약전서 총론』으로 증보, 개정판을 낸 것에서 보듯 하디는 서구 신학계의 최근 연구결과를 적극 수용하여 '시대에 뒤떨어지지 않는' 연구자가 되려고 노력하였다. 그래서 제자는 하디의 개정판 원고를 읽으면서 '늙은 선생의 새로운 정신'을 읽었다. 그렇게 하디는 나이가 들었어도 끝까지 '연구하는 신학자'로 후배와 제자들에게 귀감이 되었다.

33.
"둘이 하나가 되리라"
남북 감리교 합동운동

> 인자야 너는 막대기 하나를 가져다가 그 위에 유다와 그 짝 이스라엘 자손이라 쓰고 또 다른 막대기 하나를 가지고 그 위에 에브라임의 막대기 곧 요셉과 그 짝 이스라엘 온 족속이라 쓰고 그 막대기들을 서로 합하여 하나가 되게 하라. 네 손에서 둘이 하나가 되리라(겔 37:16~17)

본래 유다와 이스라엘은 한 민족, 한 국가였다. 솔로몬 왕 사후 정치·사회적 갈등으로 나라는 남북으로 나뉘어 5백 년 분단 시대를 살았다. 이제 70년 바벨론 포로생활을 마친 이스라엘 민족에게 "다시 하나가 되리라."는 하나님의 메시지가 전달되었다. 하나 됨이 곧 하나님의 뜻이었다.

본래 미국 감리교회는 하나였다. 1840년대 흑인 노예 문제와 남북전쟁으로 미국 교회들이 남북으로 분열될 때 감리교회도 둘로 나뉘었고 그런 상태에서 각각 다른 조직으로 한국선교를 추진했다. 그러나 선교지에서 양쪽 선교사들은 서로 협력하였고 남북 감리교 합동운동을 전개하였다. 하디도 이에 적극 참여하였다.

10년 시차를 두고 한국 선교를 시작한 미(북)감리회와 남감리회 선교사들은 선교초기부터 협력과 연합을 추구하였다. 먼저 들어온 미감리회 선교사들은 늦게 들어온 남감리회 선교사들이 정착하고 선교사역을 개척하는 일을 도와주었고 선교지 분할 협정을 통해 양보하고 협력하는 모습을 보여주었다. 그리고 1903~1907년 초기 부흥운동을 계기로 초교파 연합운동이 활발해진 가운데 남북 감리회는 연합신학교로 협성성경학원(협성신학교)을 설립하여 목회자 양성을 함께 추진하였다. 1919~1920년 남북 감리회가 함께 추진했던 '감리교 선교 백주년기념' 집회도 두 교회 사이의 연합운동을 촉진시켰다. 그러한 때 미국에서도 1920년대 들어 남북 감리교회의 통합 논의가 활발하게 이루어졌다. 미국 남북 감리교회는 '감리교회 해외선교 1백주년 기념' 사업과 행사를 계기로 두 교회 사이의 통합운동이 제기되어 1922년 양측 교회 대표들로 통합추진위원회가 구성되었다. 이 위원회가 2년 동안 연구하여 마련한 통합 추진안이 1924년 5월 미감리회 정기총회, 1924년 7월 남감리회 임시총회에 상정되어 논의되었다.

이런 상황에서 한국에서도 1924년 2월 5~6일 서울 피어선성경학원에서 남감리회와 미감리회 감독과 연회 대표 30명이 참석하여 연합진흥방침위원회를 조직하였다. 1) 신학교육과 의료·교육 사업에서 두 교회의 연합방침을 더욱 공고히 하고 2) 교회 직제와 의회 명칭을 통일하고 3) 교회법인 〈도리장정〉을 공동 번역·출판하고 4) 서울 중앙에 남북 감리회 선교 개척에 기여한 가우처 박사(미감리회)와 램버스 감독(남감리회)을 기념하는 '가우처·램버스 기념예배당'을 공동 설립하기로 결의하였다. 미국에서 진행되는 남북 감리교 통합운동에 맞추어 선교지 한국에서도 단일교회를 목표로 정책과 조직에서 통일을 기하기로 한 것이다. 그런 기대감 속에 1924년 5월 미국 스프링스필드에서 개최된 미감리회 총회는 통합추진위원회가 제안한 합동안을 압도적으로 통과시켰다. 1924년 7월 미국 차타누가에서 개최된 남감리회 임시총회도 합동안을 통과시켰다. 남은 것은 이런 총회 결의를 양측 교회 연회들이 추인하는 절차였다. 미감리회는 전체 연회의 3분의 2, 남감리회는 4분의 3의 찬성을 얻어야 총회 결의가 유효하였다. 이러한 미국 총회 결과를 전해들은 한국의 양측 선교사와 목회자들은 통합에 대한 기대감이 높아졌다. 하디도 마찬가지였다. 그는 「신학세계」에 미국교회의 통합과정을 설명한 후 한국에서도 통합을 위한 준비 작업에 나설 것을 촉구하였다.

> "이러한 방침 하에서 언제던지 관계위원들이 원하면 더 밀접하게 연합할 기회가 잇지마는 피등彼等에게는 여러 가지 관계로 이 새로히 성립된 현재와 장래 감리교 지방에서 그리스도를 위하야 선한 사업을 행함으로 영구한 연합을 성취할 것이다. 이제 선교회와 선교사들은 가급적으로

속히 연합될 것이니 조선 감리교 사업을 위하야는 두 교구[연회] 총회를 두어야 될 상당한 이유가 없고 경제 융통과 교역자 사용에 편리를 도모하기 위하야 가급적으로 속히 동일한 교구 총회의 관할을 받게 할 것이오 이에 관계하는 중요한 인물들이 상당히 노력할 것이면 불원간에 조선감리교회가 완전히 독립될 줄 믿는다."

그러나 미국 감리교회 합동에 대한 '낙관적인 전망'은 어긋났다. 미감리회 총회나 연회에서는 여전히 합동안을 지지하였지만 남감리회 측에서는 연회 차원에서 통합안에 대한 최종 결의를 끌어내지 못했다. 오히려 1924년 7월 소집되었던 임시총회의 합법성을 두고 내부 갈등이 빚어졌다. 결국 1926년 5월 멤피스에서 개최된 남감리회 정기총회에서는 격론 끝에 "합동안에 대하여 역사와 재정, 교회법 등 다각적으로 검토한 후 1930년 총회에서 재론하기로" 결의하였다. 미국 남북감리교회의 합동에 기대를 걸었던 한국교회 지도자들의 실망 또한 컸다.

이런 결과가 나타난 직후, 1925년 6월 23~29일 서울 피어선성경학원에서 미감리회 연회가 개최되었다. 연회를 주재하던 웰치 감독을 비롯하여 연회에 참석한 선교사나 한국인 목회자들은 미국 감리교회의 합동이 성사되지 못한 것에 크게 실망하였다. 그런 중에 배형식 목사는 "미국에서는 남북 감리교회가 합동하지 못하였지만 한국에서는 이미 두 교회가 연합하기로 하였으니 두 교회의 통합을 추진하자."고 발의했다. 이에 연회원들이 적극 찬성하여 노블과 모리스, 김찬흥, 김종우, 오기선 등 5인을 '남북감리연합방침위원'으로 선정하였다. 이런 미감리회 움직임에 남감리회도 호응하여 1926년 9월 2~6일 서울 종교교회에서 개최된 연회에서 저다인과 갬블·정춘수·신공숙·양주삼 등 5인을 '남북감리연합기성위원'으로 선정하였다. 그렇게 해서 미국보다 한국에서 먼저 통합운동이 본격 추진되었다.

양측 연회에서 선발된 대표 10명은 1926년 12월 28일 첫 모임을 갖고 '조선남북감리교회 통합방침연구 연합위원회'를 조직한 후 다음과 같은 통합 5대 원칙을 세웠다.

1) 조선에 있는 두 매년회를 합하야 한 연회를 만들 것

2) 합한 후에는 '미감리'라던지 '남감리'라던지는 못할 터이니 합당하게 새 명칭을 지을 것

3) 교회에서 사용하는 예문과 직원의 명칭이 동일하도록 교회 법전을 제정할 것

4) 조선 교역자들은 남북교회의 관계를 물론하고 어디던지 파송하게 할 것

5) 조선에 있는 남북감리회의 모든 사업을 합동연락하야 감리교회로 일치한 행동을 취할 것

통합방침연구위원회는 1927년 3월 세 차례 회합을 가진 후 미국 남북 감리회 총회에 제출할 〈청원서〉와 남북 감리회 조선매년회에 제출할 〈보고서〉, 그리고 통합추진 과정을 알리는 〈성명서〉를 작성하였다. 이 가운데 가장 중요한 문건은 1928년 5월에 개최될 미감리회 총회와 1930년 5월에 개최될 남감리회 총회에 제출할 〈청원서〉였다. 청원서는 우선 "남북 감리교회 사업이 조선에서 홍왕하여 현재 두 교회 연회 내에 수세受洗 입교인 22,430인과 학습인 7,193인이 포함한 교인 총수 63,896인과 파송을 받은 전도인 228인이 사역하고 있다."고 두 교회의 선교 결과를 소개하였다. 이어 한국에 선교사를 파송하고 후원해 준 두 교회에 감사를 표한 후, "청원서를 귀 총회에 제출할 때에 우리가 선교부나 선교사들의 하는 사업에 대하여 감사하는 마음이 부족하다던가 미국에 있는 교회와 조선에 있는 교회와 두 사이에 친절한 관계가 있는 것을 단절코저 한다던가 하는 것이 아니라"며 "조선교회가 선교사들의 복무와 선교부들의 재정의 도움을 장래에도 다년간 더 받아야 될 줄 믿는다."고 밝혔다.

그리고 구체적으로 1) 미국 두 교회 총회에서 한국에서 두 교회가 통합하여 하나의 총회를 조직할 수 있도록 허락할 것, 2) 미국 두 교회 총회에서 한국 단일 감리교회 조직을 위한 전권위원을 선정하여 한국의 양측 연회에서 선정한 전권위원들과 통합을 추진하도록 허락할 것, 3) 한국의 통합 감리교회가 미국의 두 교화 총회와 계속 연락관계를 맺을 수 있도록 기초법을 제정할 것을 요구하였다.

통합방침연구위원회는 5월 31일 다시 한번 모임을 갖고 〈보고서〉와 〈청원서〉 문구를 최종 정리한 후 양측 한국연회에 제출했다. 1927년 6월 15~21일 정동교회에서 개최된 미감리회 연회에 남감리회의 양주삼 목사가 참석해서 통합방침연구위원회에서 마련한 〈보고서〉 및 〈청원서〉를 제출하였다. 미감리회 연회는 이

의 없이 보고를 받아들였다. 1927년 9월 8~16일까지 종교교회에서 개최된 남감리회 연회도 미감리회의 김종우 목사가 제출한 통합방침연구위원회 보고서와 청원서를 검토한 후 "미국 총회에 보낼 청원서 문안 중에 '자치'와 '조직'이란 단어의 뜻을 보다 분명히 하고 한국에서 추진하는 남북 감리교 합동운동이 미국교회와의 관계를 단절하자는 것이 아니란 점을 분명히 한다."는 단서를 붙여 통과시켰다. 그리고 양측 연회는 통합방침연구위원회의 요청에 따라 통합작업을 추진할 '남북감리회 연합위원'으로 감독을 포함하여 선교사와 목사, 남녀 평신도 대표 각 10명씩 선출하였다.

이제 남은 것은 미국의 양측 감리교회 총회의 승인이었다. 처음부터 합동에 적극적이었던 미감리회는 1928년 5월 캔자스시티에서 개최된 총회에서 한국교회의 청원을 승인하였고 새로 감독에 선출된 베이커James C. Baker 박사를 동아시아 관리감독으로 파송하여 한국의 남북감리교 통합작업을 지휘하도록 하였다. 1930년 5월에 열릴 미국 남감리회 총회의 승인만 얻으면 되었다. 이에 미국 남감리회 총회를 앞두고 1929년 9월 종교교회에서 열린 남감리회 한국연회에서 하디와 브래넌, 김인영이 공동명의로 제출한 결의문을 채택했다.

> "3년 전에 우리 매년회에서 우리의 자매교파인 북감리교회와 유기적 통합하기 위하야 결의한 바를 우리 남감리교 총회에 진정한 일이 있었습니다. 이 두 교파 통합으로 말미암아 조선의 기독교 운동이 발전될 터이며 이 두 교파의 협동으로 말미암아 교회 내에 공인하는 약점들과 또는 교회 밖으로부터 일어나는 비평을 일소케 되겠아온즉 우리는 여기서 우리의 소원하는 이 통합의 완성이 1일이라도 속히 실현되기 위하야 형성한 장래의 모든 방침을 다시 생각하기로 결의하기를 원합니다."

이처럼 남북 감리교 통합작업이 진행되는 중 하디는 1929년 5월 안식년 휴가를 떠난 스톡스를 대신하여 남감리회 서울지방 장로사 사역을 맡았다. 하디는 그해 9월 연회에서 서울지방 교세에 대하여 "지방 내 6개 구역회에 조직교회가 18개, 기도처가 3개이며 입교인은 95명이 증가하여 1,074명이고 1년 동안 신입교인

260명, 세례인 154명이 증가하였다. 헌금 총액은 13,615원 47전이지만 지방 전체로는 아직도 미자립 교회가 많다. 서울 외곽 양주와 포천지역은 너무 넓어 목사 한 명이 돌보기엔 힘들다. 목회자 추가 파송이 필요하다."고 보고하였다. 또한 하디는 서울지방 장로사로서 수표교교회에 딸린 부지를 매각한 후 그 기금(980원)을 "교인들의 요청대로 교회에 주지 않고 선교부 재산이기 때문에 별도 기금으로 은행에 예치해 두었음"을 보고하면서 앞으로 이런 경우가 또 있을 것을 예상하여 "한국교회 재산을 관리하는 법인 설립이 필요하다."는 것을 미국 선교본부에 알렸다.

그리고 하디는 9월 연회 때 에인스워스 감독으로부터 "북간도와 시베리아 선교를 계속해야 하는지, 하얼빈에 있는 선교부지를 어떻게 처리해야 할지 알아보라."는 부탁을 받고 1929년 11월 14~19일 부인과 함께 열차 편으로 하얼빈을 방문하였다. 하디는 국경도시인 하얼빈에서 러시아와 중국 사이에 무력 충돌이 잦은데다 감리교 선교에 대한 러시아정교회 측의 반대가 심하여 선교활동이 어렵다고 판단하고 "하얼빈과 러시아 선교는 중국선교회에 맡기고 한국 선교회는 철수하는 것이 좋겠다."는 의견을 제시하였다. 하디 부부가 러시아 방문을 마치고 서울로 돌아온 직후 '광주학생사건'으로 서울과 지방 곳곳에서 청년학생들의 만세시위가 일어났다. 협성신학교나 피어선성경학원에서는 학생들이 직접 만세시위를 벌이지는 않았지만 학교 분위기가 불안했다. 이에 교수들은 조기방학을 실시하였다.

그렇게 정치·사회적으로 불안한 가운데 1930년을 맞았다. 하디를 비롯한 감리교 선교사와 교인들은 5월에 열릴 미국 남감리회 총회에서 한국 남북감리교회 통합안이 통과될지 여부에 관심이 쏠렸다. 1930년 5월 7~26일 댈러스에서 개최된 남감리회 총회에 에인스워스 감독을 비롯하여 한국연회 대표 임두화 목사와 김인영 목사, 평신도 대표 구영숙, 이춘호도 참석해서 한국연회의 통합안 지지를 호소했다. 다행히 미국 남감리회 총회 분위기가 바뀌어 한국에서 제출한 〈청원서〉와 〈통합안〉을 만장일치로 승인하고 새로 감독에 선출된 컨 박사를 동아시아 관리감독으로 파송하여 한국의 남북 감리회 통합운동을 이끌도록 하였다.

하디는 미국 남감리회 총회 결의 소식을 속보 형태로 「기독신보」를 통해 한국교회에 알렸다. 이로써 한국에서 남북 감리회 통합작업은 탄력을 받았다. 미국과 한국의 양측 교회 지도자들의 관심은 "한국에서 어떤 교회를 조직할 것인가?"에 쏠렸다. 이에 하디는 여론과 의견 수렴 통로로 「기독신보」와 「신학세계」를 적극 활용하였다. 우선 1930년 6월부터 「기독신보」에 "조선 감리교회 조직에 대한 고견"이란 제목으로 독자들이 보내온 원고를 수록하였고 양주삼과 김인영·최재학·윤치호 등 합동 전권위원으로 활동하는 인사들의 기고문을 「기독신보」와 「신학세계」에 수록하였다. 물론 하디도 「기독신보」 사설을 통해 자신의 의견을 제시하였고 사워 피셔 교수도 평신도 선교사 입장에서 합동에 관한 의견을 발표하였다.

그런 분위기에서 1930년 8월, 원산 명사십리에서 남감리회한국선교회 선교사 연례회가 열렸다. 신임 컨 감독이 한국에 나오지 못했기 때문에 연장자인 하디가 회의를 주재하였다. 선교사들의 관심사는 단연 남북 감리교 합동문제였다. 선교사들은 토론 끝에 다음과 같은 6개 결의문을 채택하였다.

1) 한국 감리교회는 독립조직이어야 한다. 다만 미국이나 다른 나라 감리교회와 조직으로 연결될 필요는 없지만 영적이고 우호적인 유대 관계를 맺어야한다.
2) 우리는 이번에 합동하는 한국 감리교회는 머지않은 장래에 이 나라에 있는 다른 교파교회들과 연합하여 단일 한국기독교회a united Christian Church of Korea를 조직하기를 기대한다.
3) 우리는 장차 미국 감리교회 해외선교부가 (한국 선교회에 주는 자금 외에) 한국교회가 추진하는 사업을 위해 재정을 지원할 경우엔 한국 선교회를 통하지 말고 직접 한국교회에 지급하여 한국교회로 하여금 독자적인 기구와 위원회, 임원 조직을 통해 집행할 것을 바란다.
4) 우리는 교회 예배당과 목사관, 그리고 선교부에서 경영하는 중등학교에 소속되지 않은 초등학교 재산은 한국 감리교회가 조직할 법인에 즉시 이양할 것을 바란다.
5) 우리는 병원과 중등 및 고등학교, 그리고 다른 특수 선교기관들은 당분간 선교회에서 운영하되 지역교회 대표들이 참여할 수 있는 운영체를 만들어 서로 협력하게 하고 시기가 무르익으면 한국교회에 이양하기를 바란다.
6) 우리는 미국의 북감리회와 남감리회, 그리고 한국의 두 교회 연회에서 임명한 위원들로 조직된 합동위원회가 한국 감리교회의 성격과 체제를 결정함에 한국교회 대표들에게 보다 많은 권한을 부여할 것을 권장한다."

선교사들은 남북 감리교회 합동이 자주적이며 독립적인 한국 감리교회 조직으로 연결되어야 하며 이를 계기로 선교사가 주도했던 교회와 선교 사업을 한국교회에 이양할 것을 촉구하였다. 그리고 하나 된 감리교회 조직에 만족하지 말고 다른 교파교회와 통합하여 한국에서 '단일 개신교회'가 조직되기를 기대하였다. 하디는 이미 1925년 모국 캐나다에서 감리교회와 장로교회, 성공회가 통합하여 단일 '캐나다연합교회'를 조직한 예를 들어 한국에서도 감리교와 장로교를 비롯한 개신교파 교회의 통합을 촉구하는 글을 여러 차례 발표하였다. 하디는 남북 감리교 합동을 단일 개신교회 조직의 준비단계로 보았다. 그러기 위해 남북 감리교 합동이 성공적으로 이루어져야 했다.

하디는 미감리회와 남감리회 연회가 열리는 9월 「신학세계」에 "조선 남북감리교회 연합에 대하야"란 제목의 사설을 통해 "교리상 신조와 교회의 치리방법이 전연히 부동한 교회라 하면 교파로 난호임에 다소 이유가 되겠다고 말할 수 있지마는 원래 남북 양 감리교회는 그같이 교회 신조상 또는 행정상으로 틀리는 점이 별로 없는 교회인즉 각립各立할 이유가 없는 것은 길게 말할 필요가 없는 것이다." 지적한 후 "남북 감리교회가 각각 미국 모교회의 관리를 받지 않고 일개의 조선 독립교회로 조직되면 불신자들에게 이를 소개하여 저희로 하여금 그리스도 신자가 되도록 인도하기가 전보다 용이하게 될 것이다. 그럼으로 이번에 새로히 조직되는 교회는 일반 조선인 교역자, 교사급 일반 상업가 각 방면의 종교상 요구를 유감없이 수응할 수 있는 참 조선교회가 되기를 원하는 바이다."고 호소하였다.

통합을 앞둔 미감리회와 남감리회의 한국연회는 9월 24~30일 같은 기간에 서울 정동교회와 종교교회에서 개최되었다. 마지막 연회의 가장 중요한 과제는 통합작업의 실무를 담당할 한국 측 합동전권위원을 선출하는 일이었다. 미감리회 연회에서는 목사 대표 변성옥과 김종우, 오기선, 평신도 대표 신흥우, 선교사 대표 노블을 선출했고 남감리회 연회에서는 목사 대표 양주삼과 정춘수, 평신도 대표 윤치호, 선교사 대표 윔스와 와그너를 각각 선출하였다. 여기에 미국 양측 총회에서 5명씩 선임한 합동전권위원들을 포함, '남북감리교 합동을 위한 전권위원회'가 비로소 구성되었다. 10년 넘게 한국선교를 관리하였던 미감리회의 원로 웰치 감독이 전권위원장이 되었다.

합동전권위원회의 통합작업은 10월 초부터 본격화되었다. 아직 미국 총회에서 선출한 전권위원들이 전원 합류하지는 않았지만 이미 와 있던 웰치 감독과 하웰 총무가 전권위원회를 소집해서 통합작업을 추진해 나갔다. 우선 12명의 전권위원들을 5개 분과로 나누어 1) 역사적 선언과 예문, 2) 의회제와 입교 및 안수, 3) 모교회와 선교사, 선교 기관과의 관계, 4) 감독제, 5) 국부局部와 법률, 재판 문제를 논의하였다. 전권위원들이 가장 많이 토론한 부분은 통합된 한국 감리교회의 의회조직의 성격과 명칭에 관한 것이었다. 의회 제도에 대해서는 장로교회나 회중교회가 취하고 있는 '회중제'가 아닌 감리교회 전통의 '감독제'를 택하기로 하였다. 통합된 교회의 명칭은 '기독교조선감리회'로 정하였다. 교회 최고수장의 명칭에 대하여 미국 감리교회처럼 '감독'이라 할 것인가, 아니면 영국 감리교회나 미국의 소수파 감리교회가 택하고 있는 '의장 혹은 '총회장'이라 할 것인가를 놓고 토론한 끝에 절충안이라 할 수 있는 '총리사' 칭호를 택하였다. '총리사' 칭호는 감리교 창시자 존 웨슬리가 1784년 코크를 미국에 파송할 때 붙여주었던 칭호였다. 그리고 미국 감리교회에서도 아직 실시하지 않고 있던 여성목사 안수제를 도입하고 모든 의회 조직을 평신도와 목사 동수로 조직하기로 했다.

하디는 이런 '개혁적인' 제도의 도입을 모두 지지하였다. 특히 평신도의 지도력과 위상을 높이는 제도를 적극 찬성하여 1930년 11월 "평신도를 선두로"라는 제목의 논문을 「기독신보」와 「신학세계」, *The Korea Mission Field* 에 발표하기도 했다. 사위 피셔는 아예 "총리사의 자리를 평신도에게도 개방하자"는 도전적인 글을 「기독신보」에 발표하였다. '평신도 총리사(감독)'는 미국이나 영국 감리교회에서도 아직 채택한 바 없는 혁신적인 내용이었다. 하디는 내심 '평신도 총리사' 후보로 남감리회의 윤치호와 미감리회의 신흥우를 생각하고 있었다. 비록 채택되지는 못했지만 하디와 피셔의 '평신도 총리사' 제안은 목회와 행정, 선교에서 평신도 사역의 중요성을 강조해왔던 평소의 소신을 대변한 것이기도 했다.

합동전권위원회는 이런 '혁신적인' 내용을 담은 『기독교조선감리교회 교리와 장정』 초안을 마련하고 11월 29일 전권위원 22명 명의로 "1) 조선 미감리연회와 조선 남감리연회가 합동하여 조직하는 조선감리교 제1회 총회 개회 초에 성명서를 제출하는 즉시에 두 연회는 폐지됨을 선언함, 2) 조선감리교 제1회 총회를 두 조선연회가 정식으로 택정한 회원으로 조직하야 1930년 12월 2일 오전 10시에 경성 협성신학교 내에 개회하여 교회 조직을 완성하며 모든 사건을 처리할 권한을 위임함, 3) 전권위원들이 조선감리교회 헌장안과 입법안을 협정 제출함."이란 3개항 결의문을 채택하고 전권위원회 역할을 마감하였다. 이로써 10년 격차로 나뉘어 들어왔던 미감리회와 남감리회는 본국(미국) 교회보다 9년 앞서 선교지 한국에서 '하나 되는' 쾌거를 이루었다. 누구보다 교회 합동을 희구했던 하디의 감격이 클 수밖에 없었다.

34.
"교파주의 장벽을 넘어"
초교파 연합과 일치운동

주도 한 분이시오 믿음도 하나요 세례도 하나요 하나님도 한 분이시니 곧 만유의 아버지시라. 만유 위에 계시고 만유를 통일하시고 만유 가운데 계시도다(엡 4:5~6)

교회의 역사는 나눠지는 역사와 하나 되는 역사로 반복되었다. 성령의 역사가 강하게 일어나면 차이와 다름을 극복하고 교회는 하나 되고 인간의 의욕과 의지가 강하게 작용하면 갈등과 충돌로 교회는 나눠게 된다. 분열과 일치, 둘 중의 어느 역사가 하나님의 원하시는 바일까? 감리교 신도로서 자긍심이 남달랐던 하디였지만 교파주의로서 감리교를 고집하지는 않았다. 이는 교회 분열을 극구 우려했던 웨슬리의 입장과 같았다. 원산 부흥운동과 성령의 역사를 체험했던 하디는 40년 넘게 사역하는 동안 교파주의를 넘어 '하나 되는 교회'를 추구하였다.

예정대로 1930년 12월 2일(화) 협성신학교 강당에서 역사적인 '기독교조선감리회 제1차 총회'가 개최되었다. 전권위원장 웰치 감독이 양주삼 목사와 김종우 목사의 보좌를 받아 성찬식을 집례함으로 총회가 시작되었다. 예정된 순서에 따라 남북 감리회 연회의 해체와 기독교조선감리회 조직 선언이 이루어졌고 총대들은 1) 역사적 기사와 기타, 2) 총리사 제도, 3) 미국 모교회와 관계, 4) 의회 조직, 5) 교직, 6) 교인 등 6개 분과로 나뉘어 전권위원회에서 마련한 『교리와 장정』을 검토하였다. 하디는 6분과(교인에 대하여) 위원으로 참여하였다. 분과위원회 검토를 바탕으로 〈교리적 선언〉을 비롯하여 『교리와 장정』을 통과시켰다. 교회 최고수장의 칭호를 감독으로 할 것인가, 총리사로 할 것인가를 두고 토론이 벌어졌지만 전권위원회 안대로 총리사를 택하였다. 총회 7일차 되는 12월 8일 선거를 실시하여 4차 투표 끝에 '4분의 3 이상' (65표)을 득표한 남감리회의 양주삼 목사가 초대 총리사로 선출되어 이튿날 정동교회에서 취임식이 거행되었다. 미감리회의 베커 감독 사회로 진행된 취임식에서 하디는 취임하는 양주삼 총리사의 예문 교독 순서를 맡았다.

"문(하디): 당신은 기독교조선감리회의 총리사 됨을 허락합니까?

답(총리사): 그러하옵니다.

문(하디): 당신은 직분을 받을 때에 하나님의 영광을 드러내고 하나님의 교회를 왕성케 하고자 하는 성심으로 받는 줄로 확실히 믿고 선언합니까?

답(총리사): 나는 그렇게 믿고 선언하옵니다.

문(하디): 당신은 하나님의 은혜로 이 교회의 총리사의 직분을 성실한 마음으로 시행하고 또한 그리스도의 복음을 전하는 교사의 모든 아름다운 행위를 가지도록 주의하겠습니까?

답(총리사): 내가 그리하겠습니다.

문(하디): 당신은 복음 진리와 교회의 신성과 평화를 보존하기 위하여 열심과 충심으로 행하기로 약속하며 또한 할 수 있는 데까지 사람 중에서 질서와 사랑과 평화를 유지하고 확장하겠습니까?

답(총리사): 하나님의 은혜로 내가 하겠습니다.

기도(하디): 전능하신 하나님이시어, 이 사람에게 이러한 좋은 결심을 주신 대로 능력을 내려 주셔서 그 결심대로 시행하게 하옵시며 이 사람으로 마음에 시작한 모든 일을 성취케 하옵소서. 예수 그리스도의 이름으로 구하옵나이다."

이후 3일간 총회는 양주삼 총리사의 사회로 순조롭게 진행되었다. 우선 중앙 집행부인 총리원과 총회산하 위원회, 그리고 미국 남북 감리교회와 연락 사무를 맡을 중앙협의회를 조직하였다. 교단본부라 할 수 있는 총리원은 목사와 선교사, 남녀 평신도 22명으로 조직하고 총리원 부서로 전도국·교육국·사회국·재무국 등 4국을 두었다. 하디는 총리원 이사와 사회국 국장, 재무국 위원, 중앙협의회 전형

위원으로 선임되었다.

총회 후 하디는「기독신보」와「신학세계」에 남북 감리교 합동과 총회 조직에 대한 회고와 전망을 피력하는 글을 발표하였다. 우선 1930년 12월 17일「기독신보」에 쓴 "기독교조선감리교회 총회를 보고서"란 글에서 남북 감리교 합동이 가능했던 것은 선교 초기부터 두 교회 선교사와 교인들이 추구한 협력과 연합운동 때문이라 말하며 "이와갓치 두 교파 선교사들이 한데 모혀서 사무를 처리하게 된 첫째의 원인은 1903년으로 1907년 사이에 조선 각지에 교회에 큰 부흥이 일어낫슬 때에 선교사와 선교사 사이와 신도와 신도 사이에 친선의 정신이 생기게 된 결과였다."고 진술했다. 부흥운동과 성령체험이 교회 연합과 일치운동의 기반이 되었음을 지적한 것이다. 하디는 감리교 합동 이후를 다음과 같이 전망했다.

> "필자가 물론 예언자는 아니다. 그러나 이번에 통합된 기독교조선감리교회는 오는 총회기까지 4년 동안에 괄목상대의 큰 진보가 있을 것이라고 나는 미리 말하여 두는 바이다. 이번 제1회 총회에서 앞으로 장로교회와 연합할 일을 연구하고 또 교섭도 하기 위하야 특별위원을 선정한 것은 우리가 반갑고 깃브게 역이는 일이다. 조선에 있어서의 그리스도교 '개신교' 각 교회의 총연합의 기운에 또한 실질 진보는 이미 이루어져 있는 것이다. 감리교회와 장로교회에서 이미 협동하야 공의회를 조직하였고 두 교회가 공통되는 찬송가와 공통되는 기관지「기독신보」를 보는 것이다."

하디는 통합된 감리교회의 '괄목할 만한 진보'와 함께 감리교회와 장로교회 사이의 통합운동이 전개될 것을 기대하였다. 12월 10일 정동교회에서 거행된 양주삼 총리사 취임식 때 '경성시내 장로교회 축하사절단'으로 권영식 목사와 홍병덕 장로가 참석하여 기념품(괘종시계)을 총리원에 기증하였다. 이 광경을 목격한 총회원들은 즉석에서 "장로교회와 감리교회가 합동연구위원을 선정하야 이 일을 연구하고 만일 장로회 총회에서 이런 위원을 내게 된다면 연합하야 준비케 하기로 가결하고" 연구위원으로 오기선·정춘수·윤치호·홍에스더·노블·하디를 선임하였다. 하디는 1931년 1월「신학세계」에 "우애의 표현"이란 글로 '교회 합동'에 대한 두 가지 희망을 피력했다. 첫째는 미국의 남북 감리교회의 합동이었다.

“우리는 이번 우리 양교회의 합동이 우리의 모교회母敎會로 하여금 합동케 되는 효과를 발생토록 노력하자. 모교회에도 대다수는 합동을 찬성한다. 만일 양 교회 연회와 총회에서 3분지 2이상의 투표가 아니면 아니 된다는 엄격한 규정이 없었으면 우리보다도 벌써 먼저 합동의 성사가 있었을 것이 사실이다. 이제 우리는 불원한 장래에 모든 그리스도교파가 단일한 교회로 합동하기 위하야 기도하자. 이것은 곧 우리 주께서 잡혀가시던 밤에 ‘저희로 하나히 되게 하여 주소서.’라고 기도하신 말씀을 이룸이 될 것이다.”

‘모교회’ 합동에 대한 하디의 꿈은 1939년에 이루어졌다. 두 번째 꿈은 한국에서 장로교회와 감리교회의 합동이었다.

“조선의 장감 양교회도 각 신도 중에 이와 같은 정신이 점점 성장함을 따라서 불원하여 합동될 것을 믿는 바이다. 실로 조선의 모든 개신교파가 합동하야 ‘조선기독교회’를 형성한다면 그 이상 더 바랄 것이 업을 것이다. 합함에 힘 있고 분열에 패망이 있는 것은 변치 않는 철칙이다. 오! 조선 장감 양 교회 형제들은 주의 뜻을 참으로 따르려는가? 분열에서 합동으로 일대 조선적 대교회를 만들자. 우리는 새해부터 이 합동정신을 보급하기에 노력하자.”

하디는 「신학세계」 1931년 1월호 사설 “기독교조선감리회 제1회 총회기념”이란 글에서도 그런 기대감을 표하였다. 하디는 우선 초교파연합운동, 교파 합동운동의 기원을 1903년 원산 부흥운동에서 찾았다.

“저자로서 아는 사실에 의하면 1903년 조선교회 부흥의 불길은 감리교와 장로교의 두 여선교사가 연합하야 기도하는 중에 시작이 되었다. 그래서 1903~1907년 사이에 조선의 큰 부흥은 감리교회에서 시작되어 가지고 장로교회에서 그 절정에 달하게 되었다. 조선에 있는 개신교 각파는 같은 찬송가와 같은 기관 신문을 사용한 결과 재정상, 지식상 우又는 신령상으로 막대한 이익을 받는 것이 사실이다. 그리고 또 조선기독교연합공의회로 인하야도 장감 양교파에서 피차의 막대한 이익을 보는 것이다. 합하면 힘이 있고 갈라지면 약하여 짐이 사事에 당연한 까닭이다.”

장·감리교 합동에 대한 하디의 의지는 확고하였다. 그는 남북 감리교 합동운동이 한창이던 1928년 12월, 「기독신보」를 통해 "조선 장·감 양 교파 합동에 대한 의견"을 묻는 설문조사를 실시하였다. 즉 장로교와 감리교의 지도급 목사 39인, 평신도 지도자 28인, 선교사 11인, 총 78인에게 "장로교와 감리교 합동에 대하여 어떻게 생각하는가?"란 공통 질문을 던져서 응답한 36명의 답변을 신문에 수록하였다. 응답자 가운데 다섯 명 정도만 "합동은 불가능하거나 바람직하지 않다."고 답변하였고 나머지 절대 다수는 합동을 찬성하고 지지하였다. 하디는 설문조사 결과를 보도한 후 "이는 곧 교우 대중의 소래라고 하여도 틀림이 없을 것이다. 이때를 당하야 장·감 두 교파 당국자들은 이 문제를 더 철저히 연구하야 합동의 조흔 열매를 매쳐 우흐로 하나님과 예수 그리스도께 영광을 돌리고 아래로 우리 민족에게 산 생명을 공급하기에 보다 더 큰 힘을 발휘하기를 바라는 바이다."고 호소하였다.

하디는 남북감리교 합동총회가 열린 1930년 12월 3일, 「기독신보」에 교파주의를 정면으로 비판한 "기독교? 교파주의?"란 글을 발표하였다. 그는 교파주의의 연원에 대하여 "그리스도를 좇는 사람 중에 다수가 각각 그리스도교의 형태를 따로따로 만들어 내는 것이니 그들은 각각 뛰어나게 다른 생각을 하나씩 가지고 있어 그리스도교 자체의 중요성을 몽롱하게 만드는 것"이라며 그리스도 가르침의 핵심을 잃어버린 결과로 보았다.

> "교파주의는 종종 그 긴요치 않은 일을 고조하도록 만들었다. 그리 필요치 아니한 일을 적극적으로 주장하게 되면 그는 그리스도교의 총화요 본질이신 그리스도께 향하던 주의를 끊어버리게 된다. 그리스도는 과연 주인이오 주계선周界線이 되셨다. 그가 간절히 바라시는 것은 그를 좇는 모든 사람이 단결하여 한 식구가 됨이다. 예수의 마지막 하신 기도를 생각하여 보자. 저를 믿는 모든 사람은 저가 그 아버지로 더불어 하나이 됨과 같이 한 덩어리가 되게 하여 주십사 라고 하신 것이 아닌가?"

또한 하디는 교파주의를 내용보다는 형식, 본질보다는 비본질적인 제도에 집착한 결과로 보았다. 기독교 신앙의 본질인 예수 그리스도, "저들로 하나가 되게 하옵소서." 하신 주님의 마지막 기도를 선교와 목회의 마지막 과제로 삼아야 한다고 주장했다.

> “이제 우리는 마음과 정성을 묶어서 조선에 단일한 개신교회가 형성되기 위하여 협동 협력하여야 된다. 개신교회의 근본 이상은 단일한 연합교회였다. 루터나 칼빈이나 크란머나 모다 교파적 분열을 찬성치 아니하였다. 그들의 원한 바는 그리스도교회의 개혁이었다. 그들은 로마천주교회를 제한 외에는 모든 신도가 하나이 되어 교통하며 교파에서 떠나기를 극력으로 주장하였다. 개신교 각 교파가 먼저 한 덩어리가 되지 않고는 거기서 한 걸음 더 나가서 모든 그리스도교파의 신도가 전부 연합하여 한 단체가 되기를 바랄 수 없을 것이다.”

한국에서 장로교와 감리교뿐 아니라 모든 개신교파 교회가 통합하여 단일 기독교회를 수립하는 것이 한국에서 선교사역을 마무리하는 하디의 ‘마지막’ 소원이었다. 그는 남북 감리교 합동운동이 막바지에 이른 1930년 9월 연회 중에 동료 선교사와 목회자, 후배와 제자들이 마련해 준 ‘하리영 박사 선교 40주년 기념’ 축하를 받고 연회를 마친 후 미국 선교부 총무 고다드 박사에게 쓴 편지다.

> “한국의 여러 교파교회 대표들과 한국교회 신문 대표들이 연합해서 우리 부부의 내한 40주년을 축하하는 모임을 열어주었습니다. 우리 부부는 성대한 모임에 참석해서 매우 감격했습니다. 한국인은 참으로 가슴이 넓고 감사하는 백성입니다. 우리가 여기 남아 두 감리교회가 합동하는 것을 보게 된 것도 참으로 감사합니다. 우리는 머지않아 장로교회와 감리교회도 하나 되는 모습까지 본 후 이 나라를 편안하게 떠나기를 소망합니다.”

하디 부부에게 감사와 감동이 넘쳤던 1930년이다. 자신의 한국선교 40년을 축하해 주는 한국교회 교인들의 정성도 감동적이지만 나뉘어 들어온 남북 감리교회가 본국(미국)보다 먼저 ‘하나 되는’ 모습을 현장에서 목격하고 남북 감리교 합동에 탄력을 받아 감리교와 장로교 통합운동이 전개될 것으로 예상하였다.

VI.

본향을 찾아서

: 은퇴와 별세

1930~1949

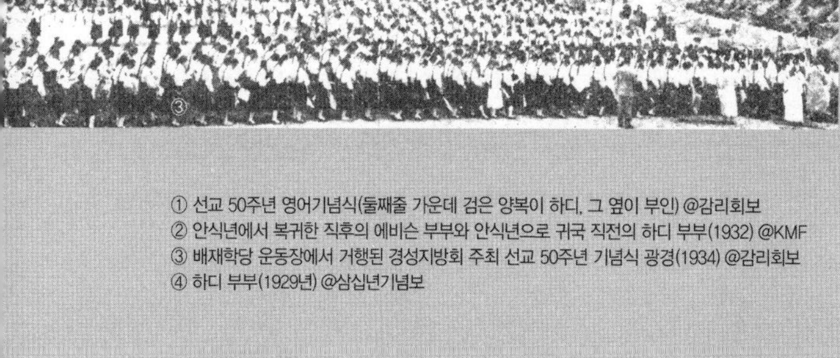

① 선교 50주년 영어기념식(둘째줄 가운데 검은 양복이 하디, 그 옆이 부인) @감리회보
② 안식년에서 복귀한 직후의 에비슨 부부와 안식년으로 귀국 직전의 하디 부부(1932) @KMF
③ 배재학당 운동장에서 거행된 경성지방회 주최 선교 50주년 기념식 광경(1934) @감리회보
④ 하디 부부(1929년) @삼십년기념보

35.
"마지막까지 시작처럼"
마무리 사역

바울이 온 이태를 자기 셋집에 머물면서 자기에게 오는 사람을 다 영접하고 하나님의 나라를 전파하며 주 예수 그리스도에 관한 모든 것을 담대하게 거침없이 가르치더라(행 28:30~31)

바울은 죄수의 몸으로 로마에 도착해서도 복음증언 사역을 계속했다. 갇힌 중에도 찾아오는 모든 사람에게 하나님의 나라와 예수 그리스도의 진리를 전하는 것이 그의 포기할 수 없는 사역이었다. 그렇게 사도로서 마무리 사역을 마친 후 순교의 영광을 얻은 바울이었다.

1930년 선교 40주년 기념 축하를 받은 하디도 선교사역을 마무리할 때가 되었다. 정년(70세)까지 5년 남은 하디로서는 지금까지 해왔던 신학교육과 문서선교, 농촌선교 사역을 잘 마무리하는 것이 마지막 과제였다. 바울처럼 주어진 사명, 맡겨진 일들을 끝까지 감당할 뿐이었다.

1930년 12월 남북 감리교 합동과 기독교조선감리회 총회 조직 이후 하디의 직책은 하나 더 추가되었다. 총리원 사회국 국장으로 감리교회의 사회봉사, 사회복지, 농촌선교 사역을 총괄 지휘하는 일이었다. 그래서 종종 총리원에 나가 양주삼 총리사를 비롯한 총리원 직원회의에 참석했다. 총리원은 양주삼 총리사가 남감리회 전도국 총무 시절 사용하던 중앙기독교청년회관에 임시 사무실을 마련하였고 1931년 6월 새로 지은 조선예수교서회 3층으로 옮겼다가 1933년 5월부터 냉천동 감리교신학교에서 교내에 있던 옛 '규장각' 한옥교사 건물로 옮겼다. 신학교

구내 사택에 거주하며 신학교 강의와 예수교서회, 기독신보 업무를 보던 하디로서는 신학교 부지 안에 총리원까지 자리 잡아 일하기 편리하였다. 사회국 국장으로 하디는 전부터 주력해온 농촌사업에 특별한 관심을 갖고 추진하였다. 그는 농촌사업의 목적을 1) 농촌경제의 활성화, 2) 농촌교회의 자립에 두었다. 다음은 하디가 1931년 10월 미국 선교본부에 보낸 농촌사업 관련 보고다.

> "금년 여름 선교사대회에서 클라크와 번스, 에머릭 등이 농촌문제에 대해 연구한 것을 발표하였는데 참석한 선교사들에게 감동을 주었습니다. 점점 어려워지는 한국의 농촌 현실문제에 당면해 농촌교회 자립을 위한 경제활동이 시급합니다. 앤더슨이 농촌사업을 할 수 있는 수백 에이커의 토지를 우리 선교부가 있는 원산에 확보했습니다. 농업학교를 설립하여 농촌지도자를 양성하고 농촌교회의 자립을 촉진할 농촌사업을 할 예정인데 선교본부의 승인이 필요합니다. 한국에 농업 전문 선교사가 더 필요합니다. 그런 선교사를 파견해 주기를 바랍니다."

기독교조선감리회 총회 조직 이후 제1회 동부, 서부, 중부 연합연회가 1931년 6월 10~18일 개성 북부교회에서 개최되었다. 3개 연회 전체 20개 지방회 중에 선교사가 감리사를 맡고 있는 지방은 개성, 개성북, 원산 등 3개 지방에 불과했다. 나머지 지방은 모두 한국인 감리사가 치리하였다. 한국교회 지도력이 선교사에서 한국인에게 넘어가고 있음을 보여주는 증거였다. 이미 교역자 수에서 한국인 목회자는 선교사보다 2배가 되었다. 그런데 하디는 비록 소수지만 선교사들이 지방 감리사로 임명된 것에 비판적이었다. 다음은 연회가 끝난 후 하디가 남감리회 선교부 총무에게 보낸 보고서다.

> "한국 감리교회의 제1차 연합연회는 잘 진행되었습니다. 양주삼 총리사가 회의를 원만하게 진행하였습니다. 한국교회의 자급노력이 눈에 띠었습니다. 다만 몇몇 지도부 인사들이 지방 감리사를 한국인들로만 임명하는 것을 꺼려하였는데 그것이 좀 실망스러웠습니다. 선교사들이 지방회를 관리하는 일상적인 업무에서 벗어난다면 좀 더 자유롭게 약한 구역 교회들을 돌보고 사업을 조직적으로 할 수 있을 것입니다. 여선교사 14명이 목사 안수를 받았습니다. 4년 후에는 한국인 여성

도 목사 안수를 받고 남성과 같은 회원자격을 갖추게 될 것인데 보수적인 한국 사회에서 과연 그 것이 가능할지 의문입니다."

기독교조선감리회 총회는 '여성 목사' 안수제도를 택했다. 이에 따라 제1회 연합연회에서는 한국에서 선교사로 10년 이상 사역한 여선교사 중에 남감리회의 쿠퍼와 와그너, 에드워즈, 올리버 등 4명, 미감리회의 마커와 샤프 부인, 밀러(미라), 헤스, 채핀 부인, 스네블리, 틴슬리, 헤인스, 커틀러, 베어 등 10명, 도합 14명이 양주삼 총리사 집례로 안수를 받았다. 하디와 노블이 안수식을 보좌했다. 비록 선교사였지만 여성목사 배출은 한국 감리교회뿐 아니라 세계 개신교회 역사상 처음이었다.

하디는 연회를 앞두고 선교본부에 "한국 감리교회 안수 조항에 성별을 구분하지 않기로 함에 따라 여성 사역자들이 늘어날 것이다. 바람직한 현상이다. 이번 연회에서 몇 명의 여선교사와 함께 한국인 여성 목회자 가운데 적어도 한 명은 안수를 받을 것으로 보인다."고 전망했다. 하디가 안수받을 것으로 예상했던 한국인 여성 목회자는 이화학당 대학부 출신으로 미국 스카릿여자신학원을 졸업하고 돌아와 협성여자신학교 교수로 활약하고 있던 홍에스더였다. 그러나 그는 1차 안수식에서 탈락했다. 홍에스더 전도사는 이후 매년 진급 심사를 받으며 목사 안수를 기다렸지만 보수적인 교회 문화의 벽에 부딪혀 뜻을 이루지 못하고 1935년 연회에서 퇴회했다. 반면에 여선교사들은 1932년 연회에서 추가로 10명이 목사 안수를 받았다. 한국인 여성목사 안수는 해방 후1955년에야 이루어졌다.

하디의 문서선교사역지인 조선예수교서회는 2년 공사 끝에 1931년 6월 종로에 지하 1층, 지상 4층짜리 빌딩건물을 완공했다. 연건평 7백 평에 85개 사무실 공간을 갖춘 현대식 건물이었다. 새 건물이 마련됨으로 그동안 서대문 피어선성경학원으로 옮겨 사무를 보던 예수교서회 직원들도 종로 새 사옥으로 돌아왔다. 1931년 9월 21일 오후 새 사옥 봉헌예배를 드린 후 열린 예수교서회 정기총회에서 하디는 편집부를 대표하여 "예수교서회 편집부 사역과 전망"이란 주제로 강연하였다. 총회에서 하디는 예수교서회 실행위원회 부회장으로 선임되었다. 다음은 하디가 1931년 7월에 미국 선교본부에 제출한 예수교서회 사역 보고다.

“예수교서회 업무도 계속 늘어나고 있습니다. 기독신보 편집 업무는 매우 의미 있는 일입니다. 감리교, 장로교 모두 유익한 신문이라는 칭찬이 늘어나고 있습니다. 청년 교인들 가운데 영어 번역물에 관심이 급증하고 있어 서회에서 2명을 더 고용했습니다. 모두 8명이 일하고 있는데 각자 매년 한두 권씩 번역하고 있습니다. 금년에도 남감리회 전도사 두 명이 내 일을 도왔습니다. 나는 지난 1년 동안 책 14권, 총 2,100페이지 번역 작업을 지휘하였습니다. 그 중에는 스탠리 존스의 『세계도상의 그리스도』와 올드햄의 『기독교와 인종문제』, 『찰스 피니의 부흥사역』, 스마일의 자조와 절약에 관한 서적, 그리고 어린이 설교집도 포함되었습니다. 이와 별도로 나는 지난 2년 동안 구약개론서를 집필하였고 「기독신보」에 ‘성경과 과학’을 연재하였습니다. 이 원고를 보완해서 내년에 단행본으로 출판할 예정입니다. 번역에 참여한 이들 가운데 두 명은 일본대학 졸업생들이고 다른 두 명은 감리교신학교와 연희전문학교 졸업생입니다. 이번 가을에 두 명이 미국 유학을 떠나는데 이환신은 밴더빌트대학에 입학할 예정입니다. 예수교서회 새 건물이 완성되어 입주하였습니다. 서울에서 가장 멋진 건물 중 하나입니다.”

하디의 번역 일을 도운 조수는 기존의 최상현과 김태원 외에 안성호·송홍국·이환신·고영환·조신일·이태규·조낙연·최광범·정인표·엄재희 등 협성신학교와 연희전문학교 졸업생들이었다. 예수교서회에서 하디의 번역 일을 돕던 신학교 졸업생들은 번역 훈련을 통해 영어를 익힌 후 미국 유학을 떠나는 경우가 많았다. 그렇게 하디는 예수교서회 문사사역을 통해 한국교회와 신학계의 미래 지도자를 양성하였다.

예수교서회 건물이 완공되면서 냉천동 하디 사택에서 일하던 「기독신보」 편집부 직원들도 새 사옥으로 옮겼다. 당시 「기독신보」 편집부에는 주필 박연서 목사와 기자 전필순 목사, 소설가 방인근 등이 근무하였고 채필근 목사와 전영택 목사, 이의식이 촉탁기자로, 홍병선 목사·최석주 목사가 정기 필자로 참여하였다. 정기 구독자는 2,900명에 달했는데 장로교 독자가 1,570명, 감리교 독자가 1,150명이었다. 여전히 신문은 경영 적자를 벗어나지 못하고 있었다. 창간 이후 10년째 적자를 보면서도 「기독신보」를 계속 발행해야 할 이유를 하디는 이렇게 설명했다.

> “본보는 지나간 10년 동안에 매년 평균 3천 1백 원씩을 밑져가며 계속해 왔다. 해마다 가을에 열리는 이사회에 본사의 사장으로서 본보의 사업을 보고하게 될 때마다 그 거북함은 말할 수 없었다. 물론 조선예수교서회의 재정이 넉넉하고 하면 그도 또한 별문제이겠지마는 현재 재정난을 당하고 있는 것을 알면서 이와 같이 다액의 손해를 말하기는 매우 힘이 들었다. 그러나 우리는 이 돈을 잘 쓴 줄로 생각한다. 그 까닭은 본보가 조선 그리스도교회의 유일한 기관이 되어서 조선교회 발전에 일반적으로 가장 필요할 뿐 아니라 특히 시골의 작은 교회를 위하여는 없어서 아니 될 기관으로 아는 연고이다.”

하디는 1931년 10월 ‘지원 사역’이란 명칭으로 농촌교회 구독자 확장운동을 시작했다. ‘지원 사역’은 구체적으로 농촌교회 전도사역을 자원하는 사역자들에게 「기독신보」를 보급하여 독서구락부를 조직한 후 「기독신보」 내용을 중심으로 독서회와 토론회를 여는 운동이었다. 이를 위해 도시교회 교인들에게 「기독신보」 1년 구독료 1원 70전을 후원하자고 호소하였다. 이런 ‘지원 사역’ 운동은 「기독신보」 구독자를 늘리는 차원을 넘어 도시교회와 농촌교회의 균형 발전을 도모하려는 기독교 농촌운동 이념과도 일치하였다.

하디는 1932년 1월 「기독신보」 체제 변화를 시도하였다. 이사회는 “10면으로 발행하던 신문을 8면으로 줄일 것”을 요구하였지만 하디와 편집부 기자들은 면수를 줄이는 대신 판형을 “신문 8단에서 타블로이드 6단으로” 축소하고 “조선교회 개신교인 27만 명 가운데 평균 90명 중 한 사람이 신문을 구독하는” 운동을 전개하기로 하였다. 「기독신보」를 유지하기 위한 하디와 기자들의 노력은 눈물겨웠다. 그렇게 신문의 자생을 위해 노력하는 중에도 하디는 「기독신보」에 연재 기사를 계속 실었다. 우선 1929년 10월 30일부터 연재해온 “구신약연구” 논문을 1931년 12월 25일 제106회로 마감하였고 곧바로 “예수의 생애”와 “에비손 박사 소전” 연재를 시작했다. “예수의 생애”는 서구의 유명 신학자들이 ‘필생의 과제’로 여기던 ‘예수전’ 연구의 시도였다. 하디가 “예수의 생애”와 함께 「기독신보」에 연재했던 "에비손 박사 소전"은 에비슨이 쓴 영문 회고록을 한글로 번역하여 연재한 것이다. 에비슨은 1928년 세브란스의학전문학교 교정에 건립된 자신의 동상 제막식에 참석했던 하디로부터 "약력이라도 기록해 달라."는 요청을 받고 회고록을 써서 하디에게 건넸다. 에비슨은 안식년 휴가를 다녀온 후 직접 회고록을 써서 1년 가까이 「기독신보」에 연재하였다.

하디는 1932년 5월 안식년 휴가를 얻어 서울을 떠나면서 「기독신보」 발행인(사장) 사의를 표하였다. 그가 떠난 후 「기독신보」는 계속 어려운 형편에 처했다. 우선 총독부 경찰당국의 검열로 인한 박해가 심했다. 1932년 8월 17일자 신문에 실린 '사고'社告 기사다.

> "8월 10일부 발행 본보 871호는 기사 중 당국의 기휘에 저촉된 바 있어 발행금지의 처분을 당하였기로 해該 기사는 삭제하고 호외로 발행하였습니다."

신문에 실린 기사 내용 중에 총독부 경찰 당국의 비위를 거스르는 부분이 있어 '발매 금지' 처분을 받고 그 기사를 삭제한 후 다시 호외로 발행하였다는 내용이다. 그런 중에 「기독신보」의 개선되지 않는 지속적인 적자에 신문 발행권을 가진 조선예수교서회 경영진의 고민이 깊어졌다. 그래서 1932년 여름 조선예수교서회 실행위원과 조선기독교연합공의회 임원들이 수차례 회동하여 「기독신보」를 계속 발행여부와 적자 운영을 극복할 근본적인 방안을 두고 토론하였다. 예수교서회에서는 전부터 조선기독교연합공의회에서 신문 발행권을 가져가기를 원했지만 연합공의회 쪽에서는 그럴 능력이 없다면서 사양하였다. 결국 조선예수교서회 실행위원회에서는 독자 확대 운동과 함께 장로교회와 감리교회, 예수교서회 대표 15인으로 새 이사회를 조직하여 경영 방침을 논의하기로 결의하였다.

이에 따라 1932년 11월 29일 조선예수교서회 새 이사회가 소집되었다. 이사회는 하디의 사임 의사를 받아들이고 "후임 사장을 한국인 중에서 택한다."고 결의한 후 예수교서회 총무 본웍(반우거)을 임시 발행인으로 세웠다. 이사회는 사장 후보로 윤치호와 채필근 목사, 송창근 목사 등을 선정하고 접촉하였으나 모두 사양하였다. 그런 때 「기독신보」 편집부 직원이었던 전필순 목사가 인수 의사를 밝혔다. 이에 이사회는 전필순 목사를 사장으로 영입하고 그를 도울 고문으로 선교사 대표 마펫(마포삼열), 감리교 대표 양주삼 총리사, 장로교 대표 남궁혁 총회장, 그리고 역대사장 대표 하디 등 4인을 선정하였다. 이로써 「기독신보」는 1933년 7월 1일부로 전필순 목사 발행인 체제로 새롭게 출발하였다.

하디는 오래전부터 기독신보뿐 아니라 교회와 선교 기관단체도 '선교사 관리시대'를 마감하고 '한국인 운영시대'를 열어야 한다고 주장하였다. 그런 면에서 「기독신보」에서 일하던 전필순 목사가 신문 발행인이 된 것을 다행으로 여겼다. 사장으로 취임한 전필순 목사는 감리교의 심명섭 목사, 장로교의 최석주 목사를 직원으로 채용하여 영업과 편집 업무를 맡기는 등 혁신을 꾀하였다. 전필순 목사는 기독신보를 '선교사의 영향력'에서 벗어난 기관으로 만들고 싶어 했다. 그런 배경에서 전필순 목사는 1935년 9월 신문사 사무실을 예수교서회 건물에서 자신이 시무했던 수송동 장로교회로 옮겼다. 예수교서회 건물을 떠나는 순간 「기독신보」는 초교파 연합신문이라기보다는 전필순 목사의 '개인 신문'으로 전락하였다. 그 대신 1933년부터 장로교회는 「종교시보」(월간), 감리교회는 「감리회보」(주간)를 교단 기관지로 발행하기 시작했다. 이후 「기독신보」는 2년 더 발행하다가 1937년 7월 폐간되었다.

「기독신보」의 소멸은 여러 가지 면에서 아쉬움을 남겼다. 우선 유일했던 초교파 언론지가 사라지고 교파와 교단별 언론시대가 열렸다. 또한 선교사들이 시작한 것을 이어받아 발전시킬 만한 한국교회의 역량이 아직 부족했음을 보여준 것이기도 했다. 적자 운영을 감내하면서도 '한국교회의 유일한 기관지' 「기독신보」를 살려보려고 애를 썼던 하디로서는 「기독신보」가 조선예수교서회를 떠나 개인 소유로 전락했다가 소멸되는 모습을 보며 안타까워했다. 다만 그 과정을 현장에서 지켜보지 않은 것만으로도 다행이었다. 하디는 그때 은퇴하고 미국에 가 있었다.

36.
"조선 땅에 묻히리라"
마지막 안식년 휴가

이스라엘 자손이 애굽 땅에서 대열을 지어 나올 때에 모세가 요셉의 유골을 가졌으니 이는 요셉이 이스라엘 자손으로 단단히 맹세하게 하여 이르기를 하나님이 반드시 너희를 찾아오시리니 너희는 내 유골을 여기서 가지고 나가라 하였음이더라(출 13:18~19)

애굽을 떠날 때 모세는 4백 년 전에 죽은 요셉의 유골을 제일 먼저 챙겼다. "하나님이 반드시 당신들을 돌보시리니 당신들은 여기서 내 해골을 메고 올라가겠다 하라."(창 50:25) 했던 요셉의 유언 때문이었다. 그렇게 해서 요셉은 조상의 고향, 세겜 땅에 묻힐 수 있었다.(수 24:32)

한국에 왔던 초기 선교사들은 고향을 출발할 때 선교지에서 죽을 각오를 하고 떠났다. 그리고 사역하던 땅에 묻히는 것을 최고의 영예로 생각했다. 서울 양화진 외국인묘지는 그런 선교사들의 무덤들로 가득 차 있다. 하디도 두 딸의 무덤이 있는 양화진에 자신의 묘지를 쓰고 싶어 했다. 그래서 "제2의 고향에 묻히겠다."라는 말을 자주 했다.

하디 부부는 마지막이 될 수 있는 6차 안식년 휴가를 1934년 1월부터 가질 수 있었다. 그러나 그렇게 하면 안식년 휴가를 떠난 상태에서 정년 은퇴를 맞이하기 때문에 하디는 현역으로 일하다 은퇴할 생각에서 휴가여행을 앞당겨 다녀오기로 하고 반쪽짜리(6개월) 휴가를 신청했다. 하디는 조기 휴가를 신청한 이유를 건강 악화로 인한 휴식, 미국에 있는 가족 방문 외에 예수교서회 출판기금 모금 등으로 제시했다. 선교본부는 이런 하디의 요청을 승인하였다.

하디 부부는 1932년 5월 6일 예수교서회와 「기독신보」 직원들이 베푼 환송회에 참석한 후 열차편으로 부산까지 가서 배를 타고 일본에 들렀다가 태평양을 건넜다. 하디는 요코하마에서 밴쿠버행 배에 오르기 직전 "제2의 고향을 떠나면서 사랑하는 여러분께"란 제목의 편지를 「기독신보」에 보냈다. 그는 서울역까지 나와 환송해 준 「기독신보」 직원들에게 감사를 표한 후 「기독신보」 확장 운동에 큰 기대를 걸고 있음을 밝혔다.

> "교제는 본보 후원회에서 결의한 구독자 모집선전, 본보의 재료 공급 등 여러 가지 방침이 착착 실행되기를 바라는 바올시다. 본보의 발전을 위한 여러분의 생각이야말로 실행하여 성공할 수 있는 가장 유력한 또 유일한 좋은 방침이라고 교제는 믿는바 교제가 알리는 기독신보는 조선예수교서회의 직영하는 기관이 되어야 할 것이 사실이외다. 그런데 여러분이 조직한 후원회의 방침은 분명히 이 목적을 달성하도록 하는 촉진 운동이라고 봅니다. 그럼으로 본보는 조선교회의 기관이니마큼 구독자가 많이 늘어서 밑지지 않게 되어야 하겠나이다. 8천으로 1만 부까지 발매하게 된다면 결코 밑질 염려가 없을 것이오니 여러분은 계획을 세우신 그대로 진력하셔서 큰 성공이 있기를 기도하는 바올시다."

하디가 떠난 후 「신학세계」 편집진도 변경되었다. 1932년 봄부터 신학교 교장에 취임한 빌링스가 편집 겸 발행인이 되었고 협동 편집인으로 채핀 부인과 틴슬리, 저다인, 김종만, 홍에스더, 정경옥 등 신학교 모든 교수들이 참여하였다. 하디는 출국하기 전 신학교 교수들과 함께 「신학세계」 계속 발행 여부를 놓고 토론하였다. 이유는 미국교회 선교부로부터 창간 이후 매년 2천 원씩 보조하던 후원금을 중단하겠다는 통보를 받은 것 때문이었다. 「기독신보」처럼 「신학세계」도 외부 지원이 없으면 적자를 면할 수 없었다. 당시 4백 부 발행하던 「신학세계」는 1년 구독료가 1원이었는데 구독료를 제 때 납부하는 독자는 반도 못되었다. 이런 상황에서 신학교 교수들은 미국에서 오는 후원금이 줄더라도 "감리교회의 유일한 신학 잡지" 「신학세계」를 계속 간행하기로 결정하였다. 하디는 안식년 휴가를 떠나기 직전,「신학세계」에 "귀국 휴양의 길途에 오르면서"란 사설을 썼다.

"조선 감리교회가 만일「신학세계」하나를 유지하여 나가지 못한다면 이 실로 막대한 손해가 될 것이요 또한 막대한 치욕이 될 것이다. 교회 목사 여러분이 이 일에 성공한다면 교우수를 증가하고 신도들이 신령상 은혜를 많이 받고 즐거운 뜻으로 할 수 있는 대로 시간으로나 재정으로 교회 일을 도우려 하는 열심을 붓도다주는데 어떤 다른 방법으로 보다도 효력이 만점에 달함을 볼 수 있을 것이다. 현하 조선에 여러 가지 긴급한 문제 중 하나는 교육문제라고 나는 믿는다. 그런데 그리스도인으로 자처하는 신도 중에 지식 많은 이가 적은 것은 유감이다. 이제부터 우리들은 우리 교회의 남녀노유로 다 같이 기독교 감화력의 산 실증이 되어야 할 필요를 느끼게 하여 신자라면 보통 사회 각 계급의 인사들보다 우월한 유식자가 되게 만들지 않으면 아니 될 것이다. 일반 교우들은 지식이 있으면 그 있는 지식의 최선을 다하여 행하는 것이다."

「기독신보」처럼「신학세계」도 "이제는 한국교회가 책임져야 한다."는 것이 하디의 입장이었다. 한국교회가 그런 자립과 자영自營 능력을 키우도록 돕는 것이 은퇴를 앞둔 원로 선교사에게 주어진 마지막 일이었다. 그래서 휴가 중에도 모금 운동을 벌여야 했다.

그런 책임감을 안고 귀국한 하디 부부는 미국 다우너스그로브와 랜싱, 브라이튼 등지에 흩어져 살고 있던 딸들 가족을 방문하며 휴식을 취하였다. 그리고 캐나다 고향도 방문하여 동생과 친척들을 만나보았다. 1932년 9월 토론토를 방문했을 때 일간지「토론토스타」기자 래프먼과 대담하였다. 래프먼 기자가 캐나다 출신으로 미국 남감리회 선교사로 사역해 온 하디에게 "당신은 캐나다인인가? 미국인인가?"라고 묻자 그는 단호하게 "물론 우리는 캐나다 일꾼들이다."라고 대답하였다.

그리고 캐나다의학생선교회 파송을 받아 원산에서 독립 선교사로 사역하던 시절 치과의사로 토론토에서 병원을 하던 동생 엘긴을 통해 사과나무 묘목을 받아 과수원을 했던 일을 증언하였다. 이에 래프먼 기자는 "한국의 산업기반이 된 토론토 사과나무"란 제목으로 하디의 40년 선교사역을 소개하는 기사를 썼다. 이런 기사를 통해 캐나다 선교사 하디의 40년 선교사역이 캐나다 전역에 알려졌다.

하디 부부는 미국과 캐나다에서 휴식과 모금활동을 마친 후 예정대로 1933년 4월 8일 서울에 돌아왔다. 그런데 하디 부부와 같은 배, 같은 열차로 벙커 부인이 남편의 유해(재)를 안고 들어왔다. 미국 유니언신학교 졸업생 벙커는 1886년 조선 정부의 초청을 받아 육영공원 교사로 10년간 일한 후 1895년 미감리회 선교부로 옮겨 배재학당과 동대문교회에서 사역하였고 1929년 은퇴하고 귀국, 샌디에이고에 거주하다가 1932년 11월 별세하였다. 벙커 부인은 보스턴여자의과대학을 졸업한 후 북장로회 선교부 파송을 받고 1886년 벙커와 같은 배로 내한했다가 1년 후 벙커와 결혼하였다. 벙커 부인은 "내 유해를 한국 땅에 묻어 달라."는 남편의 유언에 따라 그의 유해를 안고 서울에 돌아왔다. 1933년 4월 13일 서울 정동교회에서 배재학당 주최로 '벙커 목사 장례식'이 거행된 후 벙커의 유해는 양화진 외국인묘지에 안장되었다. 장례식을 마친 후 벙커 부인은 귀국하지 않고 서울에 남아 후배 선교사들의 사역을 돕다가 1938년 별세, 양화진 남편 곁에 묻혔다.

벙커의 장례식을 치른 후 신흥우와 김종우·송진우·오긍선·이춘호·김영환·김규식·언더우드·아펜젤러 등 28인 발기로 '벙커부인과 하디 부부 환영회'가 4월 22일 오후 명월관 본점에서 개최되었다. 그 소식은 「기독신보」나 「감리회보」 등 교계 신문뿐 아니라 「동아일보」와 「조선중앙일보」, 「매일신보」 등 일반 언론에서도 "돌아온 조선의 은인", "조선을 위해 일생을 바치려는 은인" 이란 제목으로 대서특필하였다. 다음은 「동아일보」 기사다.

"자기의 고향을 생으로 이별하고 40여 년 동안을 정 붙이고 몸 바쳐 사업하든 조선 땅에 자기의 일생을 최후로 마치려는 뻥커 부인과 하디 박사 부처의 조선에 돌아온 환영회는 작 22일 오후 6시 명월관 본점에서 윤치호 씨의 간곡한 환영사로 열렸는데 식장에는 이상 3씨의 귀조歸朝를 환영하는 남녀 내외국 인사 근 백 명이 모여 자못 성대하였다. 환영사를 이어서 뻥커 부인은 '내가 내 집에 온 것처럼 반갑고 또 여러분을 대하니 기쁘기 그지없다. 그러나 한 가지 섭섭한 것은 명년에 함께 죽으러 오기로 했던 남편 벙커 목사가 뜻밖에 작년 겨울에 별세하야 그의 재灰를 가져

오게 된 것이다. 그러나 그 재도 이 땅에 묻었으니 망부의 유언을 달한지라. 오직 마음이 놓인다.' 는 답사가 끝나고 그 뒤로 하디 박사 부인은 '미국의 번화하다고 자랑하는 그 길보다 조선의 길을 걸어 다니고 싶었다.'고 하면서 자세한 인사를 남편에게 밀자 남편 되는 하디 박사는 '내가 나의 해골이 묻힐 나의 고국으로 찾아온 줄 아는데 이처럼 환영하여 주니 감사하다.'는 인사를 비롯하여 감상을 말하고 별실의 식탁으로 옮기여 환영연을 베풀었다."

하디 부인은 "미국의 번화하다고 자랑하는 길보다 조선의 길을 걷고 싶었다."했고 하디는 "내가 나의 해골이 묻을 나의 고국으로 찾아온 줄 아는데 이처럼 환영하여 주어 감사하다."고 발언했다. 하디는 안식년 휴가를 떠날 때 한국을 '제2의 고향'이라고 표현하였는데 돌아와서 '나의 시신을 묻을 고국'으로 바꾸었다. 실제로 하디 부부는 마지막 안식년 휴가를 마치고 '한국 땅에 묻힐' 각오를 하고 돌아왔다. 그는 부모의 묘소가 있는 세네카나 두 아들이 묻혀 있는 토론토나 노스필드보다 동료 선교사들이 묻혀 있고 어려서 죽은 두 딸이 묻혀 있는 양화진을 최후 안식처로 생각하였다. 그래서 "나의 해골을 묻을 곳"이란 표현을 썼다.

마지막 휴가를 마치고 돌아온 하디는 장기간 여행으로 건강이 악화되어 3개월 동안 일을 못하고 집에서 요양하였다. 그런 중에 캐나다 위니펙에 살고 있던 둘째 동생 허버트의 부고 소식을 들었다. 하디에겐 1888년 스무 살 나이로 고향 세네카에서 죽은 토머스 외에 동생 세 명이 남아 있었다. 바로 한 살 아래 여동생 에바는 인도에서 38년째 선교사로 활동하고 있었고 네 살 아래 허버트는 부모 별세 후 온타리오 틸슨버그에 있는 숙모 집에서 양육을 받은 후 토론토대학을 졸업하고 온타리오 북서부의 위니펙에 정착하였다. 허버트는 매니토바출판사에 근무하다가 토론토활자회사를 창업하여 캐나다 북서부지역의 출판인쇄업계에서 성공한 기업인으로 명성을 얻었다. 형과 누나의 선교사역에 큰 힘이 되었던 허버트는 1933년 5월 별세하였다. 하디보다 다섯 살 아래 동생인 엘긴은 치과의사로 토론토에 살고 있었고 열 살 아래 막내 동생 윌리엄이 밴쿠버에 살고 있었다.

한편 서울에서 하디 부부와 함께 감리교 선교사로 사역하고 있던 베씨와 피셔 부부는 1934년 7월 휴가를 얻어 귀국했다. 외부로는 '안식년 휴가', '건강문제로 인한 휴양'으로 알려졌지만 내막은 그렇지 않았다. 둘의 결혼생활은 성격 차이로 파경에 이르렀다. 하디의 사역에 큰 힘이 되었던 피셔는 출국 전 선교사직을 사임했다. 귀국 직후 두 사람은 이혼하였다. 이혼 후 피셔는 미국 정부 국무성 직원으로 근무했고 베씨는 선교사로 복귀하려했지만 '이혼한 선교사' 파송을 꺼려하는 선교본부 입장 때문에 선교를 포기하고 미국 보험회사에 취직하였다. 베씨와 피셔 부부의 이혼은 '노년의' 하디 부부에게 안타까움과 실망감을 안겨주었다.

1933년 3월 15~20일 정동교회에서 개최된 중부연회는 하디를 감리교신학교 교수 및 조선예수교서회 편집부로 파송했다. 소속 교회는 여전히 석교교회였다. 하디는 9월 학기부터 "하루의 반은 신학교에서, 반은 예수교서회에서" 일을 보기 시작했다. 하디가 안식년 휴가를 떠난 사이 「기독신보」 사장이 바뀐 관계로 예수교서회 편집부장 사역만 하면 되었다. 그러면서 신학교 강의도 계속하였다.

감리교신학교 교수진에는 큰 변동은 없었다. 다만 미국 드류신학교에서 구약학으로 박사 학위를 받고 돌아온 변홍규 목사가 1933년 12월부터 신학교 교수로 부임하여 구약을 가르쳤다. 미국 유학을 하고 돌아온 한국인 교수들이 신학교에 자리를 잡음으로 강의 부담에서 벗어난 하디는 「신학세계」 편집 업무에 주력하였다. 하디는 「신학세계」 편집 겸 발행인으로 복귀하여 빌링스와 채핀 부인·틴슬리·김종만·김창준·홍에스더·정경옥 등 교수들로 편집부를 구성하였다. 1934년 봄 오랫동안 「신학세계」 편집 실무를 맡아 보던 최상현 목사가 편집부를 떠났다. 이에 하디는 「신학세계」 편집 실무는 정경옥 교수, 영업 실무는 김종만 교수에게 맡겼다. 그렇게 하디는 「신학세계」 편집이나 영업 업무도 한국인 교수들에게 넘겨주었다.

하디는 「신학세계」 편집 및 간행 실무에서 손을 떼었지만 자신의 신학을 정리하는 논문은 계속 발표하였다. 다음은 하디가 안식년 휴가를 다녀온 후 「신학세계」에 발표한 논문들이다.

분야	논문(발표 시기)
성서신학	"구약전서 총론"(1933.7~9) "성경의 영감"(1933.9) "구약 선지서 개론"(1933.11) "아동과 성경"(1934.1) "고대의 홍수"(1934.3)
역사신학 기타	"기독교 사상의 기조"(1934.1) "농촌에 대한 주일의 행사"(1934.3) "웨슬레 모친의 아동양육법"(1934.5) "남감리교 조선선교의 초기"(1934.7) "과거 19년의 회고-본지 20주년을 맞으면서-"(1935.1) "교역자와 독서"(1935.1) "하나님의 동행자"(1936.2)

하디는 자기 전공분야인 구약학과 관련하여 〈구약전서 총론〉, 〈구약 선지서 개론〉, 〈고대의 홍수〉 등 세 편의 논문을 썼다. 하디는 팔레스타인 이스라엘과 주변 민족의 고대 역사와 근현대 근동지역에서 발굴된 고고학 유물과 문서들을 종합적으로 검토하여 구약 37권의 기록과 편집, 편찬 연대를 정리하였다. 하디는 이스라엘 민족에게 구전으로 전해져 내려오던 아브라함 이후 이스라엘 족장 이야기와 모세의 출애굽 이야기, 율법에 관한 전승들이 솔로몬 시대에 기록되기 시작하였지만 현재 형태의 본문으로 형성된 것은 바벨론 포로기 이후로 보았다. 하디는 시편은 다윗, 전도서는 솔로몬, 모세오경을 모세가 '직접' 썼다는 식의 고전적인 주장을 하지 않았다. 하디는 근대 서구 성서학계의 연구 동향과 성서고고학, 중근동 고대유물 발견과 연구 성과를 적극 수용하였던 '진보적' 성서학자였다.

하디는 자신의 전공인 성서학 논문 외에도 평소 관심사였던 기독교 농촌운동, 교회의 연합과 일치에 관한 글도 자주 썼다. 「신학세계」 1935년 1월호에 "교역자와 독서"라는 고백적인 글을 발표하였다. 하디는 로마 옥중에 갇혀 있던 바울이 '믿음의 아들' 디모데에게 "네가 올 때에 드로아 가보의 집에 둔 겉옷을 가지고 오고 또 책은 특별히 가죽 종이에 쓴 것을 가져오라."(딤후 4:13) 한 내용을 바탕으로 글을 썼다.

"이때 바울은 나이 많은 노인이었다. 사실 그는 갈 길을 거진 다 갔었고 지금은 사형집행자가 바로 그의 문 앞에 가까이 이르렀다. 그가 친히 이 형편을 알고 있었으며 이 서신 중 책을 가지고 오라는 말을 쓰기 바로 전에도 '이제 내가 제주를 부음 같이 부음이 되고 세상을 떠날 시기가 가까웠다.'고 한 것이다. 그러나 그가 자신의 갈 길을 거진 다 간 줄로 확실히 알고 있음에도 불구하고 조금도 나태함이 없이 경건함으로 주를 만나기로 결심한 것이다. 그러므로 그는 믿음의 아들인 청년 교역자에게 자기의 애독하는 서적을 가져 오라고 부탁한 것이다."

하디는 마지막 순간까지 '책을 읽다가' 순교한 바울에 빗대어 자신도 "죽는 마지막 순간까지 책 읽고 글 쓰다 가리라."는 각오를 밝혔다. 과연 하디는 '책의 사람' homo libri이었다. 그는 정규 신학교 출신이 아니었음에도 신학교 교수와 교장으로서 열정적인 연구와 강의를 해왔다. 그에겐 독서가 '신학 수업'이었고 집필이 '신학 강의'였다. 그렇게 하디는 책을 읽고 글을 쓰며 은퇴를 준비하였다.

37.
"희년에 떠나다"
은퇴와 귀국

•

> 너희는 오십 년째 해를 거룩하게 하여 그 땅에 있는 모든 주민을 위하여 자유를 공포하라. 이 해는 너희에게 희년이니 너희는 각각 자기의 소유지로 돌아가며 각각 자기의 가족에게로 돌아갈지며 그 오십 년째 해는 너희의 희년이니 너희는 파종하지 말며 스스로 난 것을 거두지 말며 가꾸지 아니한 포도를 거두지 말라(레 25:10~11)

모세의 율법은 매 50년마다 희년禧年, jubilee을 지킬 것을 명하였다. 제사장이 부는 뿔나팔 소리가 들리면 빚 때문에 팔려 왔던 사람들이 고향으로 돌아가고 노예로 살던 사람도 자유를 얻었다. 사람도 땅도 참 안식을 얻는 행복을 누렸다. 그래서 '기쁜 해'라 하였다.

1865년 6월 11일 출생인 하디는 1935년 6월이면 만 70세, 정년 은퇴할 나이가 되었다. 이에 하디는 1935년 4월 연회를 마친 후 선교사직을 은퇴하고 귀국할 계획을 세웠다. 그런데 마침 그 무렵 한국교회는 선교 50주년, 즉 희년 행사를 대대적으로 벌였다. 그리하여 하디는 '희년 축하' 열기 속에 한국선교 45년 사역을 마감하고 은퇴, 귀국하였다.

한국의 개신교 선교는 1884년 6월 일본주재 미감리회 선교사 매클레이가 서울을 방문하여 주한 미국공사관을 통해 선교 의향서를 제출하였던바 고종황제로부터 "미국인이 들어와 학교와 병원 사업을 해도 좋다."는 허락을 받음으로 선교활동을 펼 수 있는 환경을 마련하였고 같은 해 9월 중국에서 활동하던 미국 북장로회 선교사 알렌이 주한 미국공사관 전속의사 자격으로 내한하여 서울 정동에 정착하여 의료선교 활동을 시작하였다. 그리고 이듬해, 1885년 4월 5일 부활주일에 미감리회의 아펜젤러와 북장로회의 언더우드가 인천에 도착함으로 본격적인 선교가 시작되었다. 이러한 매클레이와 알렌, 언더우드, 아펜젤러의 내한 50주년을 기념하는 행사와 집회가 1934~1935년 감리교회와 장로교회를 중심으로 거행되었다.

한국교회 선교 50주년, 희년 행사는 1934년 봄부터 시작되었다. 1934년 1월 열린 감리교 총리원 이사회는 1) 10월로 예정된 제2회 감리교 총회장소를 냉천동 감리교신학교로 정하고 2) 미국 감리교회의 150주년 기념대회에 한국 대표를 파견할 것과 3) 감리사연합회의 제안을 받아들여 '감리교 선교 50주년 기념' 사업과 행사를 갖기로 결의하였다. 감리교 선교 50주년 기념사업회는 양주삼 총리사를 위원장, 총무 신흥우, 회계 노블을 선정하였고 하디는 기념사업위원회의 역사편찬위원으로 선임되었다.

감리교 선교 50주년 기념대회는 1934년 6월 19일 저녁 배재학당 강당에서 "은둔국의 문이 열리기까지"란 제목의 영어 연극으로 시작되었다. 1883년 가을 미국을 방문 중이던 보빙사절단과 볼티모어 연회의 가우처 박사와의 만남, 1884년 6월 매클레이 선교사의 서울 방문과 고종황제의 선교 윤허, 1884년 12월 미국 뉴욕의 미감리회 해외선교본부에서 이루어진 아펜젤러와 스크랜턴 가족의 개척 선교사 파송 장면을 담은 연극으로 베씨(피셔 부인)는 가우처 부인과 스크랜턴 부인, 피셔는 가우처 박사로 출연했다. 6월 20일에는 정동교회와 이화학당에서 선교사 중심으로 선교 50주년 기념강연회가 개최되었다. 선교사 11명과 한국인 평신도 3명(김활란, 신흥우, 윤치호)의 논문과 회고담이 발표되었는데 하디는 "남감리회 개척 선교사"란 논문을 발표하였다.

한국 교인들이 참여한 기념식은 6월 24일 열렸다. 그날 주일에 전국 교회가 준비위원회에서 배포한 순서에 따라 오전예배를 드리고 오후에는 지방회 주관으로 교회연합 기념행사를 가졌다. 서울에서는 경성지방회 주최로 배재고등보통학교 운동장에서 서울 시내 50여 감리교회 교인과 30여 감리교 계통학교 교사와 학생들이 참여한 기념식을 가진 후 양주삼 총리사를 선두로 5천여 감리교 신도들이 각 교회와 학교 깃발을 들고 시가행진하면서 선전비라 4만 매를 살포하였다. 시가행진은 정동 배재고보를 출발하여 서대문 통으로 종로를 경유, 동대문까지 갔다가 을지로로 황금정과 서울역을 거쳐 배재고보로 돌아와 '만세삼창'을 고창하는 것으로 끝났다. 그 코스는 15년 전 3·1운동 때 학생 시위대의 만세 행렬 코스와 같았다. 그날 서울 외에 평양과 원산·인천·사리원·진남포·영변·해주·희천·개성 등지에서도 선교 50주년 기념식과 기념행사가 열렸다.

장로교회에서도 1934년 6월 30일 서울 연희전문학교에서 북장로회 한국 선교회가 주최한 '한국 선교 50주년 기념 선교사대회'가 열려 북장로회 선교 50년을 정리하는 16편의 논문이 발표되었다. 그리고 7월 1~3일 서울에서 조선예수교장로회총회 종교교육부와 농촌부 주관으로 전국에서 3백여 명 목회자들이 참석한 '희년기념 목사수양대회'가 열렸다. 그리고 9월 7일 평양에서 개회된 조선예수교장로회 제23회 총회 기간 중 '조선장로교회 역사자료 전시회'와 '희년기념 강연회'가 열렸고 9월 9일(일) 숭실전문학교 운동장에 평양지역 20여 교회, 2만여 교인들이 기념대회를 가진 후 깃발을 들고 시가행진을 하였다. 이어 9월 10일 숭실전문학교 대강당에서 평양 시내 장로교회 교인과 장로교계통 학교 학생 5천여 명이 모여 '조선장로교회 50주년 희년기념축하식'을 거행하였고 그날 저녁 숭실전문학교 대강당에서 '희년기념 음악회'를 개최하였다.

이처럼 1934년 한국교회의 '선교 50주년' 기념행사는 감리교회와 장로교회가 따로따로 진행하였다. 장로교회와 감리교회는 연합하고 일치하는 모습을 보여주지 못했다. 오히려 그해에 출간된 유형기 목사의 『아빙돈 단권성경주석』과 예수교서회 발행 『신정 찬송가』, '여성 목사안수' 문제, '적극신앙단' 문제 등을 둘러싸고 진보와 보수, 장로교와 감리교, 서북지역과 이남지역 교회 지도자들 사이에 신학적, 정치적 갈등과 논쟁이 빚어졌다. 교파주의와 교권주의, 당파주의로 한국교회는 '하나 되지 못하고' 서로 나뉘어 다투는 모습을 보여주었다.

이를 안타깝게 여긴 하디는 한국교회의 연합과 일치를 기원하는 마음을 담아 1935년 2~3월 *The Korea Mission Field* 에 "한국의 선교개척"이란 논문을 발표하였다. 하디는 개신교 선교 이전, 천주교회의 선교 역사로 시작해서 해외에서 이루어진 한글성경 번역과 개신교 개척 선교사들의 내한, 그리고 이후 전개된 복음전도와 의료, 교육, 성경번역, 문서출판에서 장로교와 감리교 선교사들의 연합과 협력 사역을 자세하게 소개하였다. 논문의 결론 부분이다.

> "결론에 앞서 1903년 8월에 시작된 부흥운동 기간 중에 일어난 연합운동 몇 가지를 되돌아보기로 한다. 그해 9월 개최된 남감리회 연회에서 캐나다장로회와의 선교지역 분할협정을 추진할 위원회를 구성하여 매듭지었다. 그리고 1904년부터 1906년까지 여러 선교부에서 선교사들이 연합으로 인도하는 사경회가 열렸다. 1905년 한국복음주의선교연합공의회가 조직된 후 여러 선교사역에서 서로 협력하고 하나의 복음적인 교회를 수립하기 위해 노력하였다. 그 해에 단일 찬송가를 발행하였고 *The Korea Mission Field*와 연합 주일학교 공과를 발행하기 시작했다. 1906년부터 1909년 사이에 선교지역 분할협정도 매듭지어졌다. 연합공의회에서는 단일 개신교회의 정치와 교리를 제정하기 위한 위원회를 조직하였다. 선교사들의 목적은 '하나의 기독교복음주의교회'를 설립하는데 있었다. 그러나 로즈 박사가 언급한 것처럼 '교회 합동은 이루어지지 못했다. 일치운동이 진행되는 동안 교파교회에 대한 관심이 더욱 커졌다. 영적인 인도하심을 받지 않고서는 이루어질 수 없는 합동운동이 점점 힘을 잃어가는 반면 단일교회로 가는 길목에는 어려움만 쌓였다.'"

하디는 한국 개신교회 연합과 일치운동의 기원을 1903년 원산 부흥운동으로 보았다. 교파연합 사경회와 부흥운동의 결과물로 복음주의선교연합공의회가 창설되었고 이곳을 통해 선교 협력을 넘어 단일 개신교회 설립 운동이 추진되었다. 그러나 '영적 쇄신 운동'이 쇠퇴하면서 연합과 협력대신 교파주의, 당파주의가 득세하였다. 하디의 논문은 이렇게 끝났다.

> "지금 우리에게 필요한 것은 하나님의 성령을 더욱 받는 것이다. 다시 한번 전국적인 부흥운동이 일어나 한목소리로 기도할 때 응답이 이루어질 것이다. 우리 선교사들부터 우리 구세주께 '그들로 하나가 되게 하옵소서.' 간절하게 기도하자."

이런 하디의 호소가 통했던지, 1935년 4월에 거행된 장로교회와 감리교회의 선교 50주년 기념행사에서는 두 교회 사이의 교류가 이루어졌다. 우선 1935년 4월 7일 서울 새문안교회에서 열린 '언더우드 선교사 내한 50주년 기념식'에 배재고보 교장 아펜젤러 2세와 양주삼 총리사와 빌링스, 윤치호가 참석해서 축사 순서를 맡았다. 1935년 4월 28일 부활주일 오후에 서울 정동교회에서 동부연회와 중부연회, 서부연회 합동으로 '감리교회 제1회 선교사 도착 50주년 기념식'을 거행하였을 때 북장로회의 원로 선교사 에비슨이 참석해 축사하였다. 그러나 하디는 1935년 '희년 행사'는 보지 못했다. 은퇴 후 귀국했기 때문이었다.

이처럼 한국교회가 1934년 희년기념 행사로 분주할 때 하디는 은퇴를 준비하며 감리교신학교 교수, 예수교서회 편집부장, 석교교회 소속 목사로 마지막 사역을 정리하였다. 1934년 4월 연회에 이어 1934년 10월 3~11일 감리교신학교 강당에서 개최된 기독교조선감리회 제2회 총회에 총대로 참석하여 양주삼 총리사가 '여유롭게' 재선되는 모습을 지켜보았다. 하디는 2차 총회에서 그동안 맡고 있던 총리원 이사와 사회국장 지위를 내려놓았다. 그리고 총회 2일째인 10월 4일 특별 순서인 '조선감리회공로자표창식'에서 하디는 웰치 감독·노블·윤치호와 함께 '기념금메달'을 받았다. 1934년 봄부터 가을까지 다양했던 '희년'(50주년) 기념행사를 모두 마친 하디 부부는 12월 20일 필리핀 마닐라로 3주간 휴식 여행을 떠났다. 1935년 1월 서울로 돌아온 그는 은퇴시기를 여름에서 봄으로 앞당겨 4월 연회에서 은퇴하고 귀국하기로 하였다. 하디의 은퇴 귀국 소식을「기독신보」가 먼저 알렸다.

> "조선교회의 역사가 51년이라는 해를 마지한 이즈음에 45년간이나 정든 조선을 떠나게 된 하리영 박사 동부인은 금 4월 27일경에 조선을 떠나가리라는 데 동 박사는 조선에 드러와 40여년의 생애를 전혀 전도사업에 받치고 있었다. 그의 활동은 각 방면으로 미치게 되어 동 박사의 손에서 훈육을 받은 다수한 청년들이 오늘날 우리 교계의 중진이 되어 활동하며 신학교 교수와 교장으로 다년간 활동하야 현재 감리회신학교의 기초를 지은 것은 동 박사의 공헌을 잊을 수 없을 것이라 한다. 한편으로는 문서전도와 기독교문화 사업에 공헌한바 또한 컸으니 예수교서회 편집부장 설시 초부터 관계하야 출판된 서적이 실로 46종이요 인쇄 중에 있는 것이 5종이며 출판이 준비되어 있는 것이 13종이라 하며 계획 중에 있는 것이 5종인데 총합하면 67종이라 한다."

「신학세계」도 하디의 귀국 소식과 함께 그의 저술 활동을 중요한 업적으로 평가하였다.

> "씨는 1890년에 처음으로 조선에 오신 후 지금까지 45년 동안 많은 업적과 잊을 수 없는 모본을 남겨주셨다. 이 땅에 의료기관이 필요할 때에 의사로, 영적 부흥이 요구될 때 부흥목사로, 교역자의 양성이 긴절緊切할 때에 교수로, 종교문학 운동이 부족할 때에 저술가로 활동하셨다. 그는 무엇보다도 신실하고 부지런한 주의 종으로 우리에게 본을 보여주셨다. 특별히 그가 20여 년 동안 우리 신학세계의 편집자로 거의 한 몸에 전 책임을 지시고 오늘날까지 경영하여 오신 것을 치하하는 바이다. 얼마 남지 아니한 여생을 고국에 돌아가서 건강하게 지내시기를 바라며 우리 조선 선교사업의 앞길을 위하여 남은 힘을 다하여 주실 줄 믿는 바이다."

은퇴 귀국하는 하디 부부를 위해 윤치호와 유억겸·김종우·김인영·박연서 등 감리교회와 예수교서회, 신학교 관계자 12인의 발기로 4월 23일 저녁 명월관 본점에서 '하디 박사 부부 송별회'가 개최되었다. 교계 인사 1백여 명이 참석하여 성황을 이루었는데 김인영 목사의 사회로 양주삼 총리사의 기도와 박연서 목사의 약력보고, 조신일 목사의 송별사에 이어 하디의 답사로 진행되었다. 송별회에 참석한 이들은 정성스럽게 준비한 선물을 하디 부부에게 증정하였다. 그리고 이틀 후 1934년 4월 25일부터 서울 정동교회에서 동부·중부·서부 연합연회가 개최되었다. 하디로서는 마지막으로 참석하는 연회였다. 연회에서 하디는 노블·틴슬리·터너, 그리고 한국인 목회자 유한익·신홍식·김찬홍 목사 등과 함께 은퇴하였다. 그리고 4월 27일 오후 3시 기차로 서울역을 출발하여 귀국 길에 올랐다. 하디 부부가 한국 선교사로 부산에 도착한 것이 1890년 9월 30일이었으니 정확히 44년 6개월 27일을 한국선교에 헌신하였다. 하디는 70년 생애의 3분의 2를 한국에서 보냈다. 비록 "해골을 조선 땅에 묻겠다."는 당초 소원대로 되지는 않았지만 '제2의 고향' 한국에서 여한이 없는 사역을 마치고 윤치호와 에비슨·양주삼, 김인영·박연서 등 수많은 친구와 후배, 제자들의 환송을 받으며 서울을 떠났다.

38.
"하나님의 사람"
별세, 그 이후

•

> 오직 너 하나님의 사람아 이것들을 피하고 의와 경건과 믿음과 사랑과 인내와 온유를 따르며 믿음의 선한 싸움을 싸우라. 영생을 취하라. 이를 위하여 네가 부르심을 받았고 많은 증인 앞에서 선한 증언을 하였도다(딤전 6:11~12)

바울은 '믿음의 아들' 디모데에게 편지를 쓰면서 "너 하나님의 사람아"란 호칭을 썼다. '하나님의 사람' homo deus. 신앙인에게 붙여지는 최상의 명예였다. 직책과 업적은 아무 의미가 없다. 죽은 후 '하나님의 사람' 이란 호칭을 받는다면 더 이상 바랄 게 없다.

한국에서 45년 선교사역을 마치고 은퇴 귀국한 하디는 지친 몸에 휴식을 취하며 딸들 가족과 즐거운 시간도 가졌지만 서울에서 마치지 못한 성경 주석 집필을 위해 신간 서적을 구해 읽고 원고 쓰는 일에 몰두했다. 그렇게 하디는 마지막 순간까지 '하나님 사역' 에 집중하였다.

1935년 4월 27일 서울을 떠난 하디 부부는 부산에서 일본을 거쳐 태평양을 건너 5월 14일 캐나다 밴쿠버에 도착하였다. 하디 부부는 밴쿠버에 살고 있는 동생 윌리엄의 집에서 한 주간 휴식을 취한 후 에드먼턴에 살고 있는 하디 부인의 동생 집을 거쳐 미국 미시건주 랜싱에 살고 있는 막내딸 그레이스(워너 부인)와 매사추세츠주 도너스그로브에 살고 있는 거트루드(바넘 부인) 집을 방문했다. 1935년 6월 하디가 선교본부 왓슨 총무에게 쓴 편지다.

“거티[거트루드]와 사위, 그리고 네 손자와 함께 1주일을 지냈습니다. 다음 주 랜싱에 있는 사위 워너의 집으로 갈 예정입니다. 베씨는 매사추세츠 도버에 있는 에바 가족과 함께 지내고 있는데 우리가 워너의 집에 도착하면 그리로 올 것입니다. 우리는 짐을 보스턴으로 보냈습니다. 7월에 그곳으로 갈 예정입니다. 1년은 선교사로서 안식년을 지내는 것으로 처리해 주시기 바랍니다. 서울을 떠나기 직전 마가복음 주석을 끝냈습니다. 남은 복음서와 사도행전 주석도 곧 마칠 예정입니다. 혹시 새 주석이 있으면 참조하게 보내 주십시오.”

은퇴 후에도 하디는 서울에서 끝내지 못하고 나온 '성경 주석' 집필이 가장 큰 관심사였다. 그래서 협성신학교에서 함께 강의했던 왓슨 총무에게 "새 주석이 나왔으면 보내 달라."고 요청하였다. 한국 독자들에게 '최신' 정보와 지식을 전달하려는 마음뿐이었다. 장소만 바뀌었을 뿐 하디의 문서 사역은 지속되고 있었다.

이후 하디 부부는 랜싱과 도버에 있는 딸들 집에서 잠시 지내다가 1935년 12월 미국 남부 플로리다 윈터헤븐 하디 부인의 동생 집에서 한동안 함께 지냈다. 남쪽의 따뜻한 기후가 건강이 좋지 않았던 하디 부인이 요양하기 적합했기 때문이었다. 하디 부부는 1936년 1월 선교본부에 정식으로 선교사 은퇴를 신청하였다. 그 해 여동생 에바도 40년 인도 선교사역을 마감하고 귀국하여 캘리포니아에서 휴식을 취하였다. 하디 부부는 1936년 12월 27일 플로리다에서 결혼 50주년, 즉 금혼식 축하를 받았다. 오랜만에 미국과 캐나다에 흩어져 살고 있던 딸과 동생 가족, 그리고 인도 선교사로 사역했던 동생 에바도 참석해서 즐거운 시간을 가졌다.

하디 부부는 1937년에도 플로리다 윈터헤븐에 머물렀다. 1938년 2월, 서울에서 간행되는 *The Korea Mission Field*는 "하디 박사 부부는 플로리다 윈터헤븐에서 겨울을 보내고 있는데 한국에 있는 친구들한테서 듣는 소식으로 늘 행복해하고 있다."는 짧은 기사를 실었다. 한국에 있는 선교사와 제자들이 보내주는 편지로 한국교회 소식을 듣는 것이 은퇴한 선교사 부부의 낙이었다. 그러나 그 무렵 한국교회 형편은 그다지 행복하지 못하고 불행하고 절망적인 상황으로 치닫고 있었다.

하디 부부가 은퇴 귀국한 1935년 이후 한국교회는 '일제 말기', 본격적인 시련과 수난 시대에 접어들었다. 일본은 1931년 만주 침공에 이어 1937년 상해를 침략함으로 중국과 전쟁을 시작하였다. 중국과의 전쟁에서 승기를 잡은 일본은 베트남과 필리핀, 말레이시아, 버마 등 동남아 지역 국가들을 침공하였다. 전시체제 하에서 한반도는 일본 군국주의 통치와 수탈의 직접 피해자가 되었다. 정치와 경제 분야뿐 아니라 종교와 문화 분야에서도 일본의 통제와 압박이 가중되었다. 총독부는 종교 통제를 목적으로 한 '종교단체법'을 제정하고 일본의 국가종교 신도 의식인 신사참배를 기독교 학교와 교회에까지 강요하였다. 이에 불응한 학교와 목회자들은 폐교되거나 투옥되었다.

나아가 총독부는 교회 통제를 위해 그동안 한국교회에 막강한 영향력을 행사하였던 선교사들을 한국교회로부터 격리하고 추방하려 압력을 가했다. 결국 중·일 전쟁 후 미·일 외교관계가 악화된 상황에서 한국에 남아 있던 대부분 선교사는 1940년 12월 미국 정부가 보내온 수송선을 타고 한국을 떠났다. 선교부 재산관리를 위해 남아 있던 소수 선교사도 1941년 12월, 미·일 전쟁이 터지면서 모두 추방되었다. 한국에 있던 선교부 재산은 '적산'으로 처리되어 일본 정부 관리하에 들어갔다. 그곳에서 일하던 목회자와 교인들은 쫓겨났고 부지와 건물은 기독교와 관련 없는 친일단체들이 차지하였다. 하디가 근무했던 감리교신학교와 조선예수교서회도 그 운명을 피할 수 없었다.

이런 '종말론적' 상황에서 한국교회 지도자와 목회자들은 순응과 저항, 둘 중에 하나를 선택해야만 하였다. 신앙과 양심을 지키면서 일제의 종교정책이나 지시를 거부하면 투옥과 수난이 뒤따랐다. 그런데 아쉽게도 한국 개신교회의 지도자들은 거의 저항보다는 순응의 길을 택하였다. 감리교회도 예외는 아니었다. 특히 1939년 9월 총리원 임시이사회에서 제3대 감독으로 선출된 정춘수 감독과 교단 지도부는 신사참배를 비롯하여 총독부의 종교정책에 적극 순응하였고 1941년 3월 '혁신'이란 명분으로 총리원을 해산한 후 교회의 모든 조직과 명칭을 일본식으로 바꾸었다. 그리고 1943년 10월 교단 명칭을 아예 '일본기독교조선감리교단'으로 바꾸었으며 1944년 전국 40여 교회를 폐지하고 그 재산을 매각해서 국방헌금으로 헌납하였다. 그 과정에서 서울과 지방에 역사가 오랜 교회들이 다수 폐쇄되었다. 그리고 8·15해방을 한 달 앞둔 1945년 7월 19일 '단일교단'을 조직하라는 총독부

지시에 따라 장로교와 구세군, 성공회 등과 통합된 '일본기독교조선교단'에 흡수되었다. 이로써 60년 한국 감리교회 전통이 소멸되었다.

8·15해방이 되자 '친일 교단'은 자연스럽게 해체되었고 각 교파교회 지도자들은 '교파 환원'을 선언하고 교회 재건작업에 착수하였다. 그 과정에서 일제 말기 교회 지도자들의 '친일 행적'과 역사 청산 문제를 두고 교회 내부의 갈등과 충돌이 빚어졌다. 감리교회도 일제 말기 '혁신교단' 조직에 적극 참여했던 인사들과 이를 거부하고 교회에서 추방되거나 제명되었던 인사들 사이에 교회 재건 방안을 두고 갈등이 빚어졌다. 결국 감리교회는 1946년 재건파와 복흥파로 분열되어 각기 다른 총회와 연회를 구성하였다.

미국에서 은퇴 생활을 하고 있던 하디 부부도 한국에서 전해 오는 소식을 통해 일제말기와 해방 전후 한국교회가 겪은 시련과 갈등을 파악하고 있었다. 특히 강제 추방당해 미국으로 돌아온 선교사들로부터 자세한 소식을 들을 수 있었다. 하디로서는 40년 넘게 선교사로 수고하고 헌신하여 괄목할 만한 부흥과 성장을 이룩했던 한국교회가 '존망의 위기'에 처한 사실을 안타까워했다. 그리고 더욱 안타까웠던 것은 자신과 가깝게 지냈던 정춘수 목사와 신흥우를 비롯하여 '믿음의 아들'인 김인영과 박연서, 그리고 신학교와 예수교서회 함께 사역했던 이동욱과 심명섭, 변홍규, 김영섭, 전필순 등이 혁신교단의 주역이거나 적극적인 참여자로 활동하였다는 점이었다. 해방직후 이들은 교회와 사회로부터 비난을 받았다.

물론 일제 강점기 신학교에서 하디의 강의를 들었던 제자들 가운데 일제 말기 신사참배를 거부하고 투옥되거나 순교한 이들도 없지 않았다. 해방직전 옥중 순교한 강종근 목사와 권원호 전도사를 비롯하여 옥중에서 해방을 맞은 신석구 목사와 이진구 목사, 그리고 혁신교단을 반대하다 제명 혹은 출교 처분을 받아 '교회 밖으로' 추방되었던 송홍국과 마경일, 이윤영, 홍현설 목사 등이 그러하였다. 이들은 해방 직후 감리교회로 복귀하였지만 혁신교단에 참여했던 인사들이 여전히 교단을 장악하고 주도권을 행사하자 별도로 '재건파' 연회와 총회를 조직하였다. 이러한 교단 분열 상황에서 하디가 몸담았던 감리교신학교도 둘로 나뉘어 냉천동 신학교는 재건파가 차지하였고 복흥파는 중앙교회에서 별도 신학교를 운영했다.

이러한 한국교회 소식을 듣는 하디의 심정이 어떠했을지 쉽게 짐작할 수 있다. 안타까운 마음으로 해방 전에는 "살아남게 하소서." 기도하였다면 해방 후에는 "하나 되게 하소서." 기도하였을 것이다. 다행히 해방직후 한국으로 돌아온 선교사들과 교회 분열을 안타깝게 여긴 평신도 지도자들의 통합 노력으로 한국 감리교회는 분열 3년 만인 1949년 4월, 서울 정동교회에서 통합 연회와 총회를 개최하고 김유순 목사를 새 감독으로 선출함으로 다시 '하나 된' 교회의 모습을 회복하였다. 그러나 통합 1년 후, 6·25전쟁이 터지면서 한민족과 교회는 또 한 차례 극심한 시련과 혼란을 겪었다.

이처럼 8·15해방을 전후하여 한국교회가 수난과 혼란, 갈등과 분열의 역사를 경험하는 동안 미국의 하디 부부는 막내딸 그레이스와 변호사인 사위 워너 가족이 살고 있던 랜싱으로 거처를 옮겼다. 그리고 피셔와 이혼한 베씨도 랜싱으로 와서 직장생활을 하며 하디 부부와 함께 살았다. 그 사이 토론토와 미국에 흩어져 살고 있던 하디의 동생들이 먼저 세상을 떠났다. 우선 토론토에서 치과의사로 활동했던 동생 엘긴이 1940년 4월 별세하였고 미국 로스앤젤리스에서 은퇴 생활을 하던 여동생 에바도 1942년 5월 별세하였다. 그렇게 동생들을 먼저 떠나 보낸 후 1946년 7월 16일 하디 부인이 향년 83세를 일기로 랜싱 자택에서 별세하였다. 부인의 시신은 장례식을 치른 후 사위 워너의 가족묘소가 있는 랜싱 딥데일공원묘지에 안장되었다. 어머니 장례식 후 딸들은 미국 감리교회 선교본부에 다음과 같은 편지를 보냈다.

> "저희 어머니는 아버지 옆에서 집안을 보살피고 자녀를 기르는 중에도 한국 사람들을 위한 봉사활동으로 늘 바쁘셨습니다. 어머니는 한국 사람들을 돌보는 것에만 시간과 정성을 쓰시지 않았습니다. 어머니는 집안을 잘 꾸며 놓으셨고 동료 선교사들이나 여행자들에게 언제나 문을 열어놓으셨습니다. 왓슨 박사님은 우리에게 보내준 편지에서 '너희 어머니는 쾌활한 성격에 남을 돕기 좋아하셔서 너희 집은 우리 선교사들에게 휴식처였다. 너희 어머니는 우리 모두의 어머니셨다.'고 하셨습니다. 컨 감독님도 어머니에 대하여 '나는 종종 하디 부인에 대하여 그녀는 선교사 부인의 모형이라고 생각하였다. 하디 부인은 깊고도 변함이 없는 선행을 실천하면서도 젠 체하거나 교만

한 모습을 본 적이 없다. 그녀는 신실하고 겸손하며 꾸밈없는 신자로서 한국인들에게 기독교 복음의 모본이었다. 그녀는 집안 식구들에게 뿐 아니라 수많은 한국인들에게도 남편과 함께 전하는 복음의 실체가 어떤 것인지를 삶으로 보여주었다.'고 적어 보내셨습니다."

하디 부인은 2남 6녀를 출산하였지만 아들 둘은 캐나다와 미국에서, 딸 둘은 한국에서 어린 나이에 잃는 슬픔을 겪었다. 그런 중에도 한국인 고아 주복이와 윤치호의 딸 헬렌(용희)을 양녀로 삼아 장성하기까지 키워낸 강인한 어머니였다. 그렇게 아내를 보낸 3년 후, 하디도 1949년 6월 30일 향년 84세로 랜싱 자택에서 별세하였다. 그의 유해는 딥데일공원묘지, 아내 묘소 옆에 안장되었다. 해방 후 하디의 사위였던 피셔 교수는 장인 하디의 삶과 사역을 다음과 같이 정리하였다.

"하디 박사는 문자 그대로 뛰어난 하나님의 사람이었다. 그는 대부분 시간을 기도와 성경 읽는 일에 할애하였다. 그는 강의와 집필을 위해 성경을 읽는 외에도 개인적인 경건생활을 위해 매일 성경을 읽었다. 자기 삶의 전성기를 한국에서 그리스도인으로 봉사하며 44년간 성자 같이 살았던 하디 박사의 삶에서 특징을 꼽으라면 그것은 기도와 성경 연구, 그리고 열심 사역hard work, 이 세 가지였다."

하디의 별세 소식은 두 달 후에야 미국 감리교회 해외선교부를 통해 한국교회에 알려졌다. 다행히 감리교회가 재건파와 복흥파로 나뉘었다가 다시 하나 된 직후였다. 감리교회 기관지 「대한감리회보」 1949년 8월 25일자 신문에서 "한국의 은인 하리영 박사 서거"란 제목으로 하디의 선교 경력을 자세히 소개하였다. 그리고 별세 석 달 후 9월 25일, 서울 석교교회에서 석교교회와 감리교신학교, 조선기독교서회 공동 주최로 '하디 박사 추도회'가 개최되었다. 추도식이 열린 석교교회는 하디가 설립하였을 뿐 아니라 그가 신학교 교수가 된 후 가장 오랜 기간 소속목사로 봉사하여 선교사들 사이에 '하디 교회'로 불렸던 교회였다. 그런데 일제 말기1944년 혁신교단이 군용기 납부를 위해 교회를 통폐합할 때 석교교회도 폐지 대상이 되었다. 그렇게 해서 교회 예배당뿐 아니라 부속 영신학교 건물까지 징발되었다가 해방직후 돌아온 선교사들이 미군정청에 교섭하여 교회 부지와 예배당을 되찾을 수 있었다. 그렇게 되찾은 석교교회에서 열린 하디 추도회였기에 더욱 의미가 깊었다. 석교교회 교인들은 추도식을 계기로 하디를 기념하는 사업을 전개하기로 결의하였다. 이에 대한「대한감리회보」의 보도다.

> "기보한 바와 같이 고 하디 박사는 대한감리교회를 위하야 많은 공헌이 있었고 그의 끼친 공적은 실로 우리교회 사상史上에 영원히 빛나리라고 생각한다. 1950년은 그가 설립한 천연동 석교교회가 40주년을 맞이하게 되는데 40주년을 맞이하게 되는 석교교회에서는 동 교회를 '고 하디박사 기념예배당'으로 개칭하야 그의 업적을 찬양하려는 의도에서 강당 증축과 기념종각 건축운동을 일으키고 있으며 이 목적을 달성키 위하야 건립기성회를 조직하고저 각 방면으로 활동을 전개하고 있는데 여러 선배와 믿음의 동지들의 많은 협력을 바란다고 하며 발기인은 다음과 같다 한다. 발기인 김오봉 김득신 정태용 김유순 장용하 방훈 이원구 쩬센 안구영 전영군."

석교교회는 예배당을 '하디박사 기념예배당'으로 명명하고 예배당 증축과 기념종각 건립을 결의했다. 이를 위해 건립기성회를 조직하였는데 발기인으로 김유순 감독과 배재고등학교 교장 장용하, 석교교회 김오봉 목사, 중앙교회 방훈 목사 등이 참여했다. 그러나 계획했던 기념사업은 그대로 진행되지 못했다. 8개월 만에 터진 한국전쟁 때문이었다. 전쟁 중에 김유순 감독과 방훈 목사는 서울에 남았다가 납북되었다. 휴전 후에도 전쟁 때 입은 피해를 복구하느라 계획했던 하디 기념사업은 추진되지 못했다.

그런 중에 하디의 외손자, 즉 막내딸 그레이스의 아들 브루스 워너가 미 해병대 병사(일병)로 한국전쟁에 참전했다가 1951년 12월 20일 강원도 양구 펀치볼 전투에서 중공군과 격전 중 전사하였다. 외할아버지가 선교사로 사역했던 곳, 어머니가 태어난 나라, 한국을 구하기 위해 참전했다가 22세 나이로 목숨을 잃은 워너 일병의 유해는 본국으로 이송되어 랜싱의 외할아버지, 외할머니 묘소 옆에 안장되었다. 그렇게 하디 가문의 3대에 걸친 '한국사랑'이 완성되었다.

39.
"한 책의 사람"
성경 읽기와 연구

•

> 모든 성경은 하나님의 감동으로 된 것으로 교훈과 책망과 바르게 함과 의로 교육하기에 유익하니 이는 하나님의 사람으로 온전하게 하며 모든 선한 일을 행할 능력을 갖추게 하려 함이라(딤후 3:16~17)

하디의 신앙과 신학, 선교와 사역에서 성경은 '절대적' 위치를 차지하였다. 그는 '오직 성경으로' sola scriptura라는 개신교 신앙 전통에 충실하였다. 하디는 독립 선교사로 한국에서 사역을 시작한 이후 남감리회 선교사가 되어 목사로, 신학자로 사역을 이어가면서 성경 읽기와 연구에 집중하였다. 그 결과 그는 일제강점기 한국 신학계를 대표하는 성서학자가 되었다. 저술과 논문 중에도 신구약 성경 연구에 관한 것이 제일 많다. 그가 여러 차례 보완하고 교정한 『구약전서 총람』과 『신약전서 총람』은 그의 대표작이었을 뿐 아니라 일제강점기 신학생과 목회자들이 가장 많이 읽었던 성서학 교재였다.

그렇다면 하디는 성경을 어떻게 이해하고 읽었는가? 우선 성경 말씀대로 "성경은 하나님의 감동으로 된 것으로 교훈과 책망과 바르게 함과 의로 교육하기에 유익한" 책으로 믿었다. 하나님의 계시와 영감을 받아 기록한 책이란 점에서 성경은 다른 책과 구별된다. 하디는 성경을 바로 읽기 위해서는 '영감설'에 대한 바른 이해가 있어야 한다고 보았다. 그래서 「신학세계」를 통해 "성경과 영감"이란 주제의 글을 여러 번 발표하였다. 하디는 일부 근본주의 보수신앙인들이 주장하는 축

자영감설은 받아들이지 않았다. 즉 성경 기록자들이 전적으로 하나님의 영감에 사로잡혀 자기 의지와 관계없이 '손만 빌려주어' 기계적으로 기록하였다는 주장은 비과학적일 뿐 아니라 비신앙적이라 비판하였다.

> "선지자들이 신비적 방법으로 영감을 받은 것이라고 생각하는 사람이 많다. 다시 말하면 하나님의 말씀을 그대로 받아 기록하여 놓은 것이라 한다. 성경에 기사와 이적이 포함되어 있음은 사실이다. 그러나 성경이 글자 글자 기계적으로 하나님의 말씀을 받아 기록한 것이라 함은 이치가 발달한 사람으로서 믿기 어려운 불합리不合理의 말이다. 독실한 신도들 중에 이 같은 불합리의 학설을 주장함으로 인하야 성경을 하나님의 말씀으로 믿지 않는 사람이 많게 됨은 실로 가석한 일이다. 만일 우리 신도들이 성경의 교훈을 철저히 알게 되면 이런 그릇된 영감설을 믿지 아니할 것이다."

그렇다면 '바른' 영감설은 무엇인가?

> "우리가 성경을 하나님의 말씀이라고 말할 때에 하나님의 초자연적 방법으로 사람에게 말했다는 의미는 아니니 하나님의 묵시라 함은 하나님의 사랑과 진리와 권능을 그 마음에 체험한 여러 경건한 인물의 생활과 교훈을 통하여 우리에게 준 진리인 것이다. 이와 같이 신령적 묵시라도 항상 초자연적 방법과 어떤 징조로 나타나는 것은 아니니 그러므로 묵시를 받는 사람의 지식과 경험에 큰 관계가 있는 것이다."

성경은 자기 의지나 감각 없이 기계처럼 움직이는 사람의 손에 의해 기록된 것이 아니라, 평소 하나님의 거룩한 사상과 마음을 사모하던 중 하나님께로부터 묵시(계시)로 임하는 진리와 영감을 받은 사람의 이성적 작업을 통해 기록된 것이다. 따라서 모든 성경 기록자들은 자신이 살았던 시대의 정치·사회적 상황과 요구에 응하여 하나님의 계시로 깨달은 '신령한 말씀'을 자기 시대 사람들에게 전하려 하였다. 하디는 그런 시각으로 성경을 읽어야 한다고 했다.

“성경은 그 저자 각 개인의 성격과 기능을 따라 기록되었을 것은 물론이오 그 기록한 목적도 그 당시 사람들의 요구에 응하려 함에 있었을 것이다. 그러기에 모세는 자기가 인도하여 낸 그 민족을 위하야 율법을 마련한 것이며 여호수아와 사사들은 그 민족이 어떻게 가나안 땅에 들어가 기업 얻게 된 이야기를 기록한 것이며 초대의 선지자들은 그 당시 사람의 성질을 감화하거나 제어하기 위하야 그 민족의 잘한 일이나 잘못한 일을 기록하는 대로 편집한 것이며 다윗과 다른 시인들은 그 당시의 같'이 경배하는 자들의 마음을 기쁘게 하기 위하야 희망과 기쁨이 넘치는 회개의 시와 경배의 노래를 기록하여 둔 것이며 솔로몬도 자기가 치리하는 인민을 위하야 지혜의 말씀인 잠언을 쓴 것이다.”

‘당시’ 사람들이 ‘당시’ 시대적 상황에서 깨달은 진리와 영감을 기록한 것이 성경이다. 이처럼 성경 각 책의 기록자들이 자기 시대, 당시 상황을 염두에 두고 기록하였음에도 성경 66권이 ‘하나의 책’처럼 서로 연결되고 조화를 이루고 있는 것은 그 영감과 진리의 근원이 ‘한 분 하나님’이시기 때문이다.

“이 성경으로 말하면 1,500여 년간 여러 시대와 여러 기자의 기록한 66권을 포함하였으니(히 1:1) 처음에는 각각 책이 따로 유전되었고 또 그 기록한 시대의 형편에 대하야 특별한 목적이 있었으되 이 모든 책을 수집하야 한 권으로 편성한 때에는 각각 책이 한 완전한 전체에 대하야 필요한 부분같이 보이나니 이럼으로 여러 저술자가 한 뜻으로 행동한 것 뿐 아니오 동일한 지혜로 지휘하심을 받은 것이 분명하니라.”(벧후 1:21)

하나님의 ‘동일한 지혜’로 깨달음을 얻은 경건한 사람들의 기록을 합쳐 놓은 것으로 성경의 통전성과 통일성·초월성이 증명된다. 그런 의미에서 성경을 ‘하나님 말씀’이라 한다. 이 점을 인정할 때 성경을 바로 읽을 수 있게 된다. 하디는 「신학세계」에 발표한 “성경공부의 원칙”이란 논문에서 바른 성경 읽기와 연구 방법을 설명했다. 우선 성경 읽는 목적이 성경을 기록한 목적과 일치해야 한다.

“성경은 통틀어 말하면 연수로 수천 년 동안에 된 일이오 또 그 저술자들도 문학적 체제가 각각 같지 아니한 사람들의 손으로 기록된 글인데 그 모든 책의 주요한 목적은 오직 한 가지니 이것이 곳 하나님의 섭리 하에서 기록되었다는 명백한 증거이다. 그러면 성경의 주요한 목적은 무엇이냐. 그는 사람이 하나님과 어떻게 관계되는 것을 지시함이니 성경은 곧 인류가 하나님을 요구함과 하나님이 자기를 인류에게 점진적으로 나타낸 글이다."

성경은 인류를 향한 '하나님의 자기계시'를 기록한 책이다. 다른 말로 표현하면 성경은 인간이 '하나님께서 주신 양심'으로 도덕적 감각과 이론을 동원하여 '하나님의 계시'에 응답하여 살았던 신앙의 기록이다. 따라서 성경을 읽고 해석하는 목적은 이런 하나님의 진리 계시와 인간의 도덕적 신앙을 발견하는 데 있다. 즉 "성경학자의 목적은 사람이 어떻게 영생을 얻을 것을 보여주려 함이니 창세기로부터 묵시록까지 전연全然히 종교문제를 논한 중에 처음에는 원시시대의 유치한 윤리 및 종교사상으로 시작하야 나중에는 예수 그리스도로 나타난 고상한 도덕 및 종교적 표준으로 종결한 것이다."

그런 하나님의 계시도 인류의 지식과 인지 능력의 발달 정도에 따라 '점진적으로' 그 방법과 형식이 유치한 것에서 고상한 것으로 발전하였다. 이는 곧 성경해석도 시대에 따라 진화하고 발전해야 함을 의미하였다. 하디는 과학적인 성서고고학과 고등비평, 문서비평, 고대문헌학 등 다양한 해석방법을 적극 수용하였다. 하디는 신학생들에게 이런 성서비평학을 소개했다. 근본주의 보수신학자들이 고등비평을 '성경의 적'으로 여겨 배척한 것과 달랐다.

"성경연구에 또 한 가지 중요한 것은 비평으로부터 얻는 실익이다. 혹시 비평을 성경의 적으로 생각하는 일도 있으나 그러나 비평이 항상 파괴적이나 유해有害만 한 것은 결코 아니다. 이와 정반대로 건설적이오 실익을 줄 수도 있는 것이다. 비평을 성경의 적敵으로 생각함은 망탄忘誕의 오상誤想이다. 비평을 성경의 적으로 생각하는 이유는 그것이 종종 우리의 이미 세운 상념想念을 전복顚覆시킨다 함인데 예를 들면 잠언이 솔로몬이 쓴 것이 아니라 함과 다윗이 쓴 시는 몇 편이 아니 된다는 것과 아가는 종교적 시가 아니라 함과 이사야서 40~66장은 이사야가 쓴 것이 아니라 함과 전도서가 후년 작품이라 함과 요나서는 우언寓言이오 또한 후년에 쓴 것이라 함과 모세 오경의 모세의 쓴 것이 아니라 함인데 이것은 다 비평적 연경가研經家의 상세히 연구한 결론이다. 그러나 이와 같은 결론으로 인하야 우리가 경이驚異케 되거나 우리 믿음에 하등의 영향을 밧는 것은 결코 아니다. 비평은 진실로 성경을 연구하는 학자들에게 매우 유익한 것이라 아니 할 수 없다. 비평으로 인하야 우리는 성경 각 책의 정말 순서와 위치를 알게 되었다. 이와 같이 비평은 성경독자로 하여금 구약의 각 책이 어떤 사정 하에서 기록된 것을 이해케 하며 또 각 책의 기록된 순서를 알게 만들어 준다.”

하디는 성서비평학을 바탕으로 성경을 읽을 때 (후대에 편집된 순서가 아니라) 기록된 순서로 읽는 것이 성경 전체를 이해하는 데 도움이 될 것이라 하였다. 즉 구약을 읽는 순서에 대하여 1) 모세 5경의 이야기체로 된 것(창세기와 출애굽기, 민수기)을 먼저 읽고, 2) 여호수아와 사사기를 통해 이스라엘 국가 형성과정을 읽고, 3) 역사서인 사무엘과 열왕기를 읽되 다윗의 내력을 읽을 때는 시편도 함께 읽고 솔로몬을 읽을 때는 잠언도 함께 읽고, 4) 주전 8세기 예언자 아모스와 호세아, 이사야를 읽고, 5) 포로시대 예언자인 예레미야와 에스겔과 제2 이사야를 욥과 시편과 함께 읽고, 6) 포로 귀환 때 예언자 에스라와 느헤미야를 읽고, 7) 귀환 후 예언자 학개와 스가랴, 제3 이사야, 말라기, 요엘을 읽되 모세 5경의 율법편(레위기와 신명기)을 읽고, 8) 최종으로 요나서를 읽을 것을 권하였다.

그렇게 성경을 읽어나가면서 '나를 향하신' 하나님의 뜻과 경륜을 파악하는 것이 중요하다.

“성경을 공부하는 가운데 우리가 기억하여 둘 것은 그 읽는 말씀 중에 하나님이 직접으로 나에게 명령하신 말씀이 있음을 깨닫는 것이니 다시 말하면 하나님의 묵시를 받음이나 혹은 자기 자신이 그로 인하야 죄를 회개하거나 은혜를 밧는 것이외다. 성경은 나의 요구와 나의 책임을 밝히 가르쳐주고 또한 하나님이 나의 요구를 공급하시는 경륜과 나로 하여금 어떻게 나의 책임을 감당하도록 인도하여 주시려는 경륜을 가르쳐 주실 것이외다.”

이처럼 성경은 하나님의 계시의 기록이자 그것에 대한 인간의 응답으로서 신앙의 기록물이다. 계시든 신앙이든 성경을 읽고 연구하는 궁극적인 목적은 삼위일체 되시는 하나님을 알고 그 안에서 윤리적이고 도덕적인 삶을 사는 것이다. 그래서 성경에 바탕을 둔 신앙은 초월적이며 동시에 현실적이고, 종교적이며 동시에 도덕적이고, 신앙적이며 동시에 윤리적인 것이다.

그렇게 하디는 모태 감리교 신앙인으로 태어나 의사가 되어 선교사로 한국땅에 온 이후 45년 동안 성경을 읽고 그 속에서 말씀을 깨닫고, 그 말씀을 중심으로, 그 말씀대로 사역하기 위해 노력하였다. 성경에 대한 그의 사랑은 그를 신학교 교수로 이끌어 성경을 연구하여 신학생과 목회자, 교인들에게 성경을 강론하는 성서학자가 되도록 이끌었다. 그는 한국에서 사역을 마무리하고 은퇴, 귀국한 후에도 한국교회를 위한 성경주석 집필에 몰두하였다. 그는 '하나님의 사람' 어거스틴과 루터, 칼빈, 그리고 감리교 창시자 웨슬리가 그러했던 것처럼 오직 '한 책의 사람' homo unius libri이 되기를 원했다.

40.
"영의 사람"
영성과 기도

•

사람의 일을 사람의 속에 있는 영 외에 누가 알리요. 이와 같이 하나님의 일도 하나님의 영 외에는 아무도 알지 못하느니라. 우리가 세상의 영을 받지 아니하고 오직 하나님으로부터 온 영을 받았으니 이는 우리로 하여금 하나님께서 우리에게 은혜로 주신 것들을 알게 하려 하심이라(고전 2:11~12)

1978년 미국 연합감리회출판사에서 간행한 『세계감리교백과사전』에 수록된 '로버트 하디' 항목을 집필한 사우어는 하디를 "한국교회 부흥운동의 아버지" Father of Korean Revival로 지칭했다. 한국 교회사에서도 하디는 한국교회 초기1903~1907년 부흥운동의 주역으로 기록되고 있다. 하디의 45년 선교사역에서 부흥운동은 핵심적인 위치를 차지한다. 사역의 성격과 내용에서 '부흥운동 전'과 '부흥운동 후'가 확연히 구별되기 때문이다. 부흥운동 전에는 육적이요 표면적 신앙이었다면 부흥운동 후에는 영적이요 내면적 신앙이었다. 그런 부흥운동 영성이 이후 전개된 그의 목회와 신학교육, 문사사역에 기본 바탕이 되었음은 물론이다.

하디는 1924년 신학교 교장직을 내려놓고 「기독신보」 사장으로 자리를 옮길 즈음 부흥운동에 대한 짧은 글을 발표했다. 당시 한국교회는 초기 부흥운동의 열기와 생명력을 잃고 침체 상태에 빠져 있었다. 이에 '영적 부흥운동'의 재현을 요구하는 목소리가 선교사 및 한국교회 안에서 제기되었다. 그런 상황에서 *The Korea Mission Field*는 지도급 선교사들에게 "부흥운동이 다시 일어나기 위해 나는 무엇을 해야 하나?"라는 제목으로 설문 조사를 하였다. 여기에 하디가 응답했다.

> "부흥을 위해 준비할 것이 있다면 그것은 다윗의 기도일 것이다. '하나님이여 나를 살피사 내 마음을 아시며 나를 시험하사 내 뜻을 아옵소서. 내게 무슨 악한 행위가 있나 보시고 나를 영원한 길로 인도하소서.'(시 139:23~24) 다윗의 기도처럼 나를 깨끗하게 하실 기회를 하나님께 드리겠다. 그리하여 순결과 사랑, 진실과 관용이 없이 교만과 이기심에 사로잡혀 명예와 지위를 탐하였던 것을 회개할 것이다."

다윗처럼 회개의 기도부터 하겠다는 말이다. 1903년 원산 부흥운동이 여선교사들의 기도에서 시작되었듯이, 하디는 진정한 부흥운동은 기도로 준비해야 함을 강조하였다. 그러면서 "나를 깨끗하게 하실 기회를 하나님께 드리겠다."고 했다. 이는 회개도 하나님의 은총이며 부흥운동 사역자도 하나님의 이끌림을 받는 '피동적' 존재인 것을 다시 강조한 것이다. 하디는 기도 내용도 성경에서 찾았다.

> "나는 보다 많은 시간을 믿음과 성령으로 충만한 삶이 무엇인지, 어떻게 하면 그렇게 할 수 있는지를 다음과 같은 약속의 말씀에 비추어 묵상할 것이다. '구하라 그러면 너희에게 주실 것이요.'(눅 11:9~13) '내가 진실로 진실로 너희에게 이르노니 나를 믿는 자는 내가 하는 일을 그도 할 것이요 또한 그보다 큰일도 하리니 이는 내가 아버지께로 감이라. 너희가 내 이름으로 무엇을 구하든지 내가 행하리니 이는 아버지로 하여금 아들로 말미암아 영광을 받으시게 하려 함이라.'(요 14:12~14) 이 외에 에스겔 36장 25~27절, 요한복음 15장 7절, 사도행전 1장 8절, 로마서 12장 1~2절, 야고보서 1장 22절, 베드로후서 1장 5~8절, 계시록 3장 19~20절 등의 말씀이다."

머리로 생각해서 만들어 낸 기도가 아니라 성경에 기록된 하나님의 말씀을 나의 기도로 삼겠다는 말이다. 말씀이 기도가 되고, 기도가 말씀이 된다. 이를 '말씀 기도' Prayer in Word라 한다. 하디가 기도로 삼겠다고 한 성경 말씀들이다.

“맑은 물을 너희에게 뿌려서 너희로 정결하게 하되 곧 너희 모든 더러운 곳에서와 모든 우상숭배에서 너희를 정결하게 할 것이며 또 새 영을 너희 속에 두고 새 마음을 너희에게 주되 너희 육신에서 굳은 마음을 제거하고 부드러운 마음을 줄 것이며 또 내 신을 너희 속에 두어 너희로 내 율례를 행하게 하리니 너희가 내 규례를 지켜 행할지라.”(겔 36:25~27)

“너희가 내 안에 거하고 내 말이 너희 안에 거하면 무엇이든지 원하는 대로 구하라. 그리하면 이루리라.”(요 15:7)

“오직 성령이 너희에게 임하시면 너희가 권능을 받고 예루살렘과 온 유대와 사마리아와 땅 끝까지 이르러 내 증인이 되리라 하시니라.”(행 1:8)

“그러므로 형제들아 내가 하나님의 모든 자비하심으로 너희를 권하노니 너희 몸을 하나님이 기뻐하시는 거룩한 산 제물로 드리라. 이는 너희가 드릴 영적 예배니라. 너희는 이 세대를 본받지 말고 오직 마음을 새롭게 함으로 변화를 받아 하나님의 선하시고 기뻐하시고 온전하신 뜻이 무엇인지 분별하도록 하라.”(롬 12:1~2)

“너희는 말씀을 행하는 자가 되고 듣기만 하여 자신을 속이는 자가 되지 말라.”(약 1:22)

“그러므로 너희가 더욱 힘써 너희 믿음에 덕을, 덕에 지식을, 지식에 절제를, 절제에 인내를, 인내에 경건을, 경건에 형제 우애를, 형제 우애에 사랑을 더하라. 이런 것이 너희에게 있어 흡족한즉 너희로 우리 주 예수 그리스도를 알기에 게으르지 않고 열매 없는 자가 되지 않게 하려니와”(벧후 1:5~8)

“이로써 우리가 진리에 속한 줄을 알고 또 우리 마음을 주 앞에서 굳세게 하리니 이는 우리 마음이 혹 우리를 책망할 일이 있어도 하나님은 우리 마음보다 크시고 모든 것을 아시기 때문이라.”(요일 3:19~20)

그렇게 ‘말씀과 기도로 거룩해질’(딤전 4:5) 때 비로소 성령은 우리에게 임하시고 그 능력으로 하나님의 일을 할 수 있게 된다.

“나는 하나님께 나를 쓰실 기회를 드리겠다. 그리하여 하나님께서 약속하신 바를 잘 활용하고 하나님의 말씀에 겸손히 순종하며 이것으로만 나의 특권과 의무를 삼겠다. 하나님과 함께 사역함으로 기도와 증언의 삶을 추구할 것이며 개인적으로 불신자를 인도하여 구원받게 하는 일과 믿는 이들로 하여금 신앙과 그리스도에 대한 지식 안에서 서로 연합하여 세워지도록 도울 것이다. 그렇게 하면 내가 만나는 사람들이 무엇을 원하는지 깨달아 항상 조심함으로 내 수고가 헛되지 않고 결실을 얻을 것이다.”

하디는 반복해서 “하나님께 나를 쓰실 기회를 드리겠다.”는 표현을 썼다. 부흥운동 사역의 주체가 하나님인 것을 다시 강조한 것이다. 하디는 원산 부흥운동을 통해 그것을 경험했다. 그리고 그것을 ‘하나님과 함께 사역함’이라 했다. 하나님의 사람은 목회도, 선교도, 봉사도 그렇게 해야 한다.

하디가 45년 사역을 마치고 서울을 떠난 지 10개월이 지난 1936년 2월, 그가 창간했던 「신학세계」에 하디의 “하나님의 동행자”란 글이 실렸다. 하디가 서울에 있을 때 써놓고 간 원고인지, 아니면 미국에서 휴식하면서 써 보낸 원고인지 알 수 없지만 그가 한국교회에 남긴 ‘마지막 메시지’ 인 것은 분명하다.

“우리는 깊이 생각하자. 하나님이 처음에 땅의 먼지 중에서 사람을 그 형상대로 창조하고 영생하기를 허락한 것과 사람이 불순종하야 죄 중에 타락한 때에도 사랑의 아버지이신 하나님은 구주를 허락하야 사람을 죄악 중에서 구속하고 그의 영원한 나라를 유업으로 허락한 것이다. 하나님은 우리 모든 사람으로 하나님의 주신 양심을 순종하면 영원한 자녀가 되어 구주 되신 예수 그리스도의 모본을 따르기를 원하시는 것이다.

사람이 씨를 뿌리고 풀을 매면
하나님께서는 단비와 햇빛을 주셔서
들에 곡식이 무르익게 하신다
힘차게 나아가 거친 땅을 개척하라
인간의 영광이 여기 있나니.”

'하나님과 동행'은 하디가 원산 부흥운동 때 회심을 체험하면서 터득한 진리였다. '혼자서' 자기 지혜와 힘으로 노력하다가 실패한 후 성령을 받으면서 깨달은 성공 비결이었다. '하나님과 동역'은 하디의 사역 원리였다. 그러나 엄밀한 의미에서 '하나님과 동역'은 1대 1, 동등한 자격과 권리로 이루어지는 것은 아니다. 역할이 달랐다. 실패했을 때는 내가 주역이고 하나님이 보조였는데 회심 후에는 하나님이 주역이고 내가 보조일 뿐이다. 그분의 보조에 내가 보조를 맞추는 것이다. 하디는 원산 부흥운동 이후 설교하며 자주 인용했던 말씀이 "이는 힘으로 되지 아니하며 능력으로 되지 아니하고 오직 나의 영으로 되느니라."(슥 4:6)였다. 진정 하디는 '영의 사람' homo spiritus이기를 원했고 그렇게 되었다.

은퇴 후 미국에 돌아간 하디가 가족들과 휴식을 취하고 있던 때, 그와 함께 한국에서 일하던 선교사들이 강제 출국 당하기 1년 전인 1939년 2월, 서울 태화여자관(현 태화기독교사회복지관)에서 펴낸『기도지남』이란 소책자에 하디의 기도문이 실렸다. 이 역시 그가 은퇴하기 전에 써 두었던 것인지, 아니면 후배 여선교사들의 부탁을 받고 쓴 것인지 분명치 않지만 시기적으로 보았을 때 하디의 '마지막' 글이다. 하디가 정한 기도 주제는 '하나님을 의지함'으로 기도의 본문 말씀을 "너는 범사에 그를 인정하라. 그리하면 네 길을 지도하시리라."(잠 3:6)로 택했다.

"하늘에 계신 아버지,
이제 구하오니 나로 하여금 나뿐 아니라
내가 위하여 기도하고 있는 모든 사람에게
필요한 모든 것이 당신께 있음을 깨닫게 하옵소서.
그리고 우리로 하여금 당신께서 우리에게 필요한 모든 것을
공급해 주실 의지와 능력이 있음도 알게 하옵소서.
주여, 우리를 도우사 믿음으로 당신께 나아가게 하시고
모든 악을 물리치게 하시며 우리가 말하고 행하는 모든 것으로 인하여
주님의 사랑하시는 영이 드러나게 하옵시고 믿음의 본이 되게 하옵소서.
또한 우리가 하는 일이 저들에게 선한 영향을 끼치게 하옵시고

저들로 하여금 우리가 오직 주님을 위해 일하고 있음을 알게 하옵소서.

주여, 우리를 도우사

우리로 하여금 우리 구세주께서 우리에게 가르쳐 주신 기도,

'뜻이 하늘에서 이루어진 것 같이 땅에서도 이루어지이다.' 하신 기도를 잊지 않게 하옵소서.

그리하여 우리의 믿음과 헌신을 통하여

우리가 위하여 일하는 사람들 가운데서

착한 일을 행함으로 당신의 영광이 드러나게 하소서.

이 모든 것을 오직 주님을 위하여,

우리 구세주의 이름으로 비옵나이다. 아멘."

다시 근원으로
한국교회 부흥의 아버지 로버트 하디

기획·하디기념사업회

지은이 이덕주
펴낸이 최병천

펴낸날 2023년 4월 9일(초판1쇄)
2023년 4월 11일(초판2쇄)

펴낸곳 신앙과지성사
출판등록 제9-136 (88. 1. 13)
주소 | 서울시 서대문구 연희로 177 옥산빌딩 2층
전화 | 335-6579·323-9867·(F) 323-9866
E-mail | miral87@hanmail.net
홈페이지 | http://www.miral.co.kr

ISBN 978-89-6907-309-9 03230

값 15,000원